宗承灏——著

武则天及其时代

中国友谊出版公司

图书在版编目（CIP）数据

武则天及其时代 / 宗承灏著 . -- 北京：中国友谊出版公司，2022.6

ISBN 978-7-5057-5465-2

Ⅰ.①武… Ⅱ.①宗… Ⅲ.①武则天（624-705）－传记 Ⅳ.① K827=421

中国版本图书馆 CIP 数据核字 (2022) 第 071723 号

书名	武则天及其时代
作者	宗承灏
出版	中国友谊出版公司
发行	中国友谊出版公司
经销	新华书店
印刷	河北鹏润印刷有限公司
规格	880×1230 毫米 32 开 14.5 印张 305 千字
版次	2022 年 6 月第 1 版
印次	2022 年 6 月第 1 次印刷
书号	ISBN 978-7-5057-5465-2
定价	98.00 元
地址	北京市朝阳区西坝河南里 17 号楼
邮编	100028
电话	（010）64678009

前言

历史本就是谜一样地存在于过往的时间碎片中。作为中国历史上唯一的女皇,武则天的一生就有许多难解之谜。千年一瞬,当我们再度回望时会发现,她的称帝,并不是中国历史地平线上的突兀地带。她的出现,虽说有太多的偶然因素,但更多来自历史的必然选择。

我们翻阅文学作品会发现,北魏至隋唐时期出现了大量暴烈女的形象,比如"女侠、女盗、女商",这在过去是不可能的。要知道,汉魏时期出的几乎都是贞女怨妇。

《颜氏家训》记载,北齐时河北邺下风俗:女子外出时,"绮罗金翠,不可废缺",出门讲究阔气排场;男子外出时,"羸马悴奴,仅充而已",完全是一派低下且潦倒的气象。妇女在家庭中居于领导地位,以家庭代表的姿态在社会生活中出现。北魏早期历史,在它进入平城时代之前,妇女便享有很高的地位。当时魏桓帝驾崩,皇后祁氏摄政,北魏一度被称为"女国"。妇女在政治上的光彩亦投射到思想界,在整部《隋书》中,记下了不少叱咤风云的妇女,这些妇女,比花木兰那样强悍型女子还要高出一个层次。她们能掀起阵阵的历史波涛:或者在历史紧要关头,发挥影响,以改变事态的流向;或者身系一方安危,举足轻重;或者对于中央大政有所操持,其意志与权力,甚至凌驾于皇帝之上。当这些人物在历史上出现的时候,女皇帝的脚

I

步声，便清晰地从时间的隧道里响了起来。

例如北周之千金公主，她"自伤宗社覆灭，每怀复隋之志，日夜言于沙钵略，由是悉众为寇，控弦之士四十万"。自隋朝开皇元年（581年）至开皇十三年（593年）被杀，她一直是隋王朝的心腹大患，隋主极欲得之而甘心。

又如隋之义成公主，大业十一年（615年），她伪传信息，欺骗始毕可汗，把隋炀帝自重围中救出。又如南越的冼夫人，她的部众始终是当时岭南地区一支极为重要的政治军事力量，她曾被人尊为"圣母"。但对武则天影响最大的，要算独孤皇后（独孤伽罗）。在生活上，独孤皇后对隋文帝有一种强烈的控制力，"高祖（隋文帝）甚宠惮之"。在政治上，独孤皇后曾被称为"圣"。独孤皇后被尊为"圣"，仅限于宫内，而武则天，则是宫内宫外，由中央到地方，都被尊为"圣"。她的政治活动能量，已远远超过了独孤皇后。独孤皇后的脚步至阁而止，武则天则迈步来到了殿上。独孤皇后的政治意见，要通过宦者传达，是遥控；武则天则不用任何人做中介，是面控。

我们要注意的是，千金、义成两公主，以及冼夫人、独孤皇后，除义成公主系隋室宗女，是汉族出身外，其余三人均是少数民族。千金公主姓宇文氏，宇文氏属东胡族。东胡族与鲜卑族同居塞上，关系密切。由此可见少数民族的风俗文化对当时社会政治影响之剧烈。

公元690年9月的一天，武则天正式登上则天门，向世人宣布，中国历史上第一个女皇帝诞生。当皇帝意味着什么？几乎人人都能给出一个接近标准的答案。然而怎样才能当上皇帝，就不是每个人都知道的了。回望几千年中国历史，贯穿这个过程的无非就是两个字：阴谋。武则天也不例外。

意大利哲学家克罗齐说过，"一切历史都是当代史"。对过去的深究无不指向当下的生存，这就是历史的全部意义所在。作为一个历史的写作者来说，我们是不是也应该抱着"一切历史人，都是身边人"的观点来走进武则天的世界呢？

一千多年前，武则天用自己非凡的才智和手段，从男权世界的包围圈中杀出一条血路，一步一步走向权力巅峰。千百年来，我们试图靠近她，却渐行渐远；我们试图解读她，却一再把她误读。从来没有一个女人能像她一样，把水的灵动与山的沉稳，诠释得如此完美。她是男权世界的一抹朱红，在铜墙铁壁中建立了自己的名号。

她，就是武则天。一介弱质女流，却稳坐龙廷，打破了几千年来男人为帝的垄断局面。

她，就是武则天。一抹盛世红颜，却让自命不凡的封建士大夫跪拜在她的裙下，山呼万岁。

她，可以用铁血般的意志，让天下为之臣服，却难俘获世人之心。

她，可以用无字碑的沉默，任后人指点评说，却无惧身后飞短流长。

封建士大夫认为出身低微的她竟敢篡夺大唐的江山，擅改国号为周，简直就是大逆不道。同时代的人，男的谩骂她乱了朝纲，女的也怪她不守本分，坏了名声。只要她是个女人，就不能执政，否则就不符合儒家观念给女人戴上的"三从四德"的枷锁。如果想执政，就必须忍受"牝鸡司晨"的舆论压力。无论是辅政还是摄政，都会有人顽强抵制。那怎么才能摆脱这困境呢？一个办法，是放弃权力，但武则天又不能那样做。只有做了皇帝，她才可以用儒家的"三纲五常"来压制"三从四德"。不要忘了，"三纲"的第一纲是什么？君为臣纲！如果自己做了君主，按照儒家礼法，所有的臣子就必须无条件服从——你不让我做"小恶"，我不妨就做"大恶"——从儒家意识形态上取得合法性。

"王侯将相宁有种乎？"对于武则天来说，在对最高权力的控制上,无论是摄政还是做皇帝,都是一样的。她想当皇帝的目的并非为了更大的权力,而是她不愿意在死后像临朝听政的吕后一样,被万世嘲骂。自己当了皇帝,那就大不同了,只要自己的皇朝寿命足够长,后人总要承认开国皇帝是正统,哪怕是一个女人。若论政治才能,武则天完全可以与历史上那些所谓的明君圣主相提并论。治天下之民,平海内之敌,在武则天统治时期出现了中兴的局面,这足以证明她是一位称职的君主。

千年的风霜雨雪早已洗去了时人的愤慨与不解,留下的是对武则天中肯的评价和她无人可以取代的地位。她是中国历史上"前无古人,后无来者"的唯一的女皇。诚然,她的双手也曾沾满鲜血,但她如水般灵动的聪颖乖巧,如山般沉稳的匠心谋略,是不朽的。

人类在发展,社会在进步,所谓的男尊女卑世界已被历史的车轮碾得粉碎。7世纪的武则天不会料到,她提倡的女性权益,在21世纪的今天已深入人心。

最后,谨以此书献给我身边重要的女性们,我的母亲、妻子,以及姊妹和女儿,感谢她们在我的人生道路上给予我的奉献与包容。她们亦是我生命中的女王。

目录

第一章 妇女持门户的时代

1. 出身、预言及人之初 / 002
2. 情感、谶语及性格关键词 / 022
3. 适者生存的运行法则 / 032
4. 外廷与后宫的双向对冲 / 043
5. 弑女、垂帘与废立之事 / 054

第二章 帝后关系的虚与实

1. 同气连枝的软与硬 / 062
2. 新老集团的轮番登场 / 072
3. 攀附者的最后疯狂 / 085
4. 抗倭者的不完全映象 / 095
5. 袖底裙边传来的信息 / 104

第三章 后高宗时代的困境

1. 二圣临朝的火焰与凌霄 / 120

2. 武则天与太子关系再探 / 136

3. 儒将、边境与杀降 / 156

4. 临终托孤，还是制衡 / 173

5. 李显的困境与突围 / 193

第四章　唐周嬗代的转折点

1. 叛乱、檄文与匡复的幌子 / 206

2. 宰相之死的必然性 / 231

3. 告密引发的天命玄机 / 246

4. 神女无恙，以及皇族的血 / 264

第五章　一个全新时代的来临

1. 日月凌空谓之"曌" / 286

2. 酷吏政治的"血酬效应" / 313

3. 冯小宝之死与控鹤府秘辛 / 341

4. 皇嗣之争的时与势 / 376

第六章　李唐复国与无字碑

1. 狄公去，朝堂空矣 / 390

2. "二张"乱政与斗法 / 399

3. 政变前的谋与断 / 433

4. 身后的沉默与表达 / 447

第一章
妇女持门户的时代

1. 出身、预言及人之初

并州太原郡文水县（今山西文水）地处晋中吕梁山的东坡谷野间，因境内有文峪河（古称文水）而得名。文水从吕梁山流出，汇入山西的主动脉汾水。从地图上看，文水就像一只展翅高飞的凤凰。武则天的父亲武士彠就生活在这里。武氏先祖原居住在安徽宿县。六代祖名洽，是魏国的平北将军，五兵尚书，被封为晋阳公，因此徙家于北国文水。据武则天自己的说法，武氏家族是北魏年间由"沛之竹邑"来到文水的。也就是说，整个武周帝国的"龙脉"，即起于武洽移居的文水，此地亦是武氏家族发迹的起点。

从武士彠往上数，五代先人没出过王侯公卿，基本上都是幕僚、副职之类的芝麻小官，与豪门大族差得太远，属于"小姓"，但也不属于那种一"寒"到底的底层庶族。

武则天的祖父武华，乃隋朝的东都（洛阳）丞。可他四个儿子却无一为官，长子武士稜务农，二子武士逸是隋朝军队中的一个士兵，三子武士让也在家务农。武士彠作为家中的老幺有自己的优势，获得了格外的关爱，并有了读书见世面的机会。

兄弟四人都是头脑活络之人，但凡头脑活络之人，都有一颗不安分的心。不安分是成功者的必备素质，过于安分的人难以实现人生的奇迹。虽然说祖上没能够为子孙留下荫功厚禄和金山银山，可武士彠和他的几个兄弟并无抱怨。

既然眼前没有更好的出路,那就埋头种地,做自己的小买卖。他们相信只要一天不闲着,早晚会靠双手改变这种不咸不淡的局面。武士彟最初做的是小本生意,走村串巷。不管卖的是什么,积累的都是人生经验。多年的小买卖经历,将他打磨成一个嘴甜腿勤、精于算计的生意人。谈笑风生之间,就能将你的钱划拉到他的口袋里。

短短几年的小本经营,武士彟为自己掘下了人生创业的第一桶金。有了第一桶金,加之掘金过程中积累的经验,他的创业之路开始步入正轨。如何得到人生的第一桶金?有少数幸运的人会比较容易得到,如凭长辈赐予、偶然所得等,但更多的人还是靠自己的智慧和勤奋在创业路上苦苦挣扎。

对于大多数人而言,既然无可观的遗产去继承,就只能靠自己的双手。武士彟不仅是精于算计的生意人,更是一个有人生抱负的人。隋朝是个很奇怪的王朝,亡则亡矣,却让四分五裂的中华大地归于一统。严苛的历史学家在对隋文帝杨坚盖棺定论时,会有以下几个关键词:四海一统、勤政节俭、国力昌盛、政绩斐然。他给自己的继任者隋炀帝杨广留下了一个富足的天下,富到什么程度呢?"计天下储积,得供五六十年。"如果说,创家业的杨坚一天到晚想的是创造更多的财富,那么守家业的杨广想的就是如何将这些钱花出去。

杨广的诗写得极好,他的性格深处有着古今文人的通病——对自己的能力自视甚高。自己既然能够成为天下人的领袖,才能自然居于众生之上。他曾经自负地说:"天下的人都认为我是因为生在皇家才能继承皇位,拥有四海。但是如果让我和那些知识分子搞一次文治武功的比试来竞选皇帝之位,我也是当仁不让的天子。"

不知道杨广是在怎样的背景下说出这番话的,是自视过高,还是对天下士子过于失望。不过可以肯定的是,他的血液里流淌着一种类似魏晋文人的孤傲孑然。杨广的身上有着难以根除的诗人气质，正因为如此，他那不合时宜的政治理性充满了浮华的气息。诗人所具有的理想主义情怀，让他对这个世界有着近乎疯狂的完美追求。在他登基之前，曾经有过十年江都总管的任职履历，或许是浮靡绮丽的江南文化让他找到了自己精神世界的原乡。等到他将那套象征权力的龙袍披挂在身，诗人的浪漫主义情怀就迫不及待地被权力裹挟而去。

如果说诗人与政治家是两种分工不同的职业，那么杨广更接近于一个完美的诗人；如果说，时势造就了他，将他送上权力的巅峰，那么坐在龙椅上的他，最后还是成为从龙椅上出走的诗人。说得好听一点，他的出走，是以诗人的方式在这块版图上书写属于自己的政治理想；说得不好听点，杨广是个喜欢折腾的君主，而且这种折腾，完全是遵从于个人的内心世界，是一种不管不顾搏命似的折腾。

折腾，是非主流诗人的创作路径；而折腾，往往又是执政者的命运死穴。

继位后的杨广，急于要用最短的时间来成就自己的"圣王之业"。如果一个帝王能够在他所统治的时代里，迎来四夷宾服、万国来朝的盛大景象，就能说明这个皇帝够得上一个圣君的标准。不管出于怎样的一番考虑，这个国家正以一种另类的姿态趋向杨广心目中的理想世界。一颗浮躁而澎湃的霸主之心，也由此得到了空前的满足。

对于诗人杨广来说，他要构建属于自己的乌托邦世界；可是对于皇帝杨广来说，这又是一项宏大而艰难的命题，而他又没有能力处理好个人英雄主义与千秋功业、人民的幸福感三者之间的关系。

营建东都，为了证明自己是权力正统性的核心；修建长城，是为国家竖起一道坚硬的屏障；修筑运河，是为了贯通南北漕运的血管。隋炀帝杨广只顾埋头致力于他的大手笔，劳民伤财的伟大工程却陷人民于水深火热之中。而武士彠却从中捕捉到了商机。

《新唐书》记载:"武士彟字信,世殖货,喜结交。"武士彟是个喜欢结交朋友的商人。士农工商,商人在当时社会阶层中排名靠后。即使有钱,社会身份也低人一等。他最初做的是小本生意,小敲小打养家,难以发家。武士彟开始把目光投向官场,他决定与官方合作做买卖,以寻找进入仕途的捷径。商场和官场有很多共通的地方,最重要的一点就是两者都是利字当头,其次这两种职业都是按照规则出牌的游戏。陈寅恪先生称武士彟为"投机致富"之商人,他依据的史料是《太原事迹》:唐武士彟,微时,与邑人许文宝以鬻材为业,常聚材木数万茎,一旦化为丛林森茂,因致大富。他囤积居奇,在木材交易中交了好运,因此致富。

武士彟经商致富与杨广即位后大兴土木有关,其中最大工程之一是营建洛阳为东都。大业元年(605年),遂由隋炀帝杨广的堂弟纳言杨达和尚书令杨素两位宰相担任营建的正、副使。武士彟贩卖木材入洛阳,他利用关系与财富,常与权贵结交。他通过杨达做成了一笔大买卖,长期供应营建洛阳的木材等物资。其间,他也曾招致杨素的猜忌,想构以祸端,得到杨雄、牛宏等权贵的庇护而免于祸,从此深自隐匿,以求自保。

武士彟退隐后,开始密切关注时局的变化。及至隋炀帝大业七年对高句丽用兵失败后,国内乱局呈燎原之势。在此种时代背景下,武士彟决定往事功方面发展。彼时他的真正动机尚不明确,但或多或少与隋炀帝实行"广募骁勇,扫地为兵"的政策有关。武士彟有志于从军立功,以求仕宦。他开始利用手中的财富,不断交结地方官员,并在太原鹰扬府谋得了队正的小官。手底下统领着五十个兵卒,是府兵制的最低常制长官,相当于现在军队里的一个排长。

武士彟就这样完成了从农民到商人又成为官人的三级跳,迎来了家族翻身的机会。一个人的成功需要运气,更需要贵人。如果有了运气，又遇上生命中的贵人，不成功便是天理难容。需要交代的是，彼时官员的选拔使用全凭门第和血统的纯正度。那些高官显贵的子弟一出生就含着金钥匙，世家大族，凭借门第青云直上，就能位列公侯；而一般的士子、商人则被列为寒门庶族。出身寒门之人，无论才学和品行如何卓著，也难以为朝廷所重用。即使有机会进入政界，最终不过以小吏混迹，极难升迁。就算凭借勇力当一名军人，获得军功得到显位，也仍被那些士族子弟所轻视，或是挂一个有职无权的闲差，或是被一轮又一轮的政治洗牌大浪淘沙，直至洗出权力序列。鹰扬府队正只是一个小军官，而太原留守李渊则系出陇西李氏，是今上（隋炀帝）的表弟，身份官爵俱高，武士彟是如何结交上他的，以至成为大唐开国功臣？

　　隋大业十一年，时任并州河东巡抚大使的唐国公李渊，因为军务政务繁忙，经常奔忙于并州、河东两地。当时连通两地的官道正好从并州文水的武家庄穿境而过，武家的机会也随着这条官道而来。根据《攀龙台碑》的说法，武士彟要出山时，诸兄素闻李密才是反隋群雄中最有实力者，劝他前去投靠。"李密虽有才气，未能经远，欲图功业，终恐无成"，武士彟告诉他们。显然他的出山不是要自立山头，而是要投靠明主，以"图功业"。

　　武士彟果断地辞去了队正的官职，在家门口的道旁开起了茶馆。奇怪的是，茶馆大多时候处于关门歇业状态。醉翁之意不在酒，武士彟并不关心茶馆生意能挣多少钱。他追求的是一种可持续发展，等待的是一个家族翻身的机会。魏晋南北朝以来，社会上出现了一种新的阶级，他们世代为官，依照官位高低，高的形成了大士族，或者成为世族、大姓、高门，次者成为小姓，先人无官可做便是寒素。一般的士子、商人则被列为寒门庶族。出身寒门之人，无论才学和品行如何，上升空间依然有限。人才选拔考试，组织人事部门一看，庶族，笔试面试都过了，政审这一关就过不去。即使有机会进入体制内，最终不过以小吏混迹。

很多时候，武士彟会毕恭毕敬地立于道旁，拦住行政长官李渊的马头，诚心诚意地邀请对方下马歇息。他不仅想办法留下李渊，还从马厩里挑上几匹骏马送给对方。李渊本是武人，武人好马，武士彟便投其所好。武士彟偷偷观察李渊，以为此人"雄杰简易，聪明神武，此可从事矣"，于是倾力攀附。李渊也常往武宅"乐饮经宿，恩情逾重"。

苦心没有白费，也就在第二年，李渊改任太原府留守，成为主政一方的行政长官。武士彟毫不犹豫地抛家舍业，到太原留守衙门当了一名行军司铠参军，主要负责武器管理、粮草配备等后勤工作，官至正七品，比起鹰扬府的小队正，无疑又迈出了一步。两人身份地位悬殊，结交也不久，关系却如此快速地发展，应是武士彟刻意逢迎的结果。所以后来李渊对武士彟说，"尝礼我，故酬汝以官"。此时的李渊，对武士彟来说可能只是全力投资以期日后回报的买卖。而李渊用他，则是因为得人款待，同时武士彟曾是一名成功的商人，他的经营长才刚好可以用于处理军事装备之事。

武士彟如此攀附李渊，李渊又是何许人？西魏时，李渊的先祖叫李天赐，奋斗半生，不过是幢主的小官。这个官自南北朝到隋代，也没超过七品。在时间面前，世界是公平的。上天终究没有辜负李天赐这个响当当的名字，其子李虎改写了李家的命运。李虎不是别人，正是李渊的祖父。他经过无数次血与火的考验，终于修成正果，得到了西魏皇帝的青睐，被赐姓大野氏。

大野氏和李虎的名字好像天生一对，俨然是一野生动物，动物凶猛。可在彼时彼刻，大野是皇族的姓，享有此姓的人便是国姓爷，即使破铜烂铁，也能镀上一层金粉，耀眼唬人。李虎从此被唤作大野虎，镀了金的大野虎在仕途上亦如猛虎下山，官至太尉。

太尉，不可等闲视之，级别属于国家最高行政长官一级。同时李虎还被封为八柱国大将军之一。在西魏大统十六年（550年）以前，柱国大将军这一称号共封给八个人，他们分别为：宇文泰（李世民外曾祖父）、元欣、李虎（李渊祖父）、李弼（李密曾祖父）、赵贵、于谨、独孤信（杨坚岳父，李渊外祖父）、侯莫陈崇。他们创造了西魏、北周、隋、唐四个朝代辉煌的历史。史书曰："今之称门阀者，咸推八柱国家。"彼时的李虎，除了皇帝，没几人排名在他前面。李虎还做了一件令李氏家族的地位发生了质的飞跃的事情：他在政治军事各方面鼎力协助当时的西魏权臣——宇文泰。

李虎的投资眼光还是不错的，虽然世道艰难，但他还是看准了这是一项长线投资。当时的宇文泰还没有篡位，由于得到李虎的帮助，宇文家族的地位得到巩固。待到宇文泰的儿子篡位建立北周后，仍念念不忘李虎的恩情，将其列为开国元勋，封为"唐国公"。就这样，李虎为后来的李唐社稷打下了角逐天下的第一步基础，也为家族攫取了政治上的第一桶金。

隋文帝杨坚在北周任丞相时，恢复了李渊家族的本姓。隋文帝杨坚的皇后（隋炀帝杨广的母亲）独孤氏是李渊的姨妈，李渊自小便得到隋文帝夫妇的喜爱。

李渊于北周天和元年（566年）出生于长安的唐公府邸，从小便死了爹。死了爹，可他还是他爹的儿子。血统很重要，有时它是原罪，有时它是荣耀。也因为这很重要的一点，李渊得以顺利袭封唐公，这就是门阀士族的力量。

李渊前往太原赴任，身边只带了次子李世民。李渊听说杨广要派他去山西任职，内心按捺不住兴奋。彼处乃陶唐故国发祥地，而自己又是唐国公。唐国公入唐国，无异于鱼入大海。在前往封地的路上，李渊和李世民父子还有一番推心置腹的交流。

李渊告诉这个最能干的儿子说:"唐固吾国,太原即其地焉。今我来斯,是为天与。"唐是我们的国,太原是我们创家业的地方,今天来到陶唐故国,不是朝廷派我来的,而是上天派我来的。这话明显不是在教育儿子忠君爱国,分明是狼子野心,昭然若揭。

大业十三年初,李渊父子见隋王朝恶贯至此,终于满盈,决定乘乱起兵,期望乱世之中成就一番事业。李渊知道隋炀帝并不信任自己,他在任命自己为太原留守的同时,又任命了两个副留守:虎贲郎将王威与虎牙郎将高君雅,虎贲正四品,虎牙从四品。《大唐创业起居注》载,高君雅与隋炀帝关系密切,"雅是炀帝旧左右"。炀帝以两个禁卫军中高级将领作为副留守,其用意在监视李渊。于是,在太原城内的隋军中,分成了两个对立的派系:留守李渊派与副留守高君雅、王威派。

在参与太原起事的人物中,有相当一部分具有隋府兵军官身份。如裴寂,"隋开皇中,为左亲卫";刘文静,"少以其父身死王事,袭父为仪同三司";长孙顺德,"仕隋右勋卫";刘弘基,"以父荫为右勋侍"。而武士彟在他们中,地位不高,几乎居于最底层。但武士彟还具有晋阳土著地主的身份。具有这样身份的人,还有一个知名人物,刘世龙。武士彟与刘世龙都是当地的富人,但他们都出身"微细",富而不贵。刘世龙在地方的号召力远胜于武士彟,而武士彟却拥有府兵军官的身份,与李渊走得更近。

当时整个晋阳土著地主都是两边平衡,周旋于李渊和王、高之间。他们一面常来李渊府上做客,一面"亦出入王威、高君雅家"。但是后来,太原城内两派力量的对比发生了变化。据《起居注》,大业十三年二月乙丑日,马邑军人刘武周杀太守王仁恭自称太守,降附突厥,突厥封他为"定杨可汗"。这是一起严重事件,这在太原城内的官僚中引起了恐慌情绪。李渊借此逼迫王威、高君雅同意他扩大兵力。而在集兵措施付诸执行之后，形势就起了变化，李渊的力量迅速超过王、高的力量。因为派去募兵的人都是李渊安排好的，他们是李世民与晋阳令刘文静及门下客长孙顺德、刘弘基等人。

李渊的异常举动引起王威、高君雅的怀疑，他们私下找到武士彟商量此事。武士彟并不是力促李渊太原起兵的关键人物，刚开始，他甚至还是李渊在太原的对立面王威、高君雅的人。进入长安后，李渊曾当面对武士彟说过"汝王威之党也"。不过，武士彟很快对自己的错误判断做出了调整。

武士彟与王威虽然交情不错，但是大势所趋还是能看清楚的。武士彟是一个商人，资本投资是其长项。经过他的耐心劝说，王威、高君雅并没有采取行动，也为李渊消除了太原起兵的障碍。李渊将计就计，将王、高二人除掉。李渊在晋阳举义旗之前，武士彟曾"自进兵书及符瑞"于李渊，并对李渊说："夜曾梦见唐公入西京，骑苍龙升为天子。"他拍着胸脯向李渊保证，只要对方起兵，他就捐出自己的所有财富投资入股。

身为商人，武士彟应该做过一番计算。李渊听后很是受用，所以"高祖大欢，益以自负"。他拉着武士彟的手表态：如果将来自己取得成功，当与武兄共享荣华。李渊是太原地区最高长官，武士彟是他的下级官吏。两个人能够这么掏心掏肺地交流谋反之事，可见他们之间的关系已超越了普通朋友的范畴。太原起兵后，武家只有老二武士让留在原籍，其他人都参加了唐军。等到李渊登基，开唐朝一代伟业时，武士彟因功官拜光禄大夫，封太原郡公，又以后勤部军需官的身份跻身于十四名太原首义功臣之列，并从李渊手里得到了一块钦定的免死金牌，有了这块免死牌，即使有一天犯了死罪，也杀不得。

武家应该说是彻底转运，摘掉了几辈子戴在头上的寒门"小姓"

帽子。兄弟四人都得到唐高祖李渊的厚赏，甚至出现一门三公的盛况，武士彟一跃成为新朝显贵。为了这一天的到来，武士彟等了太久，但他终究还是等来了光明；有的人穷尽一生在黑暗中摸索，却不得法门而入。武士彟实现光耀门楣的梦想，靠的是眼光。

当李渊秘密进行起兵部署时，武士彟还有两件功劳。其一是当李渊以另一起事集团刘武周进据汾阳宫为借口，命令李世民和刘文静、长孙顺德、刘弘基等各募兵集结之时，副留守王威、高君雅对此怀疑，尤其长孙顺德、刘弘基二人原是逃兵，故想予以逮捕审判。武士彟劝告两位副留守，说二人是唐公之客，逮捕审判他们则必与唐公大起纠纷，使王威等人不敢行动。其二是留守司兵田德平想建议王威等审核募兵的状况，武士彟又劝止他说："讨捕兵马的兵权总隶于唐公，王威、高君雅等不过是寄主而已，他们又能怎样？"所以田德平也停止了行动。这两件事关系重大，使李渊能顺利进行募兵和集结，并得以举兵起事。

大业十三年末，唐军攻破长安。次年四月，宇文化及在扬州缢死隋炀帝，隋朝灭亡。五月，李渊称帝建立唐朝，改元武德，于长安太极殿（即隋大兴殿）下诏书敕封开国元勋，武士彟是十六位"太原元谋勋效功臣"之一。

武德元年（618年）八月这一天，唐高祖李渊论功行赏，把太原起义跟着自己一起闹革命的功臣分为两个等级，均赐以"太原元谋勋效功臣"的勋号，其中一等功臣只有两个人，其余十四人为二等功臣，武士彟名列二等功臣。武士彟的职位是中央最高行政机关尚书省兵部的库部郎，也就是兵部四司之一库部司的司长。库部司执掌全国武器军备设施，属于正五品官员。由此可见，这时候的武士彟虽有"勋"，却未"贵"。库部郎，这个职位虽然不高，但却非常关键。当时国家刚刚建立，群雄并列，战争的硝烟还未散去。

两年后，武士彟升为正三品部长级的工部尚书。唐朝官僚制度，三品以上就是国之大臣，掌握大权的行政机构是尚书省，由尚书令、仆射和六部尚书组成权力核心，称为"八座"，工部尚书是尚书八座之一，可见武士彟这时候已经跻身政府高层。此时的"十二军"是唐朝政权的核心武力，而武士彟兼统其中一军，甚至还被安排指挥右厢禁军，可见他在唐高祖心目中的位置。从武德三年以后，凭借着武士彟的地位，武氏家族已经成为"当世勋贵"。李渊除了履行"当同富贵"的诺言之外，为了答谢当年受到武士彟的盛待，更另封其两兄为郡公，并说出"欲使卿一门三公"此类恩重之言。

武士彟官场得意，感情却出现了些许状况。他在禁卫军中供职期间，留在原籍的夫人相里氏和一个儿子相继离世。老婆和孩子的双双离世，都没有牵绊住武士彟前行的步伐，甚至都没回家奔丧。他当时正随李渊在并州视察，离家也只是半天的路程，但他没有选择回家，而是选择了忠诚地守护在李渊的身边。

唐高祖李渊知道情况后，深受感动，特地下诏给予褒扬：此人忠节有余，去年儿夭，今日妇亡，相去非遥，未尝言及，遗身殉国，举无与比。他特下敕表彰，提拔武士彟为三品工部尚书，封为应国公。

相里氏死后为武士彟留下了两个儿子，他们分别是武元庆和武元爽。

自己是三品大员，怎么能够长期无妻室？唐高祖打算为武士彟续娶一位有贵族血统的媳妇，借以提高武氏的社会地位。唐朝人选择婚姻有三个标准——门第、财富和功名，而以门第为第一优先。李渊认真地翻阅了《氏族志》，并向周围的皇亲国戚询问商议，经过再三斟酌，为武士彟圈定了人选。此女是前隋朝皇族的宗室，曾任过宰相的杨达的女儿。

隋亡后，杨达已过世，杨姓的社会地位大不如前，但瘦死的骆驼比马大，毕竟位列《氏族志》前几名，乃天下名门，血统高贵而纯正，正是寒门新贵期待的择偶对象。美中不足的是杨氏这时候已年过四十，并不是十七八岁的黄花闺女。杨氏年事如此之高，武士彟能够同意这门婚姻显然是为了抬高自己的门户地位。以婚与宦作为立门户的手段，这是一种不成文的法规，也是终南捷径。武士彟汲汲于名利，自然依样行事。

尽管如此，武士彟对李渊还是感恩戴德。在讲究血统论的王朝体系里，庶民有庶民的墓志铭，贵族有贵族的通行证。有钱难买血统，更难以买到贵族身份。李渊很了解武士彟，一个精明的生意人最看重的是利益。像武士彟这样的家庭，若在和平时期，想与杨达这种门阀显贵联姻，是不可想象的。武氏家族此时已升为一国公、两郡公。这是武则天发迹之前，武氏家族的一个高光时刻。只有在完成这一步后，武士彟与杨氏结婚才算有了真正的基础。武士彟娶了杨氏，就算是和天下一等豪门攀上了高亲，这是一笔稳赚不赔的买卖。由纯粹的庶民身份，变成了半庶半贵。这种身份上的换血，对于身在官场的武氏中人，是非常有必要的。

武德三年，由唐高祖李渊亲自做媒，李世民的同母妹妹桂阳公主主婚，四十五岁的武士彟和四十三岁的杨氏结了婚，结婚所花费的钱财也全部由国库支付。皇帝提亲、公主主婚、费用国家支付，这是历史上罕见的殊恩和殊荣，何等的荣耀！

武士彟很激动，也很满意。做人能做到这一步，夫复何求？通过这场婚姻，武氏血统和社会地位焕然一新，身上的穷酸味和商人的铜臭味也就淡了许多。武氏就这样完成了从富有到高贵的又一次人生飞跃。

善于商业运作的武士彟压根儿也没料到，出生于社会最底层的自己，如今会官至工部尚书，又在近天命之年娶上了前隋宰相、皇族宗室杨达的女儿。对于他这样的寒门新贵来说，只能说是祖坟冒了青烟。

武德七年立春，长安的春天却迟迟没有显露的痕迹，长树短木都阴郁着脸挺立在街道两旁，不给一点颜色看。彼时，长安东街的武府上下却忙作一团。年届四十的杨氏又到了怀胎期满、珠玉临盆的时候。

杨氏这时候已生有一个女儿，作为她的丈夫武士彟还是不满意。他娶杨氏的目的，很大程度是为了抬高武家门户。只有杨氏生的儿子，才是士庶的完美结合。在血统论横行的年代里，他需要的是能够继承自己家产、延续武家香火的儿子，女儿早晚是嫁出去的人，是泼出去的水。

已经年过四十的杨氏不负期望，结婚不久就怀了孕，"枯杨生禾弟"，只可惜头胎就生下个女儿。杨氏的年龄马上临界妇女的绝育期，武士彟陡然生出了一种紧迫感，时不我待，须抓紧时间，一定要让杨氏为武家再生一两个高贵血统的儿子来。

他丝毫没有顾惜自己老婆已经是四十岁的高龄产妇，不见儿子不罢休。等到再次怀孕时，杨氏自己一天到晚惴惴不安，成天烧香拜佛，祈求天降贵子。这天晚上，杨氏依稀梦见一黑龙盘在前窗，首尾相见。俄而，又见天女散花，人言大罗天女来也。醒来后，她就把这事说给自己的丈夫听。武士彟也觉得这梦来得有些蹊跷，他让杨氏不要到处声张。

武士彟与其他商人不同之处在于，他喜欢读书，喜欢琢磨事，这也是他成功了而别人被淘汰出局的重要原因。他读过几本前朝皇帝诞生记之类的书，按照中国民间说法，只有皇帝诞生才可能有龙蛇之相。

武士彟找了几个算命先生摇了几次卦，他们咬定这一胎肯定是男孩。武士彟还是不放心，自己又穿着便衣悄悄地去白马寺求得一签，上写："君臣具体，朋友同志，市易有利，天地丈夫。"此卦藏有"丈夫"二字,看来上天怜我,赐我麟儿。武士彟放下了一半心,觉得老婆这次肚子里的儿子是跑不了了。经过了漫长的十月怀胎,杨氏终于迎来了分娩的时刻。随着一声石破天惊的啼哭,不是说好老天要赐一个"丈夫"吗?怎么又是女儿!他将女婴抱在怀里久久地凝视,难道眼前这个白白胖胖的女婴就是传说中的那条黑龙?他只有摇头苦笑的份儿。

据史书记载,武则天生来方额广颐,一脸的福相。放到现在,应该算不上骨感美女。武则天生来并无人称其为武则天,武则天这个名字主要来自于死后谥号"则天大圣皇后"。当然,她还有一个尽人皆知的名字叫"媚娘",源于入宫之后太宗曾赐号为"媚"。而"曌"(照)这个字,则是她自己生造出来的,意思是"日月当空光耀四方"。

或许是父母取的名字让自己不甚满意,又或者是古今文人造出的字传达不出她内心的想法。有人根据当时地名的更改,来推测武则天的名字。在中国封建社会,更改地名有一个重要的因素就是"避尊者讳"。就是说,地名和皇帝的名字不能撞车。大凡地名不巧与帝王的名字重了字,地名都要避讳改名。皇帝的名字是上天所授,天授的一切都要大过尘世的一切。《新唐书》中明确记载:"华州华阴郡,上辅。义宁元年析京兆郡之郑、华阴置。垂拱二年避武氏讳曰大州,神龙元年复故名。"由此推断武则天的名讳为"华"。华州郡因"华"字要"避武氏讳",所以改称"大州"。由此可以推测,武则天的名字里或许有一个"华"字。其实这里也值得商榷,武则天爷爷名叫武华,"华"字"避武氏讳",很大程度是避她爷爷的讳。

武则天幼时,武士彟就仟利州都督。唐朝最著名的相面大师袁天罡,有一次路过府上。中国的相术文化源远流长,直到今日,我们依旧能在路边摊上看到《麻衣相术》《相理衡真》之类的书热卖。袁天罡或许是中国历史上最有名的相术师,他和李淳风合编的《推背图》

更是将自己推上了神坛。民间认为袁天罡乃是天罡星中智慧之星下凡。

袁天罡在这里说了一句神鬼莫测的话："夫人您生得骨法不凡，家中必有贵子。"杨氏看着眼前这位身着奇装异服的大师，心里暗自嘀咕：这家伙是在挖苦我，还是真不知道我生不出个儿子？经袁天罡这么一忽悠，杨氏还是产生了好奇心，她倒想听听袁天罡是怎么说的。既然是好话，听听又何妨，哪个父母不喜欢别人夸自己的孩子？袁大师虽然说得有些玄乎，但是让人心生欢喜。

武士彟马上将袁天罡请到家中，问大师可不可以明示。按照当时的习惯，先看的是儿子。武元庆和武元爽就被拉出来了，袁天罡看了看，说，这两个郎君长相不错，以后是保家之子。接着，杨氏又把大女儿叫出来，也就是武则天的姐姐，后来的韩国夫人。袁天罡又仔细端详一番，说，这个小娘子生得倒也不错，以后肯定是个贵夫人，可惜的是将来不利其夫。也就是说她将来大福大贵之后，夫家得不到半点好处，是个克夫的命。

轮到武则天登场，小家伙特精神。因为盼儿心切，武则天当时被父母打扮成男孩的模样，发髻向上扎起来，看上去像是个招财童子。袁天罡一看这粉嘟嘟的孩儿，脸色骤变，很快又恢复了平静。他的眼神里充满了难以置信的疑惑，半天才说了一句话："你们把这孩子放下来，走两步让我看看。"

武则天就从奶妈的怀里出溜下来，在地上四平八稳地走了两步，像模像样，龙骧虎步。小家伙忽闪着一双大眼睛盯着袁天罡。从武则天出现的那一刻，袁天罡的眼睛自始至终都没有离开武则天的那张脸。这时候，他说了两句令人震颤的话。他说："此郎君生得是龙睛凤颈，一副大福大贵的样子，他怎么会是个男孩呢？如果是个女孩，将来必为天下之主。"

袁天罡这句话让人费解，他既然认定武则天是个男孩，却还说，如果这孩子是个女娃娃,将来必为天下之主。一切如果,皆是假设,这样的话说了也等于没说。女娃娃为天下之主,这句话本就荒谬至极。

袁天罡到武家帮忙看相的事应该是有的,但他有没有对武则天做过那样的一番预言,就不得而知了。不过试想:袁天罡正被大唐皇帝宠信的时候,怎么敢于冒天下之大不韪预言有人要代唐自立?这罪名足够诛九族的。

我们可以想象得到,就算没有袁天罡相面,凭着武则天后来的光辉事迹,在出生的时候做点玄而又玄的文章也符合史家的春秋笔法。中国几千年的历史虽然始终没有走出兴亡的铁律,但这种玄而又玄的宿命论却一直大有市场,追捧之人也不在少数。

我们唯一可以肯定的是,生在官宦之家的武则天与同时代的所有官僚人家的子女一样,过着无忧无虑、养尊处优的生活。但她似乎又不完全像同时代的官家小姐,养在深闺,学做针线女红。跟着父母这么多年东奔西走,让她有了更多接触外界的机会。如果说有什么不一样的话,那就是她比一般的少女多走了一些路,也多读了一些书。

她的母亲杨夫人喜欢文史,不擅女红,家庭的耳濡目染,母亲的言传身教,必然对武则天有着潜移默化的影响,所以武则天也像母亲一样喜欢文史。爱好文史会让人在审视现象时有一种宏大壮阔的视角,不拘泥于小儿女的方寸。

杨氏共生了三个女儿,长女便是日后的韩国夫人,次女为武则天,下面还有个妹妹,约比武则天小一岁,史书上记载得并不多。仕途得意,儿女满堂。做男人做到这一步,武士彟可算是功德圆满。就在这时候,大唐高层政局发生变动,秦王李世民悍然发动玄武门事变,杀了自己的哥哥李建成和弟弟李元吉,夺位成功。时为武德九年六月四日。

在武德一朝官运亨通的武士彟,除在事变后短暂地回京述职之外,终贞观一朝,一直都在外地任职,再也不曾做过京官。这难免会让人联想到,武士彟与高祖关系密切,成为李世民心头大忌。武士彟作为太原最早的从龙功臣,一直深得李渊爱护,这可以从他顺畅的仕途反映出来。

武德八年二、三月之际,武士彟赴任扬州大都督府长史。次年,李世民武力夺嫡之后,致力于各派系的政治和解。先皇身边的红人,再难挤进权力的中枢,武士彟改任豫州都督。武则天此时三岁。武士彟在豫州大约一年半的时间,待到贞观二年年初,又改任利州都督。武士彟在利州的时间比较长,有三年之久,才又被任命为荆州都督。武士彟在荆州四年,直到贞观九年七月病逝为止。从我们今天的地理概念来看,扬州在江苏,豫州在河南,利州在四川,荆州在湖北,并州在山西。由于武士彟四方为官,武则天也就追随着父亲跑遍了大半个中国。

正所谓读万卷书,行万里路。少年武则天的生活大抵如此。

但是天有不测风云,人有旦夕祸福。上天并没有给武则天过这种平淡生活的机会,她幸福的童年在十二岁的时候戛然而止。她的生命,也由此掀开了新的一页。武德八年八月以后,武士彟以权检校扬州大都督长史的官衔,所谓"权检校"就是暂时代理的意思,《攀龙台碑》说皇帝约武士彟"期以半年"。不料武士彟此去,就再也没有回到他日思夜想的长安。

武德九年六月,天策上将、尚书令、秦王李世民发动玄武门兵变,逼其父皇交出权力。至八月,李世民以皇太子身份即位,是为唐太宗。李世民以太子执政期间,中枢高层换了一批人,主要由秦王府人马出任要职。所以此时征召武士彟入朝,对他仅是止于宠赐频繁,事以殊礼,以安抚父皇旧部罢了;不久却另以镇守战略要地的理由,将其改授为豫州都督。就在同一年(贞观九年),唐高祖李渊因病去世。

武士彟闻知旧主的死讯，心里非常悲痛，没多久也就呕血而死，到另一个世界追随自己的主子去了，享年五十九岁。

武士彟死状驰奏朝廷，李世民闻之，嗟悼说"可谓忠孝之士"，乃追赠为礼部尚书，谥号为"定"。依照唐朝谥号："大虑静民曰定，安民法古曰定，追补前过曰定，安民大虑约定，纯行不爽曰定。"武士彟撒手而去，杨氏成了寡妇。武士彟之死给予杨氏以沉重打击。家庭环境如此险恶，她又无法从这儿跳出去。她这时已五十七岁，她的婚姻是由李渊撮合而成，再嫁已无任何可能性。她被抛入一种绝望的处境里，在生与死之间徘徊。《高皇后碑》云：高后哀深杞堞，誓切柏舟，悲一剑之先沈，怨双桐之半死。这难道是一般的悲恸吗？不是。杨氏带着三个女儿扶柩回到并州老家。由于武士彟是三品大员，所以由当时担任并州都督的李勣亲自监护葬礼。我们以后会讲到，这个人在武则天的生命中将产生极其重要的影响，不过此时的他只是例行公事而已。

武则天当时肯定不会注意到李勣的存在。因为她还沉浸在悲痛之中，她悲痛的不仅仅是父亲的去世，还有家庭生活的骤然改变。跟随母亲回到并州后，武则天原来熟悉的那个简单的核心家庭一下子变成了钩心斗角的联合家庭。父亲死后，家里原来潜藏着的各种矛盾一下子爆发出来。武士彟在的时候，兄弟姐妹是一家；武士彟不在了，多一个兄弟姐妹，就会多出一个瓜分家产的竞争对手。

武士彟与前妻生的两个儿子武元庆和武元爽，对继母杨氏和她的三个女儿非常不客气。因为三个小姑娘还都没出嫁，按照唐朝的习惯，女儿出嫁的时候是要分割财产的。武元庆和武元爽一想到这儿，不由得对这三个妹妹厌恶起来。

从另外一个角度说，武氏是一个大家族，一般来讲，在中国古代，族人在处理这种家庭矛盾的时候，通常是向男不向女。男孩算是自家人，传香火，振家业，是男人的事；而女孩迟早是要嫁出去的，是泼出去的水，是别人家的事。

武氏族人对杨夫人母女百般挑剔，特别是两个堂哥，武惟良和武怀运，对这娘几个的态度极其恶劣。目的只有一个，让杨氏母女赶紧卷铺盖走人。武士彟的离世，让杨氏母女陷入窘境。杨氏转向佛门，从此"心揭宝偈，手写金言，字落贯花，词分半月，将佛日而长悬，共慈灯而不灭"。她甚至想回到文水，结一佛庐，临近武士彟之墓。只是因为她对女儿的爱，才让她放弃了这种想法。武则天后来信佛，亦受其影响。

武则天从养尊处优的官家千金一下子变成任人欺凌的弱势女子，这让少女时代的她心里充满了怨恨，而这种怨恨像毒草一样生根发芽。按照心理学研究，人的暴力倾向存在于基因，谋杀动机存在于大脑前叶，而一个人的生活经验会为大脑进行重新配置，尤其是人的早期生活经验产生的影响特别强而有力。因此，孩子如果经常遭受诸如虐待、忽视、恐怖的伤害，会引起大脑的物质变化，紧张的化学物质就会源源不断地涌入，会使脑子里攻击、逃避的荷尔蒙发生重组，让它们一触即发。

武则天和母亲杨氏并没有分得多少家产，只得忍气吞声寄居在兄长武元庆的屋檐底下。不久，武则天的大姐不堪兄长欺侮，早早地嫁人，嫁给了越王府曹贺兰越石。这让人不免想起袁天罡当年的那句话，此女将来不利其夫。

大姐嫁人后，武则天和母亲杨氏前往京城投靠亲戚。也就在这一年，唐太宗李世民下诏广选天下美女、才女充实掖庭。虽说这时候李世民的三宫六院已经人满为患，可后宫还是一再扩充。征美令布告天下，对时刻等待机会的武则天来说，这是一个千载难逢的良机。武则天显然是有备而战，经过一系列的海选和淘汰赛，她笑到了最后。当听说选妃嫔选到自己头上时，她表现出了异常的决然和冷漠。

　　杨氏虽然同意女儿进宫，也曾经千方百计地进宫找自己的表妹杨妃走后门托关系。但当这一天终于到来的时候，她不禁为女儿的未来深深地忧虑。这位饱经沧桑，从小生在王侯家的前朝宰相之女，怎会不晓得九重宫阙是一个怎样的地方？虽然吃的是山珍海味，穿的是绫罗绸缎，但三宫六院在繁花似锦的外表下面，又何尝不是险恶难测的旋涡？虽然有个别幸运儿被命运之神托出水面，成为人上人，可自古至今，有多少女子淹没其间，又有多少红颜薄命的悲剧上演！等待自己女儿的究竟是怎样的命运呢？

　　想到这儿，杨氏不禁悲从中来，哭得很伤心。武则天却面无半点悲色，在一旁像个没事人似的收拾自己的行李。平日喜爱的《史记》等帝王列传，都被捆扎起来，打成包裹。本来以为母亲哭两下就算了，结果杨氏一发不可收。十四岁的武则天只好安慰母亲，她说："见天子庸知非福，何须作儿女悲态？"

　　这句话固然有安慰母亲的成分，但由此可见，武则天对进入后宫抱着乐观的信念。被选作君王妇，有可能是一种灾难，但十四岁的武则天已经做好了避祸趋福、逢凶化吉的思想准备。与其留在家里受堂兄弟们的窝囊气，倒不如进宫搏一把。即使深锁宫墙，也可以赌一赌运气，或许能够开拓一番新天地。

2. 情感、谶语及性格关键词

贞观十一年（637年），少女武则天辞别母亲来到大唐的都城长安，成为唐太宗后宫万千佳丽中的一个。次年六月，太宗的贤内助长孙皇后病殁。长孙皇后虽然是很有见识的女人，但她不愿干预国家大事。她说过这样一句话："牝鸡司晨，终非正道，妇人预闻政事，亦为不祥。"

长孙皇后在遗嘱中提醒唐太宗，千万不要重用她的哥哥长孙无忌，不要让外戚专权，否则可能会出现灾祸。安守妇道、温柔贤良的长孙皇后并不是武则天所欣赏的女人，她最欣赏的是独孤皇后——隋文帝杨坚的皇后，李渊的姨妈。隋文帝上朝，独孤皇后必与之同辇而行，至殿阁而止，派宦官跟随而进沟通联络，"政有所失，随则匡正，多有弘益"。待到文帝下朝，她早已在等候，夫妻"相顾欣然"一起回宫，同起同居，形影不离。隋文帝对这位爱妻是既宠爱又信服，几乎是言听计从，宫中同尊帝后为"二圣"。

武则天还算是比较幸运的，因为她入宫不久便得了个五品的才人封号，并赐号武媚。后宫佳丽三千人，皇帝身边的女人多了去了，可真正能够得宠的人也就那么几个，所谓"集三千宠爱在一身"，概率低到不能再低。她们中的大部分人都将在最繁华的深处开始一生的凋零，想要出头难于上青天，所以一般的父母都舍不得让女儿去冒险。

杨夫人虽有心让女儿改变命运,但事到临头还是难以割舍,所以她在听到这个消息后,才会日夜啼哭。

武则天并不这么想,她觉得家里的生活前景暗淡,进宫或许会有新的机会。大概是父亲喜欢冒险的基因遗传给了她,她愿意为自己的人生冒一次险。人生本就是一场冒险之旅,如果一味地平淡中求生存,那么求来的只能是一场更为平淡的人生。平淡是真,这句话貌似有理,但实在令人颓丧。

近年来有唐史专家臆断武则天感情世界里最爱的男人是李世民。女人与男人的爱必须要有钦佩的成分才会完美而持久,而纵观武则天的一生,天下能让她真正仰视的男子可以说是寥寥无几,而在她情窦初开的年纪,她见到了唐太宗李世民。有人在写武则天与唐太宗的关系时,总在美化。一个是位列千古名君榜,一个是历史上唯一的女皇。他们之间的碰撞不应该是白开水似的平淡无奇,应该是火星撞地球,应该有强烈的戏剧冲突。

于是有人站出来力挺武则天是倾慕唐太宗的,力挺派还拿出女性心理学来分析。因为武则天入宫时侍奉唐太宗的年龄刚好是心理固置期,又恰逢其父病逝,得以充分体会女性的柔弱和卑贱,因而变肉体羡慕为男性崇拜,接着侍奉唐太宗,刚好使其与衷心倾慕的男人心身交合。

此时的武则天只是十几岁的小姑娘,唐太宗只看到她的青春芳华,或是在有限的相处时间里,见识到了她行事干练的一面。像这样的女子在后宫佳丽中算不得奇葩。从武则天晚年曾亲口所述的一件事,或许可以得到某些信息。唐太宗有骏马曰"狮子骢",极凶悍,太宗不能驯。武则天就说她能驯,办法是用三物:铁鞭、铁挝和匕首。即用铁鞭打不服,就用铁挝击;铁挝击不服,就用匕首断其喉。

太宗听后,言道:"诚如卿言,这匹良驹不是被卿刺死了吗?"

武则天的解释是:"良驹骏马,正可为君主乘骑。驯服了则用之,驯不服还要它何用?"

按逻辑推理,唐太宗喜欢武则天,是因为他们有着相近的性格:刚强、果决、权欲、残忍、谋略。这是一个政治家的应有性格。但人性复杂,叱咤风云的男人不一定喜欢铁娘子,尤其是有政治野心和独立思想的女人。唐太宗一生最爱、最尊重的女性是长孙皇后,长孙皇后用东方女性特有的美丽温柔融化了一个政治强人,让权力欲望强盛的唐太宗在回到后宫那一刻能够放松下来。人不可能每时每刻都处于一种情绪和状态,会很累的。

虽然才人是正五品的待遇,是无数男人皓首穷经也难以实现的梦想。但"才人"这个后宫职位并无多少含金量,甚至比不上和她同日入宫而又比她小三岁的徐惠。徐惠是真正的才女,五个月会说话,四岁熟读《论语》《诗经》,八岁写得一手好文章。徐惠父亲曾让她试着以《离骚》作诗,她写了《拟小山篇》:"仰幽岩而流盼,抚桂枝以凝想。将千龄兮此遇,荃何为兮独往?"慢慢地,徐惠的作品广为流传。唐太宗听说后,将其召为才人。

与武则天不时流露的凶悍之气相比,徐惠是一副乖乖女的形象——"手未尝释卷,而辞致蔚赡"。徐惠入宫不久即升为婕妤,不久又升迁充容,由五品升为三品,再升为二品,已是唐太宗的妻妾,而武则天只能算是女侍。就武则天的性格,她不会安于现状,她一定会设法争取的,因为她的自身条件不比徐惠差。徐惠容貌或许不如武则天,毕竟唐太宗给了武则天一个"媚"字,对徐惠的容貌未置一词。可是性格上的差异,让她们在唐太宗心目中分了高下,善良温婉的徐惠才是君王的宠爱。

另外从感情的忠贞度讲,唐太宗还没有归天,武则天已移情唐高宗,这也充分说明她并非忠于唐太宗。爱情应该是以互相忠于对方为前提，连这一点都做不到，何谈爱情？而徐惠，在唐太宗驾崩后，过于悲伤，忧郁成疾，不肯服药，又作七言诗以示思念。一年后病逝，年仅二十四岁，陪葬昭陵。

十二年时光连最起码的提拔重用都想不到，武则天在唐太宗心目中的地位即使高，又能高到哪儿去？透过"媚娘"这个名字，我们也可以看出，武则天在唐太宗心目中，就是个可以随玩随丢的小玩意儿。

从武则天的角度说，武则天不应是对唐太宗崇拜，而是非常之怨恨。当她正处于男性崇拜时，虽然她侍奉了唐太宗这个一国之君，看似无限荣光，可是在每个女人的理想中，没有一个女人愿意把自己交付给一个只把自己当作享用美色的工具，而且对自己不专一的男人。可这对于唐太宗来说，是权力，是天经地义，是武则天无法改变的。

所以像武则天这样自尊心极强的女人，她又如何不对唐太宗产生怨恨呢？

"宫墙深深深几许"，宫墙中别无选择的媚娘对唐太宗是没有爱情的，只有粉丝级别的敬仰，她只是怯于帝王的威严。他对于她只是个传说，爱情是有温度的，而传说只是传说。

武则天入宫时即被封为才人，从分工职责来看，她主要负责唐太宗的休闲生活，起点不算高也不算低。作为一名才人，她要有文才，懂音乐，会骑马射箭，能伴君王笙歌宴乐，更重要的是她还要有惊人的美貌。

对武则天而言，生存是第一位的。按照大唐的后宫制度，有贵、淑、德、贤四妃为正一品，昭仪为首的昭容、充容等九嫔为正二品，名额均有限定，一旦满员，即使再受宠也只能在后面排队拿号头，能不能拿到也很难说。武则天受封为才人是正五品，位在四妃、九嫔、九婕妤、九美人之下，属中等偏下。才人的主要工作是安排宫中宴乐和修习，类似于后宫事务综合协调办公室的秘书。

武则天处理事情的才干及自主的性格，很可能是在这一期间磨炼出来的，毕竟她在这个位置待了十二年——从一个女孩的豆蔻年华到一个女人的成熟期。唐太宗李世民非常看重女子的才学，宫中设有文学馆、教坊等读书习艺的地方。武则天主要负责皇帝的休闲文化生活，也就是说，武则天见到李世民的概率还是很高的。

为了讨好唐太宗，武则天还勤奋修习王羲之的书法。后来竟得以大成，成为她终生痴迷的爱好。以至于今人还在为《兰亭集序》是被太宗带入昭陵还是被武则天带入乾陵而争论不休。武则天的书法造诣极高，擅长飞白书和行草书。飞白书就是在字的笔画中有丝丝露白的特点，难度极大。她的《升仙太子碑》堪称书法中的精品，为七十六岁时所写。当代书法家谢无量曾发出过如此感慨："自来妇女亦无此大手笔。"有人说她的字，隐然有丈夫气。正因为武则天的才情在后宫出了名，唐太宗才把她选到自己身边，作为近身侍女，所谓"侍候笔墨"。

武则天的百般努力并没有得到实质性的回报。她十四岁进宫，直至唐太宗驾崩，前后十二年时间，她只是个"才人"，可见她在唐太宗心目中的地位。只有一种解释：武则天并没有真正俘获君王心。

笔者在这里要插播一段与武则天有关的谶语的故事。

坊间流传"唐三代后，女主武王"的谶语。"谶语"即未来可能应验的预言。此预言源出于《朝野佥载》，一部唐代笔记小说集。贞观二十二年三月，太白金星多次出现在白天。自古以来，这一奇异的天象常被人视为更换天子的征兆。唐太宗将太史令李淳风传唤入宫，问他：近来太白金星时常于白天出现，不知预示何种吉凶祸福？

李淳风略一思索，随即答道：日月星辰变异之象在历朝历代都会出现，不过眼下太白金星的出现和坊间流传的秘记有关，据《秘记》上说，唐三代后，女主武王。

唐太宗急于想从李淳风这里获取破解凶兆之法，李淳风告诉他：现在除灭，时机未到，要顺应天命，待到三十年后，此人已老，灾难自然会化解；如果现在违背天意将此人杀害，天命或许会带来更厉害的角色，天降的灾难将会更大，皇上的子孙将会受到更大的伤害，情况将会变得更加可怕。

李淳风的话，让武则天逃过一劫，却有人因此背了黑锅。此人叫李君羡，玄武门的一员守将。玄武门是长安城的正北门，扼守皇帝居住的大内，位置相当重要。唐太宗当年就是在这里设下伏兵，射杀了哥哥李建成、弟弟李元吉，再用武力逼迫唐高祖李渊退位。李君羡的岗位在玄武门，其职位是左武卫将军。他不仅有官有职，还有爵位，爵位是武连郡公。玄武门守将、左武卫将军、武连郡公、河北武安人，一个人占了四个"武"字。这还不算完，真正要他命的是他自己说的一句话。

这一天，唐太宗在宫内开派对宴请手下那些武将。酒过三巡，不知不觉中酒酣耳热。唐太宗看着大臣们说：我们来行酒令，报小名（也就是拿自己的小名博大家一笑）。

武将放得很开，性格也直率，纷纷响应，报上自己的小名。到了李君羡这儿，他低着头，嘴里嘟哝了一句："臣小名五娘子。"一个五大三粗、胡子拉碴的将军，居然小名叫五娘子。现场哄堂大笑，而太宗却没有笑出来。那一瞬间，他突然想到了那个"女主武王"的预言。没过多久，他找了一个借口，便把李君羡给杀了。此事存在着很大的争议，有人认为此事是武则天当皇帝前后造神运动的产物。她要宣传自己受命于天。为了坐实这件事，她当了皇帝后，还煞有介事地替李君羡平反。对此，清代学者赵翼一针见血地说："唐太宗何果于除宫外之功臣，而昧于除宫内之侍妾也？此不过作传者欲神其术而附会之！"

永徽元年（650年）岁首，季节再度跌入又一个时间的轮回。白雪覆盖了整座长安城，也同时覆盖了这恢宏盛世的骄傲。对于身在感业寺的武则天来说，命运却有了复苏的迹象。有句老对联，叫作"年年岁岁花相似，岁岁年年人不同"。什么与什么相似，什么又与什么不同？这样的问题永远不会有标准答案。

守岁的人长长地透了一口气，推开窗子，让朔风吹散屋子里的炭气；随后，人们点燃了红色的蜡烛，以庆祝新皇帝登位的第一个元旦。大唐的臣民是不会忘记先皇的，太宗皇帝在位二十三年，让天下由纷乱走向太平，人们由流离回复安居。自从秦汉以来，三国六朝，战乱相继，没有真正的承平与统一。然而，李世民却创造了一个宏大的统一局面，二十三年以来，国家欣欣向荣。人们以为他会活得像他父亲一样的长久，谁知太宗皇帝在贞观二十年征高句丽回来之后，就被所谓"风疾"之病缠绕，身体一天不如一天。

到贞观二十三年的夏天，唐太宗李世民竟一病不起，这位在中国历史上风光无限的皇帝仅仅活到五十三岁。太阳每一天都是崭新的，无论你是帝王，还是小老百姓，日光之下，貌似公平。紫宸殿的晨钟响了三遍，接着，各处宫闱和寺庙的钟全部都响了，宏大的声响撼动了白雪覆盖之下的整座长安城。

李世民死了以后，接班的是他的儿子李治，是为唐高宗。高宗皇帝，是唐代颇多争议的一个帝王，他的争议很大程度来源于两个人，一个是他伟大的父亲李世民，另一个是他将来的皇后武则天，他夹在中间不上不下几千年了。

李治在众位大臣们面前亮相，应该是在母亲长孙皇后的葬礼上。当时只有九岁的他哭得一把鼻涕一把泪，惹人怜爱。这份孝心打动了唐太宗，从此对他高看一眼。那时候的李治，让人感觉是个孝顺父母、友爱兄弟姐妹的懂事少年。李治的身体一直很柔弱，多情的人往往长不出一副结实的身板，也许是浓情耗尽了太多生命的精华。

史料记载，李治"幼而岐嶷端审，宽仁孝友"。所谓"岐嶷"，是指这孩子已经聪明到了特异的程度。自古以来，聪明的人活得都挺累。李治是个文艺青年，他的文章和书法还是很有造诣的，喜欢柔媚而艳丽的诗文辞赋，这好像是多情帝王的共性。李唐皇族颇有音乐天赋，李治也是个音乐天才，自己还创作了《上元舞》《琴歌》《白雪》等乐章。综合来看，李治并不是一个混沌之人。白衣胜雪，才华横竖都溢。就是这么一个乖顺之人，却干下了忤逆之事。动什么别动感情，尤其是对自己父亲的女人动感情。

贞观二十年，唐太宗李世民病重，下诏军国机务都交给太子李治处理。从这以后，太子李治就被推到了前台，隔日听政，朝罢入侍药膳。太宗卧病以来，在他的寝殿侧安置了一处院落，让太子李治居住。李治在父皇的寝宫外陪住了不少时日，就是在这个时候，他和同样侍奉父皇的才人武则天有了私情。武才人和太子李治"秽乱春宫"的发生，只可能在双方见面时间较长，接近机会较多，环境相当安全的条件下才有发生的可能。而在这其中，唐太宗的身体状况是关键因素。贞观十九年十二月，太宗征辽归来，行至定州的时候，犯了痈病。"太子为上吮痈，扶辇步从者数日"。第二年开春，太宗从并州出发，回到京师。这时，他想恢复健康，"欲专保养"，太子才得到长期待在宫中的机会。太子所居的别院，紧挨着皇帝的寝殿，而且，仅仅旬日一还东宫，在这一段时间里，就存在着生事的可能。这一年里，太宗的身体似乎有所好转。这年八月，他还因唐军剿灭薛延陀之事，亲自去了趟灵州。回京师后，他在身体较好的基础上，服用长生药。据鲁迅《魏晋文章与药及酒之关系》一文，人服了长生药以后，往往感到烦躁，需要狂走。唐太宗修翠微宫，以后又修玉华宫，目的都是为了求得清凉，以抑制来自内心的燥热。翠微宫在骊山绝顶，然而骊山之高亦无法医治太宗的疾病。贞观二十二年春天以后，他的病就一直没有起色，已很少远行了。

贞观二十三年四月己亥日，太宗起驾前往翠微宫，这时他的身体已经不行了。而给太宗生命最后一击的是一位叫罗迩婆娑的印度僧人，自言会长生不老术。他为太宗合成了新药，但结果是"上苦利增剧"。太宗原来感到燥热，现在又突然腹泻。那个胡僧所合的新药，可能是大凉之药。以剧烈凉药输入高热的病人体内，便造成了不可挽救的后果。虽然在御榻的周围集结有高明的医生，但一个个都束手无策。在太宗生病期间，李治以太子资格，跟随皇帝。由四月己亥日，直到五月丁卯日，太子"昼夜不离侧"，因此他和武才人接近的机会就多了。

那一年，李治十九岁，武则天二十三岁。此时的李治已有太子妃王氏，出身极为显赫，为当时五大姓中的太原王氏。王氏也是一位出名的美人，当然皇家的媳妇没有一个歪瓜裂枣。唐太宗对这个儿媳非常满意，曾称她和李治是一对"佳儿佳妇"。这次李世民真就看走眼了，他眼中的"佳儿佳妇"却没有落得最好的结局。

李治身上有着强烈的文艺气息，对爱情有自己的理解，当然很多想法都是来源于文艺作品：偶然邂逅，心心相印，自由恋爱。可想法虽好，现实却是如此残酷。某年某月的某一天，突然就选来一女的，没有感情生活的前奏，经过皇家无数道烦琐程序仪式，然后正式宣告，二人婚姻有效。遇见武则天，李治才算领略到爱为何物。他们邂逅在唐太宗的寝宫，那一刻，冬雷震震夏雨雪，乃敢与君绝。

至于武则天，大多数人认为她扮演的是诱惑者和投机者的角色，其中并没有多少真情投入，只是因为在太宗那里寻不到出路，才将感情转移到他的儿子身上寻找机会。对于一个自负于才貌却长期遭受冷落的宫妃而言，突然遭遇尊贵的皇太子的垂青，要说这时候的武则天内心一点想法都没有是不可能的。

不管怎么说，这段叫人难以启齿却又让自己心跳不已的恋情，就在华丽而森严的长安宫廷里悄然生根、发芽。十九岁的李治就这样深深地迷上了比自己大的武则天。这也难怪，在备尝风霜、充满心机的武则天眼里，李治不过就是一个感情冲动、腼腆有加的大男孩。

李治是个多情的种子，迟迟没有完成心理上的"断乳"。在错综复杂的宫廷生活中，他常常感到力不从心。他渴望回到童年的时光，渴望回到母亲的怀抱。因为在那里，他才觉得温暖、安全、无忧无虑。可是，母亲长孙皇后早已去世。他也已长大成人，无法回到那备受女性宠爱的童年。于是，本能促使他寻找梦中的港湾，眷恋比自己年龄大、成熟、意志坚定的女人。这正是李治这类具有恋母情结、性格懦弱的男人常见的一种自慰方式。

武则天正好具备了这一切，她热情、机智、美貌。在武则天身上，李治的人生激情和欲望得到了最大的释放和满足。眼前这个女人是一个活着的母亲、现实的情人，是一个难以舍弃的心理和肉体的温床。所谓"秽乱春宫"，或许是武才人选择今后新主子的政治伏笔，而这难免会让人想到，她的父亲武士彟当年在太原城内背弃王威、高君雅等故主，投入新主人李渊怀抱的那一幕。

3. 适者生存的运行法则

贞观二十三年（649年）五月二十四日，唐太宗病危时，急召长孙无忌入宫，打算安排后事，但没有成功。"帝以手扪无忌颐，无忌哭，帝感塞，不得有所言"。

二十六日，长孙无忌偕同褚遂良入宫，这一次，太宗说了一些话。他对两位肱股之臣说："卿等忠烈，简在朕心，昔汉武帝寄霍光，刘备托诸葛亮，朕之后事，一以委卿。太子仁孝，必须尽忠辅佐，永保宗社。"

他对太子李治说："无忌、遂良在，国家之事，汝无忧矣。"

他又指着长孙无忌嘱咐褚遂良："我有天下，多是此人之力。尔辅政后，勿令谗毁之徒损害无忌。若如此者，尔则非复人臣。"

又据褚遂良事后回忆："先帝疾，执陛下手语臣曰：'我儿与妇今付卿。'"在场者有四人，即两顾命大臣，储君李治与李治之妃王氏。而这四人命运的变化，是行将远去的太宗皇帝无论如何也难以预测到的。

太宗死后，停殡于宫中二十二天。小敛、大敛等宫中治丧活动结束后，梓宫被发引出宫，送往墓地。在那里，唐太宗李世民终于得到安息，加入了祖宗之列，成为帝国的过去式。从皇宫往北走，过了通天坊、金波桥，有一座庞大的寺庙，它就是皇家专用寺庙——感业寺。

感业寺周围绿水环绕，花木繁茂，苍松翠竹比比皆是，是京城中最幽静的地方。

唐太宗李世民备极哀荣的丧礼仪式结束后，后宫里未生子女的嫔妃们，不论老的少的，一律循例被打发进感业寺。死了丈夫，就成为寡妇，寡妇门前是非多。作为先皇的女人，惹出是非丢的就是皇家的颜面。将其放入民间又不妥，只好让她们出家当尼姑，养在皇家寺院。

感业寺在长安城内安业坊，有些史书作安业寺。按照规定，所有太宗生前嫔妃，都必须到感业寺落发为尼，武才人也不例外。感业寺里立即美女如云，人满为患，计有贵妃、淑妃、德妃、贤妃诸夫人；昭仪、昭容、昭媛、修仪、修容、修媛、充仪、充容、充媛诸女嫔；婕妤、美人、才人各九人；宝林、御女、采女各二十七人，为八十一御妻，以及原来年老色衰，已被除册的……总计有二百人之多。剃度在升平殿举行，三个剃度师已经进行了两天，还没剃度完，先皇李世民的妃嫔们柔美的头发，已被装了整整三大箩筐，升平殿内殿外，一片哭泣声。

昔日为了争宠，为了品级的提升，个个费尽心机，争相打扮，倾轧对手。如今，太宗崩逝，竟一个个被视为无用之物，被皇家扫地出宫。武则天又一次站到了命运的十字路口，依照唐律，她也要被送出宫削发为尼。武则天虽万般不情愿，但也只能任人摆布，怀着一个渺茫的希望在感业寺住下，名为带发修行，实为大唐天子之别宅妇，身份极为尴尬，前途也是一片黯淡，唯一能指望的，便是与李治那似有若无、脆弱易断的爱情。那叫爱情吗？她也无法肯定。

在这一期间，原太子妃王氏被册立为皇后。永徽之治正式拉开帷幕，朝中一切由长孙无忌和他这一派的少数元老重臣主持执行。此时，武则天已经二十七岁，二十七岁对于女人来说，应该说是各方面都趋向圆满的阶段。她从小随母亲杨氏修禅礼佛。另外，从后宫时代，她已经懂得如何控制自己的生活，有着很强的自律性。感业寺的清规戒律，并没有让她感觉到不适应。

武则天生活在感业寺的时间是她人生过程中最为前途莫测的危险时期，每日考虑的事无非三件。她必须从这儿走出去。如果不能走出去，她将成为历史上一朵无名的野花，在寺院的某个角落枯萎而死。她将走到哪儿去？她可不想再回到那个充满矛盾与龌龊的家庭，彼处尚不如此。按照武则天在贞观十一年初入宫时所说的那句"见天子庸知非福"的逻辑推理，最理想的去处依然是宫廷。当然她考虑最多的还是如何从这里走出去。在此之前，她已经与新皇李治有了情感铺垫，为返回后宫埋下伏笔。这里有一个关键性的问题，深陷感业寺的她如何与李治取得某种联系。这种联系不能委托任何中间人，只能靠她自己。而联系的地点，也只能在感业寺。

新皇登基要有新的气象，李世民后期是三天一上朝，而李治则是天天上朝，称"朕幼登大位，日夕孜孜，犹恐拥滞众务"，每日引刺史十人入内，"问百姓疾苦，及其政治"。对于新角色的新鲜感和责任感，冲淡了与情人分离的相思，重新召武则天入宫之事也一拖再拖。作为皇帝，身边从来就不会缺少美人。但对于武则天来说，日子就没有那么轻松了。红颜易老春易逝，她已经二十七岁。

没有任何名分，没有任何保障，不尴不尬不僧不俗地住在感业寺里，她身边穿梭的都是凡心不死的假尼姑。每天这帮人议论的都是新皇之事，传入她耳中的是新皇昨日纳了谁、今日又纳了谁的消息，都是比她更年轻也许更美貌的女子，而她不能过问，更不敢有任何抱怨。

"看朱成碧思纷纷，憔悴支离为忆君。不信比来常下泪，开箱验取石榴裙。"传说中她写的这首哀婉缠绵的《如意娘》，多少可以反映她当时的心境。年华已经老去，前途仍不明朗，那渺茫无期的承诺什么时候能够到来？在李治未去感业寺的日子里，那个怀着忐忑不安的心情倚门而望的缁衣女子，一定有无数次，为这样莫测的未来而战栗。

男人本来就是靠不住的，何况是一个登上帝位的男人。因为她知道，从来没有什么救世主，更不能靠神仙皇帝。她相信，自己也是人，也有生存下去的权利。因为在二十七年的人生浮沉之中，武则天始终保持着一样东西——信念。信念比黄金还贵重。

永徽元年（650年）五月二十六日，是太宗皇帝去世一周年的忌日，为了替先帝追福，在超度先帝的亡灵的同时，高宗皇帝组织了一系列的祭奠活动，其中包括在京师长安的众多寺院同时举行追福法会。

高宗皇帝本人也要到佛寺行香礼拜，并顺便向先皇奏报这一年来的成就。另外他之所以选择感业寺，还有个很私密的原因。唐高宗做梦也不会想到，他的这次行动差点要了大唐帝国的半条命。

他没有焦虑，他只有兴奋。唐高宗辗转反侧一夜无眠，他已经连夜派人去踩过每一个点，而他只在乎其中的一个点，以及点上的那个人。他选择在这一天离开皇宫拜祭先帝（唐太宗李世民），除了成全自己的"仁孝"之名，同时还要成全自己的"情种"之实。他要去见一个在他生命中很重要的人，一个令他魂牵梦绕的女人。那个曾经被先帝称作"媚娘"的才人，那个在他梦里出现了无数次的哀怨女子，他不能再无限期地拖下去。在对待感情这件事上，李治是个实在人。

当天唐高宗借祭奠之故路过感业寺，进去行香拜佛，目的是要见到武媚娘。二人相见，感慨了一番光阴流水，前程往事。先是女人武媚娘哭哭啼啼，然后男人李治也禁不住流下眼泪。孽缘不易，事件发生时的情境是，《资治通鉴》记载"武氏泣，上亦泣"，她用自己的眼泪引出皇帝的眼泪。女人的眼泪是征服男人最有力的武器，不过这里的眼泪是有区别的。高宗是真情流露，而武则天则是一种经过反复算计后高度理智化的眼泪。正因为如此，感业寺事件更像是经过精心设计，打着感情牌的政治游戏。

高宗帝要在国忌日这一天到感业寺行香，应有大批随员陪同护驾。即使武则天在现场，高宗也不至于和她执手相看泪眼。很可能是在行礼完毕，主动和武则天相见。是先到寺院行香，然后再到武则天住处与其相见，还是事后专门探视武则天，至今给人想象的空间很大。可以肯定的是，在对待武则天的感情这件事上，高宗没有始乱终弃，他是个念旧情的多情之主。

演完悲情桥段，武则天还送给高宗两样东西：一个箱子，一首情诗。箱子里都是撩动相思的旧物，诗则是那首著名情诗——七言绝句《如意娘》。诗的意思是，我想你想得把红色都看成绿色，如果你不相信我的眼泪，就请你打开这个箱子看看我的石榴裙，上面泪痕斑斑。

李治返回宫后，在相当长的时间里，并没有采取任何步骤迎武则天回宫。李治是仁弱之主。明末清初学者王船山在评价唐高宗李治时用了八个字：仁弱之人，必有暴怒。

平日看上去仁弱、被动之人，一旦发作，也不得了。暴怒合乎李治的性格逻辑，感情冲动也符合他的性格逻辑，感情冲动之后，又把引起他冲动的事物很快忘掉，同样合乎他的性格逻辑。感业寺事件，并不在于它对李治产生的影响有多大，即使有影响，也是微弱的，暂时性的。它的影响在于，这个事件被另外一个人注意到了。此人便是王皇后，后宫最有权势之人。

王皇后出身于高门大族——太原王氏，关陇的大贵族家庭。隋唐时代是身份制社会，世家大族在社会上享有崇高的威望和地位。在所有世家大族中，有"五姓七望"最为尊贵。哪"五姓"呢？崔、卢、李、郑、王。在五姓之中，崔姓和李姓都分别有两支最显贵，合起来就成为所谓"七望"。这七望在当时是贵族中的贵族，社会地位显赫，王皇后就出生在这样的一个贵族之家。王皇后的父亲王仁祐被封为魏国公，官居从一品。

王皇后与高宗李治的结合，是大长公主与唐太宗李世民商定的。大长公主是唐太宗的姑姑，李渊的妹妹，后来嫁到王家，二人撮合了这门亲事。唐太宗很满意这个儿媳妇，常说太子和太子妃是自己的"佳儿佳妇"。王氏家族在关陇集团中的地位，还可以从皇后的外家得到印证。王皇后的母亲出身于河东柳氏，世世代代都是关中豪族。她的舅舅柳奭当时还担任中书令。柳氏的叔父柳亨，"蒲州解人，魏尚书左仆射庆之孙也。父旦，隋太常少卿、新城县公"。柳亨之妻为窦诞之女。窦诞"尚高祖女襄阳公主"，窦诞的姑姑，即高祖之妻，太宗生母窦氏，后谥为太穆皇后。而窦诞祖母杨氏，是隋文帝女儿万安公主。王皇后的娘家不论父母双方，都是与皇室有姻亲关系的望族。

王皇后地位虽高，却受到萧淑妃的逼压。当时外廷各派政治力量相互斗法，跟内廷王、萧两大势力之间的矛盾是交织在一起的。之所以交织，是因为长孙无忌等外廷大臣与内廷的王皇后有着千丝万缕的联系，都属于帝国最大的利益集团——关陇集团。

高宗的东宫时代，萧淑妃是次于王妃的良娣。淑妃是仅次于皇后的四夫人之一，正一品。她育有一子二女，在母凭子贵的后宫，她没有理由不恃宠而骄。在高宗所有妻妾之中，她的生育数量是最多的。更何况，她的家族背景也华灿照人，出身于南方贵族兰陵萧氏。这一家族在隋唐时期非常兴盛，隋炀帝的萧皇后就出身于兰陵萧氏。

由于其他皇子们的母亲身份都比萧淑妃低微，于是从后宫到朝堂内外，很多人都猜测：萧淑妃所生的皇子，雍王李素节，很可能超越其他皇兄，册立为太子。高宗当时有四子，前三个都是由无名号的宫人所生，只有老四李素节是萧淑妃所生，当时已经五岁。永徽初年，李素节被封为雍王。王皇后听到这个封号，非常恼怒。雍指长安，雍王的管辖范围就在京都长安及其周边，地理位置非常显要。

王皇后可能因为生理问题，或是运气不好，连一次怀孕的征兆都没有。对她身后的王、柳两大家族来说，这是一个大问题。于是，王皇后听从舅舅中书令柳奭之言，收养后宫宫人刘氏之子陈王李忠，同时外廷联络长孙无忌等实权派请立李忠为皇太子。同年七月，王皇后的义子陈王李忠被册立为太子。

是年，后宫所发生的立储风波，掀起了一连串令人眼花缭乱的纷争。高宗李治曾不止一次地在萧淑妃面前许诺，一旦时机成熟，将立她的儿子李素节为太子。当李治试探性地将这一意图透露给长孙无忌和褚遂良等大臣时，遭到了臣僚们的反对。在立储这件事上，长孙无忌认为最合适太子人选的，应该是皇长子陈王李忠。

处于和萧淑妃激烈矛盾中的王皇后，正费尽心机地摆脱困境。当她听闻高宗密会武则天之事，以为找到了突围的路径。于是，她做出决定，"阴令武氏蓄发"，让武则天偷偷地将头发留起来，准备将其接进宫。如此做法，在后人看来，完全是引虎自卫。但王皇后和她身边的智谋团们并没看出来，她征求母亲和舅舅柳奭的意见，他们都认为这是不错的选择。或许在他们看来，这个被迎回宫的尼姑是一个不幸人，将来对皇后只有感激之情，不可能忘恩负义。更何况武则天出身不高，身份复杂。即使与她翻脸，也掀不起多大的浪。对付武则天的难度要远远小于对付萧淑妃。

进宫后的武则天，刻意保持低调。她很清楚，能够改变她命运的有四种人，他们是皇帝、皇后、宫女宦官、皇子（自己的孩子）。正因为如此，她在讨好高宗的同时，也在百般讨好皇后。《新唐书》记载："后城宇深，痛柔屈不耻，以就大事，帝谓能奉己。"武则天愿意委屈自己，成全皇帝的快乐。而她的潜在对手王皇后，《新唐书》的评价是"后性简重，不屈事上下"，也就是说，王皇后有着高门大族女子的清高与骄傲，不愿意委屈自己去迎合任何人，包括皇帝。

武则天夹缝求生，而王皇后、萧淑妃纠缠于后宫斗法。在博取君王欢心的同时，还要用温情的手段麻痹皇后，《新唐书》说武则天"下辞降体事后"。武则天的内敛低调让王皇后很是满意，一度将其视为心腹。

与此同时，武则天也在不露痕迹地编织她的情报网，"伺后所薄，必款结之，得赐予，尽以分遗"。她暗中观察，但凡皇后薄待之人，她便倾力结交。她将皇帝赏赐的礼物，拿出来和大家分享。她用大把的钱财，曲意交结宫婢和太监。据《资治通鉴·梁武帝大同元年》记载，高欢某次要杀世子高澄，因为侍婢告发说，高澄与高欢的爱妾通奸，另有两婢做证。这时，高澄处境十分危险。后来有人替高澄解脱，解脱的方法是将两个做证的女婢收买过去，叫她们改口证明高澄世子没有乱伦行为，那个告发的侍婢出于不良动机，诬陷了世子。高澄这才转危为安，保住了性命与世子的地位。这个故事说明婢仆地位虽低，但在某些关键时候，却具有扭转事态进程的巨大力量。婢仆们常被人威胁利诱，去说一些与事实不相符的话，甚至完全相反的话，以适应主子的需要，达到他们的目的，这便是所谓"婢仆求容，助相引说"。

亲身经历过家族内部激烈矛盾的武才人，自然认识到婢仆的作用。她收买婢仆，还有一个极为有利的条件，这便是，她的对手王皇后，恰巧是个对婢仆作用认识不足的人。抱有此种态度的还有王皇后的舅舅柳奭。别人的弱点，恰好为武则天所用，自然占得先机。

宫廷之中，从皇后到宫女内侍，从上到下对其无不满意。源源不断的情报，让武则天对王皇后和萧淑妃的情况了如指掌。她们受皇宠的次数、对人的态度及日常生活都在她的监视中。既然没有上层路线可走，索性反其道而行。她要将宫内和王皇后等人的一举一动都纳入自己的监控范围，做到足不出户，宫中大小事务都能了然于胸。也就是说后宫之中，武则天的情报网无处不在。麟德元年（664年），高宗因为不满武则天跋扈，找来宰相上官仪商量废黜武则天的皇后。就在命悬一线之际，她的情报网发挥了作用，《旧唐书》说，"左右奔告于后"。武则天趁着罢免诏书墨迹未干，第一时间将高宗与上官仪堵在内殿，为自己赢得转机。

武则天的生育能力也是惊人的，接连生了两个男孩和一个女孩，接着在第四年又诞下了一个女孩。每一个皇家龙种的诞生，都是促进武则天晋级的一颗重要砝码。作为商人女儿的武则天懂得营销，更懂得投资，她知道这些儿女就是她将来的本钱，是她参与后宫斗争的武器。

武则天在擢升昭仪之后，前途也并非一帆风顺。高宗皇帝专宠于她，几乎每夜都会驾临她的寝宫。如此一来，王皇后在消除了萧淑妃的影响之后，对武则天也由最初的信任转为防备。置身于后宫，武则天并没获得足够的安全感。在后宫内院，一场阴谋的平息意味着另一场阴谋的开启。在保护自己的同时，也学会如何反击，是每个身处后宫的女人必须掌握的生存之道。

帝国的宫廷格局在悄无声息地改变中，而武则天所居住的翠微宫成为后宫的一个中心，高宗皇帝几乎每天都到那儿去。从朝堂下来，承旨与尚衣的内侍跟着皇帝就一路小跑来到翠微宫，把一沓奏章搁在案上，然后脱去冠袍。于是，两人就开始无话不谈。

武则天的知识面很宽，这和她十四岁之前读过大量书籍有关，当时来看，武则天应该算是知识女性。她本就能言善辩，有语言天赋。看似平淡之事，在她的叙述之下都极为动人。高宗皇帝沉迷于她的音容笑谈之中，有时会在翠微宫里，半为公事、半为私情地流连好几个时辰。

如果说李治和武则天在贞观时期的偷情还带着青春期少男对于成熟女性朦胧的好奇，感业寺的相会还带着挑战禁忌的渎神的刺激，那么此时的李治已完全被武则天征服。武则天以人生经验为底蕴的懂分寸、知进退的世故和智慧，显然是王皇后、萧淑妃这样高门大族的千金所不具备的，这种成熟女性的魅力让多情而敏感的李治找到了久违的温柔和依靠。

武则天在文学、音乐和书法等各方面所表现出的才华，也让李治为之倾倒。要知道那时候，诗词唱和、琴瑟和鸣是文青男女的闺中游戏。看来平日里称孤道寡的皇帝不只需要美色，更需要心灵鸡汤抚慰。从贞观二十年到永徽三年，长达六年相思累计起来的情感，让高宗李治对武则天的眷爱很快到了非卿不欢的程度。

幸运之神终于开始向她露出笑脸，武则天很快就从后宫佳丽中脱颖而出，占尽高宗李治的恩宠。深宫之中，讲究的是母以子贵。每一个皇家龙种的诞生，都是提升了武则天成功的地位。

唐高宗大喜过望，自然不肯让她再委屈地做侍女，立即将她提升为昭仪，贵为九嫔之首。武则天的受宠，自然引来无数忌妒的眼神。每一个眼神都像一把刀子，恨不得从黑暗处捅上一刀。已然失宠的萧淑妃更是忌妒得两眼放出绿光。自己一个出身名门世家的清白女子，居然抵不过一个先皇剩下的女人。在萧淑妃的眼中只有两种情绪在闪动：失望及仇恨。

就连一向将武则天视为自己人的王皇后也不由得心惊，要知道没有孩子始终是王皇后心头难以摆脱的致命伤。她听从舅舅中书令柳奭之言，收养后宫宫人刘氏之子陈王李忠，同时外朝联络长孙无忌等人请立李忠为皇太子。

这一年，李治也不过二十五岁，按说没有必要这么早立太子，可是为了给长孙无忌面子，更是为了报答皇后收留武则天的缘故，高宗皇帝还是同意了，并以德高望重的老臣于志宁为太子少师。

陈王李忠于永徽三年七月被立为皇太子，是年年底，武昭仪又诞下皇子，起名李弘。"李弘"在当时是道教的一个谶语。魏晋南北朝以来，天下战乱频仍，瘟疫流行，老百姓渴望幸福安定的生活。在这种情况下，道教在全国流行开来。为了收揽人心，它到处宣传早晚有一天，太平盛世会降临。而太平盛世的降临需要一个条件，那就是太上老君降临凡世。而老君的化身，就叫作李弘。

谶语就是指说的时候不靠谱，事后应验却万分靠谱的话。太上老君降临可以救世，太上老君叫李弘。也就是说，地上有李弘降生，而天上有太上老君降世。

后来的很多次起义都是打着李弘的旗号发动的，李弘有着天人合一的政治寓意。

武则天熟读文史，对此不可能一无所知。她和高宗皇帝给儿子取名李弘，显然有她的一份想法在里面。这个名字包含着她对孩子的无限期望。也就在此时，感觉到危机的王皇后先下手为强，她立自己的养子李忠为皇太子，武则天就是有再多的期望也只能蕴藏在心间。

4. 外廷与后宫的双向对冲

事实上在刚刚进宫的前三年里，武则天几乎什么事也没做。她只是忙着讨好皇帝，讨好皇后，为高宗不停地生儿育女。作为商人子女的她懂得营销自己，更懂得长线投资，她知道生儿养女是立足后宫最大的本钱。继李弘之后，武则天又先后生下长女安定公主和次子李贤。

经过三年的苦心经营，武则天已不再是那个随时会被人踢出局的侍女。她不但站住了脚跟，而且成为集三千宠爱于一身的天子宠妃，所获得的宠爱和信任，后宫之中已再无一人与其比肩。身份的不同必然带来心境的转变，明慧如她，野心如她，又岂甘心终老于妾室之位？

在武则天平静而温柔的微笑里，一场即将震动整个后宫乃至朝廷的风暴，正在不动声色地酝酿当中。她回宫已有三年，后宫仍是难得安宁，曾是天子宠妃的萧淑妃随着武则天的二度入宫，已经完全失宠。

或许是感觉到武则天咄咄逼人的气势，萧淑妃曾试图与昔日情敌王皇后携手共同对付武则天，但丝毫无法撼动高宗对武则天的那份专宠。可以说，此时的武则天已在精神和肉体上全面俘获高宗的心。通过史料，我们无法找到萧淑妃怎样获罪遭贬的记录，武则天是如何说服皇帝对这位昔日宠爱备至、为他生儿育女的女人由冷落而厌弃，直至打入冷宫的，这也成了永远解不开的谜团。现实是，萧淑妃已经被打倒，武则天只需要面对一个人，那便是王皇后。

这倒不是因为王皇后分薄了皇帝的宠爱，事实上这个可怜的皇后虽然一向形象良好，连唐太宗活着的时候也承认她和李治是"佳儿佳妇"，但奇怪的是先皇钦点的儿媳，却始终无法得到自己丈夫的青睐。

王皇后凭着家世和傲人的背景，仍然正位中宫，母仪天下，而她的能力和地位，至少在武则天看来，是不匹配的。在做王皇后的侍女期间，武则天曾经近距离地观察过这位皇后，待人处世的能力跟自己完全不是一个级别的，难道说仅仅凭着与生俱来的血统，就可以成为帝国最尊贵的女人吗？好像说不过去。

李治虽然对武则天万般宠爱，却并没有废后的意思，他得罪不起王皇后背后的宰相集团。作为权力顶端的君王，皇后是他唯一的嫡妻，立后不仅意味着两大家族、两股势力的联合，也意味着政治利益的分配，其间牵涉的非爱情因素太多。

在初唐仍为世人所重的士族高第，以五姓七望为第一等，即"清河崔、范阳卢、赵郡李、荥阳郑、太原王"五姓。王皇后即出生于太原王氏，其父母两家都与李唐皇室有姻缘关系，她与李治的婚姻，就是从祖母——唐高祖之妹牵的红线。太宗皇帝对这个儿媳很是满意，临死前曾对褚遂良说过："佳儿佳妇，悉托付汝！"她因此有了一重护身符。

王皇后的舅舅柳奭时任中书令，按照唐代三省尚书执行、中书决策、门下封驳的制度，作为中书省行政长官的中书令，实际上是宰相级别的高官。柳奭与太尉长孙无忌交情很好，权势颇盛。另外，宰相之中的老臣于志宁是太子李忠的老师，另外一位宰相韩瑗与长孙无忌是姻亲。也就是说，彼时朝堂上的宰辅重臣几乎是一面倒地支持王皇后，当然这种支持并不仅是因为王皇后本人，而是她所代表的"士族高第，美貌守礼"。王皇后不是一个人在战斗，而是一个社会主流阶层、贵族阶层在战斗。

高宗即使对王皇后并无多少爱的成分，但多年的夫妻最起码有一份尊重在里面。这份尊重，实际上是对一手安排这场婚姻的先皇的尊敬，是对自己的舅父长孙无忌的尊重。那份美好的旧时代的荣光，此时却成为唐高宗李治内心深处渴望摆脱的阴影。

作为登基未久又缺乏自信的年轻君主，高宗心有余而力不足。尤其对那些德高望重的老臣的屈服，又何尝不是君权在相权面前的示弱。武则天明白，此时的高宗尚未强大到一个皇帝本该有的高度，以长孙无忌为首的宰相集团才是真正的掌权人。对付他们的办法，不是与他们斗争，而是与他们结盟。在人的世界最怕两个字：结盟。武则天的结盟只有一个目的：拉拢忠臣，废后立武。这八个字说起来容易，做起来却没那么容易。

王皇后，一出生便是人人艳羡的名门闺秀，出阁即是太子妃，然后又升为皇后。她的起点，是别人拼尽全力也难以抵达的终点。武则天在后宫的口碑呈现出两极分化，和重门第的上层人物不同，下层的宫女和宦官对于王皇后和武则天的评价也是完全不同。宫女和宦官认为，王皇后虽然不坏，但也说不上哪里好，与他们完全就是两个世界的人。一个别人无法给出准确评价的人，便是一个模糊之人。之所以模糊，是因为她对身边人的漠然，这种漠然让人无法走近，无法走近也就无法知晓其内心的喜怒哀乐和所思所想。

武则天则完全不同，她原本做的五品才人便是半宫妃半侍女的角色，之后又实实在在地做了一回侍女，起点低，每一个台阶都是向上走。从群众中来，到群众中去，良好的人缘为她后来夺位打下了坚实的群众基础。武则天朝着这个目标前进，每一步都走得战战兢兢，翠微宫内的钱财也被她散尽，但目标却越来越接近。那些有着异常灵敏嗅觉的人，已经闻到了后宫的不祥气息。

武则天步步经营，她将自己所得慷慨地分赠给那些妃嫔。宫廷之中，自皇后至宫女内侍，从上到下没有不赞誉武昭仪的。由此，武则天像一只吐丝的蜘蛛，将她的情报网铺展得无处不在。人凝望深渊时，而深渊也同样在凝望着人。武则天在等待时机吹响的那声哨音，她布置好陷阱，做好掩体，等待王皇后自投罗网。

  武则天生完孩子刚刚满月，还躺在床上，长日悠闲的皇后为排遣寂寞，每逢皇上不在翠微宫时，就来找武则天闲谈。看上去她们现在已成为朋友，她们在一起，时常会有讲不完的话。皇后喜欢听武则天讲长安的市井风情和宫外的世界。武则天在深思熟虑中，尽力结交皇后，竭力使自己被信任。她本来便是天子宠妃，通过庞大的情报网络，皇后的一举一动都会传入她的耳中。而这一切，不谙人情世故的王皇后却毫无察觉。高高在上的六宫之主，此刻已如生活在水晶鱼缸里一般，完全暴露在武则天的视野之中。

  王皇后一直循规蹈矩、不敢越雷池一步，这种做法虽使自己没有凸显之处，但也让对手没有把柄可抓。对于武则天，她虽心有忌妒，但并无实质性的迫害举动。最大罪过，也不过是在高宗面前说她几句坏话。李治对这个皇后说不上喜欢，但也说不上厌憎，以他优柔寡断的性格，要让他为了抛弃这样一个鸡肋皇后，而与当朝重臣闹翻，他万万做不到。

  机会，不是等来的；机会，是自己创造的。武则天不愿意再陪他们这么无限期地耗下去，她要主动出击，只有在攻击中才能发现对手的破绽。唐高宗的恩宠既让她滋生了夺后的欲望，又让她深深地感到君王恩爱之脆弱易断。与其等待一份不确定的结果，不如放手一搏，为自己争取正室的名分，为儿子争取嫡子的地位。强烈进取的进攻性人格，和内心无法去除的不安全感，终于让武则天下定了决心。

  蛰伏三年之后，武则天终于决定伸出她的铁指铜腕。

  武则天要向后位发起最后的冲击，必须越过两道关卡，方能抵达胜利的彼岸：一是将王皇后从后位上直接拉下马，另外就是用最短的时间取得朝中大臣的支持，尤其是那几个顾命大臣。如果他们不同意，无论如何也难成事。

如果要在这几位重臣中选出一位领头之人，非长孙无忌莫属。长孙家族出了两个人物，而这两个人都成为唐太宗李世民生命中最重要的人。女的是长孙皇后，男的就是长孙皇后的哥哥，即国舅爷长孙无忌。放眼唐太宗人才济济的朝堂，才能仅处于中档水平的长孙无忌，居然能够位列凌烟阁二十四功臣之首，让人费解。从李渊父子晋阳起兵叛隋，到建立唐朝，再到统一天下，长孙无忌一直追随唐太宗东征西讨，但却无显赫之功。他在政治舞台上显露头角，还是在玄武门事变中。

在李世民夺取皇位继承权的兵变中，长孙无忌称得上是首功之人。在酝酿政变时，他态度坚决，竭诚劝谏；在准备政变时，他日夜奔波，内外联络；在政变之时，他不惧危难，亲至玄武门内。唐太宗至死不忘长孙无忌的佐命之功，这也是为什么他会在临终前说出那句："我有天下，多是此人之力。"

贞观二十三年（649年），太宗临终前做出一连串政治安排：长孙无忌出任太尉，兼尚书、门下二省的实职。他还让另一位托孤之臣褚遂良，要保护长孙无忌，不要让别人伤害他。

这是李世民最后的遗愿，保全长孙无忌。对于李世民来说，几十年来，兄弟曾相煎、儿女曾反目，只有这位少年朋友、郎舅之亲，陪他走完了二十三年漫长的贞观之路。

唐太宗临终说出这句话，当时内心有着怎样的想法？保全长孙无忌，就是保全贞观的胜利果实吗？保全长孙无忌，是他对长孙皇后当年的承诺吗？保全长孙无忌，是他对这个少年朋友的最后眷顾吗？帝王也是寂寞人，也需要朋友。孤，也并不希望自己一孤到底。君王的威仪是恢宏而孤独的，而君王的内心也有着与常人同样的乐与怒。

李治登基后,虽然朝中此时有侍中和中书令等一堆高官,但实际大权还是掌握在长孙无忌的手里。此时的长孙无忌才算是真的横行无忌,唐太宗在世的时候,他还有所忌惮。长孙无忌和褚遂良秉承太宗遗愿,同心辅政,风头无人能及。另外一位权臣李勣也不敢强出头,横插一杠子。由于实力差距过大,所以朝中宰相之间矛盾并不明显。唐高宗李治相对于其父太宗皇帝,算是一位好好先生,帝国的大政方针基本上还是照搬贞观朝,故而永徽初年的朝政有贞观朝的遗风。

不同的是,长孙无忌的骄狂也已是天日可表。虽然日光之下并无新事,无非是培植力量,排除异己。尽管如此,朝堂之上并无安宁之时。这一天,长孙无忌宴请朝中的一些高官,酒酣耳热之际环顾同僚道:"我其实没什么本事,只是因为运气好,机缘巧合才位极人臣。大家说一下,我的富贵程度和隋朝的越公杨素相比如何?"有的人不回答,有人拍马屁说超过杨素。

长孙无忌听后笑道:"我只有一点比不上杨素,就是他富贵的时候年纪大,我富贵的时候年纪比他轻!"他所表现出来的那种摇头摆尾的骄态让人深感厌恶,大有赶超皇帝之威的势头。

永徽元年(650年)十月,李勣坚决辞去尚书左仆射的职务。高宗批准,但仍然让他担任开府仪同三司、同中书门下三品,还是实职宰相。李勣担任左仆射已满一年,现在突然这么做,自有他的道理。城府极深的他,早就看出长孙无忌和褚遂良揽权把政的苗头,连皇帝都要礼让三分,李勣更不愿意招他们忌讳,因而做出一种谦逊的姿态。舅甥一家亲,这朝堂毕竟是家天下的朝堂,自己毕竟是外人,虽然姓李,但他的这个李是冒牌的,是皇帝赐的国姓,自己本来姓徐。

李勣成名甚早,早在高祖时代在军中的威望便可与李靖比肩。然而太宗继位后,他却一直留守在并州,从未做过京官参与过朝中大事。贞观十五年征拜兵部尚书,但也未曾赴京。并州为李唐龙兴之地,紧靠突厥及薛彦陀，确实非常重要。太宗临终暗示太子李治将李勣征调入京，予以重用。李世民这么做自有他的考虑，因为太子李治在为晋王时遥领并州大都督，正是李勣的顶头上司，李世民期望他日后能为自己的儿子保驾护航。

李勣主动让位，让褚遂良成为最大的受益者，他没费吹灰之力就白捡一个尚书左仆射的职位。褚遂良本就不是低调之人，得到如此高位，开始变得膨胀起来。

永徽元年十一月，监察御史韦思谦上奏疏弹劾宰相褚遂良，说他强行低价收购中书省职员的土地。大理寺少卿（相当于最高法院副院长）张睿册跳出来为褚遂良辩解，说他是依照估定价格购买的，完全没问题。

韦思谦站出来驳斥他："官方的估定价格是国家需要征地时才用的，所以是很低的。私人之间的交易，怎么能够按照那种价格标准呢？张睿册利用职务之便舞弊，附和大臣，欺罔皇上，按其罪行应当处死。"

最后实在无法收场，长孙无忌只好在无奈之下以朝廷的名义将褚遂良降职为同州刺史（今陕西境内），将张睿册降为遁州刺史（今广东境内）。褚遂良虽然被贬，但还在陕西境内任职，明眼人能看出来有随时召回的可能。

唐高宗似乎对长孙无忌的专权有点不舒服，外界流传的一些关于皇权被窃、长孙专权的传言也或多或少传到他的耳朵里。唐高宗已经不满足于当个没有实权的皇帝，他试图在朝中的一些关键位置上安插自己的亲信大臣，但是安插的这些人虽然位高却权轻，无法和长孙无忌正面抗衡，也起不到牵制作用。

朝臣们在议事的时候，往往不看皇帝脸色，而去看长孙无忌的脸色行事。就连那个被先帝同样器重的李勣，也看出了其中的端倪，大多时候沉默不语。高宗虽然年轻，但不是傻子，他早已看出其中端倪，朝堂上的眼波流转，朝堂下的噤若寒蝉。他在宰相们面前也暗示了一些不满，他曾经当着他们的面说："我听说你们在议论朝政的时候，都没有自己的主见，官员们还要互相观察脸色行事，那样的话还谈得上集思广益和公正严明吗？"

李治已经意识到，此时的朝堂已经成了舅舅长孙无忌的一言堂。长孙无忌不以为然："皇上说的这个情况不是说没有，但还远远未到徇情枉法的地步。就是皇上你在处理政事的时候，也会考虑一些人际关系因素吧。"长孙无忌的话就是放在今天听来也是不过时的，中国社会关系网、人情网，每个人都是网虫，这张网撕不破扯不烂。

长孙无忌在帝国权力场上摸爬滚打几十年，不可能看不出高宗皇帝在人事安排上的用意，也不可能听不出来皇帝的弦外之音。他是太没把这个外甥皇帝放在心上了，不但毫无收敛之意，而且大有愈演愈烈之势。

永徽三年春天，长孙无忌把同州刺史褚遂良调回朝中，擢升为吏部尚书、同中书门下三品，履行宰相职责；接着又任命自己的亲戚、兵部侍郎韩瑗代理黄门侍郎、同中书门下三品，也是实职宰相。长孙无忌的势力更加稳固，连皇帝和李勣都会避其锋芒。至于王皇后的父亲以及新任宰相柳奭更不敢叫板，柳奭的表现让长孙无忌还算满意。

柳奭也明白自己之所以能坐到宰相的高位，都是因为自己是皇后的舅舅。皇后的位子稳固，他的位子就稳固；皇后若是失宠，他的位置也就悬了。

之后发生的一件大事，彻底地暴露了长孙无忌的弄权和骄狂，甚至连高宗也只能眼睁睁地看着长孙无忌将他的政敌一网打尽，而没有任何办法阻止。闹到最后，处死两名王爷、两名公主、三位驸马，大批皇亲国戚牵连被贬，结案之惨烈，举世皆惊。这便是轰动一时的高阳公主谋反案。

高阳公主是太宗皇帝很宠爱娇惯的一个女儿，平日里骄横跋扈，淫恶纵欲，欺凌家人，甚至与和尚私通。她的丈夫是贞观朝名相房玄龄的二公子房遗爱，此人因当初与魏王李泰交往过密，高宗上台之后也是属于失势的一派。因此他们常和同样不满现状的皇亲国戚如魏王旧党、巴陵公主驸马柴令武，征高丽回朝马上被贬的丹阳公主驸马薛万彻，还有自认为比李治更有资格坐皇位的荆王李元景等人私下往来，发表一些对朝政不满的牢骚话。

高阳公主还想把大伯子房遗直继承的爵位和家产据为己有，整天告刁状，真是欺人太甚。房遗直忍无可忍，他担心这对无法无天的夫妻总有一天会捅出什么娄子连累整个家族，索性将房遗爱和高阳公主聚众谋反一事揭发了出来。高阳公主告房遗直谋反不过空口白话，房遗直却拿出了证据，公主不仅骂皇帝，毁朝廷，还派人占星卜筮窥视宫闱。巫师占卜星象视同谋反，因为皇帝是天子，是奉天而来。既是谋反大案，犯案的又是金枝玉叶，案件立刻呈报给了长孙无忌。

而这时候魏王李泰已经死于均州，房遗爱作为魏王李泰的心腹，在贞观年间为助李泰夺嫡，上下奔走颇为卖力。长孙无忌当然不会放过他，不仅如此，他还要趁这次机会尽量多除掉一些政敌。房遗爱夫妻的谋反案是一张网，他要尽可能地将这张网撒开，口撑得越大越好。他要将隐性和显性的政敌们统统罗织进来。

首当其冲的便是魏王旧党和不满李治做皇帝的人，其中包括当世名将丹阳公主驸马薛万彻、巴陵公主及驸马柴令武夫妇、荆王李元景。

第二拨就是虽然没有参与进来，但关系和长孙无忌不和的，就是太宗皇帝的第三个（按出生顺序）儿子李恪。李恪在诸位皇子中的名望较高，很得人心，现在又是司空，长孙无忌想要找借口诛灭李恪以断绝众望。他示意房遗爱诬陷李恪也参与谋反，房遗爱自作聪明，希望能像当年纥干承基密告太子谋反那样免死，就招认说与李恪是同谋。

永徽四年刚过完新年，房遗爱、薛万彻、柴令武被处斩首，李元景、李恪、高阳公主、巴陵公主被一并赐自尽。吴王李恪临死的时候，大骂道："长孙无忌擅弄威权，残害忠良，祖宗有灵，长孙无忌灭族在即！"

第三拨打击对象就是那些与房遗爱关系亲密的大臣。这一拨人中间有宰相兼太子詹事宇文节、左骁卫大将军、驸马都尉执失思力、江夏王李道宗等人。宰相宇文节是高宗皇帝任命用来分化长孙无忌一党权力的，本来就是长孙无忌的眼中钉，现在房遗爱犯罪，宇文节又出面为他开罪辩护，无疑是给了长孙无忌一个株连的借口。

江夏王李道宗是皇室中的战功卓著者，为人也很谦和。贞观末期时，他因与长孙无忌不和，自请改任散官，可最后还是没能逃过被罗织立案的命运，病死于流放途中。接着，长孙无忌又将房遗直贬为春州铜陵尉，同时还取缔了房玄龄在太宗庙陪祭的殊荣。

长孙无忌抓住一件事大兴冤狱，就算不相干的人也不寒而栗。这件事让高宗深切地感受到了来自长孙无忌的震主之威。即使长孙不是想篡权的奸臣，高宗也不由得往这方面怀疑。皇帝也不容易，那些笑容和语言的背后包藏的是一颗忠心，还是一把钢刀，不到最后，还真就不清楚。长孙无忌既然如此无忌，那他这个皇帝就要有所忌惮。

高宗皇帝也做出了分权和夺权的准备，很快颁诏升任李勣为司空，仍然兼任宰相职务。向来谨慎的李勣接受了皇帝的任命，这与他永徽元年为了避免和长孙无忌冲突而坚决推掉左仆射的做法形成鲜明对比。李勣此时也已对长孙无忌起了疑惧之心，长孙无忌已然成为一手遮天的帝国权奸。

李勣如此爽快地接过高宗赋予他的权力，应出于两方面考虑：一是为李唐江山社稷考虑；二是为自己身家性命着想。他不能坐等长孙无忌找上门，他要挺身而出主动出击。高宗任命李勣为司空后，还特命画工为其重新画像，并亲自作序，先追忆一番李勣为东宫旧属时的往事，重提太宗皇帝提拔他的本意，提醒他不要忘记职责："朕以绮纨之岁，先朝特以委公，故知则哲之明，所寄斯重！"最后又对他大加褒奖："茂德旧臣，惟公而已，用旌厥美，永饰丹青！"极尽溢美之词。

高宗这么做，自然有他的想法。昔日凌烟阁画像的二十四功臣之中，只剩下长孙无忌和李勣仍在用事，称李勣为"茂德旧臣，惟公而已"，高宗是想树立李勣的威望，故意冷落一下长孙无忌这位元舅兼托孤大臣。其实不用高宗皇帝提醒，这些年来，李勣的存在对长孙无忌而言一直是块心病。虽然长孙无忌早已是帝国最有分量的权臣，但位居次席的李勣依然是他的心头大患。李勣的存在，始终是对他的羁绊。只不过在长孙无忌尚未骄狂的时候，或虽然骄狂但打击时机还没成熟的时候，老于世故的李勣是不会站出来与长孙集团做无谓的摩擦的。

除了他是先皇托孤重臣，更重要的是他还是高宗的亲舅舅，算是一家人。但是现在，李勣已经明显地感觉到高宗皇帝对这个舅舅已心生芥蒂，铲除长孙无忌的时机正悄然逼近。

5. 弒女、垂帘与废立之事

永徽四年（653年）的春夏之际，大旱，热辣辣的太阳烘烤着如日中天的帝国。古人善于在天象上做文章，人间百相都系于天象。

长孙无忌上表说这是首辅大臣失德，上天给的惩罚，所以要求自己辞职来给上天一个交代。长孙无忌过于托大，他以为老天爷不下雨，是因为上天对他这个首席宰相不满意。其实长孙无忌这么做，有他自己的考量。他是对唐高宗的态度做出一种试探，看看他这个舅舅在皇帝心目中有几斤几两。此时的长孙无忌显然多虑，唐高宗就算想动他，也不会选择在这个时候。长孙无忌在朝中的势力和在禁军中的影响力无人能比，正如他的名字，无忌者，横行也。

高宗也许是被长孙无忌的求退姿态感动，连下两道诏书，告诉自己的舅舅：你老人家不许请辞，李唐需要你，我这个皇帝更需要你。高宗打出了亲情牌挽留，这让长孙无忌很满意，看来外甥还是向着自己的。过了些时日，见高宗没有动自己的想法，长孙无忌又恢复了他的骄狂姿态。权力是吃人的玩意，长期高高在上，享受着众星捧月的快感，让长孙无忌变成了一个忘乎所以的权奴，他义无反顾地走向属于自己的灾难。

与此同时，后宫的风云已经开始变幻。曾是天子宠妃的萧淑妃随着武则天的入宫而完全失宠。随着萧淑妃倒台所产生的连锁反应，王皇后也生出兔死狐悲之感。王皇后也感觉到唐高宗的恩宠在迅速衰减，她很自然地将自己和萧淑妃的命运联系在一起。

此时的她已看清武则天的手腕和野心，这个女人不简单。为了保住皇后的地位和李忠的太子身份，她只有一条路可以选择，那就是防守反击。依照她的性格，她不是主动出击的人，也不适合全攻全守打法。王皇后决定联系昔日情敌萧淑妃，携手合作，对付她们共同的敌人。可让她们想不到的是，这种反击已经太迟了。

她们的反击是一个女人纵横后宫江湖最喜欢使用的武器：诽谤。本来她们就是要在高宗面前说武则天的坏话，可高宗早已是武则天最忠实的拥趸。随着萧淑妃黯然收场，王皇后也嗅到了空气里不祥的气息。与武则天八面玲珑的为人处事相比，王皇后显得过于稚嫩，这和她的家庭背景有关。她的母亲魏国夫人及舅舅中书令柳奭进宫时，见到六宫妃嫔的时候，也是昂首自傲不放在眼里。

王皇后生来孤傲的性格，应该说是不屑于阴谋。忌妒是人性中最妖娆、最隐秘的，因而也是最难以告人的隐私，这是一种内心翻江倒海却又不能说出来的自我折磨。一般来说，人能够与人分享快乐，却难以与人分享痛苦，因为痛苦不容易为人所理解。王皇后的痛苦，是由忌妒引发的痛苦。她如果是个恶人也好办，堂而皇之也不用遮遮掩掩，因为她面对的不是明火执仗的对手，而是真实存在却又暗中较量的对手。王皇后所表现出来的这种姿态，也给武则天创造了绝好的机会。王皇后越采取守势，就越激发出武则天内心的斗志。见到王皇后厌恶谁、惩罚谁，她就拉拢谁、赏赐谁。因此这些人都和她一心，成了她布下的眼线。王皇后的一举一动，武则天都能知道，抓到任何把柄都会告诉高宗，高宗也就对王皇后越来越生厌。王皇后有强大的身份背景，地位相对稳固，武则天拥有的只是君王的恩宠。君王的恩宠，又是如此不可靠。一年前，他宠幸的是萧淑妃，如今却对萧淑妃冷若冰霜。陡然而生的忧患意识，让武则天心急如焚，她想打破后宫生存的怪圈。

永徽五年三月，已晋升为昭仪的武氏，突然打破了一向所持的对外廷政治的沉默态度，提出了一项建议，要求追赠开国功臣屈突通等十三人，其中包括武昭仪的父亲武士彟。唐初曾多次论列功臣次序，其中尤以贞观十七年（643年）那次较为重要。那一次，有二十四人被挑选出来，画像于凌烟阁。将两张名单对比来看，永徽五年所追赠的十三人中，有五人已列名于凌烟阁，而武士彟等八人则不是凌烟阁人物。为了抬高武氏家族的地位，武昭仪打出了一张试探性的，也是很重要的牌。这一次追赠，是武昭仪第一次在政治上表现自己，她开始表现出一种与王皇后及长孙无忌等不同的色彩。她在追求自己的利益，而不是像过去那样，仅仅追随在长孙无忌的路线之后。这说明，昨日的附庸已一去不复返，她可以有所表现了。

其后不久，武则天生下了一个女孩，高宗很是喜欢。而这个小女孩在这个世界只是做了一个短暂的停留，她的出生好像只是为了成全一段阴谋。她生下来就是粉团一般可爱的天使，作为母亲的武则天将她视为掌上明珠。

武则天为了那个不可告人的计划能顺利实施，开始加紧创造条件。不到最后一刻，她都不会放松警惕，每天她都会派宫女到中宫皇后处问安。在武则天和萧淑妃之间，王皇后还是偏向武则天的。虽说如今萧淑妃已被踢出局，王皇后惊慌之余也拿武则天没有办法。毕竟高宗宠幸，又加上接二连三为皇家诞下皇子和公主。

武则天虽然被高宗信赖，但王皇后还是好端端坐在皇后的位子上，而且她打倒了萧淑妃，又立了傀儡太子，心中稍安。她也想缓和一下与武则天的矛盾，同时获得高宗的好感。于是，一反常态，主动去看望武则天。武氏也知她的心思，一边虚与委蛇，一边在动脑子，利用皇后来访的机会暗施毒计，因为她认为高宗虽是冷落了皇后，但以他软弱厚道的性格，做不出废后的残酷决定，只有让高宗骤然恼恨王皇后，他才能写出废后的诏书来。

毕竟，皇后还想要笼络着武昭仪，也想从她那里分得皇帝的承恩雨露。每次来，王皇后都要逗逗襁褓中的小公主。这孩子也太可爱了，见了王皇后就咯咯地笑，手舞足蹈，仿佛和王皇后有缘似的。王皇后自己没有孩子，从这个小公主身上，她好像找到了母爱的施放点。

这一天，王皇后像往常一样用过早膳后，不知不觉中就走到翠微宫。武则天当时刚好离开不在，宫女还是将王皇后引进内室。一切都如同平常一样，王皇后径直走进了育儿室。育儿室没有人，小公主一个人不哭不闹，正有滋有味地吮吸着手指头。王皇后抱起小公主，没有孩子的王皇后并不缺乏母爱，抱着别人的孩子虽有几分酸楚，但更多的是发自女人天性的疼爱。

逗了会儿孩子，王皇后觉得有点索然，看望的毕竟是情敌所生的孩子，她怎么可能有什么实在的兴趣呢？所以很快也就转身离开。就在王皇后转身离去之际，武则天快步回到翠微宫，独自一人走进育儿室。一切又归于寂静，千年公案就这样成了历史的定局。一个出生仅一个多月的小生命，还没有来得及取个名字，就在这个世界上消失了，如同一阵风，匆匆而来，又匆匆而去。本来，一个生命的逝去从来都是决绝的，无可挽回的，远没有生命降生那样充满温情。

这桩历史公案，发生在武则天向皇后之位发起冲击的过程中，而武则天又因此得到了最大的好处，所以许多人认为这是武则天制造的一起阴谋。种种版本，莫衷一是。在一片历史烟云之中，仿佛只能看见孩子伸出的绝望双手。武昭仪及其左右说，婴儿是皇后杀死的，因为刚才只有皇后来过，也只有皇后逗弄了婴儿。"婢仆求容，助相引说"，由于大群婢仆的佐证，皇帝便认定，皇后是扼杀婴儿的凶手，废宫之念，于是愤然而起。

案发现场并无一人在场，历史的谜团中究竟隐藏着怎样的真相呢？所以，综合各种因素可以归纳出三个不同的版本。

第一个版本，也是唐高宗心目中想象的，王皇后杀了小公主。

第二个版本，《唐会要》关于小公主之死，记载很简单，即"昭仪所生女暴卒，又奏王皇后杀之"。"暴卒"显示的是意外死亡，武则天向皇帝告状是王皇后杀死了小公主。这都是描述文字，最多表明武则天利用一切机会攻击情敌王皇后而已。

第三个版本就是《新唐书》和《资治通鉴》中，武则天直接制造了这个事件，她亲手杀死了小公主，然后嫁祸于王皇后。《唐会要》中所记，武则天的行为还在可以理解的范围，虎毒不食子。到了《新唐书》和《资治通鉴》，武则天俨然成为弑女的禽兽。

武则天有没有亲手扼杀公主，这是历史之谜。既然是谜，那就会让人质疑。《新唐书》和《资治通鉴》本来就是影响巨大的史学名著，而影响更大的小说，径直接取材于此。本就可疑之事，经传统史学和小说家们的联合努力，作品传播力极强，导致故事家喻户晓。武则天为了政治斗争杀死亲生女儿，于是成为板上钉钉的"事实"。

武则天杀女说的理由。首先，王皇后性格沉稳端庄，行动力不强不适合做杀人犯，也没有动机，当时她在和武则天争后上处于优势，而且即使要杀人也应该选择武则天的儿子。其次，小公主周围一直有人照顾，在探视中短短时间内没有征兆的情况下非自然死亡的可能性不大。同时，武则天具备杀死孩子的动机、性格和条件，而争宠是她的动机。她是非凡之人，具备果断性格，同时作为妈妈既可亲近女儿又不引人注目。在这个版本中，除了武则天的内心世界，谋害几乎是在静悄悄中进行。我们可以想象，作为一个女人，武则天狠心将全身的力量贯注于双手上，五爪弩张，渐渐地逼近亲生女儿的咽喉。那手又在半空中停住了，她犹豫着，挣扎着。至高无上的权力、地位，潮水般地向她涌来，她伸手迎接，却又被另外一种无形的力量拽着，怎么也够不到。一刹那，至高无上的权力与地位又潮水般地退去。猛然间，她再一次伸出双手，筋脉鼓张，摸在了婴儿的脖颈上。孩子也太小了，刚过满月，统共来这个世上才三十多个日日夜夜，筋骨还很娇嫩。整个过程，很短暂，很短暂。武则天甚至没能觉察出孩子临走前的哽噎和抽搐。而随后赶到的高宗皇帝，用一句"后杀吾女！"就决定了王皇后失败的命运。

武则天没有杀女说的理由。首先，武则天在永徽五年是否真有个女儿并无信史记载。即使是较为严肃的史学家也无法给出令人信服的论述，只说武则天的长子李弘和次子李贤出生之间，有一段让武则天生儿育女的空档期，"可能"生出一个女儿。这个女儿究竟何时出生？叫什么名字？都无记载，实难令人确信。

其次，公主的死亡有几种可能，抛开武则天扼杀之外，还有其他几种可能。女儿得了急病突然死亡，正巧王皇后来访，趁机加害于她？还是女儿突然死亡，正巧王皇后来访，连武则天也真以为是王皇后给扼死的？或者说是王皇后真的一时冲动，扼死了武则天的小女儿？都可以做个猜测。也有人认为，扼杀小公主事件是一起指鹿为马事件，是一起严重的政治诬陷事件。当时幼婴的死亡率很高，小公主因病死亡的可能性最大，没有谁去扼死她。至于武则天利用这个客观的机会，这也是猜想的。

作为心智正常的人很难做到亲手扼杀自己的女儿。除非她是恶魔，是疯子。即使武则天蓄意设下谋杀女儿、陷害皇后的计划，但要实行起来也极为困难。要让人物、时间、地点都巧合在一起才成。更何况，武则天要回避那么多的宫女太监也是不可能的。因为她不是农家小户，是九嫔之首的昭仪，已是受宠的御妻。

如果真是武则天亲手扼杀，未免太过残忍，只能说生存的危机意识以及权力的诱惑是如此之大，大到足以吞噬人性和亲情，能让一个母亲亲手扼杀自己的亲生女儿。十二年后，武则天已经当上皇后。她给这个小女孩加封为安定公主，谥号思，按照亲王的礼仪隆重安葬。从字面上看，当指她一直对早夭的长女念念不忘，而根据谥法，"追悔前过曰思"（《唐会要》），难免让人联想寄托追悔之情的究竟是谁。

小公主暴亡事件发生后，武则天和王皇后之间的胶着状态终于被彻底打破了。高宗皇帝心中的天平完全失衡，彻底倾向武则天。根据《新唐书》的记载，他对武则天越来越信任，越来越宠爱（"愈信爱"），而且为了安慰她的丧女之痛，还追赠她的父亲武士彟为并州都督。对于王皇后，则是越来越疏远，越来越厌恶（"有废后意"）。

这时候李治已经有了废黜王皇后、改立武则天的想法。皇帝的感情变化很快影响到外廷，王皇后的舅舅柳奭开始惶恐不安，主动要求辞去宰相之位。这样，王皇后在外廷的支持力量也大为削弱，可以说是内外交困。

第二章
帝后关系的虚与实

1. 同气连枝的软与硬

永徽五年（654年）六月，王皇后的舅舅中书令柳奭感觉到皇后已经失宠，而且明白其被废已在所难免，内心惶惧，于是上表请求解除其中书令职务，改任吏部尚书。虽然高宗已经打定了废后立武的主意，但要付诸实施却面临很多困难。

如果武则天与王皇后的角色互换，武则天会奋起自卫，将自己洗刷干净，甚至反戈一击。任何一个意志坚定的人都会采取这种态度。可王皇后并不是那种人，她是懦弱的，《新唐书》说她此时的反应是"后无以自解"。她什么反击也没有，只是等待着武则天来将她击倒。

武则天已经取得重大的胜利，得到了高宗的支持。通过高宗，她把废立问题正式向外廷提出。永徽政治的格局，是以李治为皇帝，长孙无忌为监护人的格局。赢得皇帝支持，只算完成一半。唯有长孙无忌同意，才算定局。长孙无忌是大唐开国功臣，早在高祖皇帝李渊太原起兵时就追随李世民左右。曾参与发动玄武门之变，帮助李世民夺取帝位。历任尚书仆射、司空。

唐朝立国靠的是关陇士族集团的势力，太宗虽然英明，但有时候也为关陇集团所左右。高宗皇帝是敦厚之人，大小政务全靠长孙无忌、褚遂良等人拿主意。他想立武则天为后，就要先过长孙无忌这一关。高宗要立先皇的才人为后，无异于乱伦，有悖礼教，长孙无忌作为受先皇遗命的辅政大臣,无法容忍这一切。唐高宗和武则天曾登门相求,还带去装满金银珠宝、绫罗绸缎的十辆礼车,并许诺将其三个儿子封为散朝大夫。

如此殊恩,笼络之意已是相当明显,宾主尽欢,其乐融融。酒酣耳热之际,唐高宗李治一声叹息:"唉!可惜王皇后无子。"

长孙无忌怎会听不出这话中有话,他知道这才是高宗携武昭仪来此的真正目的。希望皇舅能顺从自己的意思,同意废王皇后而立武氏。尽管如此,长孙无忌并不买账,仍是"对以他语,竟不顺旨"。

长孙无忌深知高宗生性懦弱,而武则天又过于精明,一旦为后,必将临朝干政。王皇后和长孙家族都是一个多世纪以来掌握国家大权的关陇门阀士族的代表,朝中新旧势力的较量令长孙无忌无法置身事外。武则天甚至让母亲杨氏去拜访长孙无忌,同样碰了一鼻子灰。如此几次三番,高宗和武则天都很失望。

如果说去年高阳公主谋反一案,让高宗皇帝看到帝王权柄的下移及长孙无忌的咄咄逼人,那么废后立武则让他感受到长孙无忌对自己的漠视和对帝王权威的轻慢。原本对舅父已有疑忌之心的唐高宗,心中的愤怒如燎原之火。

自他十六岁被立为太子,就一直处于父皇严厉而挑剔的目光之下,本以为当了皇帝就熬出了头,却又时时刻刻处于长孙无忌为首的顾命大臣的监督下。如此小心翼翼,换来的却是对方日益专权妄为。没有哪一个君王希望大臣越俎代庖,不管大臣打着多么堂皇的旗号。高宗也不例外。身为帝王,却身受重缚,为人所制,既不能按自己的心意上朝理政,也不能让自己心爱的女人成为皇后。人生至此,实属无味。

七月的一天,高宗对五品以上官员说:"以前我经常看见你们在先帝身边议论朝政,有的当面陈情,有的退朝后上书奏事,连日不断。那时候你们有那么多事要上奏,难道现在无事可奏吗?你们为什么都不上书言事呢？"

此言一出，估计不少人都能听明白其中暗含的玄机。但是，那些长期看长孙无忌脸色行事的大臣，几年来都没看到皇帝有所作为，而那些由皇帝自行任命的官员却被长孙无忌排挤于帝国的权力核心地带之外，甚至还有被杀的。如此一来，还有谁敢越过长孙无忌而与皇帝直接议论国政呢？

高宗见这样做还不行，只好换另外一种方式。他不动声色地将宫廷禁军将领程知节（程咬金）改任为葱山道行军大总管，命他率兵讨伐西突厥。程知节此时已是六十九岁高龄，本不应率军远征。但他是长孙无忌的铁杆亲信，高宗如此安排，目的就是解除他对禁军的控制权，将其调离长安。

程知节走后，高宗在朝政中依然插不进去手，于是他选择了以废立一事作为平台，和长孙无忌正面较量。如果长孙无忌极力反对之事，高宗能够实现，人心才敢于向皇帝靠拢。武则天此时和高宗皇帝的利益完全一致，她要穷尽自己的才智帮助高宗对抗长孙无忌等人。

于是，武则天发起了新一轮的攻势，诬陷王皇后和她的母亲柳氏找巫师作法诅咒自己。高宗李治以王皇后跟母亲柳氏使用巫术为名，禁止柳氏进入皇宫；随后又将王皇后的舅舅柳奭由吏部尚书降职为遂州（今四川省遂宁一带）刺史。柳奭赴任的路上经过扶风，可能对前来接待的地方官说了几句怨言，长史于承素又检举他泄露皇宫里的秘密谈话。

柳奭所说应该是皇后废立之事，如此想来，于承素应该是柳奭信得过的人，不然以柳奭的谨慎是不会对他说这些事的。正所谓墙倒众人推，柳奭又被贬为离京更遥远的荣州刺史。

高宗皇帝在打压王皇后的同时，开始力撑武则天。李唐继承隋朝制度，后宫的贵妃、淑妃、德妃、贤妃享受一品官的待遇。在暂时无法将武则天册立为皇后的情况下,他开始打起制度的主意。高宗提出,要在后宫中特别设置一个"宸妃"的名号,位置在各妃之上,封给武则天,作为封后过程中的一个过渡。

这是一个折中方案,高宗皇帝认为如此安排,那些固执难制的大臣应该无话可说。可结果令他很失望,此议一出立即受到中书、门下两省宰相的强烈反对。刚刚被提拔为中书令的来济和门下省侍中韩瑗,先后上表以不合制度为由谏止,"妃嫔有数,今立别号,不可"。

在这次行动中,长孙无忌并没有亲自出面,甚至褚遂良都没有出面,而是授意韩瑗来谏阻。或许他们已经从李治将程知节调离京城这件事上看出了问题的所在,此时不适合直接出面来激化矛盾,而且这次所议的又不是皇后废立,他们出面也显得目标太大。

韩瑗和来济都是王皇后的舅父柳奭罢中书令后新提拔起来的,韩瑗与长孙无忌有姻亲之谊,彼此同气连枝,自不待言;来济不是贵戚,而是个一根筋的人物,此番进谏,应该也是出于对大唐礼仪制度的维护。既然有重臣施压,封妃原本也不是武则天的终极目标,她也不想在这件事上浪费精力,做过多纠缠。于是,封号宸妃一事,也就不了了之。

事情虽然搁下,但韩瑗和来济这两位不识时务的大臣的名字,却深深地印在了武则天的心里。这件事虽然不了了之,但作为一国之君,李治废后立武的举动在朝臣中的影响却是巨大的。就在这时候,朝中发生了一件本来不大不小的事情,但是由于特定的人在特定的环境中,恰到好处地利用了它,从而引发了一场大风波。

当时朝中有一个中书舍人名叫李义府,他是贞观中后期被推荐入仕的,属于魏王党的外围。此人阴狠、笑里藏刀,因此名声较差,人送外号"李猫"。长孙无忌非常讨厌他,同时也想进一步排除异己,打算将其逐出京城,降职为壁州司马。这份敕令还未送到门下省公布的时候，李义府通过自己的耳目已经知道了，惶急无奈之下，便向同是中书舍人的王德俭请教应对之策。

王德俭是许敬宗的亲外甥，有可能许敬宗曾和他这个外甥说起目前有一个可以利用的机会，但这个机会的投资风险太大。这次王德俭见李义府遭到如此排挤，不妨死马当活马医。他对李义府说："皇帝想要立武昭仪为皇后，正在犹豫不决，一直担心宰相们会有异议。你如果能提议立武氏为后，就可能会转祸为福。"李义府听后恍然大悟，这是一步险棋，但此时不得不走。富贵险中求，不涉大险，又何来大富贵？于是李义府在最短的时间内向高宗上表章，奏章的主要内容是要求废黜王皇后，册立武昭仪为皇后，以满足天下臣民的愿望。

高宗十分高兴，亲自召见李义府，赐给珍珠一斗，留他在京官居原职。武则天也暗中派人慰勉李义府，并说服高宗破格提拔他为中书侍郎。此事和对弈很相似，一子落下，满盘皆活，李义府的人生，就此得到转机。同时，高宗和武则天也大受鼓舞，他们终于有理由相信，朝中确实还有敢跟长孙无忌唱对台戏的人。

这是高宗第一次违反长孙无忌的意愿，提拔了长孙无忌要贬斥的官吏，多年宦海沉浮的高官们从中都能看出，皇帝不再对长孙无忌言听计从。李义府提出废后建议，鲜明表态支持武则天，他职位的不降反升，无疑透露出一个微妙的信息，让所有在现行体制下郁郁不得志的官僚们都看到了一丝希望，也为他们指明了上位的途径。

看到支持废黜皇后改立武则天的好处这么大，很多人都动心了。心动不如行动，在这其中许敬宗是行动最快的。许敬宗算是三朝老臣，他比唐太宗李世民还要大七岁，曾和魏征在李密的手下当过幕僚，后来又投奔了秦王李世民而成为秦府十八学士之一。这是一个在政治舞台上混迹了半生的老戏骨，可是性格方面有很大缺陷，官运没有霉运长。最辉煌的时候曾经熬到中书舍人的位置上，可屁股还没焐热板凳，就被赶下台了。

起因是他去参加长孙皇后的丧礼,按级别这应该算是国葬了。如此重要的场合,就算不能做出如丧考妣、悲痛欲绝的样子,最起码表情应该庄严肃穆。史料记载,当时他在丧礼上,目光游移,四处乱瞟,还真让他发现了新鲜事。那个长得尖嘴猴腮的著名书法家欧阳询(楷书四大家之一)居然也穿戴整齐,像个人似的杵在那里——沐猴而冠。许敬宗忘乎所以,脸上不禁浮现笑容。李世民非常生气,将许敬宗贬到洪州。后来许敬宗因为参与唐太宗篡改历史,状况才得到改善。

在唐太宗率军征辽东时,许敬宗赴军中接替丞相岑文本(岑文本因操劳过度,倒在任上)。可他并没有珍惜这次机会,又因为一句话惹怒了唐太宗。当时跟随李世民在前线作战的,有一位令敌军闻风丧胆的勇士。作为主帅的李勣就指着那位勇士对许敬宗说:"许大人,你看这人真勇敢啊!"

许敬宗却不以为然道:"此人脑子不好使,只有那些头脑简单、四肢发达的人才在战场上不惜命。"当时唐太宗也在旁边,要知道唐太宗李世民也是武将出身,许敬宗这句话让他听来十分刺耳。好不容易熬到礼部尚书的许敬宗,又一次祸从口出。虽然被贬郑州不久又被召回京师,却只能去弘文馆整理那些枯燥的史料。

许敬宗是性情狂傲之人,具有小人的某些特质,后世之人将其列为"奸臣"。他从李义府挺武这件事上获得启示,也再次看到机会。于是,他抛出了自己的观点:"农民多收了几斗粮食都想换老婆,何况天子!"唐高宗和武则天听了很是受用,不久以后就恢复了许敬宗礼部尚书的职位。许敬宗转祸为福,是长孙无忌与武则天两大力量较量中的一个重大变化。人们从这变化中得出的结论是:权威赫赫的长孙无忌已敌不过宫廷深处的小小的武昭仪。那些观望者和对长孙无忌一直心怀不满,而想去结交武则天又畏缩不前的人,现在可以放下包袱了。其结果便是在朝堂上形成一股拥护武则天的力量。《资治通鉴》说："于是卫尉卿许敬宗、御史大夫崔义玄、中丞袁公瑜，皆潜布腹心于昭仪矣。"加上李义府，他们共同充当了武则天的马前卒。他们与武则天在宫廷内所集结的情报网，构成武则天起家的基本力量。

他们都比较有才华，是现行体制下的失落者。许敬宗当年是秦王府十八学士之一，和房玄龄等人站在同一起跑线，当年太宗征辽，他在马前草拟诏书，辞章华丽。李义府，本来和来济号称"来李"，同样以文才名满天下。无论许敬宗、李义府还是袁公瑜，他们都不是世家大族。出身低，使得他们在朝中得不到援引，很难爬到比较高的位置，心里难免怅恨。也是因为出身低，他们很难接受世家大族的礼教熏陶，因此追逐利益时会不择手段，将道德抛诸脑后。在所谓士大夫的眼里，他们算不得君子。他们的级别都比较低，最高的就是许敬宗，当时官至三品，但也不是宰相。他们之中，没有一个在中枢部门，大多数是中级甚至中下级官僚。他们也不见得就喜欢武则天本人，而是因为他们在当时的体制之下得不到发展，所以希望政治变动，好借此机会出头。

事到如今，就算是痴傻之人也明白了高宗的心意，越来越多的人投身于废后立武的狂潮中，他们也由此成为武则天的心腹。一批朝中大臣也自然分化出来，站到了长孙无忌的对立面。许敬宗被擢升为礼部尚书后，曾登门劝说长孙无忌，遭到长孙无忌正颜厉色的斥责，二人不欢而散。长孙无忌的态度硬得像一块石头，丝毫不容商量。

八月，长安县令裴行俭听说此事，赶至长孙无忌的府上谒见，刚巧的是中丞袁公瑜也在场。裴行俭忍耐不住，问长孙无忌："听说皇上将废去皇后，改立武昭仪，真有此事吗？"

长孙无忌道："确有此议。"

裴行俭道："武昭仪要是当了皇后，国家必有大祸，太尉不能听之任之。"

长孙无忌叹息说："不是我不想阻拦，只怕我拦不住。"

裴行俭言辞激烈地劝喻几句之后才告辞而去，袁公瑜也起身道别。他一出长孙无忌家门，就跑到武则天的母亲杨氏那里告密去了。杨氏又连夜进宫告诉武则天。第二天，高宗便颁下诏书，将裴行俭贬为西州长史。

高宗一系列的人事任免打击了坚决维护王皇后地位的保后派，也鼓舞了挺武派，同时他还借此试探出长孙无忌、褚遂良等人并不会采用激烈的手段对付自己。既然如此，高宗和武则天对夺权就愈发主动。权力之争似弹簧，你强它就弱，既然你压制不了我，那我就去压制你。

九月的一天，退朝后的宰相们按惯例齐集门下省之政事堂商议国是。忽闻皇帝宣召长孙无忌、李勣、于志宁和褚遂良等宰相去内殿，说有事要商议。

褚遂良在进入内殿前说："今天让我们进内殿，很可能是为了皇后的事情。皇上的主意已经拿定，违背他的旨意就会被杀。太尉是皇上的舅舅，司空是开国功臣，不能让皇上背负诛杀舅舅和功臣的恶名。我出身寒微，又没有功劳，位列宰相之班，是受先帝临终前的嘱托，今日若不以死相争，将来有何面目去见先帝！"

褚遂良的态度非常坚决，以死抗争。几个人中，李勣最为滑头，这位时任司空的名将当了逃兵。他借口身体不舒服，居然连内殿都没进就溜之大吉。李勣有他自己的一番考虑，他不愿意帮助长孙无忌向皇帝施压，因为他倾向于支持高宗立武氏，以此压制长孙无忌的熏天权势；但同时，他又不愿当众和这些同僚们闹翻，把关系搞僵，于是选择了暂时回避。

李勣一走，就剩下三人步入内殿。李治这次把话挑明了。褚遂良没有食言，他不等长孙无忌开口，就抢先说道："皇后出身名门，是先帝为陛下选的妻子。先帝临终前拉着陛下的手对臣说把好儿子好儿媳托付给臣，陛下当时也听见了。没听说皇后有什么过错，怎么可以轻易废黜！臣等不敢违心地听从陛下的意思而违背先帝的遗命！"

皇帝的权力虽然很大，但还是有办法制约的。最能制约皇帝的莫过于先帝遗命，现任皇帝违抗先帝遗命就是不孝。古代社会，就算是至高无上的皇帝也怕担上不孝的罪名。

既然褚遂良把先帝遗命抬了出来，李治也徒唤无奈。

在武则天的鼓动之下，高宗第二天又找长孙无忌、褚遂良、于志宁等人会谈。李勣为了躲避，再次缺席。这次，褚遂良弃"先帝遗命"这个法宝不用，也不再极力维护王皇后，而是将矛头直接指向武则天。他说："若执意更换皇后，就从名门世家中选取，为什么一定要选武氏！武氏曾经侍奉过先帝，世人皆知。谁也无法遮挡天下人的耳朵和眼睛。后世之人会怎么说陛下！请陛下三思！臣今天冒犯陛下，罪当处死！"

褚遂良越说越激动，将手中笏板往台阶上一扔，解开头巾，叩头叩到流血，说："臣将笏还给陛下，请求辞职还乡。"高宗怒火攻心，命令殿前武士将褚遂良拖出殿外。就在这时，一个尖厉的女声响起，像一支破空而出的箭——"何不扑杀此獠！"武则天当时只是一个普通的嫔妃，竟敢隐身帘后旁听君臣议政，而且在朝堂之上可以公然发作，要求高宗皇帝扑杀顾命大臣，何等狂放！

长孙无忌只好硬着头皮出面说话："褚遂良是先帝顾命大臣，有罪也不可以加刑。"这才算勉强保住了褚遂良的一条命。双方站在了悬崖边上，没有任何一方会做出让步。高宗若是退让，就意味着永远都摆脱不了长孙无忌、褚遂良的控制；而长孙无忌和褚遂良如果退让，就会让武则天成为皇后。如此，作为帝国头号重臣的长孙无忌不仅有失去权力的风险，将来更难以向太宗皇帝交代，也很难去面对天下人。

2. 新老集团的轮番登场

高宗铁了心地要将武则天送上皇后的宝座，就连长孙无忌也无法阻止。

消息如水泼地迅速在朝堂上下蔓延开来，满朝文武大为震骇。刚刚擢升为侍中兼太子宾客的韩瑗入奏，高宗不听；次日，韩瑗再度入奏，说到激动之处，潸然泪下。高宗不为所动，让侍卫将其拉出殿外。韩瑗仍不罢休，再次上书，高宗依然如故。

高宗虽然表面硬得像块石头，但遭到那么多宰相的抵制，他的内心不能不有所顾忌。就势力和影响而言，外廷势力最大的莫过于长孙无忌和李勣。李勣是开国功臣，也是顾命大臣。他在军队中的影响力巨大，如果他不反对，立武之事就成功了一半以上。而褚遂良，不过是长孙无忌庞大文官势力中的一员干将，韩瑗和来济也是如此，他们的实力要比褚遂良略逊。

要在废后立武这件事上得到朝中大多数重臣的支持，几乎不可能。既然如此，高宗和武则天决定从李勣那里寻找突破口。作为顾命大臣，只有李勣在这件事上始终保持沉默，说明他的内心还在摇摆，尚未做出取舍，既然如此，那就有机可乘。再者说，文官只会用纲常礼教来唱反调，最拿手的无非就是乱丢笏板或拿自己的脑袋去撞花岗岩柱子。李勣是个武官，长刀出鞘，随时可以让人掉脑袋，所以说兴国安邦文官最拿手，搞政治斗争时军队是最好使的。长孙无忌的支持与否固然重要，但身为军方代表的李勣才是决定胜负的关键。如果说，许敬宗与李义府属于外廷的拥武派，长孙无忌和褚遂良等人属于反武派，那么这时候的李勣就是中间派。中间派大多数都比较沉默，之所以沉默，是因为他们有自己的考虑。静观其变，伺机而动。

虽然同为顾命大臣，李勣与长孙无忌并不是一根绳上的蚂蚱。李勣是山东豪杰出身，所谓山东就是指今天的河北、河南和山东的大片地区。山东豪杰是北朝以来山东地区形成的一个杂有胡汉两种血统、能征惯战的武装集团。彼时天下共有两大集团勇武善战，一是关陇集团，李渊、长孙无忌都出身于这个集团，另一个就是山东豪杰。关陇集团是帝王将相，山东豪杰是江湖英雄。李勣先是在瓦岗寨落草，当时李密是霸主。也就是说当时，李勣和李唐集团不是一个阵营，高宗和武则天此时才会想到李勣。这一日，高宗登门，密访李勣。当然两人说的还是废后立武这件事："朕想要立武昭仪为皇后，褚遂良固执己见认为不可。他虽然是顾命大臣，但是他反对，事情就不可以办了吗？"高宗吐出满肚的苦水，是倾诉也是试探。

李勣对双方的态势、实力和意图，早已了然于心，这个官场老油条以一贯含蓄的口吻回答："这是陛下的家事，何必又去问外人呢！"李勣如此一说，无疑是暗示高宗不必有太多顾忌，同时也暗示皇上可以乾纲独断，不要再和那些人商议。高宗得到了李勣的默许，扰攘多时的皇后废立之事，至此也就一锤定音。虽然李勣是一个武将，通过废后这件事，我们发现此人城府极深。李勣实质上支持的并非是高宗立武，而是支持高宗和长孙无忌等权臣对抗，他可以从中得利。

得到李勣的支持，高宗李治放下包袱，轻装上阵，自己的朝堂本来就应该自己做主。他先是把褚遂良降职为潭州（今湖南省长沙市一带）都督，长孙无忌最粗壮的那个臂膀被生生卸去。接着，他又以下毒的罪名把王皇后和萧淑妃废为庶人,她们各自的母亲和兄弟也都被削去官职流放到岭南。王皇后的父亲王仁祐虽然已经去世,但还有特进、遗赠司空的荣耀在,也一并撤销。

随着褚遂良等人的离去,长孙无忌陷入孤立无援的境地,李治终于迎来了属于自己的时代。十月十九日,唐高宗李治下诏:"武氏门著勋庸,地华缨黻,往以才行选入后庭,誉重椒闱,德光兰掖。朕昔在储贰,特荷先慈,常得待从,弗离朝夕,宫壸之内,恒自饬躬,嫔嫱之间,未尝迕目,圣情鉴悉,每垂赏叹,遂以武氏赐朕,事同政君,可立为皇后。"

武则天知道,自己这个皇后还没有得到百官的承认,她要摆出皇后的仁德风范。于是,她上奏章希望高宗奖赏韩瑗和来济,两位大臣曾经阻挠自己成为宸妃,她非但不生气,还要给他们奖赏,因为他们是李唐的忠勇之士。

武则天的这份奏章值得玩味,对只差一个册立的仪式就可以成为皇后的她来说,重提宸妃之事,除了显示自己的大度,还要借以敲打韩瑗、来济这些反对她的官员。当然最感动的是高宗皇帝,他拿着奏章展示给群臣看。韩瑗、来济等官员百感交集,痛心疾首过后,多次要求辞职。不过,并没有获得高宗的允准。

十一月初一,高宗正式册立武则天为皇后。随后,文武百官也都到肃义门去朝见武则天。武则天正式成为皇后,她那富有传奇色彩的权力之路终于步入正轨。对武则天来说,一切都是新的开始。而对于另外两个女人——前任皇后王氏和前任淑妃萧氏来说,人生彻底跌入黑暗。一场后宫风暴,演绎成了一场血色浪漫的悲剧。

她们被废之后,被关押在一个小院子里。一日,高宗突然想起了这二位昔日的爱人,就去看望她们。到了囚禁王、萧二人的地方,他发现囚禁她们的房间密封极严,只有墙上凿了个极小的洞用来传递食物，一时情难自已，动了恻隐之心，就在外面喊："皇后、淑妃安在？"此时，高宗全然忘了他已亲手将王、萧二人废为庶人，皇后已经变成了武则天。

高宗此时还用"皇后""淑妃"分别称呼王、萧二人，或许是强势的武则天令他想起了王、萧二人的好处。王氏听见李治喊她，就哭着说："我们已被贬为庶人，哪里还有皇后、淑妃这样尊贵的称号！皇上如果还念往日的情分就让我们重见天日，将这座院子命名为'回心院'。"

高宗答应她们很快会处理此事。未等高宗有所作为，耳目遍布皇宫的武则天得知了此事。她先是派人把王、萧二人各打了一百棍，然后把她们的手和脚砍掉，再把人放进酒坛子里。

这种超出人类想象极限的酷刑，让王、萧二人没多久就死了。这种手法非常残酷，据说是汉高祖刘邦的皇后吕雉发明的。王、萧二人没想到，昔日在后宫三千佳丽面前无限荣光，今朝却落得如此下场。不久，又将王氏娘家一门改为姓"蟒"，萧氏娘家一门改为姓"枭"。

她们在死前所下的诅咒成为缠绕武则天后半生的梦魇——做鬼也不会放过她。王氏出身于名门，就算心中充满怨恨也不失风度。她在接到受酷刑的敕书时，只是麻木地叩头说："愿皇上万寿无疆，愿昭仪永远受到恩宠，死是我应该领受的下场。"

萧氏可就没么客气了，她大骂武则天，说："阿武狠毒狡猾到如此地步，但愿下辈子我作猫，你作鼠，生生将你扼死。"因为这个毒咒，自从萧氏死后，皇宫里再也没有养过猫。猫也由此成为不祥之物。

事情做得太亏心，纵是果断如武则天也不免会心虚，从此经常梦见王、萧二人披头散发、满身鲜血，和死去时情形一样。后来武则天搬到蓬莱宫去住，仍然经常梦见王、萧二人。武则天后来经常在洛阳居住，很少回长安。

此时,坐上皇后宝座的武则天,将下一个目标锁定在太子之位。

皇位继承制度一直是统治者最关心的问题,也同样是让他们最头痛的问题。各朝各代最高统治者的共同心愿就是如何把至高无上的皇帝宝座顺利地传给自己的子孙,并且让自己的子孙万世千秋地传下去。到了隋唐时期,储君制度发展得更加成熟,一般都是立嫡长为太子。

为此,唐朝还专门建立了东宫,并配有东宫官属,太子贵为储君。但是龙生九子,各不相同,往往嫡长子的智慧、才干、功绩还不如他的兄弟,这就会引起他的兄弟觊觎他的皇储地位。隋唐相继发生了隋炀帝逼父夺位、唐太宗杀兄夺储然后又逼父让位的事情。这些事件都表明了嫡长子继位的制度并不能保证皇权的稳定过渡。

这就好比兄弟二人分家产,家里盖了两层楼,老大、老二各一层。但分家和分天下,还是有质的不同。虽说是家天下,家好分,但天下只能有一个皇帝。汉武帝刘彻皇权在握之际,他并没有忘记其曾祖母吕后的种种恶行。于是,汉武帝做出了一个重要决定,即"子为储君,母当赐死",如果皇后一旦生下皇太子,那么等待皇后的就是死路。原因很简单,汉武帝以此来谨防类似吕后这样的垂帘听政所导致的历史悲剧再度上演。

垂帘听政并不是令人放心的好办法,之所以能够沿用两千年,还是因为别无选择——如果连母亲都是不可靠的,那么年幼的皇帝还能信任谁呢?按照今天的法律规定,未成年人不具有民事行为能力,在封建时代,虽然没有这种观念和制度,但是冲龄践祚的皇帝在大婚之前,只能在书房中接受皇家教育,或是在皇帝宝座上枯燥地接受百官的朝贺,亲政的权力只能交给他的监护人——皇太后。

作为女性来说,能够与皇权男性结合是她们攫取权力的前提。但是仅有这种前提,还不足以让一个女性合法地从她的亡夫那里继承权力，只有自己的未成年儿子是皇位继承人，她才能以太后的名义发号施令。

"母以子为贵"的现象在政治上发挥着强大的作用，孩子太小，由娘看着。文武百官在向年幼的皇帝叩首的同时，自己的双膝也自然地向皇帝身后的皇太后弯下了。尽管这种本属于男性的皇权已经为女性所操控，作为皇帝的生母或嗣母也得到了文武百官的拥戴，但是这种拥戴并不意味着他们对女性参政权力的认可，而是对一个由女性代理的皇权的认可。

永徽六年（655年）十一月初三，武则天的得力干将、时任礼部尚书的许敬宗向李治上奏，建议解决国本问题。所谓国本问题，就是太子问题。当时的太子的确有问题，因为太子是李忠。李忠不是武则天的儿子，而是前任皇后王氏收养的。他的母亲姓刘，是李治的一个妃子，在嫔妃中地位比较低。成为王氏的儿子后，子凭母贵，李忠于永徽三年被册封为太子。

许敬宗所提的"国本"问题得到了李治的重视。当初立李忠为太子是看在前任皇后王氏的分上，现在王氏已死，也不需要看谁的面子了。何况，这个太子再当下去，说不定会比王、萧二人死得更惨。因此，许敬宗刚一表示应该立武则天的儿子为太子，高宗马上说李忠已经主动请求让出太子之位。

永徽七年正月初六，高宗把李忠由太子降职为梁王，任梁州刺史，武则天的大儿子李弘被立为太子，李弘当时年仅四岁。武则天成为皇后，李弘成为太子，看起来，大唐内部的一切尽在武则天的掌控之中。

如果把大唐帝国看作一个人的一生，这时候的大唐帝国经过贞观、永徽年的生长发育，进入盛年期，呈现出空前的繁荣，人口不断递增，唐都长安人口突破百万，成为当时世界上最大最繁华的国际大都会。

这一年，新皇后武则天三十二岁，李治二十八岁，唐高宗李治改元显庆。武则天最爱在年号上搞噱头，大玩文字游戏。据统计，从武则天为后开始，所用的年号几乎占去大唐诸年号的将近一半。唐高宗在立武则天当皇后之前也只用了一个年号，叫永徽。可自从武则天参政以后，年号变动一下子频繁起来。武则天当了二十八年皇后，一共用了十四个年号，平均一个年号用两年；当太后五年，用了四个年号；当皇帝十五年，用了十四个年号，平均一个年号只用一年多一点，甚至有的时候一年就改三次年号。比方说696年，本来叫天册万岁，但是因为武则天登嵩山封禅，又改名万岁登封。仅过了三个月，因为修建通天宫，又改名万岁通天。

武则天想通过年号传递想法，她要让天下人知道她的存在。但也由此可见，从登上皇后之位的那一天起，武则天就陷入了自己内心的不安和焦虑之中。作为一个女人，她不知道该用怎样的年代符号，去让天下人认可一个女人当国的合法性。这一年，唐高宗和新皇后武则天特地在玄奘法师译经的大慈恩寺举办了一场无遮大会，为新太子李弘祈福。

无遮大会是佛教举行的一种广结善缘，不分贵贱、僧俗、智愚、善恶，都一律平等对待的大斋会。玄奘《大唐西域记》谓古印度"五岁一设无遮大会"。五年办一次，可以说是佛学界的奥林匹克。中国的无遮大会始于梁武帝时代，盛行于南北朝。在这场佛教盛典的梵音佛乐声中，后贞观时代也随之风流云散。

显庆四年（659年）十月，刚过而立之年的唐高宗和武则天携手在朝堂之上掀起清算狂飙。网早已撒开，该到了最后收网的时刻了。

唐高宗再度下诏，命李勣、许敬宗等五人重新审理长孙无忌谋反案。当年九岁的李治，伏在长孙皇后的灵柩前哭得涕泪横流，太宗皇帝由此对他分外怜爱，而这个大仁大孝的举动也打动了长孙无忌的心。

从此长孙无忌力排众议，把他心目中仁孝双全的外甥送上了皇帝的宝座。当年，唐太宗病死于翠微宫含风殿。年轻的李治面对变故，无所适从得像个受惊的四脚小兽，惶恐不安地抱着长孙无忌流泪不止。长孙无忌轻声附在耳边提醒他：你已经是皇帝了，皇帝不应该是这个样子。

长孙无忌作为唐太宗托孤的重臣，注定了要走上一条不归路。永徽初年的李治，对长孙无忌是绝对信任，那时候只要听到有人来告舅父谋反，很多时候是问也不问便将告状之人打得遍体鳞伤，以示对长孙无忌的绝对信任。

高宗李治从长孙无忌案件开始就没打算找他当面对质，只是在背后嘀咕。他说，就算舅舅造反，自己也不忍心杀他。不忍心的事，不代表没人去做。北宋史学家范祖禹在《唐鉴》中说："高宗欲废立而犹难于顾命大臣，取决于李勣之一言；勣若以为不可，则武氏必不立矣。勣非惟不谏又劝成之。孽后之立，无忌、遂良之死，唐室中绝，皆绩之由，其祸岂不博哉！太宗以勣为忠，托以幼孤，而其大节如此。"也就是说，唐高宗李治打算废掉王皇后而立武氏为后，取决于李勣的一句话；如果李勣认为不行，武氏一定当不成皇后。李勣非但不竭力劝阻反而帮助促成此事。妖后武氏的被立，长孙无忌、褚遂良的死，唐室的中途断绝，都是拜李勣所赐。

这话上纲上线得有些过了，李勣在这件事上还是表现出了一个阴谋者的一贯水准。立武氏为后，又何尝不是唐高宗下定决心要达到的目的？褚遂良说得很明白，"上（李治）意既决，逆之必死"。在这段等待死亡的岁月里，长孙无忌将他经营多年的三十卷《五代史志》完成。孤灯清影下，他梳理一生的荣辱得失。他怎么也不会料到，自己最终会败在武则天的手里。追根溯源，是因为他错误地选择了李治作为大唐的接班人，而这错误是无法原谅的，这选择本身就意味了败局。长孙无忌深深地忏悔，他觉得他对不起挚友太宗李世民，对不起妹妹长孙皇后。

结局早就注定，要结案必须要审案，所谓审案不过就是在既定罪名之下，折腾得嫌疑人身心崩溃。唐高宗派袁公瑜复核此案，长孙无忌在霹雳手段之下自缢。作为三朝元老、皇亲国戚，却落得如此下场，让人唏嘘的同时也让人难解其中之谜。

袁公瑜，便是主张立武则天为后的六位翊赞功臣之一，告密致使裴行俭被贬出京的那位。为了了解袁公瑜，我翻阅了大量的资料，居然只找到他的墓志铭，墓志铭是由大名鼎鼎的狄仁杰撰写。根据墓志铭的记载，袁公瑜是陈郡扶乐（今河南省太康市西北）人，父亲袁弘曾经做过雍州万年县令、舒州刺史。此人年少时，好学有才气，平日喜欢骑马打猎。有一次他出门打猎，遇上一位懂得相术的老者，老者盯着他看了半天，说了一句："童子有奇表，必为帝王之佐。"袁公瑜牢牢记住了这个预言，并将其作为人生奋斗的目标。十九岁时，他进入了官场，一直在刑部当差，历任大理司直、大理寺丞等官职。

高宗李治能够当上皇帝，全靠长孙无忌从中周旋。对于将自己送上皇位的第一功臣，他怎会痛下杀手？一向处事并不果决的唐高宗，在立武为后的问题上却表现得相当果决。与其说长孙无忌得罪了武则天，不如说他的不近人情伤害了唐高宗。随着年龄的增长，唐高宗不愿处处掣肘于长孙无忌，那种朝纲独断的念头像火一样燃烧着唐高宗的心。

除掉长孙无忌，成为唐高宗揽权路上必须完成的使命。他没有想到，虽然逼死了长孙无忌这股旧势力，但是以武则天为首的新政治势力将会来得更猛烈。长孙无忌死了，案子没有重审的必要——除了畏罪自杀，没有更好的解释。袁公瑜此次出京，还担负着另一项使命，就是用同样的手段除掉韩瑗。

还没等到他亲自动手，有人来报韩瑗已经含冤而死。袁公瑜相当敬业，他居然要求开棺验尸。直到验明正身，他才放心地返回京城。韩瑗和长孙无忌两家都流配岭南，成为奴隶。时为显庆四年秋，正西风渭水，落叶长安，好一派凄凉。

这场惊天动地逼杀五位宰相的大案，就这样干净利落地了结了。我们再来清点一下曾经风光一时的永徽年间的七位宰相：太尉、同中书门下三品长孙无忌，畏罪自杀；司空、同中书门下三品李勣，因"废王立武"而获得高宗和武则天的信任，后平定高句丽，加授太子太师；尚书省长官左仆射、同中书门下三品于志宁，被贬出京，得以终老；尚书省长官右仆射、同中书门下三品褚遂良，被贬爱州，死于任上；中书省长官中书令来济，贬为庭州刺史，突厥奔袭，冲入敌阵战死；中书省长官中书令崔敦礼，因病而卒，陪葬昭陵；门下省长官侍中韩瑗，被处死。

权倾朝野的以长孙无忌为首的宰相班子如秋叶凋零，除李勣与早逝的崔敦礼外已全部或贬或杀，收拾殆尽，中书省换上李义府，门下省换上许敬宗，宰相班子的大换血以如此激烈的方式而告终。而这一切，都集中发生于武则天为后不到五年的时间里。事情办到这个地步，应该算得上是功德圆满了。它让武则天明白，只要掌控唐高宗，就可以掌控整个朝堂，乃至整个帝国。

面对武氏集团如此高调杀出权力重围，元老集团只有黯然离场。朝堂是人家夫妻合伙经营的，劝谏已经起不到任何作用，弄不好还把命搭进去。作为帝国新的女主人，武则天对于皇后角色有着太多的认同和责任感，而唐高宗在当了七年皇帝后，第一次觉得自己可以无所羁绊，挣脱了长孙无忌手中攥着的那根线，自由的感觉真好。

如果拿历史上那些贤后的标准来衡量此时的武则天，她的所作所为完全符合标准。武则天享受着万人之上的尊荣和威仪，不停地用自己的行动提醒着人们,她现在是皇后。既然是皇后,那就应该有皇后的样子。皇后的样子到底是个什么样子?独孤皇后与长孙皇后就是不同的样子。

显庆四年十月,除掉长孙无忌之后,唐高宗感觉到前所未有的自由。他想要好好享受帝王生活,暂且将朝堂之事放在一边。他带着武则天来到了风景秀丽的东都,并顺道经过了武则天的故乡并州。

并州是大唐的"龙兴之地",当年李渊在这里起兵打下基业。高宗在这里举行了盛大的典礼,祭祀当年阵亡的开国将士,赏赐功臣子弟。流水宴席连开三天,并州当地的官员、乡亲父老从四面八方赶来,就连并州都督府监狱内关押的犯人也获得赦免,被提前释放回家过年。

大唐开国四十一年来,并州还从未享有过如此排场。随后,高宗一行又祭高祖李渊的旧宅,以武士彟、殷开山、刘政会三位已故功臣配享。武家的荣耀,可说已达到顶点。陪着高宗把皇家例行之事办完,武则天又亲自宴请了亲戚朋友和儿时玩伴,并在下榻的地方接见了命妇和地方妇女代表。昨日的"二囡",今日的国母,何等荣耀。

高宗又给并州的地方主官——长史和司马各加了勋级,对武则天的族人和乡邻又单独给予赏赐。高宗觉得意犹未尽,又规定凡是城内妇女年八十以上的,都"版授郡君"。郡君,是古代妇女的封号,四品以上官员的妻、母才有资格获得。

高宗李治与武则天,夫唱妇随在并州之地大张旗鼓地折腾了两个多月,庞大的省亲队伍才打道返回东都洛阳。如此折腾,天下皆知文水武氏。武则天的声望,在臣民中的影响力不断飙升。帝后在民间闹腾,却累坏了留在长安皇宫中的孩子——八岁的太子李弘。本来以为父母不在身边,可以偷懒玩耍。可高宗却让他留下监国。民间有"穷人的孩子早当家"一说,而帝王的孩子却早当国。粗略统计,中国历史上共出现过二百四十三个皇帝,其中十岁以下的小皇帝有二十九个,占十分之一以上。

在历代的封建王朝中，东汉的小皇帝最多。东汉共有十三个皇帝，十五岁以下的竟有八个。其中最小的是殇帝刘隆这个小婴儿，生下来刚一百多天就在嗷嗷待哺中当了皇帝，却只活了两岁。李弘是唐高宗和武则天的亲生骨肉，无论是性格上的敏感纤弱，还是单薄的身子骨，与他的父皇极为相近。李弘的身体比高宗还差。我们知道高宗后来得风疾（心脑血管疾病）是在成年之后，而李弘从小就体弱多病。李弘得的是瘵病，就是今天的肺结核，这在当时是很难医治的一种消耗性疾病。

李弘虽然聪明但始终是个八岁的孩子，八岁的孩子监国，压力可想而知。高宗和武则天在旅途之中听说李弘在朝堂之上昼夜啼哭，十分内疚，立刻召太子跟着他们一块上路，一家人前往东都。第二年正月，唐高宗一家人又从东都折返回并州，就这么来来回回，直到六月才算消停，返回东都。这时候凉殿的改扩建工程已经全面竣工，改名合璧宫。帝国第一家庭在这里消暑纳凉，清热解闷，太子李弘和两位弟弟李贤、李显在父母身边快乐地嬉戏。这如梦如幻的温馨时光，可以说是高宗和武则天生活中最为恬静的时刻。这段时光对于高宗和武则天来说，是弥足珍贵的。谁也不会料到，十六年后也是同样的炎炎夏日，这里会成为太子李弘的毙命之所，时也命也。

武则天的心情从未如此好过，一个女人，能够有今天的成就，夫复何求？不光武则天满意自己的处境，最得意的要数她的母亲杨氏。杨氏是武士彟的继室，丈夫去世后，杨氏在武家很受排挤，日子并不好过。尽管如此，武则天当上皇后以后还是准备将当年薄待她们母女的武氏子弟提拔升官。毕竟都是武家族人，将来为自己撑门面的或许还是他们。

两个同父异母兄弟，武元庆由右卫郎将升为司宗少卿，武元爽由安州司户参军事迁为内府少监；两个堂兄弟，武惟良由始州长史升为司卫少卿，武怀运由瀛洲长史升为淄州刺史。武氏兄弟分别从六、七品官连升三级成为四品官，或者从地方官直接提拔成省部级京官，属于非常规提拔。而母亲杨氏也以皇后之母的身份被册封为代国夫人，后又改为荣国夫人。

杨氏憋屈了大半辈子，终于扬眉吐气。她在武氏家族宴会上，端着酒杯按捺不住内心的激动，当着武家儿孙的面卖弄风光。她不无得意地说："你们还记得当年怎么对待我们母女的吗？如今皇后以怨报德赏赐你们荣华富贵，你们有什么话说？"

杨氏本以为到场的武氏家族成员会感恩于她，并为当年之事流泪忏悔。结果让她大失所望，她不但没有找回面子，连里子也搭进去了。武元庆、武惟良听后为之色变，而年纪最长的武惟良起身反驳："我们能有今日荣耀，因为我们是功臣子弟，不是靠皇后。我们也不稀罕高官厚禄，皇后提拔我们，我们心里惴惴不安，并不以此为荣。"

杨氏气得浑身发颤，她在武则天面前添油加醋地还原了当时的场景。杨氏生于高门大族，非寻常老妇可比。武则天打小就是在她的影响下，不喜花红只爱读文史书籍。武则天宽慰母亲几句，便决定动手。而此时，武家的叔伯兄弟们正往长安赶。可刚到半道上，他们就折回去了，原因是皇帝和皇后不欢迎他们来京城。

紧接着，武元庆被贬为龙州刺史，武元爽被贬为濠州刺史，武惟良被贬为始州刺史。武元庆刚到龙州就死了，武元爽自濠州又流配振州也死了，估计也是忧惧而亡。武家子弟的心冷了，原以为武则天上位，他们的春天就要来了，可没想到还有这么一场要人命的倒春寒。武则天刚上位，就来了个大义灭亲，最高兴的要数唐高宗李治——谦让无私，裁抑外戚，真不愧为贤后。

3．攀附者的最后疯狂

显庆五年（660年）十月，唐高宗李治本就脆弱的身子骨染上了风疾。此病类似于今天的高血压及相关的心脑血管疾病，心态需要平和不能激动。风疾即使放在今天也还是人类的克星，在当时可以说是李唐皇室的家族遗传病，成了皇帝的克星。唐高祖李渊是第一个"中头彩"（得风疾）的，唐太宗不光自己得了风疾，连他的长孙皇后也被这种疾病夺去了年轻的生命。李世民征讨高句丽回到长安后，就一蹶不振，后来因为这病搬到了翠微宫休养，养到最后死于翠微宫。

抛去此时的高宗，后面还有顺宗、穆宗、文宗与宣宗等诸位皇帝在排队。这病的后期症状就是患者四肢瘫痪，口不能言，只能靠点头和摇头来表达内心的想法。与病魔做斗争的高宗只好把国事交给武则天打理，武则天责无旁贷站出来替自己的男人代行部分君权，正式参政议政。武则天的帝王实习生涯也由此拉开帷幕。

在这个过程中，武则天的处事经验和政治智慧也在慢慢积累。她的精力太过旺盛，执政理念不断翻新。皇后理政本就不合法，因此武则天还要摆出一副贤后的姿态。在这个过程中，武则天很懂得把握尺度，凡是高宗交代的，无条件照办；凡是高宗反对的，她也反对。

比如说高宗皇帝倡导以孝治天下，上有所好，下必附焉。武则天就提议庙里的和尚都得隔三岔五回家拜完父母再回来拜佛祖，爹娘才是人之佛祖；李唐崇道，奉老子李耳做先祖，武则天便亲手抄《道德经》，表现出了足够的诚意。武则天的执政表现赢得了高宗的信任，但有一个如此能干的皇后，幸还是不幸？这个问题缠绕了他整个后半生。

高宗李治很矛盾，他希望武则天能够在处理朝政方面多帮帮自己。他的确需要一个政治帮手，武则天越优秀，越能堵住倒武派的嘴。可武则天越来越强的时候，他又希望最好不要强过自己，不然喧宾夺主。

在这种矛盾心理的驱使下，高宗只剩下了焦虑。他的病始终没有好转起来的迹象，风疾依然严重，肺病却又再犯。高宗的身体是越来越虚，武则天的位置是越来越实。在这虚实变幻之间，帝后之间的关系也发生了微妙的变化。在对付长孙无忌等元老集团时，他们是盟友，有着共同的目标。当一切尘埃落定，貌似和谐的帝后也产生了矛盾，七年之痒如期而至。以长孙无忌为首的关陇集团的倒台，一度让高宗皇帝兴奋不已。他急于想证明自己不是一只病猫，而是一头憋屈了太久的困兽，他也有吃人的獠牙。

龙朔元年（661年），连上炕都费劲的高宗居然想上战场。作为李唐后人，不到战场上去砍翻几个敌人，人生就不完美。高宗动念的起因是老将军苏定方灭了西突厥，激发了君王的万丈雄心，他居然想效仿先皇御驾亲征。他要点兵三十万，准备水陆分道并进。最后在满朝文武和武则天的苦苦劝谏之下，没有成行。

此事让高宗心情郁闷，既然你们嫌我身体不行，不适合动武，那就琢磨琢磨人事。他接连提拔了十多位省部级官员，这个做法放在其他朝代也无可厚非，然而放在唐朝却不合时宜。因为唐朝官员的任免和使用权基本上都是由宰相掌握，而任命书则出自中书之手，只需要皇帝的玉玺戳个印就可以颁布天下。

彼时，在官员的培养和使用上，宰相的推荐比皇帝的圣旨还管用，宰相不推荐，皇帝不清楚。所以皇帝亲自破格提拔任用官员本就是一桩新鲜事，高宗撇开宰相，连着提拔十余人，更是前所未有。在高宗提拔的这一拨人中，还是出了几个人物。司刑太常伯刘祥道，西台侍郎上官仪，太子左中护郝处俊，他们后来都成为反对武则天揽权的强势人物。

对于高宗的做法，朝臣们也很配合，并没有听到多少反对之声。但有一个人却是例外，此人不是别人，正是挺武派的带头大哥李义府。在李义府的使用问题上，朝臣们争议颇多。欧阳修在《新唐书·奸臣传》中让李义府坐了第二把交椅。李义府是由刘洎引荐进入帝国体制内，刘洎是一个光明磊落之人，而李义府则是小人。两个不同类型的男人却成为最好的朋友，甚至一度传出绯闻。

李义府是第一个提出废后立武事宜的人，也是第一个鲜明表态支持武则天的朝官。李义府有文才，但同时也有一副流氓嘴脸。准确地说，他是一个有才华的流氓。他从不掩饰自己的本性，随时随地展露自己的流氓本色。一次他到大理寺监狱视察工作，发现女子监狱里收了个美少妇淳于氏，他也不管人家所犯何事，硬要将其从监狱里面捞出来。

李义府觉得将这样一个美人关在监狱里，实在是一种资源浪费。身为宰相，他早已富贵至极，阅人无数，淳于氏居然在他巡视监狱的瞬间将其迷惑，可以想见这是一个多么美艳的女人。

李义府盼咐大理寺丞毕正义将此事办妥，办得要隐秘些。毕正义本就不是正义之人，既然李义府盼咐了，不敢不办。结果事情虽然办了，但却走漏了风声，闹得满城风雨。按照本朝律例，私放囚犯会有罢官乃至杀头的风险。无奈之下，李义府又逼着毕正义畏罪自杀。

毕正义别无选择，只好一死了之。面对李义府这样的小人，不是所有的人都能做到装聋作哑。王义方就是率先打破沉默的人，他站出来弹劾李义府。王义方深知事态的严重性，但他又箭在弦上不得不发。这是一个人的良知，一个文臣的气节。在弹劾之前，王义方将此事告诉母亲。他说："义方是御史，看到奸臣不去查办就是不忠，但纠察了奸臣危及自己引起父母的忧虑又是不孝，在忠孝二者之间，儿子我无法选择，请母亲大人告诉我该怎么办。"

王义方的母亲说："从前王陵的母亲为了成全儿子可以自杀。现在你能为皇帝尽忠，就算让我去死，也没什么好遗憾的！"

面对伟大的母亲与忠直的儿子，我们只有肃然起敬。王义方是个名声非常好的官员，这时候他所任官职是侍御史，也就是中央的监察官，是那些不守规矩的官员的克星。这是一个不徇私情，敢于和不法分子刺刀见红的主，还有更重要的一点，是他不畏权贵。

当年王义方参加吏部考试通过以后，被任命为晋王府参军。宰相魏征非常欣赏他，有意将自己的内侄女许配给他。可媒人刚一开口，就被王义方把话堵回去了。魏征当年是太宗皇帝身边的红人，作为刚步入仕途的年轻人能够得到朝中高官的赏识，那是求之不得的事。更何况，魏征的侄女长得颇有姿色。

很多人私下议论王义方是不是脑子有毛病，美女不娶，权贵不攀。两年后，魏征病故，王义方很是悲痛。他想起了魏征的侄女，于是请人说媒，主动去攀这门亲事。有人问他：当年宰相魏征在世的时候，主动向你求亲，你不肯；现在魏征已经逝世，魏家门庭冷落，你为什么反而去求亲呢？

王义方感慨道：过去不娶，是我不愿依附宰相的权势；现在娶了，是为了报答宰相生前对我的知遇之恩。

如今要站出来弹劾李义府的人就是这么一个人，他拿出了誓死的决心，准备和李义府一搏。一个人如果不怕死，那就没有什么能够阻挡他前进的脚步。

王义方上奏说:"李义府在天子眼皮子底下擅自杀死大理寺丞,实在是目无国法,就算毕正义是自杀,也是因为畏惧李义府。如此,生杀大权就不是掌握在皇帝手里,而是掌握在李义府的手里。我们不能坐视此类情形发生,请皇上明鉴!"

唐人都称李义府为"猫人"或者"李猫",猫这种动物在当时未必是人心目中的可爱之物。王义方并无必胜的把握,但他有必死的决心。金銮殿上,王义方怒发冲冠,当着满朝文武大臣和高宗的面,喝令李义府退下,李义府不予理会。王义方多次呵斥,高宗又不发话,李义府只能悻悻离去。李义府退出之后,王义方才开始宣读那份弹劾李义府的奏章。

这道奏章的具体内容无从知晓,可以肯定的是指控李义府杀人灭口,并揭露他的诸多秽行。高宗实在不忍卒读,指责王义方言辞猥亵,涉嫌诽谤大臣。高宗将其骂回去三次,王义方不气不馁,还是要弹劾。这场"狱女门"事件,最后以王义方的惨淡出局为结点,高宗将其贬为莱州司户。

唐高宗不去问李义府之罪,反而将王义方贬逐出京。在王义方离京时,李义府却幸灾乐祸地前往送行。他嘲讽道:"王御史,你在皇上面前诬陷我,如今我安然无恙,你难道不觉得羞愧吗?"王义方苦涩地笑道,自己是挺羞愧的,当年孔子当了七天鲁国司寇,就诛杀了少正卯,而他当了六年御史,却除不了当朝奸佞,他羞愧于此。

李义府不仅没有受到惩戒,反而愈发得意。没过多久,唐高宗在武则天的枕边风吹拂下,又开始重用李义府,这次给了更大的实惠:升任中书令,进封河间郡公,直接掌握官吏的升迁任免。手握升迁大权,李义府又岂能安分守己?他甚至将自己去世多年的父亲封官,同时其他亲戚中除了死了的，他那刚降临于世的孙子，也得到封赏。

安排完自己的亲人和朋友，李义府很快就在自己的职务上觅得了商机，他开始卖官鬻爵。他将自己的权力做成一桩买卖，他的母亲、妻子、儿子、女婿全家齐上阵。根据出钱的多少，李义府给对方选择大小合适的官帽，童叟无欺。李义府很快发现并不是人人都拿他当回事，宰相杜正伦便是其中之一。

杜正伦是帝国官场上的常客，他在隋仁寿年间就与两位兄长杜正玄、杜正藏考上了秀才。在隋代，秀才可不是随便考的。整个隋朝，大约只举行了四五次考试，秀才加进士总共才录取十二人，而杜正伦一家就占去三个名额。贞观年间，尚书右丞相魏征在唐太宗面前推荐杜正伦，认为古今以来难有人比得上他。杜正伦由此被擢升为兵部员外郎，从此步入仕途。

杜正伦早就看李义府不顺眼，屡屡在朝堂之上与其针尖对麦芒斗得难舍难分。二人斗得没完没了，唐高宗找了个理由，将他们二人贬黜外放，杜正伦为横州刺史，李义府为普州刺史。年过八旬的杜正伦最终没有斗过李义府，不久便死于任上。

李义府是个乐天派，人之所以乐观是因为觉得前方有奔头。四十多岁的李义府正值一个官场男人的黄金期，他要享受属于自己的大好年华。即使被贬外放，他也没有失去对生活的信心。当然李义府的乐观主要来自武则天。武则天从来没有忘记在危难时刻拉自己的爱将一把，拉李义府就等于拉她自己。李义府外放不足半年，又重新返回京城，再度拜相。

武则天是他命中的贵人，当年押宝于她，就是为了今日之回报。在李义府的心中，武则天才是真正的主宰者，高宗不过是似有若无的影子皇帝。李义府是小人，货真价实的小人。这个世界，假货太多，伪君子多过真小人。话又说回来，这世界若少了小人，热闹的官场也就失去了生动的颜色。

再度飞黄腾达的李义府,行事愈发像只猫,无所顾忌,狂放不羁,上蹿下跳,左挠右抓。在武则天的庇护下,李义府几起几落,用行动来诠释不倒翁是怎样炼成的。一个人得意忘形的时候,往往危险就会逼近。李义府丝毫不懂得收敛,放得更开,做得更绝。其母去世,丁忧一年后,又复起为司列太常伯、同东西台三品。不久,李义府又决定改葬他的祖父,换换风水。他示意附近各县调派丁夫、牛车为其祖父修建陵墓。

当时的三原县(今陕西富平县)令李孝节为讨好李义府,私下征集大批民工,昼夜不停地为李义府修祖坟。其他县令见了,纷纷效仿。其中高陵县令张敬业,居然累死在工地上。

祖宗的阴间豪宅建成后,李义府又举办了一场声势浩大的竣工典礼。自王公以下的各级官员,除了重金相送,还赠送了迁葬所需物品。赶来迁葬的车马无数,彩旗招展,从灞桥到三原绵延七十多里的道路上,人欢马嘶,场面壮观。

高宗皇帝看不下去,下诏让那些御史不要哭了("御史节哭")。史料记载,当时情形"蠕媚匀偶,僭侈不法,人臣送葬之盛典无与伦比者",成了大唐立国以来,王公大臣们从未享有过的死后荣光。

在这次典礼上,李义府赚得盆满钵满。高宗皇帝不能坐视不管,他决定敲山震虎:"有人举报你的儿子、女婿干了不少违法之事,我还在为你遮掩,你最好警告一下他们,让他们收敛一下。"李义府的笑容凝固了,一直以来,高宗对他还是比较宽容的,而这次实在忍不下去,才敲打于他。

李义府道:"是谁在皇上面前说我的坏话?"李义府这句话有些顶撞的意思,高宗道:"你只需要告诉我这些是不是事实,不需要问是谁告诉我的。"

李义府无言了，无言有时候更像是一种无声的对抗。高宗皇帝高高端坐于龙椅，等待着李义府给自己一个解释。谁知道李义府从座位上站了起来，把衣服袖子甩得啪啪作响，转身便走，把高宗皇帝晾在了大殿之上。

李义府是废王立武的大功臣，高宗皇帝已经做到仁至义尽，但是李义府自以为功劳大忘乎所以，加上贪婪之心太重，无所顾忌，终于成为皇帝的麻烦制造者。唐高宗终于意识到，他心目中那个熟悉的李义府已经不在。时隔不久，李义府请了个阴阳术士为自己望气。"望气"属于玄学，在当时，判断阴阳宅吉凶，最简单的方法是利用晨昏日出日落之时，观察宅舍顶上岚态状况，这就是望气之术。

善于"望气"之人，都有气功的底子。练功时瞄准目标的远处，半阖双目入静，似看而非看，做到天人合一。等到两眼看得发干发涩，你就可以看到一种冉冉升腾的岚雾，这就是大自然的环境之气和阴阳宅内气相沟通的气，也称之为晕。

李义府请来的这位术士经过一番操作，下了结论：李义府宅第之上有不祥之气，弄不好就会摊上大险大难。术士煞有介事地说，要压住这个牢狱之灾，需要二十万缗钱。二十万缗，一千文是一缗，二十万缗就是两亿文钱。一匹马是两万文左右，两亿文钱，可以买一万匹马。李义府没有这么多钱，只好继续聚敛，拼命捞钱。

李义府开始变本加厉搜刮民脂民膏，用来打发那些阴间的厉鬼。李义府甚至将手伸向死去的长孙无忌，他派儿子李津找到长孙无忌的孙子长孙延（长孙延流放岭南，不久前才遇赦回到洛阳），要对方出钱，自己为其谋个一官半职。长孙家族已经输到如此地步，再输也没什么大不了。长孙延如数奉上财物，果然谋得从六品的司津监。本来五品以下的官衔是不必报知皇帝的，然而涉及长孙无忌的后人，那就大不同了。

上帝要一个人灭亡，必先使其疯狂。此时的李义府已走到了疯狂的边缘，百无禁忌的罪过赤裸裸地暴露于日光之下。李义府从来就不是低调之人，他的性格原本张狂，第一次见唐太宗李世民便吟诵"上林多少树，不借一枝栖"的诗句，公开发牢骚抱怨自己怀才不遇。

怀才不遇，尚且如此；如今得势，可想而知。李义府的行为方式完全符合一个狂人的标准。同年四月，大臣杨行颖将李义府卖官鬻爵之事奏了一本。高宗此时正坐等机会，以发泄心头之恨。再次撞到枪口上的李义府，顺势下了大狱。

高宗把这项光荣而神圣的使命交给了刘祥道与御史审理，司空李勣监审。

为了避嫌，高宗没有派李义府的亲密战友许敬宗参与审理。最初，武则天也以为唐高宗不过是让李义府收敛一些。刚开始，谁也没拿戏说当正剧，李义府以为唐高宗不过是像前几次那样敲打敲打他。后来发现案件越审越深，那些奇奇怪怪的刑具都是来真的。高宗决心已定，根本不再给他机会。就连武则天也避其锋芒，不再出面力保。她害怕祸延自身，索性撒手不管。

李义府根本经不住折腾，很快便供认不讳。这年夏天，高宗下令将李义府除名，长流巂州（今四川省西昌市）；几个儿子和女婿或流放振州（今海南省三亚市），或流放庭州（今新疆奇台县），分散到天南地北。李义府刚倒台的时候，东台侍郎薛元超（以前的门下省）便奏请破例让流放中的李义府骑马，而按照唐律，流人不允许骑马。

薛元超本来是想做给武则天看的，怎知高宗是真要动李义府。结果马屁拍到了马腿上，也被发配去外省。李义府始终找不准自己的位置，充其量就是高宗和武则天在特殊时期放出去的一条恶犬，最终兔死狗烹。他能保住自己的性命，已是万幸。历史的规则就是有人倒下去，就会有人站起来。而这一次倒下去的是李义府，站起来的是刘祥道。他在主审李义府一案时,不择手段取得口供,让高宗很是满意。

李义府倒下后,刘祥道擢升为右相(即以前的中书令),李义府原来的位置。或许是见识到君王无情,高处不胜寒,刘祥道屡次上表,请求回家养老。

他怕武则天报复,毕竟李义府是武则天信任之人。刘祥道越推辞,高宗越要将他推到右相的位置上。这时有人以刘祥道的事迹,写了一篇《河间道行军元帅刘祥道破铜山大贼李义府的报捷书》类似杂文的骈文,朗朗上口,长安城的大街小巷都在传唱。李义府是河间人,文中便称刘祥道为河间道行军元帅,李义府因聚敛成性铜钱堆积如山被戏称为铜山大贼。

4．抗倭者的不完全映象

李义府的倒台不光成全了河间道行军元帅刘祥道，还成就了另外一个人——帝国的海军统帅刘仁轨。刘仁轨出身于平民家庭，赋闲在家，读了大量的经史子集。需要特别说明的是他有一颗勇敢的心，而追逐梦想的人，都少不了有一颗勇敢的心。

刘仁轨是从底层一步步干出来的官员，有着丰富的经验。当年还是小小的陈仓县尉（从八品下）时，就干了一件惊动太宗皇帝的事。县尉相当于一个县的武装部部长，除了县长（令）和副县长（丞）之外，在当地也算是个人物。陈仓还有个折冲府，折冲府设了个折冲都尉。在唐朝都尉高的是正四品上，低的是正五品下。

就算是正五品下，也比陈仓县令的级别要高，更别提刘仁轨的陈仓县尉了。一个县里住个折冲都尉，相当于在县里驻扎了一个地方军区的长官，折冲都尉相当于师长。在这个县里，没人能大得过他。陈仓折冲都尉鲁宁是个特别能祸害人的家伙，老百姓见他都绕道而行。可他没想到的是，他的辖区里会出个胆大包天的刘仁轨。

刘仁轨先是告诫鲁宁一番，希望折冲都尉大人能够安规守矩，不要再祸害百姓。可鲁宁如此高级别的官员，哪里能听得进一个芥子官的告诫。刘仁轨不说倒还罢了，他一说鲁宁折腾得更厉害。一忍再忍，刘仁轨只好将鲁宁抓起来投进监狱。鲁宁在监狱里也没消停，把刘仁轨的祖宗八代都骂了一通。

刘仁轨不答应了，将鲁宁一顿痛打，结果将其打死了。刘仁轨的光荣事迹在政界传为佳话。自古以来，官大一级压死人，没听说官小者敢打死上级的。这事很快就传到唐太宗李世民的耳朵里，李世民很愤怒：此县尉何方人士？敢把我一个四品的折冲都尉给打死（"辄杀吾折冲"）！

太宗要见刘仁轨，于是比芝麻还小的小官刘仁轨，就这样被押至长安，接受唐太宗的当面质问。按照正常的人生轨迹，刘仁轨一生是很难与皇帝出现交集的。但这一幕还是出现了。面对唐太宗的质问，刘仁轨神色自若，从容应对："鲁宁在臣的地盘，当着臣的百姓这样侮辱臣，臣实在是气愤不过才失手将他打死的。"

巧合的是太宗皇帝最信任的大臣魏征当时也在场，他看着眼前的刘仁轨，英雄相惜，就站出来为刘仁轨说话。魏征的话在太宗皇帝心里还是有分量的，刘仁轨不但没受到惩罚，反而连升二级，当了栎阳（今陕西临潼北一带）县丞。

高宗皇帝的身体一日不如一日，身边宫女太监经常半夜找太医来急诊。帝国内忧之时，外患始终没有消停，征战杀伐之声此起彼伏。西边，西突厥称霸西域，阻断商路，断了帝国的财路，同时使西域一些归附唐朝的附属国陷入不安之中。他们恐慌的是，西突厥兵抽风似的说来就来。东边，朝鲜半岛之上，与唐关系密切的新罗遭到高句丽和百济的两面夹击，经常向大唐求援。

高宗皇帝不能坐视不管，否则也不符合唐帝国的行事作风。作为帝国霸主，得有震慑四方的实力。在西边，唐将苏定方灭掉西突厥，唐替代了其在中亚的霸主地位，使疆界推至今阿富汗和伊朗边界。在东边，战事也顺风顺水，同样是苏定方大败百济，生擒百济国王，砍掉了高句丽的一个臂膀，使高句丽闻风丧胆。

显庆五年（660年），苏定方押送百济国王到东都洛阳献俘，高宗皇帝大为兴奋，决定乘胜拿下高句丽。十二月，任命苏定方为辽东道行军大总管，刘伯英为平壤道行军大总管，程名振为镂方道总管，各自带兵分几路出发远征高句丽。

因为战事需要，青州（位于今山东半岛）刺史要负责筹集军粮，从海上运送到前线。此时的青州刺史正是当年的刘仁轨，他之所以出现在这里，是因为他得罪了李义府。刘仁轨几年前担任给事中（御前检察官）卷入了李义府"女监掳美"事件。当时大理寺丞毕正义受李义府指使非法释放美妇淳于氏，被人揭发。

刘仁轨奉旨审讯毕正义，毕正义畏罪自杀。他的死其实与刘仁轨无关，而是被李义府逼死的。但这个账，李义府却记在了刘仁轨的头上。当年的刘仁轨被唐太宗喊到身边问话，被魏征所赏识，被提拔做了一个知县。刘仁轨不会逢迎权贵，只能安安稳稳地当他的知县，慢慢地熬资历。直到六十岁时，才攀至给事中的位置。唐朝的给事中相当于中央办公厅的处长，虽然权势不大，但由于是在皇帝身边做事，所以也是有一定影响力的。如果是一个年轻人担任这一职务，可谓前程似锦。刘仁轨在官场蹭蹬四十余年，已近花甲，只求过几天安稳日子。可是命运偏偏不给他这个机会，他当上给事中后接到的第一单重要差事就是去调查李义府案。刘仁轨调查结束之后，李义府向高宗皇帝奏请，将刘仁轨外放青州刺史。

不要以为李义府会轻易放过刘仁轨，他考虑的是，在长安杀个朝廷官员比较麻烦。唐朝的政治特点是外轻内重，同品级的情况下，京官的地位和影响力大于地方官。刘仁轨从给事中升迁为青州刺史，虽然品级高了，但是离开了权力中枢。李义府在除掉刘仁轨这件事上酝酿了很久。这次出征高句丽，刘仁轨负责海运军粮。

当时的气候并不适合出海，但却是李义府除掉刘仁轨的绝佳时机。

一心要置刘仁轨于死地的李义府,接连催促刘仁轨启程出海。刘仁轨向朝廷请示,这个时候正是海上风暴季节,补给舰队现在出发会很危险。

李义府不听解释,发出的加急令一个接一个:再不派出补给舰队,前线将士将会哗变。刘仁轨被催急了,只好把补给舰队派了出去。他明明知道李义府没安什么好心,但也没有更好的办法,这就是军令。船开至海上突然遭遇大风,所有的船只都被掀翻,军粮都倒进了海里,很多士兵也掉进海里。高宗闻讯,立即命令监察御史袁异式前去调查此事。

袁异式临出发前,李义府向他发出暗示。袁异式知道两人之间的恩怨,自然听得出李义府的弦外之音,无非是让自己想办法除掉刘仁轨。宰相开口,自己还有其他选择吗?袁异式到了青州之后,直接找到刘仁轨,开诚布公地说:"你和朝廷里的什么人有仇,你自己心里应该比我更清楚。所以啊,你自己想想该怎么办。"

刘仁轨是个聪明人,李义府又来这一套,当年就是用这样的办法逼死毕正义,今天又要故伎重施,想让他也畏罪自杀。刘仁轨根本不吃这一套,他让袁异式转告李义府:"我刘仁轨犯法惹祸,自有国法治我,要是你们依法处死我,我毫无怨言。如果让我自杀,只会让我的仇人更加高兴,我才不干这种傻事!"

刘仁轨不愿意死,袁异式也没办法,只能把他戴上枷锁关起来等候处理。案情上报到朝廷之后,李义府还不死心,又跑到唐高宗面前说:"不杀刘仁轨,没法向天下苍生谢罪。"李义府的话音尚未落地,就有人稳稳地接住了。接话之人,正是高宗新近提拔的源直心。此人性情耿直,经常和李义府唱反调。

源直心驳斥道:"海上起风,本来就是很突然的事,谁遇上都没办法。"

唐高宗本就没有杀刘仁轨的心,于是将其免职,让他以平民身份从军,继续为朝廷效力。六十岁的花甲老人,随后被安排到刘仁愿的队伍里听候调用。此时唐朝在百济故地设立熊津都督府,以左卫中郎将王文度为熊津都督。百济旧将立故王子扶余丰为王,兴起百济复国运动,起兵反抗唐军。刘仁愿坐困府城,局势岌岌可危。六十岁的刘仁轨就这样来到军队的最底层,从一个新兵蛋子开始干起。这是一个很奇怪的决定,不知是高宗皇帝还是李义府做出的。刘仁轨没打过仗,估计生活中与人打架的实战经验都不曾有过,更别说打仗了。他根本就不会打仗,怎么能派他上前线?高宗皇帝和李义府都有做出这个决定的可能。

如果是高宗皇帝的决定,那就是他知道刘仁轨是背黑锅丢官,给他一个东山再起的机会;如果是李义府的决定,那就是他知道这是一个难以完成的任务,这样他就有了第二次杀掉刘仁轨的机会。

有路可走,卒归于无路可走。无路可走,卒归于有路可走。刘仁轨暗自庆幸,自己又捡回一条命。当时帝国的一代名将苏定方已经带兵扫荡完百济,押着俘虏回国了。朝廷委任王文度为首任都督,未曾想王文度到任没几天突然暴亡。高宗任命刘仁轨检校带方州刺史,代替王文度统军,与新罗兵一起援救刘仁愿,并击退围攻府城的百济复国军,与城中的刘仁愿会合。李义府派人示意刘仁愿找机会将其除掉。宰相要除掉一个老兵,无异于捏死一只蚂蚁。很可惜这一次,他碰上的是刘仁愿。从名字上看,刘仁轨和刘仁愿有点亲兄弟的感觉。不光名字很接近,就是在对待李义府这种人上,二人的脾性也接近。刘仁愿没搭理李义府,刘仁轨又躲过一劫。

百济开始兴风作浪,还勾结倭国大举反攻唐军。当年大汉光武皇帝的时候,倭人列岛上的一个政权向大汉帝国进贡,接受光武皇帝赏赐的铁剑、铜镜、如意,作为镇国之宝;同时接受光武皇帝赏赐的国名"倭",又称倭国。倭国立国已有六百余年。倭的意思并不是矮小,而是恭顺。这个政权得到了大汉帝国的承认。

倭国为了保持在列岛的政治优势,多次向大陆进贡,并请求册封。例如倭王珍曾接受南朝的刘宋王朝授予的封号"安东将军、倭国王",但同时刘宋王朝还授予百济王"镇东大将军"的封号,爵位在倭王之上,倭王对此感到不满。于是倭国又多次进贡,终于从刘宋王朝取得了"安东将军"的称号,表明倭王是代表刘宋皇帝在统治倭人列岛和半岛。

倭国对朝鲜半岛一直抱有浓厚的兴趣。虽然在名义上取得了合法统治半岛的权力,但毕竟最终要靠实力说话。最开始,倭国仅在半岛南部取得了一小块地盘,在侵占的土地上设"任那府"。这是倭国在列岛之外取得的第一块殖民地,而此时倭国还没有统一倭人列岛。

"任那府"最终因为倭国的残暴统治遭到当地民众反抗而消失,而百济也因为遭受到高句丽和新罗的压迫而势力大减,失去了和倭国抗衡的实力。为了维护自身的存在,百济甚至卖身投靠倭国,成为倭国的附庸,连百济王的废立都操纵在倭人的手中。倭人政权逐渐强大起来,致力于列岛的统一。当吞并了大部分的列岛势力之后,倭国终于觉得这个国名并不好听,于是偷偷地把国名改为日本;同时也不把自己当作大陆政权的藩属,而要与大陆政权分庭抗礼。

唐攻击百济的时候,百济当然要求救于倭人。这时候的倭人国势强盛,正处于上升期,有和大唐一较高下的政治需求。同时,倭国也不愿意放弃在半岛的利益。因此倭人女王亲率大军去救援百济,不过走到半路上女王死了,大军只好撤退。苏定方撤军后,倭人觉得这是一个机会,立刻派兵把留在倭国的扶余丰护送回百济,立为百济王,并帮助其夺取了百济政权。

战事一触即发,而偏偏在这时候,领军将领王文度死了,唐军陷入群龙无首的境地。高宗令刘仁轨代王文度统驭唐军,扫平叛逆与倭寇。在这种时候,高宗居然能够想到刘仁轨,可见刘仁轨在高宗心目中有一定的位置。刘仁轨接到命令,难以抑制内心的兴奋,仰天长叹:"我的老天爷,你还是把荣华富贵赐给我刘老汉了!"刘仁轨如此失态,是因为他太渴望有这样一个使自己一战成名的机会;同时也说明,他对这场仗有着必胜的把握。

刘仁轨当即请朝廷颁下《唐历》和李唐皇族的宗庙名讳,立下誓言:必将扫平东夷,颁大唐正朔于海表!刘仁轨重整唐军,带领军队扑向百济叛军,没费周折斩敌军一万。随后,倭国派了二万七千人增援百济。唐军与倭军在白江口狭路相逢,由此爆发了有史以来中日间的第一次战争。

两军对垒,刘仁轨的军队一连拿下四场,焚烧对方战船四百艘,倭军被烧得只好投海。倭军总指挥朴市田来津虽然是个有实力的军事统领,打到最后也是"仰天而誓,切齿而衅"。在战场上光咬牙切齿是不顶用的,要用敌人的血来换取胜利才行。

真正决定胜负的是龙朔三年(663年)八月二十八日,让我们记住这一天。也就在这一天里,倭国水师总结经验,决定不顾两翼的唐军骚扰,奋力攻打唐军主阵。只要能够达成中央突破,则唐军的外围骚扰战术自然失效。被愤怒冲昏头脑的倭军组成突击阵形,竭尽全力地攻击唐军主阵,看起来也似乎很顺利。

唐军受到倭军的压迫,逐步后退,眼看就要被突破。从表面上看倭军占据优势,而实际上这正中刘仁轨的下怀。刘仁轨指挥唐军两翼逐渐向中间收缩,将倭军挤压成一团。倭军被中央突破的表象所迷惑,并没有注意到唐军的阵形变化,等到注意的时候,已经来不及了,倭人战船因为过于拥挤而无法掉头转向。这时,刘仁轨指挥唐军释放出装满燃料的小船,点上火驶向已经乱作一团的倭人舰群。

百济境内的倭国地面部队见海面上倭军在用自己的尸体完成填海

工程，吓得掉头而回。撤回本国的倭军，从此失去了向东亚大陆扩张的能力。直到明朝万历年，倭寇又来骚扰中华地界，再次被戚继光打得心服口服。刘仁轨以检校熊津都督的身份与新罗歃血为盟，立誓互不相犯。

我们说刘仁轨是个军事家，不光因为他临场调度战场的能力，还在于他的军事思想。从没打过仗的刘仁轨，在战场之上将对手打得服服帖帖，并且还形成了自己的军事理论。刘仁轨在给高宗李治的上书中尖锐地指出，以往朝廷募兵，老百姓争着参军入伍，都想以军功来换取荣华，有的人甚至"义征"。什么叫"义征"？就是不要朝廷一分钱的俸禄，并且自备衣粮，只希望能够争取到一个上战场杀敌的机会。他们之所以如此，就是希望将来能混个一官半职。然而自显庆五年之后这种局面就很难再见到了，没多少人心甘情愿当兵。原因是朝廷太不拿士兵当回事，拖欠死者家属抚恤金不算，打仗打得残疾了也得不到国家安置。为了免除兵役，老百姓想出各种点子逃亡，军队战斗力大不如前。刘仁轨是第一个站出来指出唐朝的府兵制和临时募兵制已经不能适应当时军事发展的需要的。照这种形势发展下去，如果突然发生战争，李唐将成为没有军备的国家，这是很危险的事。

唐军在朝鲜半岛立足靠的是军事镇压，所过之处尸横遍野，十不存一。百济名将黑齿常之就是因为怕被报复，投降后又拉队伍占山头去了。最后还是刘仁轨用仁义感化了黑齿常之，让他重新回到大唐的怀抱。同时刘仁轨还用农家老汉的朴实做法向当地百姓传达大唐帝国的诚意。

除了安抚，刘仁轨日夜操练士兵，以便配合唐军主力北伐高句丽。高宗李治为自己能够拥有刘仁轨这样的官员而高兴，也为当初没有听信谗言而杀他感到庆幸。虽然说刘仁轨年龄有些偏大，脾气有些暴躁，但是作为帝王应该人尽其才。

刘仁轨连升六级，实绶带方州刺史（今朝鲜半岛的开城），镇守海东。也就在这时传来好消息,李义府垮台了。刘仁轨面向长安,长长地出了一口气。李义府被除名流放至偏远的巂州(今四川西昌市),他的儿子和女婿也除名被流放庭州(今新疆奇台县)。前一年,庭州刺史来济战死沙场,转年李义府的儿子、女婿也流放于此。地点的巧合,不知道是否考虑了来济的因素。武则天虽然有心再拉李义府一把,可这次高宗皇帝真的动怒了。如今李义府垮台,武则天不敢再深情抚慰。虽然高宗是一个拖着病体的人,但朝臣们都会极力维护他的利益。更何况,李义府这些年来所作所为大失人心。

讲感情是政治不成熟的表现,武则天真就为李义府流下过一滴眼泪吗?显然不会。只知道讲感情的人又如何能驯服权力这头无情的怪兽?其实单纯地说李义府是武则天的人,也值得商榷。李义府在唐高宗还是晋王的时候,就是晋王府的官员;唐高宗即位,李义府又成为中书省的官员。李义府跟唐高宗的渊源深厚,跟武则天的关系也是建立在高宗意志的基础之上的。所以,说李义府是武则天的人,是为了减少唐高宗的罪过,增加武则天的罪过。虽然李义府是武则天的权力链中重要的一环,但他帮武则天的忙,主要是帮唐高宗忙。李义府手里掌握着中书出旨权,许敬宗手里掌握门下封驳权。武则天依靠他们基本上就能掌控至少二分之一的帝国权力。

李义府的倒台,武则天或许会有遗憾,但还不至于让自己舍身相救。面对如此惨淡的局面,武则天只能在无人的夜晚,自我消解内心的苦楚。她知道,任何一次权力风暴来袭,都可能会将人打翻在地。像我们这些后世之人将李义府说成是武则天的人,是她在朝堂上的形象代言人,只是妖魔化武则天的手法之一,有着想当然的成分。人们相信,人以群分,物以类聚,坏人肯定跟坏人在一起,坏君主肯定重用奸臣。李义府是奸臣,武则天是篡国者,将他们绑在一起,有利于妖魔化理解武则天。

5. 袖底裙边传来的信息

麟德二年（665年），高宗与武则天封禅泰山，大赦天下。李义府积极献媚，还应景写了一篇歌功颂德的文章，但高宗皇帝似乎并不领情。大赦文中规定，李义府属于长流的罪犯，不在赦免范围之内。李义府也许一直抱着希望，这次大赦之后，他彻底陷入绝望。

哀莫大于心死，没过多久李义府便死于巂州，死时年仅五十三岁。一切都是咎由自取，罪有应得。李义府在朝执政，大约七年的时间。贬官一年，流放三年，最后病发而死。武则天当上大周皇帝后，追封李义府为扬州大都督。

武则天当权后，不光为李义府平反，还让李义府的家眷还归神都洛阳，后来又提升李义府的儿子李湛为左羽林将军，掌握禁军。武则天没想到，李义府的儿子根本不领情。在武则天最后的日子里，李湛参与了由张柬之发动的神龙宫变，把武则天从皇帝的龙椅上直接给掀翻在地。这还不算完，武则天被迫从帝国领导人的岗位上退下来后，迁居上阳宫，也是由李义府的好儿子李湛监守看管。

就在封禅前几个月，即麟德元年十月，发生了一件令人震惊之事。高宗突然对武则天在朝中势力的大肆扩张有所警觉，并有意疏远。还有一种说法，说是有彗星出现，老天发出了警告，高宗"诏百僚极言正谏"，让官员们畅所欲言。诚如司马光在《资治通鉴》中所言："初，武后能屈身忍辱，奉顺上意，故上排群议而立之。及得志，专作威福，上欲有所为，动为后所制，上不胜其忿。"也就是说，高宗和武则天意见不合，但武则天作风比较强势，最后都要依她，高宗怨气很大。虽然高宗发出警示，但武则天并无安分之意。

有一天，宫中的宦官王伏胜忽然向高宗告发，说一个叫郭行真的道士经常在皇后的安排下频繁地出入禁中、设坛作法，并且使用厌胜之术。"厌胜术"前面介绍过，是一种用来祈福或者诅咒的迷信活动。

高宗又惊又怒。当初王皇后便是因为这个罪名而丢了后位，怒的是武则天岂能不知厌胜术乃皇家大忌。史料没有交代武则天找道士郭行真施展"厌胜术"所为何事，但可以肯定的是，武则天若非遇到无法解决的难题，无法排遣的困扰，精明如她绝不会冒此风险。

对于道士郭行真，高宗李治并不陌生。此人在江湖上有些名头，人送外号"东岳先生"，门生弟子遍天下。显庆年间，高宗曾经派郭行真代表皇家赴泰山祭祀，为他和武则天祈福。郭道士在泰山上替他们立了一块双石并立如鸳鸯并栖的异形石碑，便是流传至今的泰山鸳鸯碑。立完碑，郭行真就动了俗念，再也无法回到潜心修道的日子。

麟德元年，郭行真来到长安。王道乐土，有他追逐的梦想。那些子虚乌有的太虚幻境，远没有及时行乐来得实在。于是他托关系挂了个朝散大夫骑都尉的散职，供职于东宫，不时为体弱多病的太子李弘合药诊病。

武则天也经常召唤他到禁宫来降妖除怪，妖怪未见捉到，居然传出宫闱秘闻。史料记载，有宫女太监撞见二人嬉笑缠绵。高宗皇帝得到消息后，非常激动，召宰相上官仪即刻进宫。上官仪是唐代宰相中大有文章可做的一位，他和长孙无忌都是复姓，中国的复姓能给人更多的遐想。上官、长孙、西门、欧阳，都是红尘翩翩佳公子的名号。

长孙无忌，透着豪门士族的霸道；而上官仪，则透着士大夫的清流雅致。上官仪是科举初立时选拔出来的精英人物，写得一手好文章。他的五言诗在中国文学史上占有一席之地，其词绮错婉媚，自成一体，名曰"上官体"。

史料记载，上官仪乃风流雅致之人，清逸如鹤，飘然若仙。有一次，上官仪在上朝的路上，经过洛水堤，看见四周景致美不胜收，诗兴大发。他绣口一吐就是千古绝唱："脉脉广川流，驱马历长洲。鹊飞山月曙，蝉噪野风秋。"经过他身边的同僚都看得呆了，这哪里是俗世之人，分明天上神仙（"望之如神仙焉"）！

上官仪是个诗人，也是那个领时代风骚之人。诗人只能算是他的第二身份，他人生的终极目标，和其他读书人并无二致——实现自己的政治抱负。当诗人遇上政治，往往很难获得完美的人生结局。高宗先是将上官仪擢拔为西台（中书省）侍极，青云直上而拜相，更特许他可以随意出入宫禁，就连高宗封赠官员的专用文书都要经上官仪之手，这也是继许敬宗之后唯一一位享此殊荣的大臣。

上官仪虽然才华似锦绣，但情商堪忧。何为从政？就是一个人将自己放置于一场看不清底牌的赌局，不到最后一刻，都无法知晓这场赌局是输是赢。一个人从他迈上从政道路的第一步，结局就已经注定。不能准确判断形势的人，是不适合官场的。高宗召来上官仪，直接问："皇后请人驱鬼弄神。上官爱卿，朕该如何处理？"

上官仪丝毫不掩饰自己的内心想法，他如实答道："厌胜是大逆不道的重罪，皇后如此做法，有失母仪，请废之！"

上官仪的这句话当时就把高宗李治震在当场。不过废后之举，正合他此时的心意。随着武则天做皇后日久，高宗对她越来越不满。按两唐书所言："初，武后得志，遂牵制帝，专威福，帝不能堪。"就拿婚姻生活来说，武则天对后宫进行了颠覆式的改革，她和高宗这时候过的完全是一夫一妻制的生活。武则天认为后宫佳丽太多，会扰乱君王心智，损害君王的健康，于是将皇妃、昭仪、婕妤、才人、美人全部取消。宫女也换了身份，成为辅佐圣德的女官。武则天在后宫创立了一项新制度，原先的三宫六院七十二妃，削减为皇妃二人，名叫"襄德"，官居一品；二品者四人，名叫"劝义"。而她们也不是以皇帝妻子的身份存于后宫，而是劝导皇帝，要使皇帝居德由义，规规矩矩做皇帝。如此一来，李治这个皇帝当得越来越困闷，成为皇族和百官眼中的可怜之人。

当上官仪说出"废后"二字，高宗精神为之一振。他迫不及待地让上官仪当场草拟废后诏书。高宗皇帝和上官仪君臣二人正在这里筹谋，已经有人去给武则天通风报信。《新唐书》用"左右奔告后"来说明告密者的高效迅捷，可见武则天在宫中眼线众多。这时候武则天还在厌胜，忽然听人来报说皇上要废了自己。她赶到现场的时候，废后诏书已经草拟完毕，摊在高宗的书桌上准备送往中书省。武则天突然闯入，让高宗茫然无措。

武则天涕泪交加地为自己辩解，刚才还金刚怒目的高宗却像换了个人，羞愧得无所适从。他见武则天哭得梨花带雨，不由想起平日里的诸般好处。高宗只好安慰她："皇后，朕怎么舍得废了你呢？这全是上官仪的主意，是他教我这么做的，我不过受了他蛊惑，一时糊涂。"

皇帝也是肉眼凡胎的男人，怕媳妇也是正常的，可是作为皇帝轻易就将自己的重臣出卖，这种做法暖了武则天的心，却寒了朝臣们的心。夫妻闹矛盾，却拿大臣当作挡箭牌。他可以当什么事都没发生，可害了一代大雅之士上官仪。上官仪怎么也不会想到，堂堂一国之君如此出尔反尔。武则天是个睚眦必报之人，现在不关皇帝什么事了，而是她和上官仪之间的事。当然还有那个举报自己的宦官王伏胜。

在调查废后事件的过程中，武则天很快就找到了破绽：贞观末永徽初，高宗长子、废太子李忠封陈王，上官仪时任陈王府咨议，王伏胜同时为陈王府内侍。上官仪、王伏胜和废太子李忠之间有什么联系？这一问，问出了玄机。

龙朔三年（663年）十二月，武则天授意许敬宗向高宗举报，说上官仪、王伏胜暗中勾结废太子李忠，图谋不轨。废太子李忠原为王皇后的养子，被废时只有十四岁，改封梁王。经此一遭，李忠的脑子受到了严重的刺激，他的行为举止常常令人匪夷所思，成年后常常换上女人的衣服，睡觉时经常狡兔三窟，前半夜在床上，后半夜就有可能在后花园里。据说他这么做，是为了防刺客。到最后，连梦都不敢随便做，有梦必占卜吉凶，然后请一些法师作法趋吉避凶等。这样因恐惧心理而表现出来的异常行为，很容易让人抓住把柄。光是私交妖人，已是死罪。

上官仪、王伏胜勾结废太子究竟想干什么？废太后，再谋太子位，然后夺了自己的皇位？高宗皇帝没有去做考证，就认定了许敬宗所说即事实。他暗自庆幸，上官仪平日里装得像个正人君子，原来也是阴险小人。上官仪父子双双入狱，李治在整个过程中没有为上官仪说一句求情的话。当月，上官仪与其子上官庭芝、宦官王伏胜一起被处死，其家眷籍没为奴婢。孙女上官婉儿尚在襁褓之中，也随母入宫。

上官父子被杀两天后，废太子李忠被赐死于流放地。受到上官仪事件株连的，还有一向与其关系不错的右相刘祥道（被降为司礼太常伯），左肃机郑钦泰等朝臣也纷纷被流放贬官。

皇帝与皇后夫妻不睦，本来属于家庭内部矛盾。可像上官仪这样的世间奇男子也来这里蹚浑水，结果把自己的命也搭了进去。作为回报，武则天把道士郭行真也交由高宗李治治罪。罪名是他把佛经抄袭到了道经里，让一些信教徒的精神世界陷入了迷惘。郭行真死也不承认自己抄的是禁书，一番拷打之下，他也只能认罪（"法官拷挞，苦楚方承"）。最后落得一个长流爱州（今越南清化，褚遂良流放致死之地），家产充公。

上官仪和郭行真这对难兄难弟，有机会真应该抱在一起痛哭一场。他们就这样成了帝后感情生活中的小插曲，是吃花酒时猜拳行令的小赌注，是两口子关起门练架需要砸碎的不值钱的道具。高宗与武则天经过这么一闹腾，感情更胜从前。

为了避免上官仪类似事件再度上演，防止那些不听话的大臣在背后放冷枪，武则天决定走上朝堂，更深入地参与朝政。也就是从这时候起，高宗上朝视事，龙座后都加上了一道帘子，让武则天隐身其中，夫唱妇随，其乐无穷。帘子放下再未卷起，"二圣临朝"的时代就此拉开帷幕。

经此一劫，官员们也不再固执己见，每日昏沉度日。实事求是地说，这时候高宗和武则天这一权力组合，配合还是相对默契的。武则天虽然用力用势，但她并不是一个昏聩无为的搭档。她这时候主要是以内辅的形式参决朝政，大多时候处于幕后。高宗病重时，她代为理政；病情缓和时，她也只是隔三岔五临朝。毕竟只是皇后，处理朝政并非分内之事，临朝只是兼职；高宗身体健康或外出的时候，她也只是让官员上书言事，务虚而不决断。这时候的武则天，当得起一个成功男人背后的好女人。

同时两个人还有意识栽培太子，高宗经常以养病为由，带着武则天赴东都洛阳。太子李弘八岁就首次受命监国。在二人的操持之下，国家太平，物阜民丰，斗米不过数钱，社会治安良好，每年全国死刑犯少则数十人，多也不过几百人，大唐的疆域在这时候也达到了极盛。

麟德二年，高宗与武则天东巡洛阳，准备举行一次封禅大典。封是祭天，禅是祭地。封禅是古代帝王祭祀天神地祇的仪式，它起源于春秋战国时期，是当时齐、鲁的儒生为适应兼并争霸趋于统一的形势而提出的祭礼。

时人认为泰山是世界上至高的山，只有人间最圣明的帝王才有资格登上巅峰与天公直接对话。如果天下被治理得乱糟糟的，便会天怒人怨。泰山封禅，满足了帝王的虚荣心，他可以昭告天下人，自己这个"天子"并不仅仅是继承来的，而是经过自己的不懈努力得来的。中国历史上第一个真正举行封禅大典的是秦始皇，他于公元前219年登泰山举行封禅大典，并立泰山碑作为纪念。其后举行过封禅大典的仅有西汉武帝、东汉光武帝等几位帝王，这几位都是帝王榜上排在前几名的。唐太宗李世民曾有过封禅的想法，但最终未能实现。宋代以后，那些帝王对此不再感兴趣，也就不再有封禅之典。

作为皇家的最大形象工程，如果办砸了，丢人事小，惹恼上天事大。在封禅这件事上，唐高宗和他的君臣意见竟然出奇地一致。朝廷上下做足了功课，广泛听取朝臣们的谏言。以刘祥道、刘仁轨为代表的朝廷新贵们认为，唐朝以前九卿位高权重，所以在封禅大典上往往充当祭献。如今到了李唐王朝，九卿不过是太常伯的属官，就不能再按照上古的礼仪让九卿担此重任。言下之意，他们都是位高权重者，应该给予登场的机会。武则天也随之进言：过去那些大典都弄错了，光让官员们参加大典，不让女人参加是不合情理的。为什么这么说？禅为祭地之仪，坤为后土之德。女人即"坤"，身为皇后的她也要率宫妃参与献祭。

高宗皇帝欣然接受，允许刘祥道代表公卿，武则天代表后妃，一起登坛。如此一来，各方皆大欢喜。百官相拥，皇族动员，病恹恹的皇帝像突然有了回光返照之相。队伍绵延数十里，陕西、河南、山东诸省的地皮都给踩得翻过来，忙得地方官员上气不接下气。

这是一场浩大的盛典，随行的仪仗、扈从、百官，拖拖拉拉好几百里。东方的高句丽，西方的波斯，各国都很给面子，派了使臣，带了礼物来观摩天朝皇室的大场面。外国友人抱着学习的态度前来取经，他们看不懂，但觉得神秘。还有周边臣服于唐帝国的一些部落酋长也大老远跑来凑热闹，这些人基本上都是拖家带口，随地扎毡帐，到处是驼马，国道之上交通拥堵，粪便随地抛洒。

历史从来就是强者之间的游戏，在取得权力和巩固地位的过程中，强者的眼中只有两种人：为我所用，或为我所除。这是游戏的规则，有人做得隐蔽，有人做得决绝。

清除异己是武则天晋级之路无法回避的重要环节，与个人品质有关，但不是决定性的。作为皇后，她本不属于帝国的官僚系统，由于自身努力，她已经强势地进入权力的制高点，所有努力都是为了更好地掌控权力。她对整个官僚系统的震荡性清理还没有真正开始，她通过上官仪事件震慑了一下群臣，警告那些有心效仿的反对派。

武则天之所以还没有掀起全面清理的狂潮，是因为她还没有强大到无所顾忌。按照正常推理，一个人走上高位，最信赖的人应该是家族成员，可武则天并不如此。当年，她的父亲并州商人武士彟娶了母亲杨氏，本指望杨氏替他散枝开叶，结果杨氏只为武家生了三个女儿。幼女嫁给郭孝慎后早早地死了，早死早清净。长女（韩国夫人）嫁与贺兰越石，在生下儿子贺兰敏之和女儿贺兰氏后就成了一个寡妇。寡妇门前本来就是非多，可韩国夫人这时候却与高宗李治在后宫传出腥臊之事。唐朝三品以上的官员，他们的妻子可以被封为"郡夫人"，而一品和皇室的女性亲属则被称为"国夫人"，而国之前的字则主要是用来区分身份的。

武则天还未成为皇后时，她的姐姐韩国夫人经常登门，一来二去就与高宗打得火热。皇帝是靠山，更是资源。既然是资源，一家人就要共享，岂有一人独占之理？一时间，皇家内院传得满城风雨。甚至有好事者还杜撰出武则天的次子李贤是高宗和韩国夫人偷情的产物，为了遮羞才挂在武则天名下。

武则天当上了皇后,韩国夫人跑得更勤了。她不光自己进宫,还将她的女儿贺兰氏也带在身边。武则天疲于应付,母女二人让她防不胜防。贺兰氏也是天生的美人胚子,史称"有殊色"。母女二人的到来,让清汤寡水的后宫多了几份浓艳熏香,让高宗皇帝神魂颠倒。

武则天姐姐韩国夫人的死因到今天依然没有明确的结论,有人说是因为患病,有人说是因为她和唐高宗的私情被武则天发现,才导致武则天妒忌并且下了狠手。但也有人说武则天虽然知道了,但是念及姐妹的情分,便将其送出了宫。韩国夫人后来探望武则天的时候,被武则天骂:"我念在姐妹情分,不然你和王氏是一样的下场,活着就要知足。"就是这样的一句话使得韩国夫人羞愤难当便自杀了。

韩国夫人死后,高宗难过了一段时间。看着眼前贺兰氏跳脱的身影,年轻的容貌,他觉得世事如此无常。既然韩国夫人已经死了,那就珍惜眼前人,于是册封贺兰氏为魏国夫人。高宗甚至打算将贺兰氏纳入后宫,封为九嫔之一。

武则天当年苦熬四年,为皇帝生下两个儿子才换来的地位,贺兰氏一颦一笑间就得到了。年轻或许是资本,也或许是毒药。贺兰氏以为抓住高宗皇帝的心,就等于抓住了后宫的话语权。武则天恨得牙痒痒。她没想到外敌凶猛,家贼更难防。

魏国夫人,武则天的外甥女兼情敌,皇子们的表姐,如果成了高宗妃嫔,那才是乱了辈分,失了纲常。魏国夫人已经不把她的皇后姨妈放在眼里,似乎胜券在握。在封禅大典上,武则天高高在上与高宗皇帝享受着万国来朝的无上荣光和臣子的顶礼膜拜,那从天际投射而下的光芒映衬着贺兰氏内心的失落。她觉得,论青春美貌,论心智才学,高宗身边最风光的女人都应该是她才对。

一直以来,在长袖善舞的武则天运作下,没有任何妃嫔敢于靠近皇帝，李治成了真正的孤家寡人。年轻美貌的贺兰氏和她的母亲韩国夫人，凭借着她们与武则天的关系，才有了接近高宗的机会。

贺兰氏比武则天年轻，也比武则天漂亮，浑身上下散发着青春少女迷人的馨香。在高宗眼里，贺兰氏美艳照人，他沉醉在贺兰氏的温柔乡里无力自拔。这让武则天产生了强烈的忌妒。颠鸾倒凤时日已久，李治想立贺兰氏为妃。可是妃嫔制度早就被武则天废除，迫不得已，他给了贺兰氏一个封号——魏国夫人。因为母亲韩国夫人之死，让贺兰氏对武则天心怀怨恨，有时候当着武则天的面，故意在高宗面前撒娇卖宠，似乎在向武则天发出挑衅。

就在武则天为此事苦恼之际，她的两个堂兄武惟良和武怀运出现在眼前。武惟良和武怀运此时已分别被贬为始州刺史和淄州刺史。按照此次封禅的要求，沿途的地方官员都要到泰山脚下迎奉天子，这也给了他们重新做人的机会。吃一堑，长一智，两人做得还算得体。他们拿出一年的俸禄宴请高宗、武则天和魏国夫人一行。他俩为皇后武则天献上家乡的特产，想以此重叙亲情。武则天不动声色，她和蔼可亲地请自己的外甥女贺兰氏品尝，贺兰氏不设防，吃了以后，中毒而死。武则天起身直指两个堂兄弟：你们想毒死我和皇帝。

武惟良和武怀运愣在当场，百口莫辩。他们是主人，这些食物是他们安排定做的，现在却吃死了人。武则天事前令人在土特产中掺了毒药，贺兰氏肯定不知道。然后武则天将其嫁祸于武惟良和武怀运。她说这二位兄长居心不良，想毒死她，真没有想到最后毒死了自己的外甥女贺兰氏。

武家两兄弟瞪着眼珠子看着武则天，一脸的愤怒与无奈。虽然他们是武家子弟，但他们犯了重罪。武则天做出很为难的姿态。武惟良和武怀运没有经过审判就被直接拉出去诛杀了。二人的亲族也遭受牵连，因武氏兄弟心比蛇蝎，所以改姓为蝮氏，妻女全部没入宫中为奴为婢，终身做个下等人。这些被弄进宫里的女人和孩子也并不是说就安全了，该治罪的还是要治罪，武怀运的嫂子善氏就是其中之一。武怀运的哥哥武怀亮死得早，也算早死早安生。

善氏当年欺负过武则天母女，用各种手段逼她们离开武家。三十年河东，三十年河西，这次也因这个案子被没入后宫为奴。杨氏又岂能善罢甘休？她让武则天找了个事由，用成束带刺的树枝狠狠鞭打善氏，直到打得肉烂见骨而死。

武则天一石二鸟，轻松拔掉了武氏族人中的几颗眼中钉。此外，她的两个异母兄弟武元庆和武元爽，上次已经被贬外放。武元庆到任不久就死了，武元爽也受到此事的牵连，被贬到更遥远的振州（今海南岛）。彼时的海南岛乃蛮荒之地，他很快便病死在当地。武元庆之子武三思，武元爽之子武承嗣，后来虽然都是武周朝的权臣，但在当时，两人还得夹着尾巴过日子。

正月初一，高宗祀昊天上帝于泰山之南，以唐高祖、唐太宗配飨。初二，封于泰山之上。初三，于社首山行禅礼。祭皇地祇，以太穆太皇太后（窦氏）、文德皇太后（长孙氏）配飨。

就在初三的这场禅礼上，从前绝不允许女子出现的封禅台上第一次出现了女人的身影：皇后武则天担任亚献，她的表姐即太宗德妃、越国太妃燕氏担任终献。在武则天登台之前，进行了清场，在场的文武百官全部暂时回避。武则天和越国太妃出场，率一帮娘子军隆重登坛行礼。

上天俯视泰山之巅，花花绿绿，莺歌燕舞。不管上天承认不承认，有一个事实已经成立，那就是由武则天发起的女权时代已经全面降临。封禅礼毕，高宗率领文武百官登上泰山之巅，接受群臣朝贺，同时下诏大赦天下，改元乾封。高宗和武则天大宴群臣和随同前来的女性代表，随后完成封禅大典的皇家仪仗浩浩荡荡地离开泰山。行至曲阜，高宗皇帝封赠孔子为太师。行至亳州祭老君庙，又尊之为太上玄元皇帝。返回东都洛阳后，高宗下令刻《登封记号文》，立于泰山，传之后世。

在这次封禅中，武则天夯实了自己的地位，又对武氏家族进行了重新洗牌。其实对待自己的娘家人，武则天摆出的也不全是冷酷的面孔。虽然姐姐和外甥女相继离世，但她对贺兰敏之还是抱有深切之爱怜。贺兰敏之是韩国夫人的儿子，也就是魏国夫人贺兰氏的亲哥哥，是武则天唯一的外甥。贺兰部落的历史源远流长，据说有匈奴的背景，后来为鲜卑之一部，是北魏早期的母后一族。因部落势力太强大，被北魏的创建者——魏道武帝拓跋珪所"离散"，其后人逐渐散入中原。

据近世出土的《贺兰敏之墓志》描述，此人"风情外朗，神采内融"，又说他"飞文染翰，为伯为雄"。抛去溢美的成分，这个人总还是不会太离谱。他于弱冠之年为官，二十几岁就当了三品大员。他酷爱文学，曾奉命召集学士刊定经史、编写人物传记。

武则天对这个外甥疼爱有加，将他改为武姓，做了父亲武士彟的后嗣。刚过继时，武则天还是想好好栽培贺兰敏之的，不但让他承袭了武士彟的周国公爵位，还将其擢升为弘文馆学士、左散骑常侍。贺兰敏之对武则天的器重大为感激，竟叩头谢恩至流血。从此朝夕跟随，"坐为师友，入作腹心"，是武则天最为信任的亲人。在外人看来，贺兰敏之的前途一片光明。贺兰敏之继承了母亲的容貌，放在男人堆里犹如鹤立鸡群，俨然一"美人"。

男人长成什么样才能称之为"美人"？实在让人想象不出。据史书记载，"不杂风尘，鸾章凤姿，居然物外……风情外朗，神采内融"。他是长安城妙龄少女的梦中情人，拥趸无数。除了长得好看，贺兰敏之极为聪慧，写得一手好文章。墓志记载贺兰敏之曾任兰台太史、秘书监，从三品，后又迅速攀升至正三品的太子宾客，其间多与皇族贵胄接触，可谓仕途顺畅前景光明。贺兰敏之生于贞观十七年(643年)，龙朔二年年仅二十，身居要职，符合墓志"妙年莅职，弱冠升朝"的记载，其起点之高、升迁之快，令人惊叹。青春、美貌、权势、才华，贺兰敏之拥有一个完美男人的所有特质。尽管如此，他却缺少真正的快乐。

于公而言，贺兰敏之主持工作期间并未出现明显过错。于私而言，贺兰敏之胡作非为，多次引起武后不满。身边人的离奇死亡和戏剧性的结局，像一把梦魇的枷锁套在贺兰敏之的心头。他想忘记，却始终做不到。尤其是妹妹魏国夫人贺兰氏的死，让他受了很大的刺激。在魏国夫人的追悼会上，高宗表现得很是哀伤。他转身问贺兰敏之："你妹妹死得如此仓促，你知道些什么？"

贺兰敏之与妹妹的感情最深，高宗问他的时候，他正沉浸于巨大的悲痛之中，没有做出任何回应。有人将高宗与贺兰敏之在追悼会上的这一幕告诉武则天时，武则天没有言语，最后淡淡地说了一句："此儿疑我！"她知道，贺兰敏之此时已经对她起了疑心。

从那以后，武则天对这个外甥渐渐生了厌恶。她已经有所预感，贺兰敏之是暂时冻僵的蛇，一旦苏醒，就会反噬于她。她可不愿意当东郭先生。贺兰敏之的沉默蓄积着一种可怕的力量，他开始变得肆无忌惮。"贺兰"这个姓氏来自贺兰部落。据考证，"贺兰"一词可能出自突厥语，是指颜色驳杂的马。贺兰山的得名就与这个有关，因为那座山上草木颜色驳杂，远望如杂色之马。

贺兰敏之开始实施他的报复行为，他似乎要让整个世界都看见他的疯狂。他露出狰狞的面目，将自己塑造成长安少女的梦中恶魔。这么做，完全是冲着武则天去的。碍于母亲荣国夫人杨氏的面子，武则天只能引而不发。有姥姥庇护着自己，贺兰敏之就不用怕武则天。

杨氏非常疼爱贺兰敏之，疼爱到什么地步呢？史料记载："敏之韶秀自喜，烝于荣国。"九十岁的老太太与二十来岁的外孙乱伦，这完全超越了人性伦理的底线。这真是疯狂家族上演的最为疯狂的事件。越是这样,武则天灭贺兰敏之之心更甚。

咸亨元年(670年)八月初二,荣国夫人杨氏病逝于九成宫,享年九十二岁。杨氏死了,将贺兰敏之丢在了人间,而贺兰敏之并无收敛之意。武则天对贺兰敏之还是抱有幻想的,希望他能悬崖勒马。杨氏死后,武则天将内库私房钱拨给娘家人,令贺兰敏之给杨氏建一座佛寺来祈福。结果让她大为失望,为杨氏办葬礼的钱被贺兰敏之挪用。贺兰敏之天天纵情声色,开销太大。如果杨氏还活着,他要提出挪用这笔钱,他相信老太太不会不同意。杨氏发丧期间,他也没闲着,这边刚脱去丧服,那边就跑到娱乐场所与一帮纨绔少年玩乐去了。

贺兰敏之长期服务东宫,虽然与太子李弘来往密切,但事实上他却与章怀太子李贤关系融洽,李贤王府文士亦与贺兰敏之颇有渊源。依仗一副漂亮的面孔和贵不可言的身份,贺兰敏之以为天下的女人都是他的猎色对象。这次让他盯上的是司卫少卿杨思俭的女儿。此女是有背景的,太子李弘早就选定了杨姑娘为妃,并准备择期完婚。贺兰敏之略施手段,杨家姑娘就主动投怀送抱。太子李弘惹不起贺兰敏之,只好无奈地退婚。

贺兰敏之抢女人抢到太子头上,武则天表现得却异常冷漠,只是给了贺兰敏之口头警告。太子李弘在心中难免不对武则天的偏袒产生恨意。一味地纵容,换来的却是更深的侮辱。从一开始,贺兰敏之就在杨氏的庇护下向武则天接连发出了挑战。他也知道,凭自己的实力根本无法撼动武则天,他所能做的,就是让武则天活得不安,活得心痛。

贺兰敏之用自己的疯狂,不断地挑衅着武则天的忍耐底线。越是武则天亲近看重的人,他就越要去动。不管是你春心不死的老娘,还是你那不谙世事的准儿媳妇。他活着的全部意义,就是要让武则天活得不安宁。唯有如此,他才觉得自己活得更有意义。就在武则天无所适从的时候，贺兰敏之确定了另一个目标。这一次他将手伸向了自己的表妹，武则天的掌上明珠——太平公主。

年过四十的武则天在为高宗生了四个儿子之后，终于迎来了一个女儿。第一个女儿，成了政治的牺牲品。对太平公主，武则天一直有着更复杂的情结和最深的爱怜，可以说太平公主得到的是双倍的宠爱。

杨氏去世的时候，太平公主也还只是个六七岁的孩子。武则天向高宗请旨，让女儿出家入道，为她的姥姥杨氏祈福。为自己的母亲祈福，武则天表的是孝心，赔上的却是女儿的清白。那段时间，太平公主经常奔波于武家与皇宫之间。让人没有料到的是，所有进入武宅的宫人女官，都统统被贺兰敏之或诱或逼，给糟蹋了。武则天最后的底线被扯断，她终于爆发了，而贺兰敏之也终于将自己引爆。作为一个复仇者，他是成功的；作为一个人，他又是可怜的、可鄙的。

咸亨二年，武则天向高宗上本，将贺兰敏之流放雷州（在今广东）。史料记载，共有五项罪行：私自挪用为荣国夫人造佛像追福的瑞锦和钱物；在杨氏居丧期间着吉服，奏妓乐；烝（与长辈女性通奸）于荣国夫人；逼淫太子妃；逼淫太平公主及随从宫人。

武则天对贺兰敏之比较宽容，在其母、其妹相继离世后，依然重用于他。直到六年后的咸亨二年忍无可忍，数罪并罚，将贺兰敏之流放到雷州，剥夺其武姓，恢复本姓贺兰氏。还没到流放地，贺兰敏之就死在半道上了。有史家说，途经韶州时被武则天的使者以马缰勒死。这符合武则天一贯的行事风格，贺兰敏之被杀实属罪有应得。

贺兰敏之后来被杀，牵连之人多为李贤王府文士，他们也大都被流放于岭南荒僻之地。随后，武则天又召回武元爽的儿子武承嗣，做了父亲武士彟的后嗣。

第三章
后高宗时代的困境

1. 二圣临朝的火焰与凌霄

随着太子李弘一天天长大，高宗也有意无意地放权于他。武则天也开始接受这样一个现实：天下有很多东西是只属于男人的，与女人无关，比如说江山，比如说至高的皇权。李弘此时还不到二十岁，却已经有过无数次的监国经历。综合史料，我们大致可以勾勒出这样一个太子形象：身体孱弱多病似其父，性格倔强刚毅似其母。

作为大唐帝国的储君，李弘八岁便离开了父母的怀抱，独自单飞。太子要住进专门的府邸——东宫，由专门的老臣名儒教导辅佐帝国的接班人。高宗对太子是寄予厚望的，自己常年拖着病体，太子要随时做好接班的准备。

太子是人，太子不是一般的人。身为天子继承人，肩负着皇家的重托，也肩负着天下臣民的期望。那些围绕在太子身边的贤臣大儒要打起精神，对李弘施以仁德教育。太子年幼之时，许敬宗出任太子少师。许敬宗是忠实的挺武派，在他的教育之下，李弘对于武则天还是言听计从的。然而日子一天天过去，乖顺的皇子已经长大，越来越有主见。

李弘这种表面顺从、内心固执难治的态度让武则天越来越失望，当初自己冒着九死一生争取后位，不就是为了让这些皇子们将来不受欺负吗？李弘是个感情纤细敏感，富于理想和抱负的年轻人，对这个世界有自己的想法，也有一套做人的方法。对于皇帝、皇后和大臣们强加给自己的，他从心里是拒绝的。从很小的时候起，他的眼睛里看到的都是美好，以至于见不得邪恶之事。

少年时代，东宫的老师郭瑜教他读《春秋》。当他读到楚国王子弑君篡位的事情时，立刻把书盖上，又惊又疑地说："此事是身为臣子的人不忍卒读的，经典既然是圣人垂训后世之用，为何会记载这种事呢？"

郭瑜回答："孔子作《春秋》，义存褒贬，故善恶必书，如此方能惩恶扬善、教化世人。"李弘对老师给出的答案显然不满意，他将圣人之书往桌上一扔，然后不满地说道："我不想了解这种血淋淋的事，还是给我换一本书吧。"人思想深处的痛苦，从认识第一个字那一天起，就已经注定了。李弘始终没有走出自己内心世界的象牙塔，他始终是那个被锁在屋里的孩子，孩子的世界是透明的，孩子的世界又是自我封闭的。

郭瑜被太子的仁孝深深感动，于是就把教材换成了专门讲解正面道德规范的《礼记》。李弘的仁孝显然是得自高宗的遗传。除了这一点外，他还从高宗和武则天那里继承了异常早慧的文学才华。武则天对这个儿子，一开始是非常看重的。为了他的教育问题，像天下所有母亲一样伤透脑筋。她亲自编写了一整套系列丛书，希望能够按照自己的想法，教导太子李弘怎样去做一个孝子仁君。孝子就是听妈妈的话，至于其他方面都是建立在听话的基础上。

高宗在位期间，有接近三分之一时间都不在长安，而是在东都洛阳。没有特殊情况，武则天都一定要陪伴左右。这些时候，不得不放手让李弘监国。所以在李弘短暂的一生中，就有多达七次的监国记录——分别是八岁、十一岁、十二岁、十六岁、二十岁、二十一岁和二十二岁。其中除了八岁那次因年纪太小、力不胜任而被高宗和武则天接到东都之外,其余六次显然都是胜任愉快的。按《资治通鉴》记载,朝野上下对李弘监国给予了很高的评价:"太子弘仁孝谦谨……礼接士大夫,中外属心。"随着李弘监国次数的增多和政治经验的日益丰富,他开始拥有了自己的政治主张,同时也不断发出与他母后武则天截然不同的声音。麟德元年(664年),废太子李忠被赐死于黔州,死后暴尸荒野,无人收葬。李弘得知后,深感哀怜,立刻上表请求高宗收葬这个异母兄长。此事令武则天非常不快,尽管她表面上也不得不跟着高宗和其他人一起称赞太子仁厚,可实际上从这个时候起,她对这个越来越有主见的儿子就开始生出不满和警惕了。

就在杨氏去世前不久的三月十八日,挺武派中地位最高的宰相许敬宗也到了退休的年纪,正式退居二线。许敬宗的离去,让武则天在朝中失去了最为倚重的一条臂膀。在太子东宫势力和高宗亲信们的双面夹击下,武则天一时陷入了权力的困境,只能勉强硬撑局面。

这一年又逢大旱、日食等异象天灾。武则天向高宗上书,表示自愿让出后位,以赎天谴。武则天这么做,与其说她体恤民情国运,不如说她在命运赌局中再一次下了重注。她是在用破釜沉舟这一招,警告太子:别以为我这个皇后非得靠你这个太子,其实你的太子之位还是靠我这个皇后挣来的;假如不是我用尽手段正位中宫,你做了嫡子,哪来的太子之命?

辞职信写得诚意十足,字字句句浸透对李唐社稷的忧心。高宗看过后没有愤怒,只有满心满腹的感动。他当即做出表态,反对武则天辞去皇后的想法。

此后的几年间,太子李弘与武则天的母子关系日渐紧张。武则天与李弘之间的亲情,逐渐被皇权与后权之争蚕食鲸吞。在权力面前,就算是母子也要分出个高低上下。

武则天请辞被拒一个月后,太子右中护(左中护为高宗极信任的老臣李勣）同东西台三品赵仁本被罢相。很多人都说这是被退休在家的许敬宗发挥余热搞掉的。可见瘦死的骆驼比马大，就算是退居二线的高官也是得罪不起的。

赵仁本虽然被罢相，可太子的势力仍然不可动摇。李弘监国这么多年，没有几个人装门面，凭他少不更事，早就被朝中那些权力大佬玩弄于股掌之间。这场母子之争，高宗是站在太子一边的。为了树立太子的威望，高宗甚至不惜涉险起用太子亲信领兵到前线打仗，以壮大太子集团的势力。对于高宗这种做法，武则天也没有更好的办法。

杨氏死后的第二年正月，武则天陪着高宗到东都洛阳疗养，李弘再次被留下来监国。也就在这段时间里，李弘认识了被母亲幽禁多年的萧淑妃之女义阳公主、宣城公主。两位公主这时已经三十出头，还没嫁人。按当时少女一般十五岁就找婆家的风俗来看，她们早就过了谈婚论嫁的年纪。皇帝的女儿不愁嫁，可两位公主却着实难以嫁出去。

公主长得很漂亮，之所以嫁不出去，是因为武则天没有发话。武则天不表态，谁娶了她们都是天大的麻烦。李弘自从见到同父异母的两位公主，就再也放不下这件事。他立即向高宗上书，两位公主已是大龄姑娘，该找个高门大户人家嫁了。毕竟是自己的孩子，高宗没有理由不赞成太子李弘的想法。

对于武则天来说，太子李弘的这一举动等于是在挑战自己的权威。就在高宗收到太子建议的当天，武则天做主将两名公主许配给了当班的卫士权毅、王勖。为了顾全皇家的颜面，还分别给他们弄了个刺史的虚职。名为下放到地方锻炼，实际上是将她们赶出皇宫，赶出高宗和太子的视野。

两位驸马像捡了便宜似的带着落魄公主离开长安，到地方任职去了。当然这两位驸马并不是普通的宫廷侍卫，他们所在翊卫属亲、勋、翊"三卫"部队之一，都是官家子弟。义阳公主驸马权毅祖上历事北周隋唐三朝，都是都督、刺史以上级别的官，祖父为太宗在藩时秦王府嫡系要员，封卢国公。宣城公主驸马王勖祖父也官至监门将军，封平舒公。论家庭出身还是配得上两位公主的。

在高宗朝，他们的日子过得倒也无风无浪。后来武则天当国后，两位驸马还是被安了个莫须有的罪名被诛杀。

李弘并非第一次以这种仁慈之举拂逆武则天的心意，当初废太子李忠以谋反罪被杀的时候，他也曾奏请为哥哥收尸下葬。当初的废太子李忠之死，包括今日两位公主长期未嫁，都是武则天一手造成的。李弘的所作所为让武则天恨得牙痒痒，可一时之间又不知如何是好。

李弘让武则天很失望，史载李弘"由是失爱于天后"。因为这件事，武则天和李弘的母子关系迅速恶化。一切操办停当之后，武则天将李弘召至东都。她要亲自过问太子的婚事，人选都已经确定了，也就是右卫将军裴居道的女儿。

对于李弘的婚事，武则天其实是有愧的。当初，李弘的未婚妻是以美貌闻名京师的杨思俭的女儿，也就是在大婚前夕与贺兰敏之勾搭成奸。两人有缘无分，李弘最后戴着一顶"绿帽子"惨淡离场。时过境迁，武则天又开始为李弘张罗起婚事。一是通过婚姻束缚李弘；二是借以修复母子之间的裂痕。

武则天的危机感越来越强。许敬宗已经处于半隐退状态。放眼朝堂之上，自己陷入了孤立无援的状态。如果不能拉拢一帮在朝中有话语权的官员支持自己，她作为"二圣"之一，也只不过是后宫那帮女人的大领班。

就算高宗李治让她参政议政，也只能有建议权，却没有真正的实权。在这种情况下，武则天决定组建听命于自己的班子。武则天提出了打破大唐官员凡进必考的制度，她想让帝国官场来一次重新洗牌。

武则天拿出的用人方案，主要是为了笼络官员的心，让他们对自己心存感恩。

她提出，三品以上赐爵一等，四品以下提拔一级。李唐建国以来，由六品跳升五品是升迁的一道重要关口；由四品跳升三品又是另一道关口。进入三品以后基本上就是看经历和后台强硬程度了。进入五品就需要考试，按成绩排序。就连从五品也要让皇帝特批，才决定能否录用。现在实行泛阶制度，五品、三品的职位有了更多可能，甚至招进来一些"两有两无"人员，即有抱负、有才学，无富贵、无背景的普通官员。

武则天出台的这项官制改革其实是一把双刃剑，庶人子弟来抢世家子弟的饭碗，虽然激活了用人机制，但同时也造成了官员队伍的不断膨胀，导致严重超编。官员职数远远大于普通公职人员职数，出嘴的比出力的多出好几倍。当年唐太宗李世民为革除隋末弊政，大规模精简官员，定制官品文武共六百四十三员，超编一人，负责的官员就要被拖出去，打一百大板，超出十名要判刑两年。这项制度的推行，在此时被全部推翻。当时有人戏称，身穿绯服的四品官比长安城里两条腿的蛤蟆都多，地方官到了长安都不敢说话。

不过这项人事制度改革对于武则天个人而言，在收买人心方面赢了漂亮的一仗。那些得到升迁晋级的官员没有不磕头烧香的。

就在武则天积极推行人事制度改革，大肆拉拢人心之际，高宗皇帝的身体却越来越差，除了风疾和肺病，又染上了疟疾。以他目前的身体状况，已经无法单独掌握朝政。李治身子骨一天不如一天，有心治国，却无力理政。这种情形，让他不得不考虑太子接班的问题。

此时的太子李弘已经完婚，成为一个真正的男人。是男人就要扛起一个家，是太子就要撑起一个国。从各方面看，李弘都有成为一个合格君主的潜质。但前提是高宗皇帝必须退居二线，给新人机会。李弘四岁就当上太子，监国监了十多年。

高宗虽然身体不好，但他扶着墙抱着药罐也舍不得对皇权撒手。他宁愿让武则天充当自己的形象代言人，也不愿意退居二线。这时候武则天嚷嚷着要赎天谴，辞职不干，高宗坚决不同意。高宗决定在妻子和儿子之间走钢丝，两边都不得罪。这边对于武则天干政，他采取一面抬举，一面打压；那边对于太子监国，他采取左手放权，右手夺权。夫妻、父子之间形成的三角政局在高宗皇帝的一手掌控下，悄然形成。

咸亨三年（672年），许敬宗病逝，武则天的一条臂膀折了。在权力刀尖上行走的许敬宗居然能够寿终正寝，也算是官场上的高手。很多人每天烧高也无法做到的事，而他却做到了。

许敬宗在太宗时期，几起几落。在高宗还在做太子的时候，许敬宗就是东宫旧人，跟在高宗李治后面找机会。后来许敬宗作为武则天的忠实盟友，与李义府双双力挺武则天，才算迎来自己人生的巅峰。许敬宗是高宗和武则天联合执政时期的核心人物，极为得宠。他可以随意出入禁中，骑着高头大马上朝。当时宰相班子成员中可以享受到这种恩遇的，只有李勣。

但李勣后期过于低调，除了带兵上战场，拔掉了东边的高句丽，回到长安城基本上就是拢着袖子晒太阳，泡工夫茶。泰山封禅大典，许敬宗和李勣双双出任封禅使。

许敬宗在官场上是很有眼色的，知道什么时候该进，什么时候见好就收。李义府倒了，他没倒；李义府死了，他依然活得有滋有味。除此之外，他的物欲、色欲和名利欲，与李义府也有得一拼，不同的是李义府祸害别人肥自己。许敬宗比他崇高无私多了，祸害的不是别人，是自家人。他把女儿嫁到蛮夷之地，索要巨额财礼，受到弹劾。后来他又把另一个女儿嫁给出身奴隶的将军，依然如此。堂堂的帝国宰相靠卖女儿赚钱，许敬宗算是有史以来第一人。

许敬宗大器晚成，直到将近七十岁才算真正进入帝国的政治核心地带。他曾经建造飞楼七十间，华丽程度堪称一流。他在黄金屋里养了很多"金丝雀"——家妓，供他享乐之用。他让这些女孩们分组骑马，在楼上打闹嬉戏，那飞扬的笑声直入云霄。看着那一张张如梦似幻的笑脸，他仿佛回到了自己的青春岁月。他的儿子许昂与老子相比，丝毫不逊色。许昂公然与许敬宗的小老婆虞氏通奸，许敬宗一怒之下休了虞氏。后来他又上奏朝廷将许昂赶到五岭以外。如此不孝子，留在身边是个祸害。

许昂后来虽然返回长安，时隔不久就死了。许敬宗是个非常有才华的文人，《全唐诗》收录了他的二十七首诗作。文人就要有文人的范儿，不能将自己混同于那些无知者。那些登门求他办事的人，愿意帮忙的他会说声好。不愿意帮忙的，他通常会说——"老夫耳朵背，记性又不好，总是记不住你的名字。不过呢，如果你是曹植、刘桢那样的大才子，就算只见过一次，我也一定记得你。"

许敬宗负责修缮高祖、太宗两朝实录，可他缺乏史官秉笔直书的气节。对于亲戚朋友，他的笔下都是溢美之词，而对于那些政敌对头，却又会毫不留情地抹黑。等到他死了之后，借着给他商定谥号之际，一些对他心怀不满的官员说他："弃长子于荒郊，嫁少女于夷貊。按《谥法》，名与实爽曰缪，请谥为缪。"

"缪"这个谥号算是最低劣的谥号之一。这个谥号，还真是为许敬宗量身打造的。但这让武则天的脸上挂不住，毕竟谁都知道许敬宗活着的时候，是挺武派人士。尽管如此，武则天也没有更好的办法。她知道，这些官员被许敬宗压制太久了，好容易逮着一个死的，恨不得扒皮拆骨。他们认为"缪"这个谥号都是看在武则天的面子上赏给他的，不然送上一个阿猫阿狗的谥号都有可能。

高宗怕收不了场，要求五品以上的官吏全部参与其中，集思广益，尽量把这个谥号往好的方面考虑,可折腾半天,官员们还是觉得这世界上的美好词汇,与许敬宗不堪的一生相去甚远。高宗知道大家也很为难,就给出标准。好词难找,坏词也别碰,不好不坏的词琢磨一个。最后来了个折中,"既过能改曰恭。请谥曰恭"。意思是,此人犯过错,但改造好了,还算不坏。谥号这边一敲定,高宗催促赶紧下葬,生怕夜长梦多,再生出非议。没曾想,仅仅过了一年,高宗突然颁布诏令,称许敬宗修缮充实的史料很多地方系胡编乱造。

编就编了,但是许敬宗编得不够圆满,漏洞百出。高宗只好命史官重新修改,而这次负责修史的专员正是李义府的死对头——刘仁轨。刘仁轨此时已官拜宰相,将近七十岁的老人还屡屡奉诏出征。

武则天已经清醒地意识到,现在的情势对自己越来越不利。李义府和许敬宗的先后辞世,让她对外廷失去了控制。早知道真应该培养一些中青年势力,何至于现在无人可用。

上元元年(674年),高宗皇帝把祖宗挨个封了个遍,然后自称天皇,武则天为天后。最高兴的人莫过于武则天,看来高宗对自己还是情深义重的。武则天还没来得及好好享受这种"幸福来得太突然"的感觉,又有新的状况出现了。不知何故,高宗李治有一次想起自己死去的舅舅长孙无忌。他重新翻阅了这起案子的卷宗。翻阅过后,他指出,这个案子疑点颇多。既然皇帝认为案件有疑点,那就说明他想翻案。

高宗开始张罗着为舅舅长孙无忌平反。他先是下诏恢复长孙无忌的爵位;然后迁坟,陪葬昭陵;接着找来长孙无忌的曾孙长孙翼承袭赵国公的爵位。这是刘仁轨封诏修史的第二年,一环扣着一环,高宗一连串的凌厉攻势让武则天喘不过气。她再也坐不住了,主动要求辞去天后头衔,但高宗没有批准。

武则天这时候陷入手下无人可用的困境,事到如今,她并没有慌乱，因为她对自己的未来有着清醒的认识。成大事，就不能计较一城一池的得失。她必须掌握政权，宰相班子中一定要有她的人，必要时能够站出来支持她；她必须掌握军权，军权往往是话语权。

当时外廷势力以宰相刘仁轨为首，另外几位宰相戴至德、张文瓘都是太子李弘的拥护者，而郝处俊则是人尽皆知的反武派。掰着手指头算算，武则天很难找个人在关键时刻帮衬自己。如果强行在宰相中安插人手，对于武则天来说难度不小。毕竟她只是领衔后宫的皇后，而不是统领朝纲的决策者。

武则天很快就为自己找到了蹊径——编纂书籍。武则天也算是当时社会的知识女性，写得一手好字，酷爱文史。如今重操旧业，培养一帮学士做自己的幕僚，然后从中选拔好苗子。在这次选拔中涌现的新人，日后成长为号称"内相"的翰林学士的前身——北门学士。之所以是北门，不是南门或者其他门，是因为唐朝官员平时上朝通常是从南门而入，而那些学术超男则在武则天特许下可以从北门也就是玄武门进入。由此看来，这北门是武则天专门为他们打开的一道进阶之门。这些人也成为武则天在关键时刻绝地反击的一支重要力量。

这种做法难免不让人想起当年唐太宗李世民开弘文馆招揽十八学士，都是为了培植个人力量。武则天见心腹宰臣一个个像老树般衰老凋零，难逃自然法则，她便援用前朝故例，招揽了一帮资历较浅的文人写手来帮她编写书籍，然后署上她的名字。

过去召集博学鸿儒写书基本上都是由州县推荐人选，经过层层选拔。这批学士与以往不同的是，他们是由天后武则天亲自担当评委，选拔后召入禁中。选拔他们的目的就是为编纂书籍，书的风格及内容随着武则天人生轨迹的变化而变化，每个阶段的心路历程也是不尽相同的。担任皇后期间，武则天编写的大多诸如《古今内范》《孝子传》此类书，是一些家庭伦理、相夫教子之类的教育读本。从这些编辑的书中，我们可以看出，此时的武则天还只想做个贤妻良母。而到了天后时期，她又编写了《百僚新诫》《臣轨》等训诫臣子的书籍。

贤妻良母的身份已经无法满足武则天了，一个政治女强人呼之欲出。这帮儒生前前后后大约为武则天编纂了一千多卷书籍，落名都是"大圣天后亲撰"。在这些书籍中间，其中最著名的当属《臣轨》，这部书是教导臣子如何忠诚于自己的君主的。这部书经常与李世民写给李治看的《帝范》一书合集，称为《帝范臣轨》。

武则天编书纯属玩票性质，说得直白一点，就是借学术之名，行干政之实。她通过那些文字提醒朝堂上下，天字号的人物除了天子李治，还有天后武则天。这些帮助武则天编书的学士无品亦无名，朝堂之上本没有他们说话的地方，当然说了也没人听。

武则天打着编书的旗号，密令他们参决朝廷奏议和百官表书。编辑朝臣们的必读书籍，应该是宰相干的活，属于苦活累活。现在武则天安排了这样一批年轻的学术文人，包揽了这项业务。北门学士等于是武则天的私人内阁，在武则天全力打造之下，他们迅速成长起来。有的人很快崭露头角，成为朝廷新贵。其中知名人物有刘祎之兄弟、周思茂、元万顷、范履冰等人。

高宗皇帝虽然舍不得完全放权，但他的身体越来越差。很多时候高宗都处于疗养状态，武则天也恪守妇道陪伺在侧。冬天抱火炉，夏天去避暑。随着太子李弘监国掌政次数的不断增加，朝臣们也默认了他的接班人的地位。几年时间下来，太子的人气指数不断飙升。此时的整个宰相班子就算不是太子的直系署官，也必然拥护太子。大家都有一个共识，那就是皇位早晚是李弘的。

一切看上去很美，年轻的储君代表着帝国的未来。曾经由夫妻、父子共同执政、互相牵制的三角政局，已经慢慢解体。朝堂成了天后武则天和自己的儿子、太子李弘正面交锋的战场。武则天除了大张旗鼓地包装并推出"北门学士",她还做了另一件重要的事——扶植武家势力。曾几何时,武家因为有了她这个女儿,整个家族倒了大霉。武则天这时候才发现,放眼朝堂,来来往往的人不少,可死心塌地愿意跟着自己的忠诚之士少得可怜——几乎没有。

当务之急,是要组建自己的班子。高宗的身体一天不如一天,太子李弘在很多事情的处理上也有儿大不由娘的意思。武则天在这时候想到了自己的娘家人,想到了那几个早已被自己吓破胆,流放在岭南的侄子,还有被自己养在身边的武承嗣。在她需要帮手的时候,她向自己的娘家人发出了深情呼唤。

武则天迅速把他们召唤到身边,并在几个月内连续超常规提拔。诸武外戚,闪亮登场,他们的黄金时代就要来临了。曾经如罪犯般披枷带锁地一再被驱赶流放,在岭南蛮荒之地号呼哭泣的武家小辈,在得到号令的第一时间,聚集到武则天的麾下。

从后来他们各自的表现来看,这些人早已被时间磨去了棱角,失去了尊严,在他们的身上已经看不见父辈的骄傲与坚持。诸武的宠物级表现让他们的驯化师武则天深感满意,她甚至暗暗庆幸,自己当年留下他们中的年轻一辈是对的。武承嗣袭爵周国公,拜为三品宗正卿;武三思拜为右卫将军。宗正卿掌管皇族事务,包括后妃亲属。这等于是在李唐皇族中间安插了一个卧底。一切尽在掌握。

这是李唐噩梦的开始,也是武则天走上政治前台的必经之路。

上元二年春天,高宗的病情加重,连形式上的临朝也快撑不下去了。他决定暂时把政务交给皇后掌管,高宗对武则天还是信任大于戒备的。朝臣们却搞不懂高宗到底怎么想的,他如此信任武则天是不合常理的,也是很危险的。太子李弘已是成人,有过多次监国经历,群臣也早已认可了他作为大唐事业接班人的不二人选。在这种情况下,高宗还要将朝务的处理权交到武则天的手里,实在让人难以理解。

为了让武则天掌权有一个现实依据，高宗居然在朝堂之上让大臣们讨论，民主决策。许敬宗等少数由武则天培植的大臣离开后，便很少有人会主动站出来为武则天摇旗了。高宗皇帝刚把自己的想法说出来，很多大臣直接就在朝堂之上发起抗议。群臣在这个问题上并无分歧，后宫不可干政。就算有朝臣认为武则天完全可以胜任，可在廷议的时候，他们也只是把这种想法深深地埋在心底，更不会和那些反对派针尖对麦芒。

第一个挺身而出，反对武则天的是中书侍郎兼任宰相的郝处俊，有名的耿介之臣。郝处俊果然不负众望，他挺着胸，一脸的正义。他说："自古以来，皇上主外，皇后主内。当年魏文帝也说过，太子年幼，不允许皇后临朝，这样可以杜绝祸患。如今你怎么能拿高祖、太宗的江山社稷开玩笑，不传给自己的子孙而要把天下托付给皇后！"

这边郝处俊刚义正词严地说完，那边中书侍郎李义琰上前进言："中书侍郎言之有理，皇上应该听，要遵从祖制！"二人一唱一和，朝堂上群情振奋。武则天很受伤，也很委屈。作为妻子、作为母亲，如果她不站出来，偌大的朝堂就没人能够撑住局面。当年拥护她的那帮人一个个都死了，就剩下眼前这些满口仁义的书呆子。

高宗皇帝忽而点头，忽而摇头，让人搞不清他心里到底是怎么想的。就在双方拉锯之时，一件让人意想不到的事情发生了——太子李弘暴亡。李弘死于上元二年四月己亥日，地点是合璧宫，死的时候李治和武则天都守在他的身边。早不死，晚不死，死在这场廷议将决未决之际。太子李弘是武则天从感业寺回宫后生下的第一个孩子，母凭子贵，李弘的降生，给了当时刚从感业寺回宫的武则天莫大的安慰，是武则天后来争夺皇后之位的重要筹码。

前程一片大好的太子李弘，怎么会突然死亡？由于他和武则天的特殊关系，自唐以来人们一直疑窦丛生，将李弘之死与武则天联系在一起。无论是官方还是私人撰修的史书，如《新唐书》《旧唐书》《唐会要》等，都记载李弘是被武则天鸩杀的，很多人都支持这一观点。

按照他们的推理，有了长公主和外甥女贺兰氏之死在前，一旦母子关系破裂，残杀亲生儿子也是十分有可能的。支持武则天杀子说的理由是，咸亨四年八月，高宗带着武则天避暑度假去了。他要求各个部门没什么大事就不要来骚扰自己，直接去请示太子李弘（"受诸司启事"）。高宗此时虽然有病，但思维清晰。他知道一旦自己有个三长两短，太子要随时顶上去。皇权这玩意儿，有多迷人，就有多伤人。而此时，武则天已经舍不得将手中的权力完全放手。一旦李弘即位，她将和高宗一起退居幕后。

一些官员天天装得老实巴交，蔫头耷脑。武则天知道，他们中有那么一帮人私底下天天琢磨自己，只要条件成熟，他们就会将她移除朝堂。若是高宗有个三长两短，恐怕她的地位将更加不保。她太了解太子李弘，了解自己的儿子。《旧唐书》中明确写道："天后方图临朝，乃鸩杀李弘。" 这种说法在中唐时期也很有市场，如李泌曾对唐肃宗说："孝敬皇帝，乃太子监国，仁明孝悌。天后方图临朝，乃鸩杀孝敬，立雍王贤为太子。"母子反目源于萧淑妃所生的两个女儿义阳、宣城二位公主，两人被关到三十多岁还没出嫁。太子李弘知道后请奏父母亲让她们下嫁，结果惹得武则天大怒，马上将两位公主嫁给了当时宫中的执勤卫士。从此母子不和，李弘由此失去了武则天的垂爱。

李弘选妃也没有如自己所愿，与母亲的武氏家族发生了严重的矛盾。贺兰敏之粗暴地强奸了准太子妃，给太子扣上了一顶"绿帽子"。武氏家族对太子李弘如此污辱，这口气他无论如何是无法咽下的。对于李弘脸上露出的对武氏家族的仇恨，武则天是绝不可能无动于衷的。至于武则天到底是如何下手的，由于事情是秘密进行，史书记录十分简略。总之，太子李弘突然死去，"天下莫不痛之"。

而反对武则天杀子说的人则认为，太子李弘一直患有"瘵"这种疾病，病情曾加重至无法召见下属。《新唐书》载有高宗的诏书说："太子沈瘵，朕须其痊复，将逊于位。弘性仁厚，既承命，因感结，疾日以加。"当时的医疗水平对"瘵（肺结核）"这种疾病无药可医，病情加重乃至身亡并不蹊跷。李弘死后，唐高宗马上下了一道制书，叫《赐谥皇太子宏孝敬皇帝制》，其中不仅赐李弘"孝敬皇帝"的谥号，也说明李弘是因病去世。高宗说，他本想待李弘病好后就传位给他，太子李弘知道后，心情非常激动，导致病情迅速恶化，不久就死了。

从中唐开始，当时的社会对武则天已经有了特殊的看法，人们很难接受一个女人曾经篡夺政权当上皇帝这一事实，所以整个社会对武则天抱着很深的成见，大家都在尽可能将其描绘成一个十恶不赦的女暴君。武则天一怒之下将两位公主许配给了卫士，但她与李弘的结怨其实根本没必要，因为事件本身根本不可能影响武则天的当权和夺权，当时的武则天早就大权在握，与高宗号称"二圣"。

更何况从时间上说也有一些问题，因为此事发生在咸亨二年，距离李弘死的时间约有四年。凭武则天的个性，真要杀人，无论如何不可能等上四年的。司马光编《资治通鉴》时比较实事求是，说："《实录》《旧传》皆不言弘遇鸩。"司马光又云："弘之死，其事难明，今但云时人以为天后鸩之，疑以传疑。"也就是说武则天弄死亲生儿子这件事，子虚乌有。

李弘去世后，高宗李治痛彻心扉。他为李弘亲笔撰写《孝敬皇帝睿德记》，盛赞李弘有"至纯""至孝""至仁""至俭""至正"等美德。李弘的死也让武则天避免了一场和亲生儿子的对决，她感到十分悲痛，亲手写了《一切道经序》。

咸亨四年，唐高宗又患疟疾，犯病时，忽冷忽热。这场疟疾一直拖到第二年开春，实在吃不消的高宗萌生了服丹石的念头。中国历史上没有几个皇帝不好这一口，身为天子，都希望自己能够与天齐寿。道家有如此说法：上士服之七日乃升天，中士服之七十日得仙，愚人服之以一年得仙。

由于皇帝好这一口，炼丹家们有了用武之地，没有什么比把皇帝的肠胃当鼎炉来做化学试验的事更刺激的了。炼丹的过程，类似于炒炸药。到了唐朝，在炼丹家们埋头苦干之下，随着"砰"的一声巨响——火药产生了。"崩"了好几位皇帝不说，也结束了几千年的冷兵器时代，人类战争也从此翻开了更加血腥的一页。

唐太宗晚年，就曾经服用天竺方士炼制的"延年之药"，结果导致病情恶化。高宗皇帝准备继承父亲的未竟事业。此事为郝处俊所知，他专门上书劝阻高宗，说他这么做，无异于自取灭亡。高宗根本听不进去，多病之躯带给他的痛苦也只有他自己能够体会。一张床上躺着的夫妻，受着各自不同的煎熬。高宗被病痛折磨得死去活来；而武则天则被权欲折腾得欲仙欲死。为了彰显治国才能，武则天精心炮制了一份建言十二事。十二件事，事事关乎社稷：劝农桑，轻徭薄赋；免京师附近百姓租税徭役；停止用兵，德化天下；禁绝浮华淫巧；停止大兴土木，节省开支；广开言路；杜绝谗言；王公以下学习老子《道德经》；父在母亡，为母守孝三年；奖励有功；京官八品以上增加俸禄；任官长久，才高职低者超级晋升。

建言十二事是比较完整的治国方略，这是武则天大有深意的一个举动，其目的很明显，那就是收买人心。她在建言十二事中，为普通百姓和中下级官员着想，为他们争得利益，因此赢得了绝大多数百姓和官员的拥护。

2. 武则天与太子关系再探

新太子人选很快尘埃落定,此时距离前太子李弘去世才一个多月时间。新太子人选是李弘的亲弟弟,武则天的另一个儿子雍王李贤。与此同时,武则天也加紧收买人心,巩固自己的权力堡垒。而这一次,她将目光再次投向自己的娘家人,开始大肆重用武氏族人。

比起李弘,李贤似乎更具才学,史称章怀太子。他可以和号称"飞白第一"的曹王明纵论书法,也可以和蒋王炜笑谈风月;他可以和弟弟李显等年轻人在马球场上一较高下,也可以一个人独坐在静室里抚琴弄月。他不仅才华横溢,人也长得标致。诸皇子中,数他风流俊雅,少时读书有过目不忘的本事。如果说,李弘与父亲高宗皇帝有几分相似,那么新太子李贤与母亲武则天的相似度似乎更高一些。

做太子的第二年,李贤就召来一帮高学之士将《后汉书》重新整理和注释。整理完成,送给高宗皇帝一本。高宗看过后,奖励了他三万匹绢帛。作为太子,只懂得琴棋书画也不行,多少亡国之君就栽在了艺术天分上。为了培养李贤的政治才能,高宗皇帝也同样创造了几次机会让李贤监国。李贤处理起朝政也像模像样,令高宗甚感欣慰。作为成熟的政治家,还要有手段,手段往往比才华来得更实在,更有效率。

李贤虽然努力地表现自己,可毕竟当太子时间太短,在朝臣中的影响不深。当年李弘的人气和影响力，是他十余年在太子监国的过程中慢慢积累起来的。同样是有才之人，时间和经验的积累让他们分了高下。

李弘的死，表面看来让李贤成为最大的既得利益者，其实不然。李弘的死，得到最大实惠的是他们共同的母亲——武则天。此时的高宗虽然在位，但已基本采取守势。皇后武则天没有了竞争对手，她的实力正在慢慢发酵。

就在武则天的死敌——来济的堂弟来恒成为部长级别的高官（宰相）同时，另几人也加入了宰相集团。他们是：薛元超、高智周、裴炎。从后来的情况看，这几人都算挺武派。

太子李弘死后，东宫的署官宰相调整如下：

原太子左庶子、同三品刘仁轨升为左仆射，兼太子宾客。

原户部尚书兼太子左庶子、同三品戴至德升为右仆射，兼太子宾客。

原大理卿兼太子左庶子、同三品张文瓘升为侍中，兼太子宾客。

原中书侍郎、同三品郝处俊升为中书令，兼太子宾客。

原吏部侍郎兼太子右庶子、同三品李敬玄升为吏部尚书兼左庶子，同中书门下三品如故。

也就是说，故太子李弘的署官宰相原班人马全部打包给新太子李贤，继续当太子僚属。武则天与故太子李弘东宫班底的紧张关系，也被同样打包给了新太子。在这些人中，领头的是左仆射刘仁轨。作为李义府的政敌，刘仁轨始终奋战在反对武则天临朝的一线。一次刘仁轨陪同高宗观看新落成的镜殿，由于光的折射，人影重叠。刘仁轨激动得大呼小叫："不好了，天无二日，国无二主，刚才臣竟看见四壁有数位天子，这是不祥之兆呀！"

于是有人认为这是刘仁轨在提醒高宗。现在大唐帝国的天空升起了两个太阳，一个是天皇李治，另一个是天后武则天。右仆射戴至德与侍中张文瓘是故太子李弘最为信任的僚属，李弘监国期间，基本上是仰仗这二位主政。武则天与李弘的权力角逐，让他们成为反武阵线联盟的主力军。

在李贤当上太子不久，唐高宗忽然召集群臣，商议起让武则天摄政之事。虽然之前武则天不断参政，但她并没有直接面对大臣的权力，她的想法、意见都是先和唐高宗商量，再以唐高宗的名义昭告天下。如果让武则天摄政，意味着她从此有了直接揽政的权力。

唐高宗之所以这么做，原因只有一个，因为他舍不得将自己的皇权让与他人。他觉得如果将权力交给太子就很难再收回来，要是给了皇后，只要自己身体好转，随时都可以再要回来。尽管武则天的贪婪唐高宗了然于胸，但为了自己的私心，他还是情愿铤而走险。

这个决定遭到宰相集团的强烈反对，其中尤以郝处俊为甚。郝处俊从不掩饰自己的政治倾向，也不顾及场合。他在反对武则天继续揽权这件事上，没有任何商量的余地。

他说："天子理外，后理内，天之道也。昔魏文帝著令，虽有幼主，不许皇后临朝，所以杜祸乱之萌也。陛下奈何以高祖、太宗之天下，不传之子孙，而委之天后乎！"李唐天下应该传于李氏子孙，哪里有委托给天后的道理？在以郝处俊为首的朝臣们的反对下，唐高宗的这一想法最后不了了之。这让武则天感到在权力进取的道路上，除了太子，那些宰相更是拦路的障碍。

控制高宗，摁住太子，武则天两手抓两手都要硬。李贤刚当上太子，武则天就让北门学士送了两本《少阳正范》和《孝子传》，告诉李贤如何为人子女。武则天又亲自写了若干封家信，表述自己做母亲的苦心，指责太子的诸般不孝。李贤不甘落后，也组织文人注释《后汉书》。在这本书里，太子李贤用了大量的笔墨来写后汉太后临朝，外戚专权。武则天读出了李贤的用心：此儿逆我。本来准备给太子洗脑的武则天，却被反洗了。武则天岂能善罢甘休，安排眼线收集太子的罪行。自从李贤走上太子岗位，检举信就没停过。

太子风流算不得什么，可与其风流之人是一个叫作赵道生的卑贱户奴，一个男人。两人的断背之情越来越公开化，甚至发展到同居的地步。武则天指使自己安插于东宫的线人收集证据，不能再任由太子这么胡闹下去。当高宗接到状告太子李贤的奏折时，并没有追究下去的意思。武则天这么做非但没有起到警示太子的作用，反而惹来太子的强力反击。李贤也让人上书，历陈天后武则天干预朝政，威胁皇权。母子二人就这样在高宗皇帝的眼皮子底下对掐起来，在皇权的刀尖上行走，每一步都会要人的命，就算是母子。

母子矛盾很快从幕后转到台前，针尖对麦芒地斗了起来。武则天的所有警告，在太子这里都打了水漂；武则天的所有指责，在太子这里都激起了反抗。李贤越挣脱，武则天越紧锁。母子间的明争暗斗，已经成为长安街头的八卦话题。

各种传闻如鸟雀出笼，甚至有传言，太子李贤并非天后武则天的亲生儿子，他是韩国夫人所生，是高宗和韩国夫人婚外恋的产物。

一说李贤生于永徽五年（654年）十二月去昭陵的路上，和他哥哥李弘相差两岁。不过，兄弟之间还曾有一位小公主，从时间和地点上看都显得不同寻常。

二说李贤和其他几兄弟不同，从来没有留下受武则天宠爱的记录。

三说武则天对付李贤的手段比对其他几个儿子更加毒辣，更加凶狠。

四说李贤出生时，武则天的姐姐韩国夫人正得宠，也正值生育年龄，而武则天当时又正需要成为皇后的筹码，于是认李贤为自己的儿子。

武则天单独登上了光顺门，接受百官及四夷酋长的朝拜；武则天又一次单独登上了洛阳城门楼，以主人的身份宴请诸王诸司三品以上官员及诸州都督刺史，宴席上的伴奏音乐则是太常新编《六合还淳》之舞。武则天已俨然成为大唐王朝权力舞台上的主角之一。

武则天揽的活也越来越多，管得也越来越宽。而与此对应的是高宗病情越发恶化，这时候的高宗皇帝对母子之间的明争暗斗还是看在眼里的，可他已有心无力。他每日都在服用丹药，由最初的遮遮掩掩，到最后的光明正大。他甚至下诏广征方士合炼丹药，找了近百名的方士，都是全国有名的炼丹师。

就在这时，术士明崇俨来到长安。明崇俨出身名门士族，其父为豫州刺史明恪。这样家庭出身的孩子，按理说不应该与神魔妖道扯上关系，明崇俨却干上这一行，捞的是偏门。据说他父亲手下的一名小吏能够驱使鬼神，神乎其神，明崇俨得其真传。

乾封初，明崇俨通过科举，进入帝国体制内，任黄安丞。作为一名公职人员，他充分发挥自己的专业特长，忽悠完鬼神，接着忽悠人。当时他的顶头上司的女儿得了重病，请来的医生都束手无策。明崇俨居然用摄取的异域奇物治愈其病。一传十，十传百，就传到了高宗的耳朵里，正在被病痛折磨得死去活来的皇帝，刚好正满世界找这种稀缺人才。

高宗李治活得也挺不容易，撑了五十多年，没过上几天生龙活虎的日子，感觉他一直在顽强地同病魔做斗争。听说帝国竟藏着这么一号人，赶紧将其召入宫中。明崇俨还真就不白给，在高宗身上一番折腾，居然产生功效。

高宗立即安排了一个冀王府文学之职给明崇俨，也就是李旦的僚属。《新唐书》记载，唐高宗为测试明崇俨的法术，特意让宫女们在一地下窟室中奏乐，然后将其召来，让他施展神技让音乐停止。明崇俨用桃木画了两道符,用刀将符插在室上,乐声戛然而止。据演奏音乐的宫女们说,她们看见了一条怪龙,恐怖万分,吓得停止了演奏。

高宗和武则天见明崇俨的法术如此灵验,对他极为器重,很快将他提拔至正谏大夫,一跃而为能接近皇帝的高官。并要求他随时随地入阁面见帝后,他也因此成为高宗皇帝的私人保健医生。明崇俨脑子极为活泛,从后来的事态发展看,他对政治的兴趣要远远大于祛病降妖。史称高宗每次召见他时,明崇俨都会做出一副神鬼莫测并且忧心忡忡的样子,"假以神道,颇陈时政得失"。借着鬼神说政事,让枯燥而乏味的政治蒙上了一层诡秘的色彩,高宗被他说得兴趣大增,"深加允纳"(《旧唐书·明崇俨传》)。出入内廷的明崇俨开始与京师里的官员频繁走动,官僚习气渐长。因为他是天皇与天后身边的红人,别人巴结还来不及。如果他一直执着于官场生活,不问其他,他或许可以逍遥得更久一些。可他渐渐忘乎所以,觉得自己无所不能。有一次,他借着给高宗看病的机会,假借神鬼之名对太子李贤评头论足。他说:"昨日我与安期生下棋时,谈论天下大势,我们都深感忧虑。"

高宗很是好奇,就问他原因。明崇俨毫不避讳,就直接说道:"我们忧虑的是大唐未来的命运,太子是个庸才,难成大器,天下臣民从此将会多灾多难。倒是英王李哲(即后来的唐中宗李显)的容貌颇有太宗皇帝风姿,有帝王之相。"

说着说着,他又将话锋一转,把话题引到李旦的身上。他说,在诸皇子中,最年幼的相王(即睿宗李旦)最为尊贵。过了两天,明崇俨又有了新的高论,他说:"太子这个人实在不堪,难以继任大统,不说也罢,不说也罢。"

这不由让人怀疑明崇俨的真实身份,他怎会选择在这个节骨眼上出现在高宗皇帝面前?一个江湖术士,诋毁太子的真正目的是什么?一个江湖术士,谁给的胆量说出这些话?明崇俨的僭越之语,让高宗听得一头雾水，也让他忧心不已。

此时的高宗已经完全被武则天掌控，成了台面上的牵线木偶。除了生活起居，每天见谁或者不见谁，都由武则天安排。没有武则天的点头，一个江湖术士能得到这样的机会，轻易附耳对高宗皇帝说出那样一番话吗？明崇俨与武则天来往密切，也是众所周知，他经常为武则天施法驱鬼，出入武则天的寝宫，甚至传出二人的宫闱秘闻。

仪凤三年（678年），太子的两位得力助手宰相戴至德、张文瓘先后辞世。东宫同时折了两条臂膀，这给了武则天蚕食太子势力的机会。高宗皇帝为了限制武则天的力量而苦心经营的以反武人士组成的宰相班子被生生打开了缺口，虽然属于自然减员，但事态朝着不利于太子李贤的方向发展。

这是一场赌局，是坐以待毙还是反戈一击？向左还是向右？心事重重的李贤将内心的不安与挣扎谱写成了《宝成之曲》。作为一名乐手，李贤有着更为广阔的发展空间，但作为太子的他已被母后挤压得难有立足的空间。那些悲怆的音符从他的内心深处缓缓流出，当时能够妙解音律的始平县令李嗣真偶然听到，不禁摇头叹息："此曲子听上去让人难过得想结束自己的生命。"当他得知此乃太子新谱的琴曲，不由再次叹息道："此乐宫商不和，是君臣相阻之征。角征失位，是父子不协之兆。杀声既多，哀调又苦，若国家无事，恐怕太子会有难吧。"

人因为清醒而痛苦，面对母后的步步紧逼，父皇的爱莫能助，李贤的太子之旅从一开始就注定了是一场死亡游戏。调露元年（679年），发生了一件震动京都的大事——明崇俨遇刺身亡。武则天大为震怒：什么人敢动自己的？！她亲自督办此案，无论涉及谁，都会严惩不贷。高宗也深感惋惜，好不容易找到这样的人才，如今却蹊跷而亡。高宗下诏，追赠明崇俨为侍中，谥号"庄"，同时将其子封为秘书郎。在安抚死者家属的同时，着令刑部缉拿凶手，将此案作为帝国头号大案来侦破，整个京师为之震动。

在武则天亲自督办下，大批疑犯被逮捕入狱。有人被屈打成招，胡说一通，交代出新的凶手，抓起来，继续用严酷手段突审。办案人员查了半天，没有一句口供是有用的。别说抓凶手，就连凶手的影子都没见到。

关于明崇俨的死，有两种说法颇为流行：一种说法是他为高宗和武则天驱鬼，结果在月黑风高之夜，为厉鬼所除；另一种说法是明崇俨在高宗皇帝面前说太子坏话，得罪了太子，被太子派出的刺客索命。总之，明崇俨死了，本来一个人死就死了，可这个人偏偏是明崇俨。我们不要以为只有活着的人才可以做文章，很多时候，死人做起文章会要活人的命，武则天这次要动真格的。

武则天造出如此大的动静，使得高宗无法安卧病榻。作为一个困守于病痛的皇帝，他知道，朝堂上下都在看着他。他的任何风吹草动，都可能会掀起一场血与火的风暴。尽管他已经嗅到了死亡的气息，但他不愿承认眼前的事实。他已经觉察到，武则天要对太子李贤动手了。高宗皇帝虽然头痛如裂，但内心如明镜。他是个有想法的人，但想法只停留在想的阶段，却找不到出口。

高宗曾拖着病体游幸嵩山，并专程拜访了当地有名的隐士田游岩。田游岩是个极富才学之人，同时又淡泊功名、志在林泉。高宗亲自登门拜访，田游岩身着山野之人的粗衣出门拜迎，恭谨有礼，一派高士雅风。

高宗就问田游岩："先生隐居于此修道，感觉还不错吧？"

田游岩答道："我非常喜欢山林、泉水、石头这些自然之物，而且嗜之成癖，不可救药，因此感觉十分逍遥。"

李治苦笑一声，心里好生羡慕。传统社会几乎每个男人都梦想当皇帝，但实际上，当了皇帝之后就会发现皇帝很不幸福。他是皇帝，是皇帝就不能任性而为。面对眼前的困境，他也只能负重前行。

李治长吁短叹，说出此行目的——请田游岩想办法保住李贤的太子之位。田游岩也只能摇头拒绝，不是他不想帮高宗这个忙，而是他实在无能为力。

调露二年（即永隆元年，680年）四月，几位老宰相先后去世，朝廷又任命了四位宰相，其中就有黄门侍郎裴炎，虽为宰相，但当时的官职仅为四品，算是低职高用。明崇俨死后的第二年，太子李贤和男宠赵道生的同性之好传得满城风雨，虽然是个人嗜好，但是太子非寻常人家子弟。李贤对赵道生极为宠爱，甚至将东宫的金帛都送给他。东宫幕僚有劝说的，说长此以往怕影响不好。李贤根本听不进去，说得越凶，闹得越欢。结果这事就传到了武则天的耳中，她正在等着太子犯这样的错误。

在抓捕赵道生的过程中，武则天有了意外收获。抓捕者从太子府的马坊里搜出了数百副铠甲，这个数字远远超过太子府的定额配置。这边刚取得物证，那边就敲开了人证的牙。

赵道生没扛住酷吏的严刑拷打，供出明崇俨是他和太子合谋杀死的。参与办案的三个宰相都愣住了，眼前的收获大大超出了他们的想象。私藏兵器，刺杀天皇、天后的宠臣。这两项罪，对于太子来说，是多重的罪？在唐朝，兵器分为两类：一类是准许私家据有的短小轻型武器，用以保护个人生命安全及家庭私有财产。唐《擅兴律》规定弓、箭、刀、楯、短矛等五种兵器，私家可以据有。即使拥有，也不过用于自卫防身。另一类则禁止私家存藏和制造，如甲、弩、矛、槊、具装等，称为禁兵器。禁兵器都是威力大、杀伤性强的兵器，一旦官府允许民间扩散，不法之人就有可能发动内乱。

而太子府搜出的这些都是军队装备，这些兵器运入京师，必须手续齐全，以防流入民间。一是由卫尉寺长官卫尉卿先登记造册，再由下面的武库署保管；二是如果遇到突发事件，再由武器署按照所需数量向武库署领用，用过以后再由武器署交给武库署保管。

制度是死的，人是活的。所以很多时候，并不能按照上面先一再二。所以我们常见的是，京师卫队带着武器，办完事，剑也砍豁口了，盔甲也破损了，不是不还，是不好意思还。不还也可以，只要你拖过上交期限，武器署也不予追究，砍豁口的可以拿回家劈柴用。

太子东宫本有十率府等军事机构和武装护卫，手里有些存货，也属正常。单靠这数百领铠甲，就夺了太子之位，显然过于牵强。武则天要治太子罪，就要先过主审宰相这一关。案发前大唐帝国的宰相班子有八人：刘仁轨、郝处俊、李义琰是反武派；太子左庶子张大安不用说是李贤的人，曾和李贤共同注《后汉书》，以此警示过武则天，他也不是武则天信任之人；崔知温是个老资格，两边不得罪，想要轻易摆布，也不容易；王德真在案后便被罢相，估计武则天当时也很难拿他当亲信。

最后武则天挑选了薛元超和裴炎这两位新近提拔上来的宰相，会同刚由宰相降为御史大夫的高智周来主审。高智周是由薛元超推荐并提拔的，三人中数他级别最低，也是干活最不卖力的。不是不卖力，简直就是不管不问，甚至还提出过辞职。对这样的人，高宗既不满，又欣赏。不满是因为对方挑战了皇权，而欣赏则是因为对方有敢于挑战权威的勇气。高宗将其调整了一个岗位，右散骑常侍。高智周不愿参与定罪太子，只好辞官以示清白。没办法，高宗皇帝只好同意。他的人格受到高宗的赞美，也反映出高宗偏爱太子的态度，然而高宗的立场如此明显还是不能保护太子，已显示出大权旁落的疲态。

薛元超算是初唐著名才子，当时的文坛领袖，引荐并推崇过初唐四杰（骆宾王、杨炯、王勃、卢照邻）和陈子昂，所以在唐代文学史上占有一席之地。后来官至中书令的薛元超放话说，他这一生有三件憾事：一恨不是进士出身；二恨没有背景，不得娶五姓女；三恨不得重修国史，怕自己将来青史留下臭名声。尤其第二条看来，让人怀疑其人品。意思是说，自己的老婆无权无势，自己想跟在后面吃软饭都很难。有人说他攀附权贵，看来也不是随便扣帽子。在太子李贤被废后，高宗慰勉原东宫官员，李义琰一边自我检讨一边哭；而薛元超却舞蹈着谢罪，动作极为夸张。两人形成鲜明的对比。李义琰后来被迫辞职，薛元超却升为中书令，同人不同命，再一次透露出薛元超此次扮演了一个令人不齿的角色。

最后说说裴炎，他是武则天一手提拔起来的亲信，他的飞黄腾达与武则天的崛起密切相关，三年后又帮助武则天导演了一场废帝的好戏。而主审这个案子，正是裴炎捞取政治资本的绝好机会。

武则天揪着此事不放，高宗李治也很无奈。武则天严词拒绝了天子的请求，说："为人子怀逆谋，天地所不容；大义灭亲，何可赦也！"作为人子应该天天想着孝顺父母，太子却天天想着杀了父母，真是天地不容，今日我就要大义灭亲。事情到这一步，史料虽然没有写明宰相们各自的态度，但不难得出结论，几人的态度应该是一致的，支持武则天，因为这是实现利益最大化的最佳选择。甚至有阴谋论者认为，铠甲是武则天事先派人藏在马坊中的，通过几位宰相的手起出来的，目的就是将太子送上绝路。

如果李贤逃出生天，倒霉的就将是几位宰相和武则天。高宗也意识到了，自己再不表态，不光李贤的太子之位不保，恐怕连他的命能不能保住都难说。在裴炎坚持、薛元超附议、高智周弃权的情况下，太子李贤的谋逆罪名被判成立。调露二年八月二十二日，太子李贤被废为庶人，幽禁别院。废李贤的第二天，高宗与武则天的第三子英王李显入主太子宫，改元永隆，大赦天下。李贤被废后，查抄出的数百副铠甲被搬至天津桥南当众烧毁,他的住宅也被里三层外三层围了起来。

案子审到这种地步,仍没有结束的迹象。在抄检东宫的过程中,居然抄出了太子洗马刘讷言为李贤编写的《俳谐集》,这是一本低级趣味的笑话集。当这本书交到高宗手里,高宗皇帝大为震怒:"刘讷言(太子师)害了我儿。作为太子师应当知晓身上背负的重任,就是整天捧着'六经'教育太子,还担心教不好。刘讷言倒好,编出这么一本低俗读物,这哪里是教人学好,分明是要毁我大唐啊!"

高宗一气之下将刘纳言流放振州(海南三亚,当时的蛮荒之地)。谋逆从来就不是一件独立的事件,何况太子谋逆。它需要做很多准备工作,比如说暗结太子一党,商定行动计划,寻求更多支持,最好有军方支持。造反是一项系统工程,局中的每一个人都要做到各负其责,各司其职。如今太子被废,每个人都在想办法极力与此事撇清关系,他们争着向皇帝和皇后表态,自己与李贤并无任何瓜葛。尽管如此,武则天还是掀起一场清洗风暴,让人避无可避。

太子心腹宰相张大安首先被流放;郝处俊罢相;李义琰也在不久后托病退休;曹王明、蒋王炜、东阳公主以及开国功臣如张公谨、唐临等的后人也都被牵连进来,全部流放出京。而在这其中,有个叫高岐的官员却以戏剧性的方式收场。

高岐算是长孙无忌的表侄子,李贤的好友。长孙无忌恢复名誉后,被同案牵连的其他家族也有了回暖迹象,包括长孙无忌的舅父高士廉一家。高士廉的孙子高岐当时任太子典膳丞,也被牵扯进李贤谋反案中。

高宗本来没打算处理高岐,让他父亲、右卫将军高真行领回家批评教育就完了。问题是高宗在交代这件事上,没把话说明白。高家自从经历了上一次灾祸之后,已经杯弓蛇影,高真行以为皇帝此举是在试探自己对李唐社稷的忠诚度。于是，戏剧性的一幕出现了。当高岐前脚刚迈进家门，迎接他的不是亲人的拥抱，而是夺命刀。父亲高真行用刀刺向他的喉咙，堂伯高审行的刀则刺向他的腹部。待倒地后，堂兄高璹将其斩首，尸身丢弃于道路。

高岐没有被朝廷办了，却惨死于亲人手里。听到这个消息，高宗大为震骇，而武则天则满心欢喜。高宗当即下令贬高真行为睦州刺史、高审行为渝州刺史，赶出京城。这件事教育了高宗，他随后下令宽大处理李贤的旧属，不能再发生类似高家的惨剧。

在这场清洗风暴中，有人出局，也有人捞到了政治资本。裴炎和薛元超则分别升为两省长官侍中和中书令。真个是几人欢喜几人忧。

调露二年，幽禁了很长时间的废太子李贤被打发到巴州。太子也只是一张旧船票，过期也就作废。作为皇帝和皇后的亲生骨肉，李贤连留京的资格也被剥夺。确定一切无法挽回，李贤只好独自上路。他的子女仍被幽禁宫中，不能随行。留下就留下吧，留下就有希望。

风中的李贤衣衫破碎，身形单薄。想象昨日的鲜衣怒马，一代天骄；今日鹑衣百结，半生飘零。李贤上路了，等待着他的，是武则天补上的最后一刀还是长安传出的一纸赦令？送李贤上路的还有一个人，新太子李哲。新太子是高宗与武则天的第三个儿子，一个二十五岁的青年。

李哲和李贤的感情很好，他坚持为哥哥送行。兄弟二人见面，唏嘘感叹是免不了的。李哲很看重这份兄弟情谊，事后他又上表要求为哥哥改善待遇，不能将前太子混同于一般流放之人。史料记载，武则天生李哲的时候是难产。生孩子，对于女人来说是一道鬼门关。高宗急得没办法，找到当时最有名的高僧玄奘大师。

高宗向玄奘恳求道："如果能让皇后渡过此劫，我情愿皈依佛门，换来佛祖的庇佑！"

玄奘答："你不要慌张，皇后一定会平安的。她怀的是个男孩，平安之后，可以让小皇子成为佛门的俗家弟子。"

玄奘说的话很灵验。武则天平安诞下一子。待到李哲满月后就被玄奘大师收为弟子，并被收入僧籍。所以在佛教史上，李哲有"佛光王"之号，就源于此。为了答谢佛门，武则天也亲自披上法服，虔诚礼佛。

后来武则天又在龙门石窟为李哲开窟造像，祈福驱邪。可见武则天尚未选择在皇权之路上孤独跋涉之前，爱子之心并不亚于天下所有的母亲。作为皇三子，李哲在成长的过程中，压力比他的两位哥哥要小得多。作为皇权的接班人，李哲不做任何非分之想。按照长幼之序，他只能算是候补中的候补。或许正因为如此，身上所肩负的使命与担当相对要小一些。李哲性情开朗，有着贵族子弟的洒脱与任性。老臣张柬之评价他"称勇烈"。面对母后的高压态势，李哲还能不畏凶险，送上哥哥一程，实在让人敬佩。

与才华横溢的哥哥们相比，李哲的性格更多的是桀骜不驯，算是莽撞之士。除了智力上的因素，李哲从小并未像他的哥哥们那样，受过皇位继承人的特别训练。太子这个群体的整体生命质量较差，生存压力巨大，尤其是那些长期待在储君之位而不得即位的太子，往往会出现人格异常、心理变态，甚至精神分裂。作为候补中的候补，李哲对于自己的政治人生没有过多的考虑。

作为皇子的结局，无非是封疆封王。至于皇帝、太后和大臣们的期盼，似乎与他没有紧密的关系。搞好与诸皇子的关系，享受生活才是他考虑的。李哲从小沉湎于斗鸡走狗，喜好射猎宴游，既无出众的品行，又无过人的才学，属于皇族中典型的纨绔子弟。其实对于一个普通的亲王而言，本无可厚非。可谁也没料到，高宗和武则天会三易太子，储君的桂冠最后会戴到他的头上。李哲就算再不济，也得赶鸭子上架。

没有任何思想准备,更没有任何能力储备的李哲就这样被推到聚光灯下,他实在不擅长处理带着表演性质的生活。李哲很少过问朝中是非曲直,也不像他的兄长那样在朝中拥有广泛的支持者。因此,当他被册立为太子时,身边连一个商讨政事的亲信都没有。

李哲监国期间,高宗和武则天挑选了刘仁轨、中书令薛元超和侍中裴炎辅佐他。刘仁轨真的进入了风烛残年,本就出道比人家晚了二十年,如今已没有精力与武则天、李治及李唐宗室之人周旋。他已进入致仕休养状态,待在位置上,也是挂名不办事。薛元超还算尽职尽责,他显然将教育太子视为后半生最重要的事业。他为此列了一条长长的书单,让太子照方抓药,书单上的所有书都要过目且融会贯通。

李哲的兴趣根本不在圣贤书里,自由是他所爱。如果当太子会让他失去自由,那么他宁愿不当这个太子。虽然他那两个当过太子的皇兄也崇尚自由,但他们的自由更多时候是建立在精神层面,而李哲不光需要精神层面的自由,还要物质世界的自由。

前太子李贤五岁就已通读《尚书》《论语》,二十三岁就为《后汉书》作注,借以教育母亲武则天。身为太子师的薛元超很是焦虑,每天都会将为君之术在李哲的耳边念上数遍。至于李哲和另一位太子师裴炎的关系,从后来发展看,已经成为皇帝的李哲经常会冲着裴炎发无名火,可见此二人的关系也好不到哪里去。

由此我们可以勾勒出太子李哲的大致面目:有李唐皇室子弟峻拔舒朗的外形,才学平平,脾气暴烈,性格直硬。与其他两位太子相比,李弘与大臣们相处最融洽,也能体恤百姓,能做些官样文章,群众基础也不错,作为帝国接班人,当是最佳人选。而有才无德的李贤,文武兼备,妇孺老幼通吃,最后却鸡飞蛋打。而作为替补中的替补,从各方面综合来看,李哲是最不具帝王相的。换人如换刀,每更换一次太子,就有大批原东宫官员被贬被杀。

武则天自认为自己的执政能力足以弥补李哲的不足，只要太子乖乖地听话，其他都不是问题。李哲脾气暴烈，既然要当皇帝，没有脾气也镇不住场面。武则天准备放松一下自己紧绷的神经，不能老是处于风声鹤唳的状态。无论是皇后，还是天后，都需要端着母仪天下的风范。谁也没想到，她会突然上表，请求高宗皇帝赦免两位庶子李上金和李素节的罪（之前均以收受贿赂罪而遭贬）。高宗借机将他们一个安置于沔州，一个安置于岳州，赦免归赦免，可还是不准他们进京面圣，不准父子相见。

这时候，高宗的身体已如枯灯将灭，而皇城内外充盈着浓重的血腥之气。朝堂上下，太需要一场喜事来驱赶压在人们心头的阴霾。

开耀元年（公元681年），李哲册立为太子的第二年，武则天做主，为他娶了太子妃。武则天做梦也没想到，这个太子妃后来会模仿自己，差点成为这个时代的第二个武则天。此太子妃，就是日后的韦皇后。李哲心里清楚，武则天此举是为了弥补内心的愧疚，因为她还欠自己一个妃子。武则天曾经杀了李哲的妃子赵氏。史料记载，赵氏的死因是幽禁致死。

赵氏的来头很大，祖父赵绰是李唐的开国功臣，父亲赵瑰是左千牛将军、皇帝的贴身侍卫，母亲更显赫，是高祖皇帝李渊的第七女——常乐长公主。按辈分算来，常乐长公主是高宗的姑姑，而赵氏姑娘则是高宗的表妹。那么李哲娶的媳妇赵氏，算是自己的表姑。

两人的感情应该还是有的，赵氏幼年时常随母亲常乐长公主进入宫中，与李哲一帮子侄辈的皇子嬉戏打闹，读书学习。他们的媒人就是李弘——当时还没死的第一任太子。高宗对自己的这位表妹知根知底，也非常满意，就和武则天敲定了这门婚事，结果表妹成了儿媳妇。

武则天很快便后悔了，因为常乐长公主与高宗因为这事走得越来越近，关系很密切。她太了解自己的男人。另外一点，她不能容忍高宗和自己的儿子身边有如此亲密的异己力量，这让她容易产生恐慌情绪。婚后三天，太子妃赵氏去向武则天请安。当时武则天尚未起床，赵氏并不知道，也缺乏请安的经验，直接就进了内寝。

武则天正愁抓不着小辫，缺乏宫廷生活经验的赵氏直接就往枪口上撞。看见武则天发怒，赵氏当时就吓蒙了，还想为自己辩解两句，终究话到嘴边又忘掉。武则天毫不客气地以忤逆为名将赵氏软禁起来，不准出屋，每天只给点儿米粮充饥。

武则天也只是想教教赵氏怎么做人，如果要想在后宫生存，首先要学会做人。几天后，卫士发现赵氏住的地方烟囱始终不冒烟，就开门进去看，发现人已死去多日，尸体都已腐烂。武则天也讨了个没趣，关了几天，就关出一条人命。武则天下令将周王妃（当时李哲还是周王）赵氏匆匆掩埋。周王妃的父亲赵瑰也受女儿之累，被贬为寿州（今安徽寿县）刺史，常乐长公主也被勒令随行。如今武则天亲自为太子李哲做主，挑中了韦氏作为太子妃。

韦氏出身名门望族，京兆大姓，有道是"城南韦、杜，去天尺五"，属于老牌贵族。老牌贵族的特点就是，曾祖父比祖父强，祖父比父亲强，父亲比自己强——黄鼠狼下崽，一窝不如一窝。尽管如此，百年老店的牌子还在。到了韦氏的父亲韦玄贞这一辈，也不过是挟着祖辈的余威，做过典军、参军之类的地方小官。有了前车之鉴，这样的背景让武则天觉得踏实，没有威胁。

喜事要办，就办成双。为新太子李哲讨媳妇，为女儿太平公主找驸马。两件喜事，几乎是在同时完成。太平公主下嫁之人是薛绍，薛绍的母亲是太宗皇帝和长孙皇后的女儿城阳公主。按血缘关系推算，这又是一场近亲结婚。太平公主嫁给了自己的表兄。

在办喜事之前，还有个插曲。娶皇帝的女儿，就算知根知底也要查户口，家世一定要清白且富贵。结果查到了薛绍的嫂子萧氏的头上，发现萧氏不是贵族。本来这和太平公主的婚事没有关系，可武则天还是找到了不和谐之处。

她将来是要和自己的女儿太平公主做妯娌的，不是贵族怎么能行？难道让太平公主和一个庶人做妯娌，这也会有辱皇家颜面。武则天逼着薛绍的哥哥休妻，这真是成全了自己女儿，却拆了别人的姻缘。

薛家人慌了神，赶紧找对策。搬出萧氏的家谱，看看萧氏祖上有无达官显贵。不查不知道，萧氏原来出生于兰陵萧氏，也是名门望族。既然是名门之后，那就安心过日子。太子纳妃，公主出嫁，好事成双。帝国的天空已经有很长时间没有如此阳光灿烂，也算是冲喜。

太子纳妃的场面不用多说，就说太平公主那场婚礼，可谓奢华壮观至极。

婚礼在长安附近的万年县馆举行，火烛映天，香花铺地，皇家婚宴除了奢华还是奢华。路两边照明的火炬，居然把一路的绿树都给烤焦了。而装着嫁妆的车子规格超大，通行的路又不够宽，没办法就把沿途县府的墙全都推倒，拓宽路面。

皇帝、皇后、太子、大臣们，每个人心里都有自己的小九九要打。这须臾的繁华掩盖不了烈火烹油的局面，貌似平静却早已暗流涌动。走路连墙都扶不住的高宗皇帝，只想找个地方躺下来多休息一会儿。而心思不在政事上的太子，依然策马奔腾，活得潇潇洒洒。至于一心想着当国的武则天，在实战中不断提升自己的政治博弈水平，打造自己的权力炼金术。无所适从的群臣，在权力天平的摇摆中变得越来越现实。套用彼时始平县令李嗣真的话："皇帝病日侵，事皆决中宫，持权与人，收之不易。宗室虽众，居中制外，势且不敌。诸王殆为后所蹂践，吾见难作不久矣。"李嗣真就是前面听李贤弹琴，能听出弦外之音的那位知音。一个县令的声音能被史家一再地笔录，可见此人非等闲之辈。

高宗皇帝身体一天不如一天，家事国事都由武则天定夺。既然是"二圣"，也就是这个世界上有天皇与天后两个圣人。武则天已经乐此不疲地在帘子后面发号施令了多年，皇帝的权力已经分出去了，再要收回来就不那么容易了。李唐皇室虽然人数众多，但大多都被打发到各地。而这时候政府军都齐集关中，用来对付吐蕃等外敌。

这时候，高卧病榻的唐高宗也意识到李唐接班人问题是大问题。当务之急是太子李哲尽快上位。开耀元年（681年），李哲首度以太子身份监国。第二年，高宗皇帝偕夫人武则天去东都度假，故伎重演。临行照例命李哲留守京师，打理朝政，这一打理就一年多的时间。也就是说，这一年多，李哲成了挂名皇帝。

李哲并没有把握这一年的时间，他把太子监国当作束缚自由的枷锁，当作一块烫手的山芋。既然当了太子，想要绝对的自由是不大可能的，特别是在最近这几年。直到朝臣们不满的奏议堆满高宗皇帝的御案，高宗也只是随意览阅其中的一部分。奏议文笔不一，但主题却格外鲜明一致：李哲监不得国，也当不得太子。

身在东都洛阳的高宗赶紧将其召往。看来李哲真是扶不上墙的烂泥。若再不交代两句，大臣们怕是要罢朝了。眼见得自己的身体一天不如一天，而皇位继承人还处于懵懂中，高宗很焦虑，焦虑将他拖入了不见光的深渊。

开耀二年正月，太子李哲没干成几件事，却添了一个儿子。这也是他与韦皇后唯一的儿子。消息传至东都，高宗皇帝很高兴。李唐事业又有了继承人，生生不息，万世不朽。他亲自为这个婴儿取名——重照。喝孩子满月酒那天，高宗下诏，改元永淳，大赦天下。

从孩子的名字和年号来看，高宗皇帝有了新的想法，如果可能，他希望眼前这个看上去有几分呆萌的婴儿，将来能够继承大业。没过多长时间，高宗皇帝下令将皇孙重照立为皇太孙，开府置官署。高宗如此急迫的做法有违常规，历史上从来没有出现过皇太子健在就立皇太孙的先例。

高宗的突然破例传递出一个信号，他想从宗法制度上断绝武则天夺权的可能。换句话说，如果太子李哲死去，那么可由皇太孙作为法定继承人即位。精明的官员早已经看出端倪，而混沌者却无法理解。有大臣站出来进言，说高宗如此不合常理，会落下话柄。

高宗听不进去别人劝，也不想再解释什么。既然没有先例，那就从今日开始。

这是一个美妙的想法，但想法代替不了现实。一个连自己都照顾不了的人，还指望他来照顾别人吗？别说皇太孙，就是眼皮子底下的皇太子，也让他无可奈何。高宗真的希望，在自己离开世界的那一天，可以稳稳当当地将皇位交到太子李哲的手上，然后李哲再平稳过渡于皇太孙李重照。

武则天看着自己的男人，病痛的折磨已经让眼前这个男人耗尽了理想与激情，还是让他在自己的理想世界里沉醉吧。随着高宗病情的加重，武则天的心情相当复杂。有时候她会期望太子能够在她的着意栽培下，给这个伟大的王朝带来一派明朗的晴空，政通人和，国富民强，四夷亦为之宾服，万国衣冠拜冕旒。但她有些时候又不希望看到这一幕，因为这一幕的出现，意味着自己的谢幕。

3. 儒将、边境与杀降

开耀元年（681年），高宗皇帝终于开始大张旗鼓地服用丹药。前期迫于郝处俊的压力，高宗也跟着大唱唯物主义，鼓吹过丹药害死人的理论；后期他却派人在民间到处寻找炼丹师。丹药炼好之后，他捏在手里，虽然觉得将自己的生命托付给这小小的药丸并不可靠，可他又没有更好的办法。

此时的李唐王朝已走到一个十字路口，向左还是向右？历史就像一驾马车，很多时候，它裹挟着车里的每个人向前行，同时又会突然来个急刹车将其中之人抛离出马车。在高宗与他的不死丹药较劲的同时，唐朝的边境也闹腾开来。这些年来，关于边境战事的奏报，就像冬天潜伏的牙疼，说来就来，接连不断地折磨着高宗的神经。

突厥，这头不死不休的战狼，隔三岔五地撕咬着李唐的肌体。既然撕咬不下身上的肉，也要让你流几滴血。自从咸亨元年（670年）薛仁贵惨败于大非川之后，李唐与吐蕃的交战就胜少败多。仪凤三年（678年），李敬玄的十八万唐军又被吐蕃国相论钦陵（噶尔·钦陵赞卓）大败于青海湖，工部尚书兼左卫大将军刘审礼被俘；眼看唐军又将面临全军覆没的危险，所幸勇将黑齿常之率敢死队夜袭敌营，迫使吐蕃军队败退，李敬玄才得以带领残部逃回鄯州。

此后，帝国边境虽然涌现出黑齿常之、娄师德等优秀将领，使得吐蕃有所忌惮，不敢轻易犯境，但李唐军队也只能在边境起到屏障作用，而无力反攻。吐蕃的崛起已经让高宗君臣感到焦头烂额，而朝鲜半岛的形势同样让人忧心不已。高句丽的旧势力发动了一波又一波的叛乱，虽然屡屡被唐将高侃击败，但由于新罗一直在支持高句丽的反叛势力，使得唐军始终无法将高句丽彻底荡平。此后新罗又出兵占领了百济故地，大有称霸朝鲜半岛之势。

上元元年（674年）正月，高宗终于忍无可忍，命老将刘仁轨再度挂帅，以卫尉卿李弼、靺鞨族将领李谨行为副帅，发兵征讨新罗；与此同时，高宗又下诏削除了新罗国王金法敏的封号和官爵，册封他的弟弟，其时正在唐朝任职的金仁问为新罗的新国王，让他即日归国赴任。

上元二年二月，刘仁轨亲率主力在七重城大破新罗军队，同时又命李谨行率靺鞨部众在新罗南部海岸登陆，横扫驻扎于此的新罗守军。或许是考虑到年过七旬的刘仁轨不宜长久在外征战，高宗将其召回，然后任命靺鞨勇将李谨行为安东镇抚大使，让他进驻新罗的买肖城。新罗国王金法敏不甘失败，接连向李谨行发起三次反攻，试图夺回买肖城。不夺回买肖城，他就会始终受制于唐。不料，新罗军队的三次进攻皆败于李谨行。金法敏见军事上难以奏效，转而遣使向唐朝入贡，并向高宗谢罪。

由于唐帝国这些年一直应对吐蕃的死缠烂打，本来就不希望两线作战，所以高宗马上趁这个机会借坡下驴，赦免了金法敏，并恢复了他的封号和官爵。此时金仁问刚刚走到半道，高宗又忙不迭地将他召了回去，并把他原来的爵位"临海郡公"还给了他。金仁问的国王梦刚刚开始，就已经结束。

新罗既然已经谢罪，唐军便主动撤出了朝鲜半岛。可高宗君臣断然没有想到，唐军前脚刚离开，金法敏便故态复萌，马上又开始了对高句丽和百济的蚕食，成心要跟大唐打一场"敌进我退、敌退我扰"的疲劳战。

面对朝鲜半岛如此风云变幻、反复无常的形势，高宗君臣到最后确实也有些疲惫和无奈之感。仪凤二年二月，高宗不得不改变战略：一方面收缩战线，把安东都护府从朝鲜半岛的平壤撤至辽东的新城（今辽宁抚顺市北）；另一方面，任命原高句丽国王高藏为辽东都督，封爵朝鲜王，任命原百济太子扶余隆为熊津都督，封爵带方王，让他们回国安抚旧众。高宗此举，名义上是让他们复国，实际目的是要在朝鲜半岛建立亲唐政权，以此遏制新罗。这与当年太宗让阿史那思摩返回漠南重建东突厥以遏制薛延陀的战略，可以说是如出一辙。

在平定东西突厥余部的战争中，大唐帝国涌现了一颗新的将星。历史的更迭，是事件和人物的转换。这颗在战场上涌现的新星是早年因反对立武为后而被人告密的裴行俭。

裴行俭是个儒将，上马打仗，下马挥毫。此人出身于名门望族，曾祖父裴伯凤，北周时期任骠骑大将军、汾州刺史、琅琊郡公。祖父裴定高，任冯翊郡守，袭封琅琊公。他的父亲是瓦岗军谋士裴仁基，哥哥是瓦岗军猛将裴行俨（小说演义里瓦岗英雄裴元庆的原形）。

他的曾祖父和哥哥都是战场上的猛将，尤其哥哥裴行俨更是被演义成隋唐第三条好汉裴元庆。裴行俭的父亲和哥哥原来是隋将张须陀的部下，张须陀在大海寺遭到李密的暗算，悲壮战死，父子二人就投靠了瓦岗军。李密战败，他们又追随王世充一段时间，分别被封为礼部尚书和左辅大将军。父子在军队里过于出类拔萃，当兵的可以不知道王世充，但无人不晓裴家父子，这让王世充很不安。王世充的态度，也让裴仁基父子感到不安。经过思虑，父子二人准备联合其他将领除掉王世充，拥立被王世充废掉的皇泰主杨侗为君。结果事情败露，裴家被处以"夷三族"的极刑。

既然如此，这里就存在两处疑点：其父兄被王世充所害时，既然"夷三族"，裴行俭是如何脱身的？难道是死里逃生，或者他们并非亲生父子，再或者其母子二人并未随军？这里还有一个疑点，其父兄被害的时间是武德二年（619年），裴行俭也出生在这一年，看来他极有可能是遗腹子。即便他出生在父亲死前，那么他的出生地只能是在山西老家，不然难逃灭门之祸。那两地分居的夫妻是如何孕育出小儿子的？也许是母亲常去洛阳（王世充的根据地）省亲，抑或是裴仁基回家探亲。

裴行俭活下来了，活得比他的父兄更为精彩。裴行俭很小就进入弘文馆学习，贞观年间以明经科（明经是唐代选拔人才的一种制度，是和考进士相辅而成的。当时，以诗书取才的叫进士，以经义入仕的就叫作明经）入仕，被任命为左屯卫仓曹参军。也就在彼时，裴行俭遇到了他生命中的贵人。当时，他的顶头上司恰好是左屯卫中郎将苏定方，苏定方是后贞观时代的用兵奇才。在一个偶然的机会里，苏定方无意中发现了裴行俭在军事方面异于常人，有成为将星的潜力，便有意栽培他。苏定方认定裴行俭是个军事天才，于是"尽以用兵奇术授行俭"（《旧唐书·裴行俭传》）。

早在高宗皇帝决心立武则天为皇后期间，时任长安县令的裴行俭听到消息，认为帝国祸患将由此而始，便与长孙无忌、褚遂良等顾命大臣私下议论此事。他们的议论刚好被大理寺的袁公瑜偶然听闻，便偷偷告诉了武则天的母亲杨氏；裴行俭因此被逐出长安，贬至西域，任西州都督府长史。

仕途的挫折并没有磨掉裴行俭身上的锐气，反而磨炼了他的意志，激发了他建功立业的雄心壮志。此后十年间，裴行俭在西域边陲多有建树，遂于麟德二年（665年）升任安西大都护。而这也无意中为帝国培养了一个外交人才。在任期间，裴行俭与西域各国的头领们走得很近，经常交流思想，互通有无。很多部落首领觉得裴行俭为人仗义，便慕名而来，归附于他。几年后，政绩卓著的裴行俭又被调回朝中担任司列少常伯（即吏部侍郎）。在此任上，裴行俭再次展现出非凡的政治才华，创造了著名的诠注法，作为官吏选拔和升降的标准。在此任上十年，他与李敬玄配合得天衣无缝，并称"裴、李"。在此之前，帝国官员的选拔制度带有相当的随意性。官员任用如过山车，连升连降乃常有之事。虽然说唐朝继承了隋朝以来的科举制，但它却不是当时最主要的入仕途径，至少在太宗时期如此。

高宗执政后情况有所改善，最主要的是重建科举制度。天下读书人纷纷前来应试，书生进阶之门由此大开。需要指出的是：唐朝的科举制与我们所熟知的"连中三元"不同，后者是明清时期的科举制度。虽然都是打着科举考试的旗帜，但在具体操作中又各不相同。

在唐朝，通过考试，只是获得做官的入门资格券。中举后，还需要耐心地等待幸运之神的降临。既要面对吏部的选拔，还要与世家子弟竞争。十之八九的读书人会倒在这两道门槛前。尽管也有相当数量的官员通过考试并最终走上仕途，但他们中的大部分是乘兴而来，败兴而归。很多人最后不得不靠自己祖辈或者父辈积攒下来的那点荫泽进入体制。

能够参加科举考试的书生主要有两个来源：一是来自京师的国子学，但能进入这些国子学的几乎都是名门望族（就像裴行俭）；二是被他们户籍所在地的官府衙门保送推荐的。而后一条路是庶族地主参加科举考试的唯一途径，有幸被录用者寥寥无几。

显庆二年（657年），时任吏部侍郎的刘祥道升任黄门侍郎，仍知吏部选事，上疏直陈选官之失，认为每年入流之人太多，"今之选司取士，伤多且滥。每年入流数过一千四百，伤多者也"。而当时官职总数不到一万四，剔除每年致仕的人数，则用不了三十年，选的人便会将官阙用尽。随着每年积压下来的具有任官资格但又没有获得官职的选人越来越多,选官中出现"九流繁总,人随岁积"的混乱局面。刘祥道和杜正伦均要求进行改革,高宗亦下令召集百官详议,但"公卿已下惮于改作,事竟不行"。这些人祖上都是帝国的功臣,牵一发而动全局。从刘祥道的奏章中可以看出,当时选官主要还是考虑选任者的家庭成分和社会出身。裴行俭制定的官员考核办法,一般根据身、言、书、判,并考虑资历、衡量政绩而分别授任官职。具体的考试程序是,先集中考试,看谁字写得漂亮,学业如何,即所谓的笔试。通过笔试才能进入下一轮,笔试都没过的,只有等来年。

入选后进入面试环节,与今天考公务员也差不多,主要看五官相貌、身体条件和语言表述。通过笔试和面试两关后,就可以注授官职,但要征询本人意见。对于那些达到录取分数线的准备注授官职的人,人事部门会发榜公布。然后分类罗列次序,由仆射选报门下省,由给事中给出录取意见,侍中查核审定,对不适当的提出异议,也就是今天的政审。审定后再上报皇帝,等待御笔鉴定。吏部再按皇帝旨意授官,这些人到此才算真正进入体制内,称为"告身"。

兵部选拔武官的程序和上面差不多,考试的内容为骑马、射箭、举重、负重行走。因某种规定所限,不能参加上述铨选的,能够通过三篇文章考试的,称为"宏词",通过三条判文考试的,称为"拔萃",入选者也可以破格授官。而黔中、岭南、闽中等老少边穷地区的州县官,吏部并不组织统一考试,只委托都督选择本地人补授。裴行俭等人在总章年间的动作是大唐开国以来人事制度最大的一次改革。刚刚调回京城的裴行俭敢于对官场规则说不,让很多人替他捏了一把汗。他曾有过被贬的教训,又是初到吏部任职的新手,毕竟他也是士族子弟,这么做是在变相地打自己的脸,自绝于同类。在此后的百余年时间里,再没有人像裴行俭这样大刀阔斧地实施人事制度改革。"总章选制"可以称得上是高宗时期比较突出的一项政绩，就凭这一点，裴行俭也算是帝国将相之才中的佼佼者。因为这项改革取得的成效，裴行俭擢升为银青光禄大夫。

裴行俭还是个书法名家，与当时的褚遂良、虞世南等大家齐名。他擅长草书和隶书，曾撰《草字杂体》数万言。高宗皇帝非常喜欢他的字，曾经让他用百卷素绢抄写了一部《昭明文选》，闲暇之余，经常拿出来欣赏。裴行俭曾于人前炫耀，他说："褚遂良若无上好的笔墨不会动笔，要说天下不择笔墨书写的人，也就是我和虞世南。"裴行俭在体制内得到了广泛的认可，而他的军事才华也同样优秀。他熟读兵书，却不按常理出牌，可以说是神鬼莫测。

调露元年（679年）五月，也就是在东突厥的阿史德家族发动叛乱的半年之前，西突厥的贵族阿史那都支就已暗中联合吐蕃，侵逼安西，并密谋重建西突厥。情报传回长安后，朝臣们纷纷建议出兵讨伐。由于当时李敬玄、刘审礼刚刚败于吐蕃，帝国元气未复，不宜再出动大军西征，所以裴行俭力排众议，向高宗提出了一个智取西突厥之策。

在取得高宗的同意后，裴行俭率副将王方翼，以护送波斯王子泥涅师归国为名，向西突厥进发，在途经阿史那都支的驻地时，趁其不备将其生擒，从而兵不血刃地平定了西突厥的叛乱。裴行俭的智慧和胆识顿时赢得了朝野上下的交口赞誉，同时也让高宗大为叹服。正因为裴行俭在政治、军事等多方面的能力都相当突出，并且拥有极为丰富的经验，所以高宗此次才会亲自点名，让他担任北征军的统帅。当年西突厥遇到的大唐名将是苏定方和薛仁贵，而这次他们遇上的是裴行俭。

在这次出征前，裴行俭与高宗之间有一段对话。裴行俭说："现在吐蕃强盛，西突厥已表示与我朝修好，我们不便公开两面用兵。现在波斯王去世，他儿子还在我们这边当人质，不如遣使将其送回国去继位。途经西突厥时趁机行事，或许可以不战而降西突厥。"

出征之前，高宗专门设宴为裴行俭饯行，对他说："卿有文武兼资，今授卿二职。"随即任命裴行俭为定襄道行军大总管兼安抚大食使，裴行俭就成了出征野战部队的最高军事统帅。于此足见高宗对他的倚重和信任，也足以表明此时的裴行俭已经成为大唐帝国数一数二的名将。

调露元年年底，帝国的北征军集结完毕，由主帅裴行俭亲率十八万主力，另以丰州都督程务挺为西路军，以幽州都督李文谏为东路军，两路皆受裴行俭节制，兵分三路直取东突厥。为了一举平定东突厥的叛乱，唐帝国此次出动了三十多万大军，其动员兵力之多，为高宗登基以来所仅见。

裴行俭接受了送波斯王子回波斯的任务，一路上见到的都是风沙大漠，一派苍凉悲壮之美。结果这帮人在沙漠里迷路了，带去的水全都喝光，干粮也吃光了，一行人三四天水米没有打牙，走得极为艰苦。作为一支军队的领导者，不光要有一往无前的勇气，更要有鼓舞士气的方法和手段。正在大家渴得喉咙冒火的时候，裴行俭站出来说："前面不远处就有水了，大家加把劲走吧！"

果然，走不多远就看到了丰美的水草和清澈的泉水，大家都很佩服裴行俭，将他比作贰师将军。何谓贰师将军？西汉武帝太初元年（前104年），贰师将军李广利西征大宛，来到安西、敦煌间这片戈壁沙漠中，士卒断水，焦渴难忍。李广利面对石山峭壁长叹，举剑向一处山壁刺去，一股清泉顿时从石壁上喷涌而出，士兵们得救了。

裴行俭和将士们喝足了水之后一鼓作气走到了西州，当地老百姓夹道欢迎。裴行俭休整了一下队伍，并在当地开了一个现场招聘会。

由于当地就业形势不容乐观，裴行俭没费多少劲就从当地吸纳剩余劳动力一千多人。只要能够混口饭吃，谁管你去当兵还是做强盗。

裴行俭知道这一千多人里面肯定是有内鬼的，于是走了没多远，他就停下来，召开全体官兵大会，通知说："现在天气实在是太热了，走路效率也不高，我们先就地歇息，等到秋天天凉了，再往前走吧。"

为了将这个消息准确无误地传至内鬼的耳朵，裴行俭责令将此消息通知到每一个人，包括那些因各种理由没到场之人。不出意料，这个消息很快就传到叛军那边去了，叛军听说后很快便放松警惕。裴行俭随后召集附近所有的酋长、武林豪杰以及富贵乡绅，对他们说："这个地方我曾经来过，给我留下了很深的印象。我经常在梦里回到这里，我今天想要重温往日时光，找一些人陪我一起去打猎，有谁愿意跟我一起去？"

裴行俭这极具煽动性的话语比任何征兵号令都管用，队伍很快扩至一万多人。裴行俭领着这一万多人走进了茫茫大漠，直接奔向叛军的方向，等走到离都支十几里的地方就停了下来，然后派人去"问候"都支全家。正在大吃烧烤的都支还以为裴行俭秋天才会来，没想到这么快就到了家门口。他也明白现在的任何反抗都将是苍白无谓的，只好束手投降。

同一天，裴行俭又用都支的鸡毛信将周围跟着反抗的部落酋长都召集了起来，一并收押。裴行俭对部队进行了整编之后就向李遮匐部队的驻扎地方向开去，路上却碰到了骑着汗血宝骆驼前来商讨联合作战事宜的李遮匐的使者。裴行俭释放了使者，让他回去传话儿。李遮匐知道情况之后，明白自己现在已经是势单力薄无力回天。裴行俭暗度陈仓，不但没费一兵一卒，而且还带回好几万人的军队。

永淳元年（682年），东突厥又有余众反唐，薛仁贵奉命前往云州（今山西大同）征讨。敌帅听说是薛仁贵来了，闻风而逃。薛仁贵斩获三万余人，一代名将完美收场。回到代州（今山西代县）不久，薛仁贵就患病死去，终年七十岁。

西境战争连绵，东境后来也一直不安宁，高句丽余众不断有反叛。其中让高宗愤怒的是新罗，这是一个完全不靠谱的小国。过去它经常被百济和高句丽欺负，每次都是唐朝出手相助，谁知道翻脸不认人，现在居然派兵助高句丽余众与唐军作战，还公然占据已归唐朝管辖的百济旧地。几年前，高宗派刘仁轨领兵征讨新罗，将其狠狠教训了一顿。刚被打老实的新罗见事情闹大，赶紧派使者到长安来谢罪。

西境突厥、吐蕃方面的压力太大，东边高句丽余众又一直反叛不断。这时候的唐朝边境就是一张晴雨表。不是东边日出西边雨，就是东西两边雨下不停。在此之前，唐廷将安东都护府移到辽东城（今辽宁辽阳），默认新罗独占半岛，对部分高句丽旧地也放弃了直接管辖，而只是让那些亲唐分子去打理。

在高宗朝对外战争的初期，因为取胜容易，战争时间短，平民百姓都希望上战场立军功取功名，有的甚至"不用官物，请自办衣粮，投名义征"。不用国家给补助，自己倒贴也要去参军，唐诗有云："宁为百夫长，胜作一书生。"

随着战线拉长，仗也没完没了，民众的厌战情绪逐渐抬头，兵源也进入了枯竭期。而武则天的息兵建议就是在如此背景下提出来的。战争不光是战争，还要考虑国力、民力，要有远交近攻的总体战略。而在这些方面，武则天都做过认真思考。武则天考虑的这个"息兵"政策，并不是主张放弃强大国防、全面收缩，而是主张对国际关系要有理性处理。

当时唐朝的周边关系，与我们今天正相反。当时东部的敌人，无论从国力、战略纵深和作战特点上，都不能对唐本土构成太大威胁。

新罗就算再忘恩负义，也不过就是想在朝鲜半岛上当个统一的老大，还不至于跑到帝国疆域里来攻城略地。因此，东边并不是唐军的防御重点。

威胁最大的还是来自西部的两大强敌——突厥余部和吐蕃。一个拎着马刀要复仇，一个要扩张，都在咄咄逼人的崛起过程中。大唐的西部领土是他们窥伺已久的，因此必须全力拿下。所以这时候唐朝的防御压力都集中在西部地区。

这一时期，高宗皇帝与武则天"二圣临朝"，他们在对待战争的态度上还是有区别的。当年征讨高句丽，高宗跃跃欲试，拖着羸弱不堪的身体就要亲自上阵。而武则天则公开上表劝阻，用舆论的力量制止了他。此外，在武则天后来单独执政时期，她也一直坚持奉行息兵政策。能不打就不打，埋头发展才是硬道理。可见，武则天并不是一个喜欢穷兵黩武的人。

在君臣的共同努力下，大唐四境渐趋稳定。高宗一朝，边境上共设有五大都护府。大唐的声威，远播欧亚。这个时期帝国的疆域，已基本趋于稳定。

安东：初期治所在平壤，后移至辽东新城，所辖远至乌苏里江以东，包括黑龙江两岸入海口处。

安北：治所在今蒙古国杭爱山东部，所辖今蒙古国与西伯利亚南部。

单于：治所在今内蒙古自治区和林格尔县西北，所辖今内蒙古自治区阴山与河套地区。

安西：治所先在西州（吐鲁番），后移至龟兹（库车），再移至碎叶城（吉尔吉斯斯坦的托克马克市），所辖远至咸海。

安南：治所在今越南河内，即原来的交州都督府。史载"统海南诸国及境内诸羁縻州"，辖今越南北部、中部。

除了这几处，再加上后来武则天的大周又设立的北庭都护府，治所在庭州（今新疆吉木萨尔北破城子），辖天山以北包括阿尔泰山和巴尔喀什湖以西。这就是著名的唐代"六大都护府"。帝国疆土此时达到极盛状态。裴行俭兵不血刃地平定了叛唐的二蕃，巩固了帝国在西域的势力，从而使唐朝与吐蕃之间再次形成了一种战略的平衡。

武则天仍然不断地洗牌，彼时的她所做的，不过是想让自己的地位更稳固。想要站得稳，就需要能和她同一条心的人。在一个利益至上的世界里，同心同德比黄金还要贵重。

此时帝国的宰相班子已经被整得七零八落。而对于武则天来说，她需要的是上下一心、母子同心。但同时她也需要裴行俭这样的实力派站过来给自己撑门面。这个世界上没有无缘无故的忠诚，所有的忠诚都是以换取自身利益为目的。

调露元年年底，西北的突厥大搞复国运动，倏忽来去，劫掠如风，帝国的北方马场累计损失马匹达十八万之多。高宗再也坐不住了，他任命裴行俭为定襄道大总管，再次出征讨伐突厥，领兵十八万，节制西军检校丰州都督程务挺、东军幽州都督李文谏，合兵三十万，和突厥军队来一场生死对决。

裴行俭在西北战场还没正式开战，西南战场却传来捷报。唐军在黑齿常之（百济归顺到唐朝的将领）的率领下，取得大胜。从此扭转战局，吐蕃败绩连连，总算给连受打击的唐高宗带来了些许安慰。高宗对裴行俭没有顾虑，此人办事让他放心。裴行俭是个儒将，不同于那些纯粹的武将，只知道一味地冲杀。他讲究军事策略，赢要赢得漂亮，输也会给个说法。

永隆元年（680年）春，北征军进抵朔川（今山西朔州市境内），与东突厥的前锋部队已经近在咫尺。由于在此次北征之前，东突厥叛军曾成功偷袭萧嗣业的运粮队，所以裴行俭料定，此次突厥人一定还会故伎重施。于是他将计就计，挑选了几百名老弱残兵伪装成运粮部队,负责押送三百辆粮车,同时在每辆车中隐藏五名勇士,一律装备劲弓和长柄大刀,专等突厥人上钩。而几千人的特种部队也埋伏于前方险要之处。

突厥兵呼啸而至抢走粮车,唐军惊慌得四下逃窜。好像捡了大便宜的突厥兵把粮车赶到有水有草的地方,解鞍牧马,放松了警惕。也就在此时,趴在车内粮堆间的唐军突然跃出杀敌。突厥兵正在慌乱之间,刀锋已经舔到要命的咽喉。

刚跑两步,伏兵又起,几乎把抢粮的突厥兵杀尽。一路上,只要看见唐军的粮车行走,突厥人都远远避开,生怕再遭到伏击。裴行俭率领军队一直抵达单于府(辖今内蒙古自治区阴山、河套地区一带)的北部。天将黑,唐军筑好了大营正准备睡觉,集合号令突然响起。裴行俭传令,唐军全部转移到高冈之上安营扎寨。通常情况下,军队安顿好后,就不适合再折腾,这是兵家大忌,可是裴行俭却强令移营。睡到半夜,突然疾风骤雨,山洪倾泻,前面所筑营地顷刻没于丈余深的水中。唐军将士们暗自庆幸,若不移师,他们全都将葬身于此。裴将军真乃神人也,唐军士气大振。

裴行俭继续挥师北进,与突厥大战于黑山(今内蒙古自治区包头市西北部)。一场恶战过后,首领阿史德奉职做了唐军的俘虏。经此一役,东突厥叛军元气大伤,军心开始动摇,当初参加叛乱的二十四个部落个个心怀鬼胎,都想要自我保全。可汗麾下的几个部落酋长经过密商,最后干脆刺杀了新立可汗阿史那泥熟匐,砍下他的首级并投降了唐军。

胜利的喜讯传至京师,高宗大为振奋。他派户部尚书崔知悌亲自到前线慰问官兵。裴行俭安顿了突厥降众,班师回朝。高宗之所以急着把大军调回,目的是要应付日趋紧张的吐蕃战事。这一年,吐蕃攻陷了大唐西南的军事重镇安戎城(今四川理县西),致使西洱诸胡(今云南洱海湖一带）全部投降吐蕃。随后，吐蕃完全占据了羊同（今西藏西北部）、党项（今四川西北部）以及诸羌的地盘，向东威胁大唐西部的凉州（今甘肃武威市）、松州（今四川松潘县）、茂州（今四川茂县）、巂州（今四川西昌市），南部边境与天竺接壤，西陷安西四镇，北抵东突厥，疆域纵横万余里，其势力空前强大，如日中天。

裴行俭班师时，无论是高宗本人，还是朝中的大臣们，几乎都认定东突厥的叛乱已经平息。然而，他们万万没有料到——东突厥残部并未放弃复国的念头。很快，他们就将卷土重来。斩草而不除根的结果，就是给对手以喘息之机，并且让对手变得比原来更加强大。

开耀元年（681年）初，东突厥的一个酋长阿史那伏念又在部众的拥戴下自立为可汗，他与阿史德温傅结盟，再犯唐朝边境。裴行俭再度临危受命，率右武卫将军曹怀舜、幽州都督李文谏，第二次踏上了北征之路。

七月，裴行俭率军抵达代州（治所在今山西代县）的陉口（即雁门关陉岭关口），按兵不动。裴行俭是个极度冷静的军事统帅，在战场上，这份冷静让他一次次化险为夷。他先派人与阿史那伏念取得联系，要与对方签订攻守同盟，联手对付阿史德温傅。然后他又写了封信给阿史德温傅，让他提防阿史那伏念的进攻。

由于此前阿史那伏念因贪图金帛与唐军议和，放走了被俘的唐军将领，阿史德温傅就已经对他非常不满，背后大骂他"竖子不可与谋"，所以阿史那伏念时刻担心阿史德温傅会在背后偷袭他。就在他们一头雾水的时候，裴行俭开始行动。他派遣轻骑抄了阿史那伏念的后路牙山。这一仗打得太值了，且不说得到大量的武器装备和粮草财物，关键是把阿史那伏念的老婆孩子给俘虏了。如此一来，他的妻子儿女都在唐军手里，阿史那伏念自然要考虑他们的安危。

在多种不安的折磨下，阿史那伏念动了降唐的念头，于是派密使去晋见裴行俭，表示可以逮捕阿史德温傅，然后归降唐军。唯一的条件是——必须保证他和妻儿的生命安全。这个条件并不过分，裴行俭当即满口答应。

尽管与裴行俭暗中达成了协议，可阿史那伏念还是有些举棋不定。毕竟裴行俭的唐军主力现在与他远隔千里，短时间内根本就打不过来。所以阿史那伏念还是心存一丝侥幸，不想轻易放弃可汗的位子。其实阿史那伏念还蒙在鼓里，早在他率部北撤的时候，裴行俭就已派遣程务挺和张虔勖，就近调集单于都护府的府兵，从背后悄悄跟上了他。所以，此刻唐军并非与阿史那伏念远隔千里，而是隐藏在他的大营附近，随时等待着裴行俭的下一步指令。

裴行俭没有命令这支追兵发动进攻，就是想通过实施反间计，加上手中的人质筹码，迫使阿史那伏念投降，以达到不战而屈人之兵的目的。随后，刘敬同和程务挺接到了裴行俭的指令，随即逼近阿史那伏念的牙帐。阿史那伏念一直以为唐军不会这么快越过大漠，所以根本没什么戒备。直到唐军突然出现，阿史那伏念才如梦初醒。

阿史那伏念万般无奈，只好坐下来讲和。裴行俭开出一个条件，让对方将阿史德温傅抓住，然后献给自己。于是，阿史那伏念设计逮捕了阿史德温傅，然后带着各部酋长及其部众，前往裴行俭的大营投降。裴行俭再度得胜，把阿史二人押往京师，东突厥的第二次叛乱宣告平定。

裴行俭此时已经手握重权，加上门生众多，在外廷的势力越来越大。照此势头发展下去，他必将打破武则天苦心经营的权力垄断。武则天对裴行俭又爱又恨，爱是因为他的确是人才，恨是因为人才不能为己所用。如今，裴行俭兵不血刃拿下东突厥，武则天特地设宴款待。宴席之上，她对裴行俭说："裴爱卿是个文能安邦、武能定国的全才。"此时的武则天，需要的是和自己同心同德之人。在对待裴行俭的问题上，武则天始终处于一种犹豫不决的状态。

就在这时，宰相裴炎站出来了，他上表高宗："阿史那伏念投降实际是由于裴行俭的部将程务挺、张虔勖率兵逼逐，加上漠北的回纥诸部配合南进，他是走投无路才投降的，并不是裴行俭的功劳，他哪有那么大本事。"

裴炎看穿了武则天的心思，他必须这么去做。武则天想用裴行俭，但又不希望他一枝独秀。高宗此时已处于混沌不清的状态，经裴炎这么一说，也就当真了，于是打消了为裴行俭记大功的念头。裴炎还不算完，继续进言说，这些突厥首领根本不是真心归降，而是被逼的。于是高宗下诏，把投降的五十四名突厥贵族全部斩首。裴行俭震动了，满朝文武震动了，因为这开了唐廷不杀降将的先例。

当初阿史那伏念投降的时候，裴行俭曾答应保二位可汗不死。他们被斩的那一天，裴行俭仰天长叹："浑、浚争功（王浑，西晋大将，因在平吴战争中被部将王浚夺得头功，便愤然与其争功，故而备受后世讥讽），古今所耻。但恐杀降，无复来者。"也就是说，他并不在乎功劳记在谁的头上，更不会像王浑那样与自己的部下争功。他担心的是，大唐开了杀降的先例，日后将不会有人再来归降。

阿史那伏念为原东突厥帝国王室后裔，是当年唐太宗所擒的颉利可汗的侄子。自贞观年以来，唐军几乎每一次出征都会带回来一大批高级战俘，而这些人基本上都会被朝廷赦免，并且被授予官爵。最典型的当属贞观四年（630年）平定东突厥那一次，自颉利可汗以下，东突厥的所有战俘和降将一律受到了大唐的优待，在朝中官居五品以上者共有一百余人，占到朝廷高阶官员的一半。

贞观时代，唐帝国之所以能够在对外战争中所向披靡、百战百胜，并且赢得周边四夷的尊敬和拥戴，主要就是归功于唐太宗李世民所制定的这种怀柔政策。高宗执政前期，朝廷也一直在奉行这种深得人心的宽大政策，所以才能维持帝国在外交和军事上的强势地位。而这一次，高宗竟然会背信弃义、大开杀戒。不光是因为裴炎的进言，更主要的是来自天后武则天对于朝堂权力的制衡。

近年来，裴行俭成为帝国势头最猛的人，无论是经略西域、整顿边务、改革吏治还是出征突厥，他的每一次登场都抢尽了风头，论其资历、功勋和声望，已经完全具备了拜相的资格，随时有可能入相。而宰相班子的人员组成是武则天最在意的，她一直想尽办法渗透自己的势力，像裴炎、薛元超等人都是她一手提拔的。裴行俭是她一直在争取但始终未得手的人，武则天自然无法容忍他进入宰相班子。于是，一场杀降的政治闹剧在长安城里上演，但杀降带来的严重后果似乎并不在她的考虑之中。经过此事，裴行俭颇有些心灰意冷，从此称疾不出，主动淡出了政坛。第二年，亦即永淳元年春，杀降的恶果就初步显现出来了——西突厥的一个酋长阿史那车薄率十姓部落发动了叛乱。

危急时刻，高宗再次想起了裴行俭，慌忙任命他为西征军统帅，准备让他率领右金吾将军阎怀旦等人，分兵征讨西突厥。然而，就在大军即将出征的前夕，一代名将裴行俭就因病去世了，终年六十四岁。裴行俭的去世，对战事方殷、外患频仍的帝国来说，无疑是一个莫大的损失。

一代名将就这样走完了自己的一生，朝廷赠以幽州大都督官衔，谥曰"献"，意思是奉献。裴行俭当年虽然得罪武则天，但是武则天并没怎么为难他，反而让他出将入相，为大唐帝国屡立奇功，奉献一切，包括生命。

4. 临终托孤，还是制衡

永淳元年（682年）关中大旱，粮食匮乏，斗米涨到三百文钱，但对武则天来说却是个求之不得的好机会，她正想找个理由去洛阳。高宗的身体越来越差，看样子随时都会与这个世界说再见。经历过太宗去世后政局变幻的武则天，有着切肤之痛，往事并不如烟。

她已经不是三十年前的才人武媚娘，三十年前她能输得起，可今天的她输不起。她必须好好布局，容不得半点闪失。她想证明给这个世界看，女人想做到的事，经过努力也是可以做到的。

这时候，她还不能完全控制宰相集团，刘仁轨仍有一定影响力。在武则天的计划中，将李唐朝廷从长安转移至洛阳是第一步，也是最重要的一步。原因很简单，长安是李唐旧势力盘根错节之地，武则天要想实现突围，会处处受到掣肘。而东都洛阳是她经营多年的根据地，只有在那里，她才能自如地掌控一切。

天从人愿，关中闹饥荒。吃饭问题尴尬地摆在高宗朝廷的面前，因洛阳的漕运之便，库存了大批从江淮运来的粮食，可以解决政府官员的吃饭问题，从隋朝开始便有关中灾荒赴洛阳就食的传统，武则天现在有理由劝说唐高宗李治东巡洛阳。

高宗皇帝已经病入膏肓，大多时候是躺在床上。武则天要去，高宗也没办法阻拦。此时，高宗的饮食起居，基本上被武则天一人包圆儿，没她点头，谁也近不了高宗的身。长安距离洛阳，千里路程，谁来为皇帝护驾？因为裴行俭事件，朝廷与军方关系微妙，武则天也不愿让不为己用的军队前往洛阳。没有军队护驾，那么沿途该找谁来保驾呢？武则天找到了新提拔上来的监察御史魏元忠，要他负责沿途的保卫工作。

魏元忠抓破脑袋也想不通武则天的葫芦里到底卖的是什么药。魏元忠别无选择，作为一介文官，他实在没有护驾的本事。魏元忠还真是想出了一个办法——以暴制暴。他打开长安、万年两县的监狱，准备从犯人中选拔特殊人才。结果没有令他失望，他很快就找到了自己需要的人，一个看上去很有江湖大佬做派的人物。监狱是个等级分明的地方，号头的权力很大，说他掌握生杀大权那是夸张，但是生活于其间的人，基本要看他的脸色行事。

魏元忠很容易就从监狱里找到了自己需要的人，好几宗跨省盗窃案件都与此人有关。打开枷锁，呼兄唤弟，好酒好菜一顿招待。近墨者黑，魏元忠觉得自己扮作流氓也有几分神似。酒过三巡，魏元忠说明来意：皇帝要巡行东都，需要沿途保护，请他陪着走一趟；干好了，不光可以免罪，还可以弄个一官半职。

这家伙一听就乐了，当罪犯能当到这个份上，也算是光宗耀祖。魏元忠发给他官服袍带，让他赶紧召集帮会中的兄弟，准备上路，罪犯摇身一变成了皇家侍卫。魏元忠此举很是有效，沿途盗贼看见保驾护送的竟然是自己人，不敢前来骚扰。一万多人马平安抵达东都。堂堂皇家仪仗居然需要一个江湖人物震场子，看似夸张，其实并不夸张。饥民实在众多，而羽林军数目相对较少，人数悬殊之下，皇家卫队的威慑力严重不足；当时大闹饥荒，有谓民以食为天，当人们饿着肚子，还管什么是天皇天后？同时还因为皇帝事忙，短期内再临洛阳的机会不多，但江湖人物是地头蛇，随时山水有相逢，正是官府在远，拳头在近。乱世时人们宁可得罪皇帝，也不敢轻易得罪江湖中人。

由于走得突然，粮草准备不足，竟然出现了皇家卫队饿死在半道上的事情，但总算是平安到了洛阳。离开长安，武则天顾不得男女有别，准备大干一场。四月二十日，高宗和武则天抵达洛阳。宰相团成员刘仁轨等反武派都被留在长安辅佐监国太子李哲，跟随高宗来到洛阳的，只有一个年迈体弱的崔知温，这为武则天重组宰相班子提供了一个绝佳的机会。

到达洛阳的第三天，武则天就以闪电般的速度提拔了四个亲信为宰相。他们是黄门侍郎郭待举、兵部侍郎岑长倩、检校中书侍郎郭正一、吏部侍郎魏玄同。任命完之后，武则天发现问题来了。几个新任宰相的资历太浅，就算他们担的是宰相的活，可按照帝国官员制度暂时享受不了宰相的待遇，就是说无法授予他们宰相"同中书门下三品"的名号。无法授予此名号，宰相就是虚头衔。

制度是死的，而人是活的。武则天很快就让他们享受到了宰相的待遇，既然"同中书门下三品"不好兑现，那就先按个"同中书门下平章事"的头衔。宰相们都留在了长安，只要高宗没意见，就等于通过。这就是传说中的挟天子以令诸侯。任命诏书很快颁布天下，四位年轻资浅的四品官员被破格提拔，就此跻身宰辅行列。也就是在这一刻，唐代宰相制度史上的奇迹就此诞生。

按照大唐制度，原本只有三品以上的官员才能拜相，武则天率先打破这一限制，提拔为相的裴炎、薛元超都只有四品官职，但也只局限于中书、门下两省，且具备一定资历。中书侍郎薛元超为名臣之后，黄门侍郎（即门下省侍郎）裴炎出身河东裴氏，都是自幼入弘文馆的名门子弟。这次武则天任命的岑长倩和魏玄同并不是中书门下两省官员。另外两位，郭正一的中书侍郎仅为检校（即代理），郭待举的黄门侍郎刚干上，时间也不长，完全无资历可言。

这就打破了原来任相资格的限制，"同中书门下平章事"从此成为非中书门下二省四品以下的低品级官员拜相的常用头衔，到后来甚至成为唐代宰相的唯一头衔。从此以后，一些没有背景、科举出身的青年才俊，也可以被破格提拔为宰相。

一些运气好的读书人，通过科举考试，用最短的时间实现了出则为将、入则为相的人生理想。而那些从娘肚里含着金钥匙来到这个世界的贵族官吏，正在受到排挤。虽然说这是士庶合流在政治制度上的必然体现，但武则天彻底挑落了高宗身后的那道帘子，由半遮半掩的幕后堂而皇之地走向了前台。

她不必再看别人的脸色行事，而别人却要看她的脸色行事。这个世界就是这么现实。年轻不要紧，资历不要紧，出身不要紧，听话最要紧。武则天以高宗的名义很快就解决了这一官员使用上的难题，这让我们不得不叹服，一个女人在当时的社会背景下能有如此政治眼光，实属罕见。

永淳二年三月初，反对过武则天摄政的宰相李义琰因改葬父母有越礼行为，不得不以足疾为由主动提出辞职；随后，宅心仁厚的中书令崔知温又因病亡故。至此，整个宰相班子中除了一个年逾八旬的刘仁轨，其他人都已是清一色的后党。曾经有着反对武则天倾向的宰相们，或走或亡，逐渐退出历史舞台。高宗已经管不了这些，他已做好了与太子交接的准备。

此时的太子李哲一直留守长安，临朝监国，刘仁轨、裴炎、薛元超等宰相留在身边辅政。武则天对李哲身边的监国大臣还是信任的，此时的刘仁轨年迈体衰，在岗不任事。裴炎和薛元超分掌中书门下二省，都是她的人。太子李哲依然故我，一副我命由我不由天的散漫姿态。身为太子师的薛元超苦不堪言，他实在没办法，专程赶到洛阳向武则天奏报太子情状。他在写给太子李哲的信《谏皇太子书》里，期望太子能够按照武则天的要求做个本分之人，莫要辜负天后殷切之情。在这封信里，薛元超只字未提高宗皇帝。

由此可见，在薛元超这样的朝臣心目中，武则天这时候的威望已经赶超高宗皇帝。

四个月后，高宗飞诏皇太子前往东都，一方面便于管教，另一方面高宗已处于病危状态，有交代后事的意味。李哲终于可以喘口气了，而薛元超在太子师的任上已撑不下去了。薛元超请求致仕的奏疏已等到武则天的同意，离任不久，也就是这一年的冬天便去世了。如果放在许敬宗退休的时机，薛元超的去世一定会让武则天感觉痛失英才。可惜时过境迁，眼下武则天笼络的人才已经足够应付当下的时局。

薛元超这辈子活得也很不容易，先是拍李义府的马屁，一不留神拍到马腿上，落得被贬外放；紧接着又去抱上官仪的大腿，结果上官仪掉脑袋，他也跟着倒霉。历经磨难，终于靠上武则天这棵大树，并扳倒了章怀太子。薛元超圆满完成了武则天交给他的任务，现在也算死得其所，死得其时。

随太子赴东都的还有宰相裴炎，现在众宰相中唯一对武则天不以为然，让武则天还能有所顾忌的只剩下老臣刘仁轨。刘仁轨已经八十多岁，时日无多。高宗皇帝不是想立皇太孙确保李唐王朝吗？那就让这位行将就木的老臣去辅佐那个年仅两岁的婴儿吧。现在皇帝、皇太子和除刘仁轨之外的所有宰相，都已集中到了洛阳。至此，武则天组建新政府的计划宣告完成。

裴炎到达东都，在他的穿针引线下，程务挺和张虔勖投靠了武则天，分别出任左右羽林军首领。武则天渴望掌控政权和军权的梦想，终于得以全部实现。有生以来第一次，武则天感到自己是如此强大。广袤的天地从东都洛阳的丹墀翠辇延伸开来，那些曾经嘲笑过她一女侍二夫的名儒，那些轻贱过她不过是暴发户之女的清贵，现在都臣服于她的脚下，脸上写满敬畏和惶恐。

　　武则天冷峻的目光一一扫过这些面孔，她很清楚这里面有多少真心多少假意。她身上仍然穿着显示简约朴素的七破间裙——在这些小事上，她很乐意让高宗皇帝开心一下。并不华贵的裙裾默然拖曳过冰冷的长阶，现在她距离权力的巅峰，只差一步。

　　那里躺着她缠绵病榻的丈夫，现在他已经快要与这个世界说再见了。是他陪伴她度过了三十年惊涛骇浪般的岁月，是他给了她第二次生命，人非草木，又怎能没有一点感情？只是他不会知道，即使再生这天与地，她也无法再寻回原来的自己。纵然是三十年相濡以沫共过患难的夫妻，他也并不清楚妻子此刻的雄心壮志。他回不去了，她也回不去了。

　　随着高宗病情的日益恶化，武则天行事越发谨慎小心，现在连宰相也不能轻易见到皇帝一面了。高宗皇帝身体状况的每一次细微变化，都牵扯着武则天的神经。每一次诊病，武则天必然亲临现场，她不想在这最后关键时刻掉链子。

　　弘道元年（683年），高宗离死亡的日子越来越近。死亡并不可怕，不过是完成自己在这个世界的最后一道程序。作为帝国最高行政长官，该享受的都享受了，就算离开也值了。可有人却不这么想，这个人就是他一手扶植起来的皇后武则天。武则天对高宗的身体还是充满信心的，这二十年来，生死之间折腾好几回，最后都化险为夷。

　　如果这时候还有人说，武则天希望高宗早点死，自己好上位，那他是不懂得政治的。武则天根本没必要急于让唐高宗死去。此时的她已经参政二十三年，和高宗并称二圣也将近二十个年头，号称天后也快十年，她的权力一直稳中有升。此时的唐高宗，根本构不成她权力上升的障碍。虽然中间有过废后的一时激愤，但两人的关系基本上还算稳定。

此时的武则天还有个特别浪漫的想法，那就是想和高宗皇帝携手来一次封禅。她念念不忘当年自己带着一帮后宫佳丽在泰山封禅的无限风光。洛阳离嵩山不远，就近便可以搭台唱大戏。武则天就在嵩山之南筑起了一座"奉天宫"。奉天宫尚未落成，便有人站出来反对，反对之人是监察御史李善感。李善感反对的理由是，这几年灾害连绵，民不聊生，突厥人没事就来骚扰，军费开支也不小，政府却还要大搞形象工程，会让天下臣民深感失望。

李善感没有绕弯子，直来直去。有人夸张地说，李善感在朝堂上让武则天当面下不了台的直谏，已有二十年不曾发生，史称此谏为"凤鸣朝阳"。

弘道元年正月，高宗夫妇视察了刚刚建好的奉天宫。与此同时，开始筹备封禅前的各项工作。一切就绪，就在七月准备封禅时，高宗皇帝的头又疼了。没办法，只有往后延期。十月，高宗皇帝和武则天再次来到奉天宫。

高宗皇帝的病情不断加剧，头痛难忍，双眼几乎看不见东西。有现代医家根据症状分析，应该是高宗皇帝的脑血管堵塞后压迫了视神经。在这种情况，封禅之事只能无限期后延。武则天急召御医秦鸣鹤、正文仲前来诊疗。御医秦鸣鹤认为，高宗皇帝的病症是"风上逆"，治这种病唯一的方法，就是用针扎一下，把脑袋扎出血才能治愈。敢在皇帝的脑袋上放血，真是碰上不要命的了。

秦鸣鹤这个人并非中土人士，他是来自大秦的景教徒，即拜占庭帝国的基督教聂斯托里派信徒，秦姓来自大秦国名，"鸣鹤"则是圣经使徒名的叙利亚语读法。聂斯托里派在拜占庭被教会裁决为异端，教徒遭受迫害，很多人向东逃亡，来到大唐。贞观九年（635年），唐太宗接见景教教徒，允许他们在长安建寺传教，这是基督教来华的最早文字记载。随着大批景教教徒来华，希腊、罗马等异国医术也在中国广泛流传开来。

隋唐是包容性极强的时代，包括宗教。那时候天竺佛教、波斯祆教、摩尼教等异国宗教都漂洋过海到大唐地盘来争夺信徒。景教也是这个时期进入内地的，面对这样的激烈竞争也不能不竭尽全力，以医助教就成了他们扬其所长争夺生存空间的一大法宝。

唐人对景教教义兴趣不大，对他们的医术倒是推崇备至，尤其是其中一招——穿颅治盲术，也就是秦鸣鹤要给高宗动手术用的这一招，依当时的医疗条件来看，玄乎得让人没办法理解。时人认为大秦神医是用刀劈开病人的头颅，把里面的小虫捉出来，病人便奇迹般地恢复了视力，美其名曰"开脑取虫，以愈目眚"。要说这招，三国时期的华佗也会。曹操头疼，华佗就建议他做开颅手术。可惜曹操多疑，反而把华佗给杀了。其实这不过是来自古希腊医神希波克拉底流传下来的治疗眼睛失明的方法。

听说秦鸣鹤要打开高宗的脑袋，武则天在帘后再也坐不住了，她挑帘而出，激动地指着秦鸣鹤，厉声斥道："此人可斩也，乃欲于天子头刺血乎！"这不由让人想起当年武则天隔帘骂褚遂良的激烈场景，那一次她说：何不扑杀此獠！

秦鸣鹤吓得当时就跪在了地上，磕头如捣蒜。这时候躺在病床上的高宗发话了，他摆了摆手阻止道："医生谈论病情，何罪之有？"他疼得实在是受不了，也算是死马当活马医。高宗让秦鸣鹤不要有顾虑，就按他的方法治病。

既然皇帝自己开了金口，便打消了秦鸣鹤的顾虑。他取出绣花针，针刺"百会"和"脑户"二穴。也仅仅是一炷香的工夫，高宗皇帝开口说话：朕好像能看见东西了。

武则天大为惊叹，她很夸张地以手加额做出如释重负状。为表示感激，武则天赏赐秦鸣鹤一百匹丝帛。中国有句老话，阎王让你三更死,谁敢留人到五更?秦鸣鹤医术再高明,也只能救一时。高宗返回东都,官员们闻讯组团汇聚在天津桥南拜迎,为主子祈福。十二月四日,在武则天建议下,下诏改元"弘道",大赦天下。改元的意思,也就是要弘扬道家宗旨,希望上天能够来点新意,为病榻之上的高宗皇帝冲冲喜。诏书里还特别肯定了武则天的政绩,说她"言近而意远,事少而功多"。

聪明人这时候已经有所预感,上天留给高宗的时间已经不多了,他要为稳定自己身后的局面造舆论,不能等到他离开这个世界,剩下孤儿寡母被那些朝臣和李唐宗族势力欺负,这也可以看作是高宗皇帝对武则天的最后一次矫情。

高宗皇帝极为重视这道诏书,本来打算亲自登上宫城的正门——则天门去向百姓宣读,但在被扶出宫门后,却因气逆不能上马,登上城楼更不可能了。人们关切地围过来,那张让他心折千次又心死千次的熟悉面孔再度映入他的眼帘。仍然是她,他的妻子,大唐的皇后——武则天。

当然是她。除了她之外,他还能奢望看见什么人呢?高宗皇帝李治只有苦笑连连的份。高宗皇帝无法宣赦,只好召百姓入殿,由侍臣代为宣读。唐高宗李治又失落地回到了他的病榻上,好像那里才是他的真正归宿。这时候外面人群的欢呼声如海浪般将他淹没,武则天安静地守候在他的身边。

"百姓,今日还高兴吧?"高宗轻声地问着侍臣。

侍臣恭敬地答道:"皇上大赦天下,老百姓没有不感恩,没有不高兴的!"

"老百姓高兴了,但我的生命也该走到尽头了。"高宗皇帝深深地叹息,"天地神祇如有灵,愿能延我一个月的寿命,让我能生还长安,死亦无憾!"在生命的终点,他想到的是回到长安,这是史书上所记载高宗李治所说的最后一句话。

当晚，高宗急召宰相裴炎入贞观殿，口授遗诏，指定他辅政。把后事交代完毕，高宗也就不行了，于当晚驾崩，享年五十六岁，时为弘道元年（683年）十二月四日。这一年，武则天六十岁，太子李哲二十八岁。高宗驾崩，武则天也随之成为太后，高宗时代正式结束，武则天时代全面来临。

高宗临终嘱托，让侍中裴炎成了宰相中唯一的顾命大臣，唯一是荣耀，更是危机。裴炎，也由此卷入了帝国高层政治的旋涡。这里要插一句，裴炎从高宗手里接过的这道遗诏玄机暗藏。日后大唐政坛的诸多波澜，都是从这里荡开涟漪，最后泛滥成灾。今天再看这道遗诏，如果去掉那些自我标榜的华丽辞藻，其实就表达了两层意思：

一是太子即位事不宜迟。要快，更快。就让太子在自己的灵柩前即位，最好自己的葬礼就是新皇的登基大典。二是武则天退休势在必行。新皇帝执政后，"军国大事有不决者，兼取天后进止"。

所有的玄机都落在这个第二条上。从字面上看，就是说国家大事如有决定不下来的，再按照武则天（天后）的意见定夺。

中国的文字太悬乎了，往往一句话，两层意思，一语双关。文字里的事说是就是，说不是就不是，是也不是。其实高宗在临死前，内心深处是有挣扎的，一边是自己的皇后，一边是大唐的百年基业，左右都不是，为难了自己。为难归为难，在他生命的最后阶段，他还是做出了自己的选择。凭着多年的夫妻情和战友情，高宗对武则天的政治手段和执政能力是信任不已的。武则天有能力，这是毫无疑义的。但武则天能力越强，高宗越焦虑难安。

显庆五年（660年）以来，高宗和武则天既是夫妻，更像是战友，两人携手在黄金时段演出了一幕幕夫妻档的好戏。在这个时代里，唐高宗秉承贞观时代之余烈，将帝国的文治和武功都推向了一个新的高峰，大唐的疆域拓展得比太宗时代更加辽阔和广袤，大唐的官僚体制打磨得比太宗时代更加灵活和有效。在这个时代里，帝国的命运也出现了重大的转折——外交和军事频频受挫，内忧和外患纷至沓来，李唐王朝也面临着从内部被颠覆的危险。

随着高宗时代的终结，一个新的时代就此拉开了帷幕。此时的大唐臣民并未预知，他们正身处于一个终将令天地变色、令历史改辙的时代。高宗直到生命的最后一刻，虽心有忧患，但也没有意识到这个由先祖开创的帝国将走向何处。他看着当初那个泪眼婆娑的女人，在一天天由弱变强。一个女人被时局淬炼成了政治老手，淬炼成了一把锋利的刀。高宗病重期间，尚书左丞冯元常曾私下里向他密奏："中宫（皇后）威权太重，应该打压打压。"

朝臣们早已意识到，武氏当权已成大势所趋。高宗对此是有预感的，无奈整日与病魔做斗争，哪里还有精力来压制枕边的这个女人？在生命的最后阶段，高宗皇帝突然意识到这一点，于是在这道遗诏上留了一手。但是他哪里晓得，这留下的一手，会成为武则天日后上位的助推器。遗诏中隐藏的最大玄机，就是剥夺了武则天的执政权。不仅没有让她摄政（临朝称制），甚至不让她再过问政事——军国大事，如果新君能"决"，那就无须再劳烦天后。天后也到了颐养天年的时候，不要再去折腾了。

风头一时无两的天后，一个失去丈夫且日渐老去的女人，她在退下来之后还能做什么呢？终老后宫，还是辅佐新皇？至于枯坐宫门，等待死亡降临的那一刻，显然不在她的考虑范围之内。高宗皇帝想借着死后皇位更替的机会，解决生前未解决的问题，只能说高宗皇帝的这个想法很天真。自己活着都没能力摆平的事，死了就更难实现了。高宗想让武则天在自己死后逐渐退居后宫，将朝政完全交给新皇李哲，可惜所托非人。

李哲从来就没打算当这个皇帝，完全是论资排辈，轮到他而已。三年半的太子生活，让他不胜其烦。皇帝，不要以为天下谁都愿意当，没有一点私人空间，整天与一帮怀揣着阴谋阳谋的大臣斗智斗勇。

李哲就算再不济，也得赶鸭子上架。太子已经三易其人，再换，不利于天下安定。况且四皇子豫王李旦年纪还小，又没有特殊的功绩和过硬的理由立为太子。正是出于对接班人的忧虑，高宗皇帝才提出了"如大事不决，以武后意见为准"的原则，这是一种不得已的制衡措施。以上的种种，是高宗考虑了多时，在临死前与裴炎定下来的。从中可以读出李治的良苦用心，对武则天的防范和对李哲的制约，他考虑得不可谓不周全。

聪明如武则天这样的女人，当然看明白了这道遗诏的奥妙。她知道自己的权力已基本被剥夺，只是一个挂名太后。她内心的失落可想而知。以她的性格和二十多年来的参政意识，如何能甘心就此放弃，去当一个甩手太后？她从来就不是一个甘当配角的人，高宗皇帝驾崩以来，她就陷入了无尽的思索当中，她的思索只围绕一个问题，那就是如何能够尽快获得独立的执政权。虽然她的势力，已经大到完全可以这样做。只要她一句话，一切都会尘埃落定，但她没那么做。

武则天没有急于这么做，是因为她不愿意去公开违背高宗的遗诏，对死去的高宗，她是有所顾忌的。如果我们这时候回头看，在高宗皇帝执政的最后日子里，武则天的野心并没有大到篡国的地步，她对与高宗的夫妻档模式还是很满意的。对她来说，虽无最高统治者之名，但有最高统治者之实，又何乐而不为？

所以她还是真心希望高宗的身体能尽快好起来，因为高宗一旦撒手西去，形势将有怎样的变幻，谁也摸不准搞不清，包括自信满满的她，也不免心里忐忑。她对权力的更进一步野心，应该是在高宗驾崩之后。失去权力的危险和获得更大权力的机会，同时降临在她面前，这一次绝不会再犹豫。当然，这种思想的转变，不是在一夜之间发生的，而是在高宗死后的一系列事件中完成的。

历史的经验无数次地告诉我们，政治，很多时候考验的是人性。高宗皇帝在与不在，大不一样。一些诡异之事，在高宗的丧期里就开始频频发生。按照高宗遗诏的部署，太子李哲应于十二月初六在灵柩前继位，七天后正式册立为新君。按照古代惯例，在这几天过渡期内，虽然还没正式册立，但只要嗣君是成年人，就可以发号施令。国家事务，一天也不能停转。可是谁也没有料到，唯一的顾命宰相裴炎，会在这时候突然插上了一杠子。这一杠子直接撬动了大唐的皇权根基。

裴炎的这一杠子是在嗣君即位的第二天亮出来的，他提出，嗣君既然还没正式受册，也没开始听政，那么就不应该发号施令。这几天的国家大事，应该由宰相奏议，然后由太后武则天以"天后令"的形式下达到门下省执行。

裴炎的奏议像是为武则天量身定制，裴炎也由此成为改写大唐历史命运的人物之一。他的这份奏议，其实并无前例可循，以前都是老皇帝一死，太子就成为实际上的新皇并开始执政，大臣们哪里会有什么异议？而且奇怪的是，他的建议与遗诏的关键点正好是大唱反调的。高宗遗诏说"军国大事不决"之时，才听取天后的意见，而裴炎的建议则是任何事情都由宰相议定，呈报武则天，再由武则天定夺。

武则天发出的"天后令"又是下达到门下省的，裴炎这个侍中，恰好是门下省的长官，同时宰相班子的"政事堂"也是设在门下省。这样就形成一个二人转式的权力垄断，武则天拍板，裴炎发文。这样看来，这个建议是大有来头的。裴炎到底想要干什么？所有人都产生了疑问，但所有的人又很快明白过来。

后世史家多指出，裴炎的这一建议实在是毫无道理可言。他之所以这样做，有三种可能性：一是为讨好武则天；二是对武则天的参政已习以为常了,认为今后继续下去也无妨;三是裴炎想避专权的嫌疑,拽上武则天来平衡一下。

所有的人都嗅出了山雨欲来的气息,所有的人都在静观其变。本来高宗皇帝去世,最高权力应归嗣君李哲。现在裴炎无中生有,让自己和武则天瓜分了最高权力,刚刚继位的新君竟完全被架空。高宗皇帝的一句遗言,让武则天为失权而闷闷不乐。裴炎此议一出,又让她精神为之一振。裴炎,武则天在心里反复念叨着这个名字。她开始有意无意地留意这个人,那些反对武则天的大臣也开始留意这个人。

裴炎,字子隆,绛州闻喜(山西闻喜县)人,史称他"寡言笑,有奇节"。他出生于当时的名门"洗马裴"家族,其父裴大同,曾任洛交府(今陕西省富县)折冲都尉,是个军官。裴炎幼时就勤奋好学,在被补为弘文馆(设在门下省的贵族子弟学馆)学生后,每遇休假,其他学生大多出去游玩,他却埋头苦读。弘文馆的学生谋官很容易,但他并不满足于随便谋个官差,他有着更为远大的志向。他在学馆发愤读书十年之久,尤其精通《左氏春秋》和《汉书》,对历史和官场规则了如指掌。

他的仕途也还算顺利,明经及第之后,最初任濮州(山东省鄄城)司仓参军,后历任御史、起居舍人、黄门侍郎,并于调露二年(680年)入相。从此人后来的言行看,他是忠于李唐,反对武则天专权的,并以此殉国,死得壮烈。可为什么在这个关键时刻祭出如此昏招,让人百思不得其解。

他如此违背常规的做法,明摆着是给武则天送去了一个求之不得的机会。古人的思维方式,真是让我们搞不透。我宁愿相信,这是一次无巧不成书的误会,这场误会要了李唐的半条命。误会在于裴炎集团此次是在利益上与武氏集团不谋而合,他们都想废掉嗣君李哲。裴炎是想立李旦,而武则天想的却是夺回失去的权力。两方求大同存小异，便联手对付新皇帝。裴炎如此做法，目的只有一个，那就是强化宰相班子的权力，恢复以往的宰相议事权。可惜他没想到，为了争取那么一点利益，却白送给武则天这样一块大饼，实在得不偿失。

高宗皇帝驾崩七天之后，李哲继承了皇位，是为唐中宗，并更名为李显。"李显"这个名字，也是为了应谶意。据民间传说，这是老子降临人间的另一个化名。

武则天也自然水涨船高，被尊为太后。裴炎聪明反被聪明误的提议，被武则天欣然接受。大小政事仍取决于武则天的意见，"太后令"仍然是帝国的最高号令。继位的新皇帝只能是摆个空架子，而无实质权力。当然这个状态，群臣也没办法。因为在十二月底之前，是嗣君的守丧期。在非常时期需有非常措施，外人是不好说什么的，毕竟是家务事。问题的关键之处在于，月底之后，武则天要不要还政。这恐怕也是武则天考虑得最多的一个问题。但是在这段时间内，武则天必须要稳住既定的局面，她决定马上着手办几件事。

而此时裴炎根本没有意识到，他的这种做法对他和整个帝国来说都将是一场死亡游戏。这场死亡游戏的最终结果只能是"双输"。在十二月七日高宗死后的第三天，裴炎上奏，说太子李显现在还不能算是皇帝，还是一个储君。在没即位前，李显没有听政权，没有听政权的皇帝还能叫皇帝吗？此时的帝国处于皇权的真空期，宰相议政应该向武则天奏议，然后由武则天宣令于门下省施行。裴炎绕来绕去，就为了说明一件事：武则天才是合法的当国者。

贞观二十三年五月二十六日太宗皇帝驾崩，当时李治这个半大的孩子虽然五天之后才正式受册，但从没听说这中间的时间差不能发布政令。满朝文武集体沉默了，他们看出其中端倪却没人站出来反驳，听见了也不抗争。沉默让人心寒，当谏臣是要付出代价的，还是揣着明白装糊涂来得轻松。

死人可以得罪，活人得罪不起。新皇未立，武则天当国已久，孰轻孰重？在这一点上，大家还是能够掂量出来的。按照裴炎的意思，以后只要是宰相奏议都要报于武则天。武则天不同意，谁也没办法。这就等于架空了嗣皇帝李显，变相废弃了高宗在遗诏中所立的"军国大事有不决者"这一条款。

裴炎做错了吗？他在章怀太子案后受到武则天赏识，被一手提拔为门下省长官侍中，做人不能忘本。裴炎做对了吗？在高宗皇帝临闭眼之前受到重用，被一手提拔为唯一的顾命大臣，人原来是可以忘本的。

对于裴炎来说，这错与对之间的区别就在于，一边是死了的皇帝，一边是活着的太后。忘本是身败名裂的根本原因；忘本是成熟政治家的一贯风格。裴炎至死也没有弄明白，他到底是对还是错。有人要问：这朝堂是他裴炎的一言堂吗？难道就没有其他不同的声音？这时候还真就没有。

针对裴炎和武则天，一个是先皇指定的唯一顾命大臣，一个是当国多年的天后，谁敢发出不同的声音？在他们面前能够说上一言半语的官员，至少是宰相级别的方才有效。而此时，诸位宰相中有老资格的，退的退，死的死，剩下的也只能当甩手掌柜。新提拔上来的基本上都是武则天的人。按照常理来说，作为太子的李显本来可以毫无竞争地上岗，可现在却有人要来抢自己的饭碗，而这人居然是自己的亲娘。

李显虽然不乐意，但也没有办法。他在没即位时，就无法享受一个君主的政治待遇，大臣们也不会买他的账。李显只能眼巴巴看着裴炎表演，看着武则天处理政务。几天以后，李显正式受册为帝，是为唐中宗，但武则天仍以皇帝守丧期未满为借口继续把持着国政。高宗皇帝的遗诏中只字未提让太后临朝称制，也就是说武则天并没有取得历朝太后代幼年皇帝临朝称制的合法权力。按照古代中国的政治传统，太后称制是指皇太后受先帝委托，代年幼的皇帝履行君权，太后临朝听政，自称"朕"，且以皇帝"制诏"的名义发号施令。

对于武则天来说，高宗皇帝没有成全的事，不代表就没有戏。武则天虽然从高宗皇帝那里没有享受到最后的政治待遇，但多年的天后不是白当的，"二圣临朝"也不是两个人过家家。武则天跟着高宗就算最后什么都没捞着，但有一样东西她是捞足了的，那就是政治资本。

政治资本如同大厦的基石，光谈政治，没有资本，也是白搭。资本不是一蹴而就的，是一种过程的积累。在顾命大臣裴炎的一路护送之下，武则天驾驭的这驾权力马车继续前行。她很清楚，李显正式受册前，自己没资格直接传达"天后令"；李显受册后而守丧期未满，自己虽然有资格间接传达"太后令"，但是守丧期满，又将何去何从？眼下没有更好的办法，只能拖一天算一天。

大臣们和新皇也很清楚，按照正常的礼制，丧期一满，武则天还是要归政于李显。毕竟女人当国，闻所未闻。那些抱着葫芦摇的朝臣看上去并不着急，每个人都在等待，等待新皇全面接手的那一天。对于他们来说，站好自己的岗才是硬道理。

服丧期何时满？武则天在心里算过无数遍，最迟年底之前，还有十几天的时间。而在这短短的十几天时间里，她需要完成太多的事，而留给她的时间又太少，这是一场看上去势均力敌的拔河比赛，其实输赢早已注定。时间真是好东西，她从十四岁入宫为才人，今年已经六十岁了，她耗不起。武则天准备动手，她不能再犹豫，更不能退缩。

第一步：稳住李唐皇室宗亲。李唐皇室对武则天来说，不只是通往权力巅峰的绊脚石，更是一张王牌。大臣们虽然闹得欢，但还不足以慑服天下人心。只有李唐皇室这张正宗王牌，能够达到以一当十的效果。对于他们，武则天知道，自己最该做的就是——安抚。她下令，高祖、太宗诸子统统加封为一品大员。高祖诸子，韩王元嘉进授太尉，霍王元轨为司徒，舒王元名为司空，滕王元婴为开府仪同三司，鲁王灵夔为太子太师；太宗诸子，越王贞加太子太傅，纪王慎加太子太保，以示尊崇。这还不算完，一批原本在家族中不受重视的李唐宗室成员也享受到荫泽。

第二步：调整防卫力量。武则天飞诏传令，出征在外的大将程务挺急赴洛阳，与张虔勖分掌左右羽林军，统领北衙禁兵，稳定东都政局。派遣军中心腹左威卫将军王果镇守并州。并州乃李唐龙兴之地，军事重镇，与突厥等塞外部落接壤，李勣曾在此担任并州都督达十六年。这里也是武则天的故乡。左监门将军令狐智通镇守益州，益州及巴蜀为重要的赋税来源；右金吾将军杨玄俭镇守荆州这一军事要塞；右千牛将军郭齐宗镇守国之粮仓扬州。

第三步：调整宰相班子。老而未死，影响力仍在的老臣刘仁轨升为品级最高的左仆射，级别上去，却无实权，仍然留守长安。同时将几位新提拔的还算听话的宰相郭待举、岑长倩、魏玄同由品级较低的"同中书门下平章事"升为"同中书门下三品"。

武则天的用人传递出一个信息：凡为其所用之人，皆是能听其召唤之人。同一批拔擢的郭正一就因为不听指挥被免去宰相职务，而转为国子监祭酒。郭正一不听话，除了不愿意听，更主要的是他实在听不进去。因为他的耳朵是一对摆设，不是聋子胜似聋子。他的听力实在不行，竖着两只耳朵听风听雨，就是听不到人说话。

武则天为什么热衷于将那些低级别官员拔为宰相，是因为他们更珍惜这从天而至的幸福。相较于那些天生贵胄的傲慢，他们更恭顺，回报于施恩者的利润更大。武则天已安排得差不多了，回头一看，只有裴炎还在热望中等待。武则天怎会忘记这个曾经帮助过自己的人？遵从裴炎的意愿，武则天改授裴炎为中书令，另授刘景先为侍中。同时将宰相群议的政事堂由门下省迁往中书省，裴炎说了算。表面看，这里有奖赏裴炎的意思。往深了看，这是唐代政治制度史上一次划时代的改革，这一改革蕴含着两层意思：一是门下省政事堂制度的完结；二是中书省独尊时代的来临。

裴炎也由此成为唐代历史上第一位"执政事笔"的秉笔宰相。裴炎任中书令，也就是前面提到的把政事堂从门下省迁往中书省。裴炎任秉笔宰相，每次开会议事都由他主持，自说自话，类似于首席宰相。除宰相外其他各省官员如果要参加会议，必须经过首席宰相裴炎的允准，政事堂逐渐由群言堂变为一言堂。尚书省在太宗皇帝之后已逐渐简化为单一的执行机关，如今门下省的职权又受削弱，三省并重的局面渐渐失去平衡。中书省，成了一省独大，裴炎成了真正的首席宰相。

从此之后，无论是尚书仆射还是门下侍中，如果前面不带"同中书门下"的名号都不能进入政事堂议政听政，也就无法享受宰相待遇。只有中书令被视为真正的宰相，不必接受这项封号，由此可见中书省的独尊地位。

不过，门下省的监督职能不仅针对权相，也针对君主。武则天同意裴炎的请求，固然是为了满足自己人（裴炎）的权力欲，但对她自己也是有好处的，这是一个双赢的结果。因为三省合议的宰相制度不仅是对相权的分化和制衡，同时也是对君权的监督和制约，如今武则天借裴炎之手削弱了门下省的驳议之权，也为她日后畅通无阻地行使最高权力打开了方便之门。

武则天在短短的十几天时间就扭转了乾坤，这让我们不得不叹服她的眼光和魄力。在以后的日子里，她所走的每一步都会印证这一巧妙布局。而我们除了惊叹，还是惊叹。

十二月三十日，本来是值得纪念的日子。这一天嗣皇帝李显守丧期满，应该是他全面接手政务的日子了。也同样是在这一天，武则天将不听话的郭正一从相位上赶了下去，耳朵不好使，心眼也不好使的人，留着对自己无用。守丧期刚满，李显已经迫不及待地想要脱去自己的一身丧服。这一切都没有逃过武则天的眼睛，看来李显真是急不可待要上位。

5. 李显的困境与突围

公元684年，这一年，三个年号轮换转，绕得人头有点晕。先是嗣圣元年，再是文明元年，然后是光宅元年。武则天是一个不断冒出新想法的人，尤其喜欢与年号较劲。历史的每一次改元，都伴随着争斗和变革，而这一次却是三弹齐发。

高宗皇帝驾崩后的一年，作为太后的武则天独掌皇权也将近一年。步步为营的皇太后，名不副实的皇帝，野心勃勃的朝臣，无边落寞的士人，都在帝国的政治舞台上卖力演出，谁将是明日巨星，点亮历史的天空？

李显现在终于做了皇帝，他的原配夫人韦氏成为皇后。可做了皇帝的他总觉得缺少了什么，感觉自己像是太后花钱从街上找来的钟点工，按时上朝散朝。不是说权力的巅峰只容一人独坐吗？不是说天大地大皇帝最大吗？但他丝毫没有感觉到作为皇帝的荣耀。从中央到地方，从文臣到武将，没有一个不是太后的支持者，上上下下箍得严严实实，铁桶一般。李显虽是皇帝，却卡在中间，动弹不得，处境比当年的章怀太子也好不到哪里去。

章怀太子李贤至少上面有个维护儿子的高宗，下面还有一批忠心于太子的东宫僚属，而他李显有什么呢？什么都没有，实实在在的孤家寡人，一个挂名皇帝。他能感觉得到朝臣们在背后对自己指指点点。

李显做太子的时间不长，忠心于李唐皇室而又能说得上话的只有一个刘仁轨，但他远在长安，像裴炎那种颇受先皇重用的朝臣这时候已改弦易辙投奔了武则天。高宗后期，太子风水轮流转，今天到我家，明天到你家。这种废立游戏，每一次都会连累到东宫亲近大臣遭到贬黜。因为太子像是突然变成某种有保鲜期的东西，过期就会腐烂。如此一来，没人愿意和太子走得太近，怕受牵连。

到了李显做太子，跟在后面的人更少了。他做太子期间种种令人失望的表现，让人不敢将自己的身家性命和政治前途寄托到他身上。在这种患得患失心态的驱使下，大多数东宫官员也是做一天和尚撞一天钟，挂个名字混日子而已。俸禄不少拿，房产不少置，操那么多心干什么？

在其位都不谋其政，何况那些不在其位的。不要说让他们为太子保驾护航，就是看见李显被压制得动弹不得，他们也是一副事不关己高高挂起的样子。正所谓，唯唯而无一谈，悠悠以卒岁月。李显名为皇帝，实为真正的孤家寡人。以裴炎为首的宰相集团更是拿他这个皇帝不当男一号。在他们的眼睛里，在这个舞台上，李显的弟弟豫王李旦比他更适合这个角色。

李显并不愚蠢，他知道自己被人玩弄于股掌之间。皇帝，有他这样的皇帝吗？他也动过突围的念头，可在这场突围中，吹号的是自己，扛大旗的是自己，冲锋陷阵的还是自己，堂堂帝国储君，居然连一个支持者都没有。

他也试图拉拢过羽林军，争取他们的支持，但并未成功。放眼朝堂之上，没有一个人站在他的身旁。虽然坐上龙椅，也拿到了玉玺，可没地方用。面对自己的白发亲娘，他依然无能为力。如果我们在高宗诸皇子中举行一场太子选拔赛，李显也是垫底的那个人。目前朝堂上的局面，就算精明能干的章怀太子回来也难有胜算。当然李显并不这么想，他认为自己完全有能力应付眼前的一切，摆脱困境。

正月初一，李显第一天上朝，就立太子妃韦氏为皇后，并擢拔岳父韦玄贞为豫州刺史。随后，他又将韦后的远亲韦弘敏提拔为同中书门下三品而拜相。作为老牌贵族的韦家早已没落，能为李显这个新君提供的帮助也是有限的。可眼下的李显，除了信任他们还能信任谁呢？

新皇李显走得越来越远，他要把韦后之父韦玄贞从刺史提升到侍中，还准备把乳母的儿子提升为五品官。李显这种做法，让朝臣们感到大失所望。武则天并没有阻止，但这时候，裴炎实在忍不住就站了出来。此时，裴炎已经是中书令执政事笔的首席宰相，侍中刘景先与他私交甚好，几位新任命的年轻宰相也都在他的掌控中。如果皇帝让他的岳父当上侍中，掌控具有封驳权的门下省，裴炎的地位将会有所动摇。

裴炎驳回了李显任性而为的口头任命，他不同意，皇帝的话也就产生不了效力。怒火中烧的唐中宗李显脱口而出："我以天下给韦玄贞也无不可，难道还吝惜一侍中吗？"唐中宗李显显然没有意识到问题的严重性，在他的认知世界里，皇帝是至尊无上的，佛挡杀佛，人挡杀人。李显这一次真是被裴炎激怒了，愤怒让他失去了理智。

裴炎笑了，他知道李显又该挪位置了。武则天正琢磨着如何把皇权再夺回来，裴炎的告发来得正是时候。所谓机会，就是留给那些随时准备伺机而上的人。李显以为做了皇帝就可以信口开河，他错了，这一次他犯下了不可饶恕的罪。而此时离他转正不到一个月的时间。

武则天和裴炎私下商量，决定将李显废去，立豫王李旦。李旦是高宗和武则天的四子，原名旭轮，今年也刚二十二岁。为了保证计划的万无一失，他们又拉来了一个关键人物——中书舍人刘祎之。此人是当年武则天组建的北门学士中的领军人物，既是武则天的心腹，又是豫王李旦的老师。他曾经两次担任李旦的王府司马，李旦很尊重这个老师。刘祎之听说要废李显立李旦，很是激动。李旦当了皇帝，他这个帝王师或许将来能捞个宰相当。

更换皇帝这件事在当时看来，风险性接近于零。裴炎身为顾命大臣和首席宰相，足可左右政府中枢，两位羽林军首领均投效于他，必要时可动用武力逼中宗就范。刘祎之为北门学士时就已为武则天夺权出谋划策，有这方面的经验。

李旦是高宗最小的儿子，从小就得到父母的疼爱，刚出生就被封为殷王，三岁即拜单于大都护，这可不是一般的荣耀。李旦性格不像他的哥哥们，没有那么多让人不舒服的棱角，也没有那么多的怨气。他生性乖顺，即使成年之后，高宗和武则天也一直将他留在身边。他非常好学，身上有着浓浓的书卷气。朝臣们此时并不希望拥有一个强而有力的新君，他们更希望拥立一个仁德之主，懂得以柔克刚。

李旦果然没有辜负朝臣们的期望，后来终于成为历史上最温柔的君主之一。李显刚猛有余，柔韧不足。李旦取而代之，既是形势的需要，也符合各方利益。对于刘祎之来说，李旦本来就是他的学生，支持他就是支持自己；对于裴炎来说，李显并不是他想拥立的君王，而他更不是李显看重的顾命之臣，与其在一起受煎熬，不如打破这种尴尬的局面；对于程务挺等武将来说，本身就和裴炎走得近，他们关心的只是个人命运，只要对自己有利，皇帝是谁并不重要。李显从未想过如何排兵布阵，巩固自己的皇位。从他当上太子的那一天，就在和自己较劲。他登上太子之位的时间太短，短到让他来不及应对各方势力，也因此失去人心。

以裴炎为首的朝臣也乐意支持李旦，以维持自己在朝廷上的地位和影响。他们期待由皇太后武则天出面，名正言顺地更换一位与己有利的皇帝。

可是这一次他们都输了,打开了潘多拉盒子,就再无人能够控制住魔幻的局面。

嗣圣元年(684年)二月六日,武则天把文武百官都召集到东都洛阳宫乾元殿。为以防万一,武则天亲自坐镇乾元殿,由左右羽林将军程务挺、张虔勖带兵闯入皇宫。文武百官一见此等场面,便知有大事发生。多事之秋,还是先确保自己的太平日子为上。中宗李显也察觉到了气氛的异常,可他除了被动地等待,还能做什么呢?那些在初冬黎明熹微的晨光中闪耀着寒光的刀剑,仿佛在冷冷地嘲笑他这个所谓的大唐皇帝。

中书令裴炎和中书侍郎刘祎之面带冷峻之色,迈着四平八稳的官步出列,宣读太后武则天的敕令:即日废中宗为庐陵王。话音刚落,两名羽林军立即上前,一左一右就将李显架下了皇帝的宝座。大臣们虽然早有心理准备,但如此简单粗暴的做法还是让他们目瞪口呆,毕竟是皇帝啊。尚处于混沌状态中的李显惊骇之下,质问道:"我有何罪?"

这时候,珠帘后传来了武则天冰冷的话语:"你想把天下给韦玄贞,还不叫有罪吗?"

这句话不啻一声惊雷,让宫殿也随之摇晃。刚做了三十六天的皇帝,位子还没暖热的唐中宗李显,就这样被武则天废黜,软禁于宫中别院。同年四月流放房州,后又改为均州,关押在贞观后期魏王李泰因为争权被贬黜的旧院里。

第二天,连一天太子也没当过的豫王李旦,梦游一般地被人接出宫来,然后稀里糊涂地当上了皇帝,嫡妃刘氏为皇后,所生的六岁嫡子李成器为皇太子,改元文明,天下大赦。为争取臣民的支持,特赐文武官五品以上晋爵一等,九品以上勋官连升两级。

在普天同庆的欢呼声中,隐去了废帝李显苍白木然的面孔,一夜江山易主,太阳照常升起。这天夜里洛阳城爆出一条令人心悸的消息:

十几名禁军飞骑在一家妓馆里饮酒作乐,结果酒后胡言被全部斩首。

那么当时究竟发生了什么?让我们回到那一夜。洛阳,某娱乐场所。一帮下了夜班的禁军兄弟聚在一起喝花酒,酒喝多了,话就多。其中就有人发起了牢骚:"这皇帝走马灯似的说换就换,转来转去都是他老李家,要是早知道我们禁军飞骑的奖赏就这几文酒钱,不如拥护庐陵王复位,也许会多赏几个钱。"

借酒壮胆的同伴们跟在后面随声附和,可谁也没有注意到他们中间已经出了奸细,有人策马奔往玄武门,告发检举了尚处于醉梦中的酒肉朋友。羽林军的百名将士很快就包围了那家妓馆,那位酒后放胆胡言的兄弟被当场斩杀。

其他人用绳索捆成一串,一个个被推到了绞刑架上。这是一个新的时代,流行一套新的准则,刀剑大过道理,良心让位于利益。几天后,那个告密的飞骑兵因有功受封为五品武官。兄弟是用来挨刀的,朋友也是用来出卖的。十几个兄弟的鲜血,换来了一个人的锦绣前程,这就是生存规则,别问值不值得。武则天就是要用最严厉的手段告诉天下人,不听话,就死路一条;乱说话,还是死路一条。

历史上最为猛烈的告密之风由此盛行。第三天,高宗生前所册立的皇太孙李重照被废为庶人,随中宗迁谪房州。李显的岳父韦玄贞也被流放于钦州,估计连他也不会想到李显会说出将天下拱手相让的话。这件事虽有偏激的成分,但也足见自己在女婿心目中的分量。

武则天命令刘仁轨专门主管西京留守事务,刘仁轨再三推托。武则天只好亲自写了一封信给刘仁轨,她说:从前汉朝把关中的事情委托给萧何,现在委托你也是同样的用意。刘仁轨一再推托,说自己年纪大了,不能胜任留守职务,太后和他都应该主动退居二线,给年轻人出头的机会,当年汉朝吕后祸败,就是因为不能做到急流勇退。

这话明显是劝诫武则天少插手朝政，不然也会落得吕后的下场。武则天派秘书监武承嗣带去用太后的玺印密封的文书，信的内容大意如下："你说'吕氏为后代所讥笑，吕禄、吕产造成祸害于汉朝'，比喻很深刻，我也很惭愧。你忠贞的节操，刚直的作风，真是前无古人，后无来者。开始听到你的话时，我很不能理解，但冷静下来，仔细想想，实在可作为借鉴。况且你是先朝有德望的老臣，为天下人所瞻仰，希望你以匡正补救为怀，不要以年老推托。"

信的内容颇让人意外，看来武则天还是卖刘仁轨几分薄面的。几日后，武则天命令左金吾将军丘神勣前往巴州，检查原太子李贤的住宅，以防备意外。当李贤自缢身死的消息传回洛阳宫中，武则天在贞观殿上斥责丘神勣错领圣旨酿成恶果。武则天将庶人李贤之死归罪于丘神勣，说他违背圣命，故意将庶人李贤杀死。李贤死在武则天派丘神勣监视他的节骨眼上，死因是自杀，是丘神勣自作主张逼他自杀。李贤死后，武则天归罪于丘神勣，将其贬为叠州刺史，后以谋反罪处死。两唐书却均暗示李贤是武则天所杀。

戊戌（十六日），武则天在显福门追悼章怀太子李贤，与李贤有过交往的皇室成员和官员均可参加，以示悼念。己亥（十七日），追封李贤为雍王。三天之后，武则天亲临武成殿，嗣皇帝李旦率文武百官重上尊号给太后，正式确定皇太后临朝称制的合法地位。

二月十五日，武则天临轩，完成嗣皇帝李旦的正式册封仪式。而大典的主持，正是武则天的侄子武承嗣。随后不久，唐政府又任命礼部尚书武承嗣为太常卿、同中书门下三品，成为宰相之一。八月，庚寅（十一日），葬天皇大帝于乾陵，庙号为高宗。

除了应该有的，大赦天下、更改年号，武则天要将整个帝国都打上属于自己的烙印，一个女人当国的烙印。旗帜用金色，寓意富贵。八品以下官员原穿青色服装的，现改穿深青色。

改东都洛阳为神都,改宫名为太初,又改尚书省为文昌台,左、右仆射为左、右相,六部为天、地、春、夏、秋、冬六官;门下省为鸾台,中书省为凤阁,侍中为纳言,中书令为内史;御史台为左肃政台,增设右肃政台;其余省、寺、监、率的名称,全部按意义分类加以更改。

为了彰显武氏的尊贵不凡,武承嗣奏请武则天追封武氏先祖为王,建立供奉武氏七代祖先的祖庙,这正合武则天的心意。毕竟皇族的血液不是随便流淌的,是暗合天意的。武则天肆意而为的举动,让朝臣们如梦方醒。有敢于直言者如裴炎,这个向来被武则天视作自己人的老臣,再也无法容忍。他问武则天:"太后既然是天下人的母亲,应当胸怀天下,不可偏私于自己的亲属。难道你看不见吕氏的失败吗?"

武则天答:"吕后将权力交给活人,所以失败。现在我追尊死者,有什么损害呢?"

裴炎继续道:"做什么事情都应当防微杜渐,不可让不良现象肆意蔓延。"

裴炎越说越激烈,可武则天根本听不进他的劝告。不但听不进劝告,裴炎在武则天心目中还留下了浓重的阴影,两人的默契时光也到此结束。

武则天依然我行我素,追尊自己的五世祖父武克己为鲁靖公,五世祖母为夫人;高祖父武居常为太尉、北平恭肃王;曾祖父武俭为太尉、金城义康王;祖父武华为太尉、太原安成王;父亲武士彟为太师、魏定王;高祖母、曾祖母、祖母、母亲都为王妃。又在自己的老家文水县营建上述五代祖先的祠堂和陵寝,安排守陵人。

最后悔的莫过于裴炎,他口口声声"废昏立明"的想法现在完全泡汤,武则天大肆用权,新皇帝李旦却被囚于别殿,不得插手政事。本来裴炎还抱有一丝幻想,武则天揽权是非常时期的非常手段,待新朝走上正轨，武则天自然会让权于新皇。结果等来的是武则天变本加厉，正式临朝称制。就是到这时候，裴炎仍抱有幻想，他以为等到武则天过足权力瘾，一切总会恢复正常。随着时间一天天过去，武则天丝毫没有停下来的迹象。

李旦正式受册后，虽然已登上皇位，但该享有的皇帝权益却没有得到保障。身为新皇的他被武则天安置于别殿，同时禁止大臣们觐见。偌大的宫殿龙椅空空，人影全无。而紫宸殿上却赫然挂起了一袭淡紫色的纱帐，纱帐遮得住面容也遮不住野心，也由此宣告武则天临朝总摄国事的全面开启。

凤栖紫宸，天地失色。裴炎做梦也不会想到，机关算尽、劳心劳力换来的，竟然是这样一个结果。万里江山，如诗如画，现在已经全部掌控在那袭如烟如雾的纱帐后的女人手里，而那至高无上的权柄，正是自己双手奉送给她的。他为自己的愚蠢懊恼不已，闹了半天自己被当枪使了。螳螂捕蝉，黄雀在后，裴炎能够想象得到，武则天唇边那抹稍纵即逝的冷笑。

肠子都悔青的何止一个裴炎，参与嗣圣元年二月政变的刘祎之同样感觉悔不当初。本来有心将自己的弟子李旦扶上皇位掌控天下，却没想到李旦会从自由的亲王沦为朝不保夕的囚徒皇帝。而与此相对应的却是武承嗣等人的强势用事，明明白白地彰显出武则天的勃勃野心。

这已经不是换个皇子继位的问题，这分明是改朝换代江山易姓的前兆。李唐皇室和旧臣们担心的那一幕已经呼之欲出。过度的恐惧压抑在他们的心底竟然呼喊不出，这就是传说中最高级别的憋屈。虽然憋屈到如此地步，却没有一个人敢请求武则天归政于李旦，退居幕后做一个母仪天下的太后。那淡淡的紫色纱帐所弥漫出来的霸气与杀气，足以让整个世界为之战栗。原来从一开始，他们就看错了这个女人。

朝臣们回不过神来，新皇帝李旦更回不过神来。一夜之间，他由亲王变成皇帝，又从皇帝变成囚徒，这到底是为什么呢？

李旦也搞不清楚，自己从来就没把心思放在这皇位上，也从来没有贪图过这非分的荣耀。能安安稳稳守着一份亲王的差事，锦衣玉食应该不是问题。可自从干了这个挂名的皇帝，他却走得一步三惊。原本悠闲自在的人上人，读他的书，画他的画，天地如此广阔，阳光如此灿烂，却突然局促于这小小的殿宇，失去了人身的自由。他显然成了被囚禁的鸟，已经忘了天有多高。

李旦完全不在状态，至尊的皇位成了套在他身上的枷锁，皇帝的身份让他沦为不自由的囚徒。他无从选择，只能认命，谁让他生在皇家，是唐高宗和武则天的儿子。李旦只能接受眼前的现实：他无忧无虑的青春时代已经结束，现在他和他妻儿的性命，都完全掌握在母亲的一念之间。

其实，这也很合理，武则天是他的母亲，是赐予他生命的人，她要取走自己的性命也是理所应当。他要做的不过是再次认清这一点，从行为到灵魂上绝对地服从和柔顺。他很多时候会想起他的那些哥哥——弘的理想，贤的骄傲，显的固执，经过一轮又一轮的摧折，如今只剩下自己。他不敢奢望能手握皇权，只求能够活下去。思想？那太危险，他不需要；记忆？那太沉重，他承担不起。他要隐藏内心所有的喜怒哀乐，这对于他这个文艺青年来说，是痛苦的，可他还有其他的选择吗？人们只能看到一个淡漠的谦恭的影子皇帝和他永远沉静的温和的微笑。李旦就这样成了帝国最高贵也是最恭顺的模范囚徒。

三个儿子给自己带来那么多不愉快，现在总算有个乖顺的，武则天松了口气。就在武则天紫帐听政的第五天，故太子李贤被特使丘神勣逼杀于巴州。然而武则天对这个儿子的厌恶，并不因为他的去世而稍有减轻，李贤的尸体一直被停放巴州，直到中宗神龙复辟后才迎还长安，陪葬乾陵。他的三个儿子也一直囚禁在宫中，甚至被禁止到院子里随便走动。武则天每年都要传敕令，将这几个孙子杖刑数顿。李贤的两个儿子就是在杖刑中被活活打死的，最后只剩下李光仁一个，后改封邠王守礼。少年时所受的杖刑给他留下的身体和心理的伤痛伴随了他一生，每当天要下雨的时候，身体都会隐隐作痛。由此可见，李贤的儿子在武则天的心目中是何等的没有地位。

高宗皇帝去世的短短数月里，武则天废中宗，囚睿宗，杀章怀太子，高强度快节奏的生活让她的弦绷得紧紧的，日子紧张得每天都像在打仗，现在事情总算告一段落，稍微可以喘口气了。

这时候，高宗的灵柩在洛阳停了已经五个多月了，还没有下葬。高宗临终遗愿，希望能够生还长安，那里是李唐历代祖先安葬的地方。但武则天却不这么想，长安毕竟是李唐根据地，也是反武势力较为集中的地方。她决定长期滞留洛阳，就是为了另外开辟一块根据地。

这时候，整个帝国处于江山易主的非常时期，各方面势力都在蠢蠢欲动。武则天左思右想，还是觉得现在不宜与长安那帮老臣见面，如果被他们束缚住了手脚，自己将会很危险。于是她派睿宗李旦去办高宗的丧事，护送灵柩西返长安，顺便考察一下李旦是不是真的如表面上那般恭顺。她自己仍然坐镇洛阳，继续处理国事，宰相班子里的主要人员也留在洛阳协同理政。

李旦一路护送高宗的灵柩返回长安。八月十日，高宗正式下葬于乾陵。乾陵大道两旁刻着高宗朝臣服大唐的藩王或俘虏的石像，以纪念高宗朝的赫赫功绩，这就是著名的"六十一宾王像"。

高宗下葬之日，武则天也在洛阳颁布了她亲笔撰写的《高宗天皇大帝哀册义》，表达自己的哀思之情，顺便把《高宗实录》调出来亲自监修删改定稿，了却一桩心事。埋葬了高宗，封存了实录，武则天也随之把往昔的记忆一同尘封。四十年恍惚如梦的宫中岁月，小心翼翼婉转承欢，几乎是一步一叩首地走到今天。那些屈辱与凄酸，武则天不想再频频回顾，在今后的日子里，她的生命将由她自己来雕塑。

七月，西北天空出现一颗不祥的彗星，连续二十三天在天际喷射出万道凶光。天下人心惶惶，都在议论女主当政惹恼上天。紫帐中的武则天丝毫不为之所动，她抬起头，向着遥远的天际发出默然的冷笑，她不相信命运，她只相信自己能够逆天改命。这时候已经没有什么能够阻挡武则天，无论是天上的凶星，还是朝堂首席宰相的劝谏。

武则天将武家列祖列宗提拔了一遍，死了也要加官晋爵，封王定侯。封完一帮死人，该轮到活人登场了。这根本不用操心，早在册封嗣皇帝的仪式上，她的侄子武承嗣就大大风光了一把，紧接着正式拜相。异母兄弟武元庆的儿子武三思也由右卫将军擢升为兵部尚书（夏官）。这就是传说中的一人得道，鸡犬升天。

诸武高调亮相，大臣们看得眼花缭乱，心里直犯嘀咕：不是说"废昏立明"吗，怎么从来没见过新册立的睿宗皇帝上殿理政？太后临朝，诸武用事，东都改名，官职变易，所有的一切都传递出一个信号——要变天了。武则天的铺垫工作还在继续，她下诏追尊李唐皇室祖先太上玄元皇帝老子的母亲（据说为玄妙玉女）为先天太后，然后又把先天太后的泥像放在老君庙里，供天下臣民朝拜。

武则天这么做，是为了告诉世人，她这个太后可以享受和皇帝一样的待遇。既然李唐皇室可以认老子做自己祖宗，那么武家就可以拿老子的母亲做文章，这也算是顺理成章。并不是天下人都买玄妙玉女先天太后的账，由文明改元光宅的同一个月，扬州爆发了李敬业之乱。

第四章
唐周嬗代的转折点

1. 叛乱、檄文与匡复的幌子

李旦被置于无权地位，已经使得裴炎集团深深地失望。在临朝称制之后，裴炎集团更是人人自危，因为武氏家族的地位正扶摇直上。

如果临朝称制以后，武氏家族的势力不发展那么快，裴炎集团还保持着往日的权势，裴炎等也许对武则天不会那么激烈地反对。问题是，武承嗣等诸武的发展太咄咄逼人了，裴炎等受到冷遇。进入宰相班子的武承嗣成了裴炎集团的头号政敌。

自高宗朝末年以来，宰相班子几乎是裴炎集团一手把持的独立王国。裴炎曾为控制这个王国而奋斗多年。以前，他甘冒嫉贤之名以排除裴行俭，甘冒天下之大不韪配合武则天废黜中宗李哲，排挤韦玄贞，目的都是为了控制宰相班子。他不能让宰相班子中有异己分子存在，他不能坐等武氏集团的权力再这么发展下去。

太后临朝，诸武用事，东都改名，官职变易，一切都传递出一个信号——要变天了。武则天为了提高自己的威望，一方面大封诸武，一方面对李家子孙大加贬谪。武则天这么做，使李唐宗室子弟和朝廷旧臣们的心中早已布满了愁云。他们惊慌失措，唯恐厄运会随时降临到自己身上。背地里，他们也常常大发牢骚，盘算着自安之计。

一个月晦星稀的夜晚，在东都洛阳一千七百里外的水陆交通要地扬州，几个愤怒的失意者秘密聚集在一起。他们是李敬业、李敬猷兄弟，以及唐之奇、骆宾王、杜求仁、魏思温。他们都是被贬者。

这些人或为名臣之后，或曾为内官。像李敬业兄弟是大唐开国元勋李勣（徐懋功）的孙子，杜求仁叔父是赫赫有名的唐廷大臣杜正伦。他们有值得骄傲的家世背景，也有过春风得意的人生经历。而现在，他们落魄了，失意了，有的甚至丢了官职，与普通百姓无异。

他们是偶然在扬州相遇的，但相同的境遇、一致的政见，使他们有了更多的共同语言，让他们成了政治上的同路人。他们经常在一起议论时政，发泄心中的愤懑；他们抨击太后专权，讥讽诸武用事，也因中宗被废而大鸣不平。他们以李唐皇室旧臣自名，认为太宗皇帝开创的帝业已经落入武则天的手里，国运危在旦夕，亟待大唐的忠臣赤子拯救匡扶。

李勣死后，李敬业袭爵英国公，历任太仆少卿、眉州刺史。

总章二年（669年），李勣病情继续恶化，在他病重期间，他只服用高宗皇帝派人送过来的药，就连家里请来的医生也一律不见。

在人生的最后时刻，李勣曾在家中大摆酒宴，对自己的弟弟李弼说："人总是要死的，我今天故意宴乐，是要趁此机会和子孙们交代一下。我亲眼看到房玄龄、杜如晦、高士廉他们的后辈均被连累，所以希望你们细加观察，如果有人操行不端，结交那些朝中人士，参与朝政，马上打杀，然后奏之朝廷，以免连累整个家族。"

李勣死的时候，武则天已经巩固了永徽夺宫的成果。在上官仪事件后，二圣并立成为朝堂之上一道独特的权力运行风景线。彼时，李勣的临终安排透露着一种深刻的政治智慧，李弼被赋予了绝对的权力。为了保全门户，李弼可以扑杀任何不肖子弟。

门户是当时人们在生活中的主要追求，房、杜等贞观年间的重臣们辛苦立门户，力图与那些正在衰亡的山东士族攀结婚姻，就充分证明了这一点。一般来说，一个门户建立以后，如果要将其毁掉，多半是因为政治，尤其是因涉及谋逆问题。本门户中如果有成员参与此类活动，便可招致整个门户的毁灭。

李勣的这些话并不是危言耸听，是他经过反复思考后得出的结论，因为有大量的前车之鉴摆在那里。李勣的这个思想由来已久，玄武门之变前，秦王李世民与太子李建成兄弟相残，但他没有介入任何一方。贞观十七年（643年），李世民的几个皇子再度陷入储君之争，朝臣无人不结党，李勣也没有表现出任何政治倾向。

如果非要说李勣曾经卷入过政治斗争，那就是永徽年间，高宗要废王立武，在朝中引起轩然大波；以长孙无忌、褚遂良为代表的元老重臣们极力反对立武则天为后，以许敬宗、李义府为代表的一批臣僚则全力拥护，只有李勣一人称病而不表态。在高宗多次询之下，他才算勉强给出了"此陛下家事，何必更问外人"的回答。但那时的形势是，大势已经渐趋明朗化。

李勣的人生经验，也是他对未来形势的一种预判与估计。以李勣之智，他当然知道，二圣临朝的局面不可能长期存在下去，变动只是一个时间问题，武、李两大派系必定要来一场你死我活的大冲突。不管是哪一派取得最终的胜利，都与李勣家族的利益无关。李勣家族只关心一件事，那就是在冲突爆发之后，他们还能否保全自己家族的门户和利益。李勣做梦也不会想到，他临终所嘱之事会一语成谶。他的孙子李敬业会起兵，殃及家族。

就在武则天着手推动长期临朝称制，建立一个名义上上应天庭仙阁而形式上托古改制的新朝堂的时刻，李敬业和他的弟弟李敬猷、给事中唐之奇、长安主簿骆宾王、詹事司直杜求仁走到了一起。

或是遭到朝廷贬谪的落魄之人，或是郁郁不得志者，他们中有两种失意分子——庶族失意分子与士族失意分子。骆宾王与魏思温两人是庶族失意分子，其余几人则是士族失意分子。魏思温原是一个县尉，一个低级别官员,他的出身是庶族。而骆宾王则是初唐四杰之一。唐之奇、杜求仁及李敬业兄弟,则是几个失意的士族分子,他们的家族都列名于《姓氏录》。这些家族,在显庆年间兴盛一时,但后来的地位下降了,因此显庆先进变成了上元后进。

这些望族地位的下降,可分为两个方面:一是相对的下降,二是绝对的下降。与武氏家族及裴炎集团两大上元后进比较起来,他们处于被冷遇的地位,这是相对的下降,更是绝对的下降。他们之所以走到一起是因为失意,可他们的失意又各有各的失意。

李敬业被降职为柳州司马,三品眉州刺史被贬为从五品柳州司马;弟弟李敬猷则被解任正六品县令之职,成了平头老百姓;唐之奇被降职为栝苍令,骆宾王被降职为临海丞,杜求仁被降职为黟县令,杜求仁就是"一门出过三秀才"杜正伦的侄子。

这几个人因为失去官职,觉得面子上过不去。李敬业召集他们在扬州会合,共商应对之策。他们这次集会秘密地在李敬业家中举行,开始谈的是个人的失落与不平,到了酒酣耳热的时候,渐渐把话题转向了武氏的朝政,于是破口大骂起来,骂的那些话,后来骆宾王都写在那篇著名的"讨武檄文"里了。

李敬业身为功臣之孙,并不是不学无术的纨绔子弟,还是有一些真本事的。他自幼练武,射艺过人,能走马如飞。长成后曾随李勣南北征战,十分勇猛。历任太仆少卿、眉州刺史,袭爵英国公。此人有一点儿胆气,但他爷爷李勣认为他未免太过狂妄。

据说,高宗时,有江湖草莽人士聚众为寇,朝廷数次派军队讨伐却始终未能奏效,于是就派了李敬业去做刺史。州府专门派了兵卒在郊外迎接他,李敬业却让这些士兵统统回家,自己单骑到府衙报到。城外的草寇听说新刺史到了,都非常紧张,磨刀擦枪严阵以待。可是李敬业对贼事却一句话也没有问,等到处理完其他公务,他才抬头问:

"贼安在?"部下答道:"在南岸。"李敬业就带着两名下属前去查看,身边的人没有不为之惊骇的。

那些草寇手执兵器远望,只见官船里就这么一个光杆司令,船中没藏人,也没有武器,不知其中有何猫腻,于是把营门一关,都藏了起来。李敬业直接走进营内,告诉他们说:"朝廷知道你们都是被贪官污吏逼的,并没有其他恶行,现在放你们全部回乡种田。不走的,那可就真是贼了!"

然后他回到衙署,把贼寇的头领喊来问话,责备他们为何不早降,各打了数十板子,然后遣散回家。从此以后境内肃然。李勣听说这件事后,非常赏识自己孙子的胆略,叹道:"吾不如也,然破我家者必此儿!"通过这样一件事,李勣似乎已预感李敬业的大胆行为将来有可能会拖累整个家族,用整个家族的鲜血祭奠他个人的政治野心。李勣在临终嘱托里,要求李弼管束这个令他放心不下的孙子。

李弼作为李勣指定的执行家法之人,在李氏家族中的地位仅次于李勣。但李弼在李勣死后,不出一个月,也突然离世。李弼死后,李氏家族的地位逐渐衰落。

李弼官至卫尉卿,九卿之一,官阶三品。自从李弼死后,李氏家族中就再也没有在首都供职的三品官员。李敬业虽然袭爵为英国公,但被冷落在眉州刺史任上长达十五年之久。李敬业之弟李敬猷,地位更低,接近于一个普通老百姓。

这些受过传统儒家教育的文士都有"以天下为己任"的抱负。他们痛恨武则天权力的恶性膨胀,认为如果再这么发展下去,不但国将不国,连他们的身家性命也会被碾成齑粉。他们有过值得骄傲的家世,也有过春风得意的时刻,而现在,他们却成了失意者。推心置腹地交流过后,他们达成了三点共识:

一、以匡复庐陵王(即中宗)被废的帝位为口号,向天下号召。

二、建立武装根据地，招兵买马，向武氏政权直接发起挑战。

三、大造舆论，揭露武则天的丑恶嘴脸，使她成为国人争相诛讨的对象。

他们选定扬州作为起事的根据地。

李敬业自称是李唐旧臣，骆宾王则是一位流落四方的知识分子。这两种力量结合起来以后，叛乱的基本阵营便初步形成。但是，这还不足以引发叛乱。叛乱的出现必须是在权力集团的核心部分出现裂变之后。造反需要一定的硬性条件，其中最重要的两条：一是造反发生的最佳时机应该是一个王朝的末年，各种社会矛盾积重难返，皇帝昏聩，民不聊生，老百姓为闯出一条活路都愿意跟着闹革命，这是以民众利益为基础；二是诸王分权，军阀割据，军阀坐大，拥兵夺天下，这是以军事实力作为基础，当然也要在末世才容易成功。这时的李唐王朝正处于上升态势，虽然权力高层不断上演换太子的戏码，可帝国的政治大厦并没有发生根本性的动摇，应对地方叛乱的能力绰绰有余。更何况，老百姓有饭吃有衣穿，也不可能出现一哄而起、传檄而定的局面。

更重要的是作为造反者的李敬业手里并没有现成的军队，虽然起兵时，军队很快发展到十万人，但这些人基本上都是临时招募来的"义兵"。临时组建起来的军队，其战斗力和忠诚度都要大打折扣。对李敬业来说，唯一可利用的条件，就是权力集团中有一批对武则天专权不满的人。

那些不满武则天专权之人的不满也只是建立在所谓李唐"正统"的意识形态基础上的。可是要让这种意识形态及时转化为造反的力量，这很成问题。武则天在历次清除异己的行动中，打击面都很有限，定点清除往往只限于一两个家族，并没有出现士族阶层利益大面积受损害的情况。至于百姓，只要有粮食吃，生活安定，那么谁来做皇帝他们一般不在乎。

也就是说,李敬业起兵,并没有得到天下民意的响应,这是很危险的。不过他选择的时机还是相当不错的。武则天刚刚建立权威,遇到的阻力很大,正在忙于安抚内外,绝想不到脚底下会有政治地震。天时、地利都有了,李敬业急需的是"人和"。

这个争取"人和"的机会也给他抓到了:武则天与朝中最重要的一股政治力量——裴炎集团有了裂隙。见缝就要插针,李敬业看准了裴炎是个同盟军。据唐人张鷟著《朝野佥载》和《新唐书·裴炎传》所载,裴炎确实被他拉下了水。

李敬业先把裴炎的外甥、监察御史薛仲璋发展成自己的党羽。有的后世史家认为,没有裴炎的默许,薛仲璋绝对没有胆量参与造反密谋。此外,唐之奇、杜求仁都与左武卫大将军程务挺关系不错。程务挺是手握军权的实力派,连武则天也要高看他一眼。裴炎和程务挺,一文一武两位大员,成了李敬业的主要拉拢对象。

光宅元年(684年)六月,监察御史薛仲璋在洛阳积极活动,要求出使扬州。在此之前,为了夺取扬州的政权和军权,魏思温写信给他的好朋友监察御史薛仲璋,请他来江都视察。薛仲璋是宰相裴炎的亲外甥,政治前途应该是光明的。

在薛仲璋到达扬州之前,已经有若干叛乱分子抵达扬州。他们在那儿刺探消息,收买官员,进行种种破坏活动,以便为薛仲璋接管扬州政权奠定基础。而在这些人中间,有一个比较活跃的人物——韦超。薛仲璋到达以后,韦超便向薛仲璋上告,控告的对象是扬州长史陈敬之,罪名是谋反。薛仲璋立刻将其逮捕,关进了监狱。

彼时,李敬业正在扬州城西一个不起眼的地方隐伏着。李、薛之间保持着不间断的联系。当李敬业得知薛仲璋已经开始动手,他便迅速赶到扬州。李敬业是"乘传而至",所谓乘传,是一种特殊的身份证明，又是一种紧张形势下的通知书。有资格乘传之人必定是朝廷的重要官员，他们必定肩负着重大任务。乘传之前，必须给传。给传就是批准乘传。在当时，拥有给传权力的人往往是御史。如此一来，安排李敬业乘传之人，不是别人，而是监察御史薛仲璋。李敬业来到扬州以后，自称他已被授命为扬州司马，是日夜兼程赶过来的，身上还揣着密旨。

过了几天，李敬业又称扬州司马要调任，他已经得到朝廷密旨，高州酋长冯子猷已谋反，需发兵征讨。于是在薛仲璋的同意下，他打开了扬州军火库，取出盔甲、武器，并把一些钱坊里的囚犯和工匠武装成临时军队。临了，还不忘杀掉狱中的扬州长史陈敬之。

钱坊即铸造钱币的作坊，是由朝廷经办的。在隋代，扬州是四大铸钱业中心之一。工匠地位低微，他们被强制劳动，而囚徒不过是受到刑律惩处的工匠。现在他们被释放了出来，成了即将奔赴战场的战士，这是第一批参加叛军的人。叛乱就这样从隐秘处走到了历史的聚光灯下，叛乱的大旗就这样在扬州城的城头上竖了起来。

录事参军孙处行拒绝派遣军队，被当众斩首。于是其他幕僚再也不敢反抗，只得听命。接着他们又把扬州的正规守兵编入起义部队，由李敬业统一管辖。然后成立了军事指挥中心，分设三府：匡复府、英公府和扬州大都督府。李敬业任匡复府上将，领扬州大都督职。唐之奇、杜求仁为左右长史，薛仲璋为司马，魏思温为军师，骆宾王为记室。不到十天，李敬业便煽动起不明真相的士兵十余万人。

钱坊中的囚徒和工匠不过两三万人，远远达不到十万人之众。士兵中的绝大多数人是农民。此时均田制已经开始动摇，农民抛田逃户现象经常发生。那些被繁重的赋税、徭役压得透不过气来的江南农民涌到李敬业的军队中，成了叛军的主力。

接着李敬业传布檄文到各州县，这篇檄文就是后世赫赫有名的

《代李（徐）敬业传檄天下文》。一篇文采飞扬的檄文，使得骂人者千古留名，被骂者拍案叫绝。其中惶惶而言："伪临朝武氏者，性非和顺，地实寒微。昔充太宗下陈，曾以更衣入侍。洎乎晚节，秽乱春宫。潜隐先帝之私，阴图后房之嬖。入门见嫉，蛾眉不肯让人；掩袖工谗，狐媚偏能惑主。践元后于翚翟，陷吾君于聚麀。加以虺蜴为心，豺狼成性，近狎邪僻，残害忠良，杀姊屠兄，弑君鸩母。人神之所同嫉，天地之所不容。犹复包藏祸心，窥窃神器。君之爱子，幽之于别宫；贼之宗盟，委之以重任。呜呼！霍子孟之不作，朱虚侯之已亡……请看今日之域中，竟是谁家之天下……"

武则天让上官婉儿在大殿之上代为朗读，内容极尽谩骂，通篇恶言相对，仅仅是编造了一些人身攻击，缺乏政治批评的观点。上官婉儿不忍卒读，生怕激怒武则天。上官婉儿是诗人上官仪的孙女，上官仪获罪遭诛后，她随母亲发配入内庭为奴。十四岁时，因聪慧善文得武则天重用，掌管宫中制诰多年。上官婉儿对武则天不仅难生恨意，甚至有些崇拜，并对她日后的命运产生了重大影响。随着时间的推移，祖父上官仪的惨死作为一道年代久远的陈旧布景，已被她渐渐淡忘。

武则天不以为意，示意上官婉儿不要有任何顾忌。她今年已经六十一岁，几十年来不断听到别人的骂声，她早已习惯了活在别人的诅咒声中。被别人骂未尝不是一件好事，它可以使人时刻保持一种警醒，让人变得越挫越勇，越骂越坚强，让自己懂得如何去应对那些在背后诅咒自己的敌对者。

这是一篇极具文采的文章，朗朗上口，音韵优美。朝臣们听后，脸上皆露出忧惧之色。反倒是武则天，听得忍不住大笑起来。宫殿里垂身而立的官员们不相信自己的眼睛和耳朵，这个老妇人难道是气疯了吗？

文武官员们都愣在那儿，茫茫然不知如何应对。上官婉儿读到最后几句:"一抔之土未干,六尺之孤何托?"

武则天不禁问道:"这篇檄文是何人所作?"

"是临海丞骆宾王所作。"朝臣中有人回禀道。

"真是一篇绝妙的千古文章,我若是寻常之人,凭借此文,足可遗臭万年。能够做出此等文章的人,却被弃于乡野,这岂非宰相的罪过吗?"武则天叹息道。裴炎及所有大臣被武则天问得无言以对。

在李敬业这些人当中,如果抛开阶级类别和身份界限,在社会上名气最大的还是骆宾王。他生于浙江义乌,七岁就会作诗,特别擅长五言诗,长大后,与王勃、杨炯、卢照邻,共同被称为初唐四杰,诗名远播。青年时期,骆宾王在道王李元庆府中曾担任过属员。李元庆当时正任滑州等地的刺史,府中吏员如云,而骆宾王并没有受到应有的重视。有一天,李元庆拿他寻开心,让他写文章谈谈自己的才能,骆宾王一挥而就,结尾还加了一句:"不奉令。谨状。"李元庆自然不会满意他。骆宾王因其性格孤傲,鄙夷世俗,始终难以融入地方官场,三十多岁还是一个白丁。接连不断地碰壁使骆宾王不得不向现实低头。

麟德元年(664年),骆宾王偶然得到一个机会。高宗李治到泰山封禅,骆宾王在人们的推举之下写了一篇《请陪封禅表》,得到高宗的赞赏,遂即得了一个奉礼郎的小官,但如此小官也没做多久,不久因故被贬到西域充军。此后,又做过几任县主簿。几年后,他才被提拔为侍御史,当了一个朝廷的监察官员。但命运偏偏和他作对,他当侍御史不到一年,被人诬陷收受贿赂,因而下狱,囚禁了一年才放出来。出狱后被授予临海县丞。县丞是正九品上,他十分懊恼,终于弃官而去,过着一种四海漂泊的生活。骆宾王并不甘心就此沉沦,开始向一些官员上书自荐,但始终难以扭转人们对他的看法。虽然他名声在外,但写诗不能当饭吃,只好做了一个下级官吏,长久地忙于应付杂务和生活上的捉襟见肘。

这种情形对一个自负且有大才的文学家来说，内心是十分痛苦和屈辱的。

这种精神上的折磨使其逐渐步入为生计打拼的底层社会，他开始经常出入一些赌场，和那些赌徒称兄道弟。到了扬州之地，他和李敬业等人走到了一起。

这时候的骆宾王已经四十四岁，由于官场失意、牢狱之灾、漂泊落拓的生活，已使他内心极不平衡。自认有才华却不能为社会所接受，他把一生的愤恨，满腹的委屈以及他的全部政治理想，全部倾注在了那篇檄文上，自己的后半辈子也随之玉石俱焚。从骆宾王的这篇檄文中可以看出，李敬业扯出的这张虎皮大旗是"匡复李唐"。祖父李勣是李唐社稷的功勋之臣，作为孙子，有责任也有义务来捍卫祖父用血汗为整个家族挣下的这份荣耀。

"匡复"，无外乎两种结果：恢复中宗，或者逼迫武则天归政于睿宗。李敬业不知哪根神经出了问题，自己做了第三种选择。他办了一场"模仿秀"，从民间找到一个不论脸形、体态、身高，与已故太子李贤都有几分相似之人。他对所有军队及扬州附近的居民发出这样的檄文：所谓废太子李贤自杀一事，是妖后武则天发布的谣言，前太子李贤如今仍然在世，现在就在扬州府内，如今下达举兵令的就是他。

李敬业还专门找了一个神龛，把冒牌李贤供了起来。李贤在年前就已被丘神勣逼杀于巴州，朝廷已经隆重地发过丧。这一点朝臣们都知道，这事不可能有假。李敬业并不想背起兵造反的污名，他很想把章怀太子李贤这张王牌握在手中，事实上，这是不容易办到的。

李敬业如此折腾，反而让他失去了人心，也让天下人看轻了他的这支军队。放着还活在人间的睿宗李旦和中宗李哲不管不问，却供奉一个活死人在那里玩"匡复"的游戏。这让所有人都产生了疑虑：这哪里是匡复李唐？明明白白就是作乱，还是敬而远之吧。

洛阳城内，正在展开一场战与不战的争辩。争论的一方是太后武则天，她主张征讨，以军事手段镇压叛乱；另一方则是裴炎，他反对征讨，主张以政治手段解决问题。从这一点看，争论的焦点也就是临朝称制的命运，是取消临朝称制，还是让它继续存在下去。

裴炎所主张的解决方法，便是还政于李旦；而还政于李旦，便意味着取消临朝称制。如果取消了临朝称制，李敬业就会解散武装——这是裴炎的推论。武则天所主张的军事镇压，便是维护临朝称制。虽然武则天在读檄文的时候，故作镇静，击节叫好，但是朝臣们还是从她那张不动声色的面容下读出了内心的万丈狂澜。扬州，帝国版图上除长安、洛阳之外的第三大城市，如今出了一帮造反者，让她如何能够睡得安稳？

叛军里那一个个熟悉的名字让武则天心悸不已，李敬业的心腹、叛军左右长史唐之奇和杜求仁正是左羽林军首领、大将程务挺的亲密好友，右司马薛仲璋则是当朝权相裴炎的亲外甥。如此一来，禁军是绝不能动用了，那么她到底应该派谁去平定这场叛乱？程务挺现在正率领大军在前线抗击突厥，这支军队会不会反叛噬主？武则天面临着她一生中最严重的军事危机。

李敬业之乱打着匡复李唐的旗号，诸武顿时觉得来了机会。武承嗣、武三思等人纷纷上表，要求处置韩王李元嘉、霍王李元轨等李唐宗室。武则天征求宰相的意见，在刘祎之和韦思谦都不敢表达意见的时候，裴炎再一次站出来反对，这让武则天越发不满。即使裴炎不反对，武则天也未必会向韩王、霍王动手，但裴炎的态度实在让她无法接受。

太后武则天对裴炎的不满始于前段时间修建武庙之争，而如今在对待李敬业叛军这个问题上，裴炎所表现出来的拖沓和暧昧再度让武则天心生不满。武则天还记得，早些时候上官婉儿曾经告诉过她一句童谣：一片火，两片火，绯衣小儿当殿坐。有人说，这句童谣所指对象就是裴炎。

虽然裴炎不止一次地在武则天面前辩解，此等言论皆是反动文人编造谣言惑众，他们不过是想看到朝局的乱象而已。武则天虽然没有明确表态，可是她的内心还是被童谣里的两片火灼出了浓重的阴影。当李敬业扬州起兵的消息传来，武则天问计于裴炎。

裴炎的态度是，李敬业作乱之所以短短十日就有十万人响应，不过是因为皇帝年长，太后却迟迟不肯归政，让人抓住了大做文章的把柄。只要太后还政于皇帝，叛军肯定不战自败。裴炎的话像一枚钉子敲进了武则天的心脏，她没有料到裴炎会如此想。裴炎居然当着满朝文武的面，气宇轩昂地表明自己的态度。高宗皇帝已经死了大半年，嗣皇帝也已成年，有顾命宰相监护，有满朝文武辅政，作为太后的武则天如果长期临朝称制，不论有何用意，不管怎样解释，在体制上就是太后侵夺皇权。

裴炎受高宗皇帝顾命所托，对此不可能不有所匡正，但面对权力欲望炽烈的武则天，却苦无适当的机会。当扬州兵变的消息传来时，裴炎以为最佳的时机到来了。其实这场兵变的导火索与裴炎有着直接的关系。就在不久前，裴炎的外甥薛仲璋主动要求出使扬州，收扬州长史陈敬之下狱，并由此引发兵变。

当兵变的消息传来，裴炎并不急着商议征讨之策，反而静观其变，想要迫使武则天主动向他问计。裴炎这么做显然不是明智之举，他是首席顾命宰相，应该表现出为国分忧、为君王分忧的宰相器识。静观其变的做法，反而有怠慢军机、乘危逼宫之嫌。不论关系、声望，还是权位，裴炎都远不及高宗朝的那些顾命大臣长孙无忌、褚遂良等人。这些人都在与武则天的权力博弈之中遭到诬告迫害,落得凄凉的下场。其实,裴炎并不了解武则天的性格和习惯,也不清楚自己的处境和危险。

抖动的淡紫纱帐掩饰不住武则天内心的愤怒。这是裴炎吗?是那个在关键时刻力挺自己的裴炎吗?武则天感到震惊,也感到了压力。裴炎的话是不是代表了大部分朝臣的心声,如果是,她坐在这里就显得滑稽至极。武则天需要战友,需要有人在这时候站出来为自己说句话。满朝文武全惊呆了,偌大的朝堂成了一个冰封的世界。每个人都从骨子里往外冒寒气。

一个尖厉的声音打破了许久的沉寂,监察御史崔察站出来说话:"裴炎受高宗临终托付,大权掌握在自己手里,如果没有不轨的图谋,为什么会在这个时候让太后交还政权?"此言一出,满朝文武为之哗然,原来朝臣们都误会了裴炎,把他看作武则天一党,原来人家是另有所图。一路走来,裴炎帮助武则天先后搞定了裴行俭,扳倒了章怀太子,摆平了中宗李哲。他为太后武则天鞍前马后打拼,才迎来了这继往开来的局面。

武则天也没有亏待他,小小的黄门侍郎成了今天的首席宰相,执政事笔。他想做侍中就做侍中,想做中书令就做中书令。只要他开口,她从没有让他的话落在地上。可今天,扬州烽火大起,兵锋十万,直指东都洛阳,正是武则天最艰难最需要盟友的时候。而裴炎不但拒绝援手,甚至逼武则天还政。对于帝国的首席宰相裴炎来说,他的处境尤为尴尬:一方面,他需要帮助武则天有效地控制叛乱,使叛乱局限于江南一隅,不要将战火烧向中原地区;另一方面,他又需要这场叛乱来实现自己的政治意图。

叛乱是一种兵谏,他可以借此来向武则天施加压力,逼她交出政权,取消临朝称制,使李旦成为一个名副其实的皇帝,使大唐帝国的权力运行进入一个良性轨道。其实崔御史的这番话根本架不住推敲，裴炎虽然受高宗托孤，但政权一直掌握在武则天手里，裴炎手里能有多大的权力？裴炎让武则天把权力交还给皇帝，应该说是天经地义的事，这不算是什么阴谋。

裴炎没有想到，自己会被反扣一顶造反者的大帽子。一代权臣就这样沦为阶下囚。武则天责令左肃政大夫骞味道和侍御史鱼承晔审讯裴炎，武则天挑选这两名与裴炎嫌隙颇深的人做审官，本身就传递了一种信息——将裴炎置于死地。

就在裴炎被收监的同时，在烽火四起的扬州属地，人们对李敬业队伍的复杂背景难以辨明。前太子李贤死而复生坐镇营帐，太子举兵讨伐太后。只有少数知情者洞悉这个秘密，李敬业营帐内的太子李贤只是一个替身，他的相貌体态酷似已故的太子李贤，其真实身份是一个铁匠。

人们还说叛军首领之一的薛仲璋是当朝宰相裴炎的亲外甥，叛军的最大股东其实是帝国的首席宰相裴炎。李敬业把造反的旗帜树起来了，在进军方向上，李敬业和他的部队再次陷入了迷茫。

他们分为两派：一派以军师魏思温为代表，一派以薛仲璋为代表。从用兵方向看，魏思温主张西进，渡过淮河，沿通济渠西向，直指东都。薛仲璋并不反对西进，但他主张西进须在打下金陵之后。也就是先南下，再西进。从速度上看，魏思温强调一个"快"字，速战速决；而薛仲璋则要先南下，后北上，强基固本，打持久战。

关于决战。魏思温提出据关决战，就是把战场摆在洛阳附近，以造成对洛阳政权的逼压之势。而李敬业放弃了魏思温所提出的"西进、快速、决战"的战略思想。魏思温是个很有想法和头脑的人，他的依据就是趁着武则天刚刚登基，人心可用，速战速决，打下或者围住东都，逼迫武则天下台。要避免打长期战，免得打到最后后劲不足，被武则天给吃掉。

但是薛仲璋却有不同的看法,他说:"金陵有帝王气象,又有长江天险,足以固守,不如先夺取常(今江苏常州)、润(今江苏镇江)二州,作为奠定霸业的基础,然后再向北以图夺取中原,这样进可以取胜,退有归宿,这是最好的策略。"

他这一策是谨慎的打法,先占住一块地盘,不能胜则可割据。他的根据是,匡复军实力薄弱,硬碰不合算,只有经营好一块地方,待天下形势大乱,再伺机北上问鼎中原。薛仲璋的想法没问题,但需要一个基本条件——乱,天下大乱。就像隋末,造反者四处放火,朝廷则跟在后面四处灭火,顾头就顾不上尾。但如今天下已趋于太平,只有李敬业举兵。待到朝廷征剿大军杀至,匡复军连个帮手都没有。所以,这个主意放在此时此刻,实际上就是坐等挨打。

魏思温不死心,继续劝说:崤山以东的豪杰,因为武则天专制,都很愤怒,听说李敬业起兵匡复李唐,都自动蒸麦饭为干粮,举起农具为武器,等待匡复军的到来;不乘这种形势建立大功,反而退缩,跑去找一个地方固守,这么做容易造成人心离散。

李敬业不肯接受他的主张,派唐之奇守江都,自己领兵渡过长江,去攻打润州。魏思温很失望,私底下向杜求仁抱怨:"兵力合在一起则强大,分散则削弱,李敬业不合力渡过淮河,收集山东的兵众以夺取洛阳,失败就在眼前了!"

向左还是向右?这不光是个问题,还是一块试金石。历史往往会在前进的路口出现这样一个问题。王者往往有着超常的眼光,他能越过路标看见远处的风景,而那些目光短浅的流寇却只管埋头走路,回避一下路上的坑坑洼洼和小石块。

这块试金石终于检验出了李敬业的成色,这是一个想法不坚定、目的不纯粹的流寇,他的眼睛里塞满了"金陵王气"。一心想要拿下金陵做几天皇帝的李敬业,选择了薛仲璋的意见。李敬业令左长史唐之奇守扬州,又令弟弟徐敬猷屯兵淮阴、韦超屯兵都梁山(今江苏盱眙县),自己亲率主力渡江,直逼润州。骆宾王是西进策略的坚定支持者,西进的本质是匡复,而南下则是割据。李敬业刚开始就偏离了方向,当时已经有人将这场事变定性了:"是真为叛逆!"

匡复有路,叛逆无门。当李敬业起兵南下以图夺取金陵时,他就把自己钉在了"贼寇"的耻辱柱上。那个时候,人们往往以郡县长官对起事者所抱的态度,观察起事者的前途。在李敬业南下的时候,他只得到了一个响应者,此人便是楚州司马李崇福。他率所部三县叛乱响应李敬业。叛乱至此,便成为扬楚事变。

李敬业进攻的第一个城池是润州,而担任润州刺史的是他的叔叔李思文。如果李思文站在侄子这边反武,那李敬业就可以轻松拿下。李思文根本不赞成叛乱,他还记得李勣临终那番慷慨陈词的家训。李勣作为朝廷重臣,他的话既然史书都有记载,身为后人自当铭记:这些不肖儿孙,应细加防察,如有操行不伦、结交非类,马上打杀,然后奏之,以免倾覆家族……

李思文看着侄子李敬业领着叛军来攻,就和司马刘延嗣日夜修筑工事,训练士卒。此时润州只有五千兵马,城池自唐开国以来就从没修过。唐代实行的是府兵制,征来的兵都集中在约三百八十个折冲府中。这些折冲府主要分布在三个道,即关内道(拱卫京师)、河东道(防守太原)和河南道(拱卫神都)。其他地方的兵,非常之少。这就是唐朝所谓"强干弱枝"的军事部署,只要能守卫朝廷的中枢和北方边境,其他地方等出了问题再临时修补。以扬州都督府为例,举全府七个州的兵力,还不及关内道兵力的三十分之一。

润州被困,还要靠本州军民固守,等候朝廷发兵来救。匡复军赶至润州城下,李敬业试图阵前劝降叔叔。说了半天,始终无法说服李思文投降。李敬业见其如此顽固，只好发起猛攻。五千士兵顽强抵抗，死守了几十天，润州还是被破城。

李思文和李敬业开战，一攻一守，打到最后，有人在暗中帮助匡复军。李思文、刘延嗣和领兵前来支援的曲阿（今江苏丹阳）县令尹元贞战到力竭，都当了俘虏。李敬业看着绑上来的三人，比他这个打了胜仗之人还有气派。李敬业先是把县令尹元贞拉出去砍了，然后他又跟叔叔李思文开了句玩笑："打从我祖父李勣开始，我们李家就被赐了国姓，你今天却为了那个姓武的老妇人卖命，我看你还是别叫李思文了，改叫武思文吧。"

魏思温请求杀了李思文，以警告那些在今后前进的路上敢于顽抗的州官，减轻今后攻城的难度，但李敬业没有答应。李敬业劝润州司马刘审礼的堂弟刘延嗣入伙，也遭到对方拒绝。刘延嗣说："延嗣世蒙国恩，当思效命，州城不守，多负朝廷。终不能苟免偷生，以累宗族。岂以一身之故，为千载之辱？今日之事，得死为幸。"

这句话惹得李敬业大怒，要把他当场斩了。魏思温说刘延嗣是自己的旧交，出面讲情，才免了刘延嗣一死。随后，李思文和刘延嗣一起被关进了狱中。李敬业没能充分利用战争初起时的优势，迅速领兵占据洛阳附近。左顾右盼之际，这样就给了武则天从容调集兵力的机会。一个多月后，武则天调集了一支三十万人的大军。军队统帅是李孝逸，此人是高祖皇帝李渊的弟弟李神通之子。润州失陷的同时，李孝逸率领的三十万征剿大军，逼近叛乱爆发的另一重镇——楚州。

武则天挑选的统帅——李唐宗室淮安王李神通之子李孝逸，论辈分算是皇叔。武则天临朝称制后，提拔他为左卫将军，现在终于排上了用场。武则天派一个皇叔来平叛，自有她的想法，不管李孝逸有没有军事才能，她要的是李唐宗室这块金字招牌。李敬业找来个冒牌的章怀太子，玩匡复的把戏；武则天这边也顺势推出正牌皇叔李孝逸，来个正牌对冒牌。

武则天选择一个李唐皇室成员担任讨逆军的统帅,让很多朝臣很不理解。放着那些名气大的将领不用,如程务挺、张虔勖、黑齿常之、王方翼等,他们的声望都要比李孝逸高,战场经验也比他丰富。深究之下才发现,李孝逸与程务挺不同,他四次担任益州大都督府长史,是来自西南方面的人物,与裴炎集团没有关系。而程务挺、张虔勖等人都来自西北军方面,与裴炎有着或多或少的牵连。

另外在废李哲时,武则天动用的是程务挺、张虔勖等人,如今再用李孝逸,也有平衡权力之意,她需要来自不同方面的人。当然此时任命李孝逸,亦有安抚李唐皇室的意思在里面。在北起燕赵、南抵洞庭的广大地区,李唐皇室担任州刺史之类者大有人在,这些人若与李敬业合流,形势将会急转直下。在李敬业冷遇山东豪杰的同时,武则天却在向李唐皇室递送秋波。在讨伐军队中,起到关键性作用的是魏元忠。他现在担任着殿中侍御史的职务,在李孝逸的军队中起着监军的作用。

魏元忠在仪凤三年(678年)被起用以后,至今已经六年。高宗仪凤年间,吐蕃多次侵扰边塞,魏元忠向朝廷上书,纵论"命将用兵"的得与失,被授予官秘书省正字,成了一个不入流的九品小官。官职虽小,却是他步入仕途的起点。因此,可以说魏元忠是以军事起家的。抗蕃名将黑齿常之为江南道大总管,他的军事才华不用多说,身为百济降将,朝中关系也很简单。三人都是一色的身家清白,背景简单,以魏元忠的谋略,黑齿常之的武功,再加上李孝逸的名号,兵发三十万,直逼楚州。楚州是李敬业的战略重镇,丢了楚州,匡复军将陷入与政府军的正面交锋。因为当初没有听魏思温的话,李敬业犯了方向性的错误。金陵城的王者之梦还没有醒来,噩梦就已经袭来。李敬业看形势不妙,收编了润州的兵马,留下一万人马守润州。自己慌忙率军回江都去布防，同时把李思文和刘延嗣也押回了江都。

李敬业不忍杀自己的叔叔，魏思温看出他的优柔寡断，不由叹息："不顾大局，实在是妇人之仁，我们早晚会死无葬身之地。"伴随着魏思温的一声叹息，李敬业的起兵正剧突然就变成一场闹剧。没有铿锵的锣鼓，没有响亮的口号，没有清晰的目标，十几万人稀里糊涂就踏上了一条不归路。李敬业任命李宗臣为润州刺史，自己则亲自赶赴前线，屯兵于高邮的阿溪（在盱眙和江都之间）。

李孝逸的大军已经抵达临淮，与盱眙隔河相望。两雄对决，必有一场恶战。其实李敬业真应该感激李孝逸，李孝逸的军事才能虽然可圈可点，但他有一个习惯，就是打仗之前表现得气壮山河，但一见别人真要和自己玩命，便溜之大吉。武则天让他来，不在乎他是不是能打，而是让他查清楚冒牌太子的事，切实维护李唐皇室的权益。武则天在朝中对李敬业的后援团进行了清洗，试图打击李敬业的信心，为前线的平叛大军造势。

裴炎就是在被清洗之列，武则天削夺了李勣的官爵，掘了李家的祖坟，剥夺了徐家享受的国姓。同时，武则天下诏赦免匡复军中那些胁从的百姓，只要谁能把李敬业的脑袋拎到她面前，当场授官三品。她对李孝逸这种静观其变的做法非常不满意，催促李孝逸速战速决。

时任监军的侍御史魏元忠，虽然是文臣，却也是一个用兵高手。他见战况呈胶着状态，心里着急，便对李孝逸说："朝廷因为你是王室亲属，所以才派你领军征伐。天下安危，在此一战。且海内承平日久，忽闻变乱，朝野上下倍加关注，就等着他们伏诛。今大军逗留不进，远近都失望。万一朝廷换他人代替你，你有什么理由逃避逗留之罪？最好是从速进兵，以立大功，否则祸患将至矣！"

这话说得非常明白：李孝逸在这里静观其变，不能速战速决，武则天对他的作战效率很不满意，如果再这么无限期地拖下去，将难逃祸患。一句话让李孝逸如梦方醒,他下令继续进军,直奔都梁山,去找匡复军大将韦超交战。征讨大军的副帅——副总管马敬臣已经憋了很久,终于可以与对手放胆一搏。他奋勇当先,在阵前斩杀匡复军两员别将。一仗打下来,征讨军声威大震。

十一月初,武则天再度施加压力,派名将黑齿常之任江南道大总管,统辖诸道援军,开赴前线。魏元忠向李孝逸进言道:"黑齿常之这么高级别的将领都被派了出来,看来朝廷对我们已有疑心。为了将军将来的前途考虑,我军应该袭击淮阴或都梁山,除去叛贼的犄角,这样李敬业便无能为力了。"

李孝逸的胆子小,但他能够听进去别人的意见,于是发兵攻都梁山。所谓都梁山,是盱眙县城及其周围山陵的统称。由于在前面已经败了一阵,韦超不敢贸然迎战,仗着山势险要,坚守不出。李孝逸再次陷入纠结之中,在打与不打之间举棋不定。他召集众将商议。有人提议:"韦超凭险自固,我步卒无所施其勇,骑兵无所展其足,且穷寇死战,攻之徒然多损士卒。不如分兵困之,大军则直取江都,覆其巢穴。"

这个建议,用的是刘邦当年攻咸阳之计,主张直奔主题。但刘邦是避实就虚,现在的情况很不一样,高邮是李敬业重兵所在之处,要想一蹴而就不是那么容易的事。魏元忠反驳道:"避坚攻瑕,是兵家之忌。李敬业的精锐部队都驻扎于下阿溪,只求与我速战,我若一败,大事去了。李敬猷原来不过是一个赌徒,而韦超等人也并非宿将,兵又单弱,易为我克,李敬业虽欲往援,势必赶不及。我军击败韦超等两贼,再乘胜进击敬业巢穴,彼方即便有韩信、白起,也恐不能抵挡了。"

李孝逸又一次采纳了魏元忠的意见。朝廷军队全力进攻都梁山,战斗可以用惨烈来形容,从早上一直打到晚上,唐军终于啃下了都梁山这块硬骨头。这是李孝逸自讨伐以来,取得的真正意义上的一次大捷。李孝逸率部乘胜直逼淮阴。

淮阴城在淮水之南，城池险固。守将李敬猷是李敬业的弟弟，跟着哥哥本来以为能有半个天下坐，结果却陷入困境。李敬猷平时喜欢玩牌，打仗对他来说实在是赶鸭子上架。李孝逸大举攻城，没费太多工夫就拿了下来，李敬猷只身脱逃。李孝逸领兵进入扬州府地界，直抵下阿溪北岸，并在此驻扎，两军隔溪相望。

到了晚上，征讨军的后军总管苏孝祥率兵五千，乘小船悄悄渡河，抢先偷营，结果遭到李敬业的伏击。征讨军的果毅成三郎被擒，送到了江都。匡复军统帅唐之奇为激励士气，指着他忽悠手下部众说："这个人就是李孝逸！"随后下令拖出去斩首。哪知道这位成三郎是个不畏死之人，虽然即将临刑，仍大叫："我是果毅成三郎，不是李将军。大部队今天就要杀到，你们败亡就在眼前。我死了，妻儿老小享受荣耀；你们死了，就会被株连九族，你们还不如我！"

人们对战争性质的认识，从这位下级军官的口中可见一斑。这位忠勇的成三郎，是幽州渔阳（今北京密云）人。"果毅"是他的级别，全称为果毅都尉，相当于大唐几百个外军折冲府的副职，类似于现代的团级干部。一个名不见经传的普通军官的刚烈表现让人慨叹不已。

就在此时，李敬业的营地上空飞来了一大群乌鸦。魏元忠与行军管记刘知柔不愿意撤军，就对李孝逸说："这是贼势将败的预兆。乌鸟集幕，势必空营。然而李敬业还没有退，鸟已先集，岂不是将覆灭吗？"

既然天意要灭李敬业，那就只好顺从天意。此时讨伐军的位置，在匡复军西北方向，正好可借冬天的西北风放火。李孝逸采用火攻，匡复军立足不住，纷纷退后。李孝逸率军一阵掩杀，匡复军就只有疲于逃命了。

李敬业不甘心就此失败，既然风向不对，那就赶紧让自己的队伍临时来个原地一百八十度打转。临时调动军阵是兵家大忌，结果让自己阵脚大乱。李孝逸哪里肯放过这样的大好机会，斩杀匡复军七千余人，直杀得天空染赤，溪流尽红，死伤不计其数。经此一仗，李敬业的主力被打得七零八落，只剩下他自己领着一帮首领狼狈地逃入江都。

李孝逸一路追踪而至。李敬业看势头不妙，江都估计也守不住了，于是带着一队人马仓皇奔往润州，他要去投奔的是匡复军刺史李宗臣。李敬业率残部逃到蒜山，写了封十万火急的信给李宗臣。或许是天要绝人，人只有无奈接受命运的安排。送信之人在路上将原定的联系信物丢失了，只拿了手书信件跑到润州。李宗臣自作聪明地以为这是李孝逸使的调虎离山之计。李敬业见大势已去，带人乘舟扎进了长江，想顺流而下出海。穷途末路至此，就是再有信念的人也会被打垮。肆虐的秋风和大雨好像是故意在和他作对，风总是逆向吹往他的营帐，让他无法驾船出海。

士兵们开始后悔他们错误的抉择，就在这时，李敬业的部将王那相倒戈相向。他趁李敬业酒酣熟睡之际带领士兵潜入营帐，轻松地杀了李敬业、李敬猷以及李敬业的妻儿老小，李敬业之乱最后以一个荒谬的结局收了场。为了自己有一条活路，王那相用砍下的二十五颗脑袋作为见面礼，到李孝逸军前投降。唐之奇、魏思温、韦超、薛仲璋等人逃散，也分别被李孝逸部下捕获并处死。

大才子骆宾王自匡复军失败之后，就从这个世界上彻底消失了。生不见人，死不见尸，成为一桩历史悬案。《资治通鉴》说他与李敬业同时被杀，《朝野佥载》说他投江而死，《新唐书》说他隐姓埋名流亡天涯。这样一个传奇才子，以突然蒸发的方式作为人生的结束，是最符合他性格的做法。

后来中宗复位后，心里还是感念匡复军这帮兄弟，曾下诏广求骆宾王的文稿，竟得数百篇。由于时间短促，李敬业的叛军未能形成大气候。待到大将军黑齿常之带援军赶到江都,乱党早已被肃清,已经不劳烦他动手了。

武则天随后下令,尽杀李敬业(李氏)宗族。只有那个不降叛贼的李思文没有被连坐,并且因功官拜司仆少卿,后来又升为春官尚书。武则天专门召见了这个在大是大非面前有着坚定立场的老人,当面褒扬他:"李敬业不是要把你改姓武吗?那么今天我就赐你姓武了!"

自从李敬业占据扬州,向天下宣布匡复义举后,前后不过四十多天就结束了。李敬业当初的豪言壮语,也成了自娱自乐的笑话。就连这次直接卷入战乱的三州,除一部分之外,其他都保持了相当的平稳,天下依旧平静,没有丝毫动摇。可叹的是大唐开国功臣李勣(徐懋功)立功三朝,功勋赫赫,最终因孙子李敬业掀起的一场滔天巨浪,自己也被从地下抓了出来,一代功勋之臣横遭鞭尸。更不幸的是,整个宗族之人被诛杀,只留下李思文一脉。

李敬业失败的原因,除了武则天所处的地位优势之外,还在于那些反对武则天的人,他们的行动并不一致。他们的利害关系相互矛盾,没有形成一股强大的合力。同是临朝称制的批判者,刘仁轨的态度与裴炎就不一致;同是想以武力批判临朝称制者,李敬业与裴炎就不一致;同是公开宣称以武则天为敌,李敬业与魏思温就不一致;同是主张武则天让位于儿子,裴炎和刘祎之就不一致。

当武则天要诛杀韩王、鲁王等李唐皇族子弟时,刘祎之对此表示沉默,而裴炎却极力反对;裴炎下狱之后,刘祎之也没有出面证明自己的战友不是谋反者。就算在同一个人身上,前后表现也是判若两人。刘仁轨刚开始时批判临朝称制,随后却冷眼旁观,默认了眼前的局面。李敬业刚开始打着匡复李唐的旗帜,后来却采纳了薛仲璋的意见,妄图南下割据。

武则天却是一个始终坚定的权力之王,她前后采用的策略虽然有所变化，但变化的目的只有一个，便是维护临朝称制。同处于历史的旋涡之中，武则天头脑冷静，李敬业则徘徊于义利之间。当叛军内部就西进与南下问题发生争执的时候，李敬业做出的是错误的南下决策；而在洛阳城内军事解决与政治解决的争执中，武则天做出了正确判断，坚持军事解决。

在纷繁复杂的形势面前，武则天能够清醒地认识到自己的利益所在，然后朝着那个正确的方向一路前行；而李敬业则根本就不知道自己的利益在什么地方，只是盲目地上演了一场沸沸扬扬的闹剧。当尘埃落定，海内既平，武则天的声威犹如日月凌空，时势已无法逆转。

2. 宰相之死的必然性

公元684年，注定是李唐王朝的多事之秋。

这一年，朝廷先后更换了三个年号：嗣圣、文明、光宅。在这不安分的年月里，呈现的是一段云谲波诡、变幻莫测的历史。朝野各种势力在这一年里竞相登场，展开了一幕幕有声或无声的博弈和厮杀。武则天置身于权力金字塔的顶端，翻云覆雨，在帝国的明面上，她已经没有真正的敌人，有的只是对手。对手可以转化为敌人，而敌人必须消弭于无形。

前线打得不可开交之际，后方为裴炎说情的奏章雪片似的飞进洛阳行宫，落在武则天的御案上。裴炎作为高宗的顾命老臣，朝中的很多大臣都是他的门生故交。不少人认为这事来得太突然，武则天只是一时气愤，等到气消了，自然也就云淡风轻。持这种观点的人不在少数，理由很简单。武则天初掌大权，裴炎作为首席宰相，在此之前两人合作愉快。纷乱的世道，每个人都需要朋友互相捧场，共克时艰。

但裴炎却做好了赴死的准备，将自己置于不归路，他说："宰相下狱，哪里还能活着出去！"这句话明白无误地告诉天下人，此裴炎，非彼裴炎，他拒绝再与武则天合作。裴炎并非忠诚烈士，他只是一个捞取政治资本的官员，准确地说，他在乎的只有利益。他虽然帮助武则天把中宗从皇位上拉了下来，但目的是为了巩固自己的相位。

中宗被废后，他辅佐睿宗，亦是如此。裴炎只是一个官本位者，一个饱读诗书的儒生。他从小就读弘文馆，饱受儒学浸润，但他又区别于许敬宗、李义府那样的投机分子，人可以精明，但不能无耻。他是个清白之官，不屑于中饱私囊、公权私用，就连亲戚的孩子想进入体制内，他也没帮过忙。就是这样一个人，他可以不忠于某个皇帝，但他忠于李唐皇室；他不能算是忠臣，但绝对不是逆贼。

他可以帮助武则天废了不听话的皇帝，但却不愿意抛弃李唐江山，改朝换代更是想都没有想过。武则天已经看透了裴炎，她要继续走下去，就要寻找新的政治盟友，而裴炎已经消失在她的视线。内战如火如荼，但裴炎的命运只有一种选择。

武则天命左肃政大夫骞味道（原御史台）、侍御史鱼承晔收集裴炎的罪证，罪名就从"疑有异图"开始入手，也就是收集裴炎反叛的罪证。裴炎逼她还政李唐，李敬业也打着匡复李唐的旗号，他们是合伙谋反。欲加之罪，何患无辞，其实李敬业叛乱与裴炎毫无联系，只是在相同的时间交错发生的事。

堂堂的先皇托孤重臣，官员们的带头大哥，裴炎在朝中的影响力可想而知。武则天这时候要动裴炎，很多朝中大臣坐不住了。凤阁侍郎（中书省的副长官）胡元范，率先站出来为裴炎说话。他说："裴炎是社稷忠臣，为大唐的改革与发展立下汗马功劳，这是天下人都知道的，我拿人格担保，他没有反叛之心。"侍中刘景先紧跟而上，表明自己的观点："裴炎造反，纯属有人恶意中伤。"吏部侍郎同平章事郭侍举也认为，裴炎是先皇指定的托孤重臣，说他造反，简直是无稽之谈。

关于裴炎造反的舆论，很快在朝堂内外风传。尽管如此，并没有多少人相信这是真的，大多数人都认为此事很快便会得到澄清。满朝文武都争相为裴炎开脱罪名，这样一来，武则天受不了了。她必须给这件事做最后的定性，不能再让大臣们这么无休止地争论下去。武则天不能再任由此事发酵，她必须表明自己的态度："你们休要再争论，裴炎确实谋反，我手里有证据，只是你们不知道而已。"

有官员当场反驳："我们都是裴炎提拔使用的，如果裴炎谋反，我们这些人都是反贼。"这样的话在武则天听来尤为刺耳，裴炎越得人心，就越让武则天感到不安。她说："我知裴炎谋反，也知你们没有谋反。"

武则天这句话说得毫无来由，证据在她心里，其他人只需知道裴炎谋反这件事是成立的，就可以了，其他都不重要。这是一场无法继续下去的游戏，就像时间给出了一个谜底，但时间又断然收回了它的谜面。

武则天开始犹豫，前方战事处于胶着状态，朝堂之上群情汹涌。武则天需要一个万全之策，既能置裴炎于死地，又能封住朝中大臣们的嘴巴。她需要借一把刀，借来的刀好杀人。武则天派专使姜嗣宗前往长安，探听老臣刘仁轨的意见。刘仁轨已经八十三岁，这位老臣历事三朝，因以八品下的小小县尉身份杖杀恃宠而骄的四品都尉，受到唐太宗的高度赞赏；到了高宗时期，又因李义府被贬到辽东战场白衣从军，因唐军总督的意外亡故而暂代主帅；白江口一战，天下闻名，就此平步青云而入相，可谓因祸得福。

许敬宗致仕后，刘仁轨成为最有影响力的宰相之一。但随着太子李弘病故，章怀太子被废，刘仁轨受到了来自裴炎为首的文官宰相集团的排挤和打压，夹缝中求生存。尤其是高宗病重、政府班子东迁洛阳之后，刘仁轨一个人留在长安，渐渐远离了朝政核心地带。

高宗去世后，武则天劝说刘仁轨重新出山，刘仁轨还专门劝说武则天，以吕后为鉴，不要擅权干政。裴炎为了自己的权欲，配合武则天废黜中宗，临朝听政，结果弄到不可收拾的局面。刘仁轨早就对裴炎在朝堂上的只手遮天感到不满，这完全是当年长孙无忌的做派。今天废太子，明天废皇帝，放眼朝堂之上，无人能压制得了他。

郎将姜嗣宗找到刘仁轨，将武则天让他此来的意图说了一遍。刘仁轨沉思半晌，慢慢腾腾地说："你是说裴炎要谋反？"刘仁轨眯着眼，故作茫然无知状，他接着道，"老夫在长安待的时间太长了，不知神都那边每天都发生什么事，你能说给我听听吗？"

姜嗣宗不知危险将至，添油加醋将裴炎的情况说了一遍。也不知道裴炎什么地方得罪他了，最后他居然自作聪明地补充了一句："我早就看出裴炎想谋反，太后才是真英明！"

刘仁轨笑了，裴炎固然该死，但像姜嗣宗这样的小人更让他感到恶心。刘仁轨眯着的眼睛突然暴射出精光，他盯着姜嗣宗，一字一顿地逼问道："难道你早就知道裴炎有意谋反？"姜嗣宗不知有诈，拍着胸脯说自己早就知道裴炎有谋反意图。

"尊使真是人才，后生可畏！我有件事要上奏天后，愿托使者上达。"刘仁轨道。第二天，姜嗣宗携了刘仁轨的奏表回京复命。当武则天接过刘仁轨的奏表，看过之后，不觉倒抽一口凉气，不禁在内心感叹道，姜还是老的辣，刘仁轨真是够鬼的。他在这份奏章里传达了两层意思：一是不反对杀裴炎；二是姜嗣宗事先知道裴炎谋反，却知情不报。

武则天凛然一笑，眼前出现了那个翘着山羊胡须的刘仁轨。刘仁轨的奏表让武则天吃下了一颗定心丸，她盯着眼前的姜嗣宗，然后说道："爱卿，你知道刘仁轨在这份奏表里说些什么吗？"

姜嗣宗被问得一头雾水，似乎预感到不妙。就在他茫然无措时，武则天突然脸色一变。姜嗣宗还没弄明白怎么回事，突然上来两个人架起他，将其凌空拖了出去。姜嗣宗这趟长安之行真没白跑，既要了裴炎的命，也要了自己的命。

武则天的屠刀举起，宣告着大清洗时代的全面来临。带头挑事的凤阁侍郎胡元范首当其冲，第一个响应的宰相级重臣侍中刘景先也没被放过，两人双双被捕下狱。另一名宰相郭侍举被罢相，贬为太子左庶子。

郭侍举是高宗病重之际，武则天亲手提拔上来的四位低品级宰相之一，郭侍举的仕途已经算不错了，做了一年半的宰相。同期拜相的郭正一因拂逆武则天的心意，在中宗正式掌政的前一天被罢相，做了不到一年的宰相。一口气拿下三位宰相，可见武则天是铁了心要置裴炎于死地。其实为裴炎鸣冤求情的人越多，他离死亡也就越近。裴炎真后悔当年带那么多学生，那些念及恩情者都去找武则天鸣冤。

就在这时，为裴炎喊冤的人中，来了一位重量级的官员。他就是单于道安抚大使、左武卫大将军程务挺，他写了一封密函给武则天。程务挺此时正在前线与突厥交战，手里握有重兵。自从裴行俭含愤退出军政界后，程务挺也成为大唐帝国升迁最快的将领。程务挺能走到今天，与他过人的军事才华密不可分，抗击突厥，扫平叛乱，都有他的身影出现。

是年二月，程务挺率领羽林军勒兵入宫，为武则天废黜中宗立下头功。从这方面看，程务挺应该算武则天的人。程务挺很矛盾，裴炎对自己也是有恩的。当初他是在裴炎排挤掉裴行俭后才获得晋升机会，因此，他对裴炎一直心存感激。一个武将能上阵杀敌，但很多时候也是血性男儿。

程务挺仗着自己是帝国第一猛将，手里又握有兵权，自认为武则天会卖他几分面子。可这一次他错了，历史的经验告诉我们，在这个世界上，没有什么人是不可替代的；更没有什么人，是值得一辈子去信任的。裴行俭不是认为自己是无可替代的吗？他死了，换了你程务挺，不是一样将突厥兵挡在边境线之外？

武则天不信任程务挺也不是一天两天了。武则天早已开始修炼防狼术,一个女人在朝堂之上行走,每一步都要小心谨慎。程务挺的手下偏将裴绍业正是她安插的线人,他的任务就是,死盯程务挺,直到把他盯出问题。程务挺当初踩着裴行俭,博得大唐第一名将的声名,而裴绍业同样也会踩着程务挺,换得锦绣前程。

武则天需要做的,就是利用群臣之间的这种倾轧,以获取更大的利益空间。武则天拿起程务挺为裴炎求情的密函抖了抖,分量不重,但会要人命。她看都不看,就做出了判断——程务挺要反!

武则天的推理很简单,程务挺既是裴炎的好友,又是扬州叛乱集团的核心人物唐之奇和杜求仁的好朋友。如果程务挺的军队哗变,后果很严重。武则天没做更多的铺垫,她命左鹰扬将军裴绍业火速赶往军中。程务挺做梦都想不到使者会来得如此迅捷,来的是自己的偏将,他以为武则天是派他来协助军务,因此毫无防备。

裴绍业一到军中,就召集将领,传达从神都带来的太后指示。程务挺简单说了两句,就把话语权交给了裴绍业。裴绍业按捺住内心的激动,尽量用平和的语气读出这份密令:程务挺勾结乱党,意图谋反,立斩!

就在所有人尚未做出反应之际,藏于暗处的刀斧手已经手起刀落,砍断了程务挺的脖子,随后抄没家产。由于裴绍业本是程务挺麾下将领,此事未掀起任何波澜,军权顺利实现交接。

程务挺死了,最高兴的莫过于突厥人。这是一个值得他们去尊重的对手,突厥人还为程务挺建了祠堂,里面就供奉着程务挺一尊神——战神。程务挺一倒,突厥人屡犯唐境,让武则天头疼不已,但在当时尚未成为唐廷的心腹大患。

随着程务挺的离去,裴炎也走到了尽头。光宅元年(684年)秋,于时为阴,于行为金,主兵象杀伐,主大狱行刑,这一天,宜杀人。

裴炎被绑缚都亭驿前街等待行刑，家财籍没，亲属皆被流放。当抄家的官员怀着兴奋之情，一脚踹开帝国的首席宰相、顾命大臣裴炎的府门，所有的人都惊呆了。难道这就是当朝权贵的宅邸？除了普通的生活用品，完全是一贫如洗，官兵们面面相觑。

不足一石的粮食，这一石是多少斤呢？不同的时代，标准不同。在当时，一石相当于五六十斤。总结裴炎这一生，他应该算不上好人。虽然独断专行的事也干过不少，枉死在他手里的人命大小也有十几条，其中最知名的有因他陷害被废的章怀太子，郁郁而终的裴行俭，东突厥降将阿史那伏念等。

正应了"出来混迟早是要还的"那句电影台词，既然蹚了这场浑水，那就不要指望全身而退。裴炎临了，居然无意间还成全了自己的清廉之名。一朝重臣就过着这样的日子，家里除了几十斤口粮，再无其他值得记录在册的家资。裴炎死得并不寂寞，有被拉出来给他垫背的，也有站出来为他送行的。那些因他被流放的亲友对他并无怨言，临刑前集体为裴炎送行。有的亲友还以他为荣，为营救他做着最后的努力。

裴炎侄儿裴伷先，一个十七岁的少年，时任太仆丞。这是一个从六品的官员，主要负责交通部门的文书和一些日常事务（掌勾检稽失，判本寺日常公务）。正当他前途光明之时，一场灭顶之灾降临到他的头上。他呈上密封的奏章，要求面见武则天。

武则天问："你伯父谋反，你还有什么可说？"

裴伷先说："陛下唐家妇，身荷先帝顾命，今虽临朝，当责任大臣，须东宫年就德成，复了明辟，奈何遽王诸武、斥宗室？炎为唐忠臣，而戮逮子孙，海内愤怨。臣愚谓陛下宜还太子东宫，罢诸武权。不然，豪桀乘时而动，不可不惧！"也就是说，武则天只是李唐的媳妇，身上肩负着先帝的顾命之责，今虽临朝，应当和朝臣们共同辅佐新君，治理国家。不应疏远排斥李氏，培植尊崇武氏亲属。陛下应及早让皇帝复位，自己引退，安居深宫，这样宗族可以保全；否则天下一变，便无可挽救!

武则天大怒。一个少年书生，居然有胆量来教训他。两旁的侍卫扭住裴伷先的胳膊，将他拖出殿外。裴伷先毫无惧色，高声喊道："太后，此时听我言，尚未晚。"连续说了三次。武则天命令在朝堂上打他一百棍子，让他长点记性，然后长期流放。

不管裴炎曾经做过多少不堪之事，在他生命的最后时刻，发出了炫目的光芒。他望着前来送行的裴氏宗族之人，落下泪来，留下遗言："各位老少爷们，你们能做官，都是靠自己打拼出来的，我没有帮过你们。时至今日，你们却因为我而戴罪流放，实在让人悲痛!"在亲人的目光注视下，刀过人头落，喷涌的鲜血在秋日的阳光下，划出了一道刺目的光环，一代权相就此殒命。

光宅元年十一月，扬州之乱消停下来，刀枪入库。裴炎参与叛乱一事，也尘埃落定。武则天终于可以喘口气了，回顾即将过去的一年，没有多少收获的喜悦，感觉到的却是阵阵的寒意。

她没想到，像李敬业这样的中下级官员，随便找个山寨版太子，就能煽动十万余人造反；她没想到，裴炎和程务挺作为自己的人，在关键时刻会带头逼宫；她还没想到，在朝大臣竟有这么多人对自己拍板的事一再反驳。"三个没想到"像是内心世界点燃的三把火。她不会轻易熄灭，她要烧旺它，如此才能照亮前路。

宰相刘景先、郭侍举被重新审理，贬为外地刺史；胡元范发配琼州，后死于流放地。当年高宗亲自去嵩山请来的隐士田游岩，也因结交裴炎，放还嵩山；夏州都督王方翼为废后王氏的亲属，虽政绩突出，立过战功，也被武则天借着清洗，流放崖州（今海南三亚），时间不长，就得了大病自然减员。

武则天借裴炎谋反案,将帝国的朝堂又来了一次重新洗牌。文臣出局,罪名是结交裴炎;武将出局,罪名是结交程务挺。只要上了这份清洗名单,总有一款罪名适合你。经过此轮清洗,整个朝堂空去了大半。这时候科举制度已趋于常规化,从不缺为朝廷效劳的人才。只要武则天愿意选拔和调任,朝堂很快就会人满为患。

有人贬就有人升,有人哭就有人笑。第一个站出来揭发裴炎"有异图"的监察御史崔察,由五品官提拔为宰相。主审此案的左肃政大夫骞味道,被提拔为宰相。而向来坚定地认为裴炎必反的凤阁舍人李景谌,原来也仅仅是中书省的五品官,现提拔为宰相。五品官提拔为宰相,创下了本朝开国以来最低级别官员拜相的纪录。此项纪录仅仅保持半年,武则天又抛出一枚重磅炸弹。提拔起居舍人沈君谅为宰相,而这一次,沈君谅的级别只是从六品。沈君谅之辈做梦也没想过自己能一步登天。

在一片惊叹声中,大家不断变换着惊讶的表情。武则天不断地刷新着自己创下的一个个惊人纪录。按照唐朝官员使用律例,官员的使用需要具备一定的资格,每年根据政绩进行考评,称为考课,最后的用人权在宰相手里。这套程序虽然烦琐死板,却也在一定程度保障了官僚队伍的质量。

武则天把人事权直接从宰相手里抓了过来,开始进一步整肃官僚集团。这带来的好处和坏处是兼而有之的。好处是打破了以家庭成分取人的弊端,不管你是豪门大族还是底层草根,都有资格。弊端是武则天的个人能力和才智毕竟是有限的,在官员的使用上,免不了凭主观好恶来取人。就拿这次用人来说,才能是居其次的,政治需要才是第一位的。

李景谌在拜相的当月,因不能胜任而被罢相。崔察也在半年后被罢相,这位首先告发裴炎谋反的"言官",后来被秘密处决。做宰相从来没有比现在更容易，也从来没有比现在更危险。容易是因为，天上掉的馅饼会随时砸到你，让你本以为一辈子都捞不到的政治资本，瞬间拥有。危险是因为，你在踩别人上去的同时，也面临着被踩下去的风险。

当年许敬宗踩掉长孙无忌，坐上了当朝第一宰相的交椅；今日崔察和骞味道又踩掉裴炎，走马拜相。踩下去一拨，捧上来一批。空荡荡的朝堂很快又被填得满满的。武则天以超常规的手段平息了这场风波，面对文武大臣组团群殴，武则天就像是一个绝顶高手，见招拆招。事实证明，在条件不成熟的情况下，团结不是力量，团结是集体陨灭。同样的事情，武则天不允许发生第二次。

嗣圣／文明／光宅元年（684年）要结束了，新年新气象，武则天登上紫宸殿，女人的裙袂卷起男人世界的风雷，整个帝国在她的脚下战栗。俯视朝堂之上，武则天心中有着难以名状的冲动与兴奋。她说："朕追随高宗大帝二十余年，忧天下至矣！公卿富贵，皆朕与之；天下安乐，朕长养之？"也就是说，我一个女人为天下社稷操碎了心，你们享受的荣华富贵，天下百姓享受的安乐，都是我给你们带来的。

武则天越说越激烈，她恨不得在每个大臣的心上都敲打一番。她呵叱道："你们不要认为自己有多么强大，再强能强过裴炎、程务挺吗？他们犯错都逃不过惩罚。如果你们中间，谁认为自己本事比他们大，那就试试看。我奉劝你们，安分守己，恪守臣子本分，不要再做让天下人耻笑的傻事！"

话说到这个份上，朝臣们内心明镜似的。他们只有无奈地齐声回应："从今以后，听太后的话（唯太后所使）。"

紫宸殿上，淡紫色帷帐随风而动，轻盈曼妙。佛曰，旗未动，风也未吹，是人心在动。整个朝堂在动静之间，让人的内心笼罩了一层恐惧和绝望。对于武则天来说，当务之急，是如何挑破这紫帐正式走上前台。这时候，无论是反对还是拥护，百官们都要接受一个现实，那就是女主时代已经全面降临。

新的一年开始了。雄心万丈的武则天再次更改年号，改元垂拱，这里面有"垂衣拱手、无为而治"的含义。武则天并没有将光宅元年的生猛势头继续下去，她要逐步消除裴炎事件所带来的影响。裴炎两袖清风，程务挺武功了得，相对而言，李景谌、崔察和主审此案的骞味道等不过是跳梁小丑。武则天比谁都清楚，尽管她利用他们扳倒了裴、程二人，但在心里，她依然瞧不上他们。

让武则天苦恼的是，朝中越是有才华有德行的人越会反对她，只因她以女主身份走向政治前台指点江山，这与儒家传统道德是相悖的。武则天并不想弄得社会秩序大乱，她要进行适当的调理整顿。

李景谌拜相不到一个月就被拿下，垂拱元年（685年）开始的三个月内，刚提拔上去的几位宰相，沈君谅、崔察、骞味道，一个也没留下。有人走了，就会有人来。新提拔上来的几位宰相为裴居道、韦思谦、苏良嗣、魏玄同等，这些人能在这么短的时间里得到武则天的提拔重用，只能说明一点，他们表面上是支持武则天的，就算他们内心有一百个不愿意，可为了生存，也要做出一百个同意的姿态。

文官整肃得差不多了，该轮到武官了。首当其冲的是李孝逸，这个平李敬业之乱时颇受重用的李姓武将，已被武则天弃而不用，理由很简单，他是李唐宗室。武承嗣指使人诬告李孝逸私下对人说"名字中有兔，兔是月亮中的东西，当会有作天子的名分"。武则天不由分说将李孝逸拿下，念他有功，流放儋州，后死于流放地。

程务挺被武则天诛杀后，帝国边境一度吃紧。这时候，武则天手里可用的武将少之又少，就算有，她也不放心大胆使用。高宗朝留下的武将虽然不少，但大多深受李唐厚恩，这就给关系相对单纯的番将创造了机会，比如百济名将黑齿常之、鞑鞨酋长李多祚、高句丽权臣后裔泉献诚。黑齿常之号称名将杀手,泉献诚射箭的技术一流,每次射箭比赛都得金牌,后来他都不好意思再参加了。后来泉献诚脖子上挂着金牌,跑到武则天跟前说:"太后,我老是拿第一,恐怕从今往后,汉将不会再有机会拿金牌射手(臣恐自此以后,无复汉官工射之名)。"言下之意,自己不适合再当选手,而应该做个评委。

李多祚是个直肠子,一等一的杀人王,在战场之上,是不战斗到最后一刻都不停息的那种人。这三人接过程务挺的枪,抵御突厥,捍卫北疆。武则天给了他们充分施展才华的舞台,本着用人不疑、疑人不用的原则,取消了原来御史监军制度,让他们不要再有什么后顾之忧。

唐代看重武功,但对领军之人也有制约。监察御史就是皇帝的耳目,替皇帝搜集军事情报,监视在外的武将。武则天解除监督,鼓舞了士气。黑齿常之和李多祚于黄花堆一战大破突厥,一口气追敌四十余里。安抚完文臣武将,剩下的就是李唐皇室。

为了安定人心,武则天表面文章还是要做的。她采取两手抓,一手压制,一手尊崇。一虚一实,大棒加胡萝卜。她下诏,今后凡是祭祀天地,都要配坐高祖、太宗等历代帝王,并于洛阳建高祖、太宗、高宗三庙,四时享祀,一如长安宗庙的礼仪。

睿宗的几个儿子也得以封王。后来开创盛世的唐玄宗李隆基,也是在此时被封为楚王的。他的几个兄弟,李成美为恒王,李隆范为卫王,李隆业为赵王。封归封,管归管。在宫里画个圈,都要在里面老实待着,别惹是生非。武则天的一系列举措收到了效果,朝政也慢慢有了复苏的迹象。

垂拱元年,武则天抽调精通法律的韦方质等人,对唐初以来国家法律条文进行拾遗补阙,本着约法省刑的原则,编成了《垂拱式》

二十卷、《垂拱留司格》六卷以及《垂拱新格》二卷。很多条文，透露出武则天无为而治的思想，她反复强调要以德服人，不要人斗人，更不能滥用刑罚。纸上的话，却成了现实中的笑话。朝堂是一个戏台子，身处于其中，每个角色的每句台词都是剧情的需要。

在武则天颁发的法律条文中，传递出了一种强烈的信号，那就是大力倡导女权和男女平等。她在上元年间的上书建言十二事中，其中有一条是，父亲健在母亲去世，为人子者也应该服三年的丧服（"父在为母终三年之服"）。当时武则天提倡母权，是针对太子弘，为她今后掌控政权打下基础。虽然当时提出，但并未正式实行，这次算是正式编入法令，全国推行。

这一年的正月，著名军事将领、一代名臣刘仁轨驾鹤西去。从此朝堂之上再无人羁绊，武则天离她的目标又近了。她要巩固自己的权位，让大臣们都成为自己的拥护者；她需要一场浩大的造神运动，以此昭示天下臣民，她才是天命神授。武则天的称帝之路，进入冲刺阶段。废中宗，囚睿宗，除去章怀太子，扫平李敬业叛乱，诛裴炎，斩程务挺，这都是摘果子前的练习和铺垫，下来她要进入实质性阶段。

武则天让御用文人北门学士撰写了一部读本《臣轨》，大臣们人手一册。《臣轨》从十个方面对朝臣提出了高标准严要求，整部书就一个主题——竭心尽力为君主服务是臣子的本分。武则天要求官员认真研读，要达到一日不读，食无味，寝不安。武则天曾经也给章怀太子编写过两本书——《孝子传》和《少阳正范》，这两本书成为太子必读书目。

为了将地方权力收归中央，武则天派遣御史春秋两季到各地巡查，这些御史大多是活阎罗（酷吏），逮着把柄都能把人往死里整。在武则天时代，不断有这样的事情发生。一些地方官吏犯了一些错，听说御史要来查，不劳御史动手，自己就自我了断了。垂拱元年正月，武则天颁下敕令：御史没有自行处分的权力，也不可以让当地官员处理，必须上奏朝廷。这样便将量刑定罪的权力完全收归中央，由她一人裁决处分。

这一年刚刚开春，武则天又专门调整现有的登闻制度"朝堂所置登闻鼓及肺石，不须防守，有挝鼓立石者，令御史受状以闻"。登闻鼓和肺石是供人鸣冤的用具。按照唐制，为了让臣民有上言或申诉重大冤情的机会，在西朝堂设登闻鼓，东朝堂设肺石。不夸张地说，鸣冤者如果击鼓立石，可直接传到武则天的耳朵里。但以前设有专人看守，一般人要想击鼓立石，是很难实现的。现在撤除防守，只要有冤情，你可以随便敲。如果你学过打击乐，直接敲出窦娥冤、六月雪，那效果更佳。此举无疑是鼓励臣民上言，打通了民间直接向朝廷告状的环节。

如此一来，御史的权力被大大地削减，只有接受申诉的权力，然后直接上报中央，处置权在武则天一人手里。武则天成功地将用人权、监察权与司法权全面收归，唐朝的君权从未这般集中。

垂拱二年（686年）正月，武则天抛出了一枚重磅炸弹——还政皇帝。这本是每个人都希望的，裴炎还为此丢了性命。所有人将目光投向李旦，作为一个现时的挂名君王，他的态度决定着帝国的命运走向。李旦并未表现出任何异常的反应，他从未离开这座宫殿，也一直守着那似有若无的皇帝之位。人生就像是一场荒诞的梦境，这是李旦这些时日以来最强烈的感受。一夜之间，他被母亲的权力铁腕从亲王直接推上了皇帝宝座，成了这个世界最有权势的人；一夜之间，他又被置于偏殿，成了这个世界上最高贵的囚徒。

李旦就像是宫殿里长出来的某种类似于盆景的植物，今日被端到太阳下，明日被挪到阴影处。索性他还能思考，三位兄长的命运，两年宫中的囚禁,让他早就死了心。

如今武则天说要还政于他,他将信将疑。李旦连夜写出表章,请求武则天收回成命。他的表章被驳回,武则天不同意。要也得要,不要也得要。李旦感到了深入骨髓的凉意,他终于明白,母亲是在用行动敲打他,告诉他这样一个真理:除了绝对服从,你别无选择。

睿宗李旦陷入了慌乱,不知道该如何走好下一步棋。他又接连上了两道表章,说自己不具有当皇帝的才能,如果君权交到自己手上,只会陷李唐王朝于危境。只有太后继续紫帐称制,江山社稷才能长治久安。

做皇帝与保命,显然后者更重要。李旦三次奉表辞让,让武则天既满足又无奈。皇帝的这番请辞让李唐旧臣胆战不已,母子间的权力互让,让他们失去了攻讦太后的理由;而皇帝的这番请辞又让朝廷新贵跃跃欲试,武承嗣、韦方质率先请奏,力主武则天继续执政。

武则天无限怜爱地看着眼前的李旦,既然皇帝决意辞政,她也只好继续辛苦下去。对李旦来说,常常受这样的刺激并不是让人愉快的经历。紫宸殿不属于自己,他只想躲进洛阳宫里那间小小的殿宇。只有那里才是避风港,才能让自己继续做白日梦。

3. 告密引发的天命玄机

武则天宣布大赦天下,垂下的紫帐继续笼罩着帝国。武则天早就厌倦了自己女性角色的定位:李治的寡妻,李旦的母亲,武家的女儿。经过垂拱元年(685年)的休养生息,武则天发起了新一轮的冲击。武则天要编织一张覆盖天下的情报网。当年扳倒王皇后,她靠的就是这张网,这一次她需要的网更大、更结实,要捕获更多的鱼。她要在全国范围内组建自己的情报网,掌握更多的民间动向,进而主宰社会舆论。

垂拱二年三月,一个全新的制度——铜匦检制度诞生。这就有了铜匦上书。铜匦类似于今天的检举箱,用铜浇铸。提议设置铜匦的人名叫鱼保家,是承审裴炎一案的侍御史鱼承晔之子。李敬业举兵反对武则天,鱼保家还曾为李敬业效力,制作武器。李敬业兵败,他却被赦免。

两年以后,鱼保家又迎合武则天"欲大诛杀以威之,盛开告密之门"的心理,设计了这个新产品。由此可见,这位侍御史之子脑筋相当灵活,转变速度也够快的。就在他制作的这种铜匦里,有一封来信是告他的,告他当年为李敬业做兵器,杀伤官军甚众。

鱼保家做梦也不会想到,自己设计的杀器最后会要了自己的命,史书用"遂服诛"三个字,就让他从这个世界彻底消失了,其父鱼承晔也被贬为仪州司马。

鱼保家设计的铜匦分为四格，收受天下表章，一旦投入，无法收回，只有武则天可以拆看。东方为延恩匦，想求个一官半职的人可以将自己的文章投进去自荐；南方为招谏匦，接受人们对于朝政和时事的谏言，有些话可以说，有些不可以说，分寸自己把握，后果自负；西方为申冤匦，有冤诉冤，有苦诉苦；北方为通玄匦，鼓励人们为朝廷出谋划策，有治国良策由此投放。

这有点类似现在的邮局信筒（分本市、外埠两口投信，以利分拣），通过四格铜匦，能够较快地区分效忠信和举报信，然后用"特快专递"送达武则天，这不能不说是一种创见。后世有人简单地将其称为告密箱，这也是可以理解的。武则天的本意，是希望匦检制度广开言路，以便掌握民情动向。

但在实际操作中，却发生了质的转变。自从李敬业谋反后，武则天就怀疑天下人都有谋逆之心。只要她认为有谋逆者存在，她掀起的清算风暴就会一直刮下去。她要造成一种人人告密、人人自危的恐惧气氛。上有所需，下有所为。铜匦铸成，铺天盖地塞进来的大多是告密的函件。铜匦的四门，迅即成为告密之门。

武则天发布诏令，凡有告密者，臣下不得过问，旅途之上一律享受五品官待遇，解决食宿，晚上住机关招待所（驿亭官舍），餐有七菜一汤。不问官大官小，只要有密可告，都可谒见太后。地方官吏不得为难，否则必受严惩。如果谁的密奏能得到太后的赏识，可擢升为官，即使查无实据，纯属造谣，也可免于问罪。

武则天在朝堂之上，亲自接见来自全国各地的告密的农夫樵人，甚至死囚，不厌其烦。羽林将军常元楷三代都是因为告密而得官，成为告密专业户，于是人人争相效仿。告密要比参加科举考试容易多了，就算诬告，也能来个神都十日游。朝廷包吃包住，还有差旅补助，实在是有益身心，何乐而不为。只赚不赔的买卖，使整个帝国陷入了一种疯狂状态。告密的人群从四面八方蜂拥而来，交通堵塞，驿馆亭舍爆满。

年过六旬的武则天精力充沛得让人咂舌，大规模的上访告密运动不仅没有把她累趴下，反而让她越来越兴奋。每个人都在监视和被监视，每个人都在告密与被告密。衣不蔽体的叫花子，满嘴脏话的地痞流氓，目不识丁的山野村夫，反正穷命一条，既然告密有利可图，大家有钱一起赚。

武则天乐在其中，每天成批量地接待这些告密人员。等到全国性的告密运动消停下来，统计部门一统计，居然接近上万人。在这上万人里面，武则天还是有收获的，就算万里挑一，也能挑出所谓的人才。

胡人索元礼就是在这时候冒出来的，他的告密内容本来没什么新鲜的。他告的是当年的扬州之乱。索元礼高明之处在于，他吃准了武则天的心思。他借着扬州之乱这个事，建议朝廷乱世用重典，不服管的、不听话的就杀。这种血腥手段固然酷烈，但正合武则天心意，他当即就被提拔为五品游击将军。

索元礼是个天生的狼崽子，生性残忍，嗜血成性，凡是他经手的案子，不牵连进去几十人、上百人，都不算本事。酷吏之酷，猛于虎狼。索元礼的表现让武则天非常满意，两人一拍即合。胡人断案真不含糊，下手稳准狠。一个胡人索元礼就让人崩溃，那么两个、三个、一群索元礼，不是让天下人都崩溃吗？

正如我们想象，武则天在监察系统大量启用胡人，因此留下"左台胡御史，右台御史胡"的"美谈"。这还不算完，武则天日后参照索元礼的无耻标准，又培养了大量的酷吏。这些酷吏按辈分，应该算是索元礼的徒子徒孙。他们对这位教父极为尊敬，都喊他为"索使"，就连武则天的首席男宠薛怀义都敬他三分，拜他为义父。和后来这些小字辈比，索元礼算是有知识和才能的。后来出现的一些酷吏，则完全是无知者无畏的流氓。索元礼读过一些书，参加过科举考试，举进士及第。

另外一位酷吏侯思止，他的发迹更让人匪夷所思。一个大字不识几个的烧饼青年，靠告密成为武则天所倚仗的酷吏。侯思止卖过几天烧饼，大概觉得男人卖烧饼终究难以发达，于是，他就去投靠恒州参军高元礼，做了高家的奴才。当时全国上下开始吹告密风，有一次恒州刺史裴贞杖罚一名下属，结果把这名下属给打急了。这名下属平日与侯思止就有来往，他就找来侯思止说，你看那谁谁，靠告密都发达了，你比他有本事多了，你也应该发达。

侯思止本来就不是一个安分的人，忙问他该如何做。这名下属就教唆道：你就揭发舒王李元忠勾结裴贞谋反，告密信我都替你写好了。武则天这时候正在想尽办法剿除李氏皇族的势力，得到侯思止的告密，马上采取行动，实施抓捕。舒王李元忠被流放，李元忠的儿子与裴贞的全家都被处死。

侯思止告密有功，被朝廷授予游击将军的虚职，而当时很多告密者被提拔为五品官的侍御史，侯思止不禁有点失落。他原来的主人高元礼见他发迹，就过来向他献媚，把他当作自己人看待，同起同坐，言必称"侯大"。

高元礼为他出主意：眼下朝廷用人不按资历、能力，如果说侯大不识字，你可以上奏朝廷说"獬豸兽也不识字呢，但是却能用它的独角辨别忠奸、善恶"。侯思止又上路了，这一次他没写告密信，直接去找武则天要官做。武则天在接见告密人员的同时，也顺带接见了侯思止。

面对武则天，侯思止丝毫不加掩饰，他要当五品官，要当侍御史。武则天面对这个粗鲁的市井之徒，不但没生气，反而多了几分好奇。

武则天果然问他：既无功名，又不识字，连公文都看不懂，怎能做官？

有备而来的侯思止回答："神兽獬豸同样不识字，但它却能根据自己的直觉和天性辨别出忠奸善恶，谁说不识字看不懂公文，就不可以当官呢？"虽然事前高元礼教过他，但侯思止的临场表现还是可圈可点的，不然怎会轻易就打动武则天。

侯思止进了京城，高元礼又教他："太后知道你没有居住的宅第，假若将没收的官宅暂时借给你住，你可以拜谢而不接受。太后一定会问你缘由，你就说：'这些逆贼的宅第，我非常厌恶它们主人的名声，不愿意住在那里。'"后来，果然又像高元礼预料的那样，武则天听了特别高兴，觉得这个不识字的侍御史质朴憨厚，对侯思止另眼相看。因为不识字，侯思止在审讯过程中闹出许多笑话。

长寿元年（692年），酷吏们兴起大案，把宰相狄仁杰、御史中丞魏元忠等一大批大臣都以谋反罪逮捕。侯思止亲自审问魏元忠，劈头就说："赶紧承认白司马，否则请你吃孟青。"白司马是什么意思呢？洛阳有一个地名叫白司马大坂，侯思止就看成白司马反了。他自作聪明地认为既然叫白司马反，那肯定有一个白司马在这儿谋反，所以一审犯人，他就问人家，"你是不是白司马"，犯人都觉得莫名其妙。后来，他又听说一个好玩的词叫孟青棒，孟青棒是一个将军的名字，可是他也听不全，一听棒，那肯定是打人的东西。所以他说这些自创的黑话，魏元忠当然没有办法回答。侯思止就命令把魏元忠拖倒在地，魏元忠说："算我命苦，这就像从驴上掉下来，脚还挂在马镫上被拖着走。"

侯思止更火了，自己来拖，魏元忠就说："你身为国家御史，怎么不知礼法，用黑话来审问我！"

侯思止一听，觉得有道理，马上扶起魏元忠，说："请中丞教我怎样说官话。"

告密之风，就是把这样一大批市井小人带到了武则天面前，大家纷纷效法。秋官侍郎周兴，绰号"牛头阿婆"，他的残酷，据说已经超越人的想象力，他创造的那些残酷之法，其灵感大多来源于生活。他看见小火炖鸡，会想到把鸡换成人会怎么样；醋是用嘴来喝的，他会琢磨如果用鼻子来喝又会怎么样。他对人体承受痛苦的极限很有兴趣，孜孜不倦地试图找出这个临界点。

面孔和善的周兴常常在犯人面前兴致勃勃地讲述这些刑罚的妙用，讲着讲着便自己陶醉在鲜血淋漓的意境中，犯人却早已吓得晕了过去。长得像个老太太似的周兴，所行之举却如鬼见愁。在这个领域，周兴还不是最强悍的。有人说把酷吏这个圈子里至恶之人集中到一起，也抵不过来俊臣。周兴和来俊臣，他们都算是酷吏中的"极品"，相由心生，阴鸷之人自然生得一副阴相。周兴长得慈眉善目像个阿婆，来俊臣则细皮嫩肉，俊美异常，像个姑娘。

来俊臣当年犯事，武则天见他天生丽质，又巧言善辩，讲述刑狱头头是道，不仅赦免了他的死罪，更破例将这位死囚提升为侍御史。来俊臣曾经与人合作，共同撰写过一部《罗织经》，这是一部专门讲罗织罪名、角谋斗智、构人以罪，兼整人治人的奇书。武则天看后也发出感叹："如此心机，朕亦未必过也！"

柏杨注疏《资治通鉴》，对此书做过这样的评价："武周王朝，在历史上出现短短十六年，对人类文化最大的贡献，就是一部《罗织经》。"就是这样一帮人，如果可以称之为人，他们联手打造出一个恐怖而辉煌的时代——酷吏时代，由索元礼开启，来俊臣发扬光大，并推向巅峰。

端坐紫帐的武则天不动声色，权力在握，她并没有急于一时，她要的是奉天承运。遍布全国的情报网，一年两次的御史巡游，她倒要看看李唐宗室和旧臣能坚持多久。她希望他们都能跳出来一头撞死在树上，那样她就可以捡个死兔子。她也可以拎着兔子，在朝堂之上教育那些想跳没跳的兔子——知道他们怎么死的吗？告诉你们，笨死的。

一个不识时务的人，还能有其他的死法吗？告密之风，封住了天下之口。朋友不可信，父母兄弟不可信，属下不可信。每个人的眼神里都写着同样一句话——别乱说话，小心有人告密。不是不让说话，而是要说到点子上。比如市面上的女主武王的传说，就值得大说特说。再比如氾水出土的一块石头上发现刻有《广武铭》，上书："发我铭者小人，读我铭者圣君。三六年少唱唐唐，次第还唱武媚娘。"官方围绕这块石头大做舆论文章，设坛祭拜，遮天蔽日红尘滚滚的造神运动由此拉开了序幕。

《武媚娘歌》原是隋唐流行的民间小调，类似于当时社会的靡靡之音。史料记载，隋开皇末，太子杨勇每年春节期间宴请宫臣时，有东宫官员边弹琵琶边唱《武媚娘》之曲，引起太子洗马李纲的不满，他认为该官员"於宴座自比倡优，进淫声，秽视听"，身为朝廷命官，怎么可以唱如此淫荡之曲？

时过境迁，这样一件事却演变成美丽的神话，神话预示着"女主武王"。也有人持怀疑态度，认为《武媚娘歌》之所以在彼时传唱，显然是人为操作。而歌词中出现了"女主当昌"的句子，完全是二度创作的结果。氾水出土的精美的石头（"瑞石刻铭"）不光会说话，而且还说出一个天大的秘密。武媚娘是来自西天佛国的净光天女，"化佛从空来，摩顶为授记。光宅四天下，八表一时至。民庶尽安乐，方知文武炽"。这些话都在向世人印证一个道理——武则天不是凡人，而是神女。

天授二年（691年），有家属拜伏于宫门下要求上书武则天。当武则天拿到奏章，看完后，心里乐开了花。奏章是为一个叫李君羡的人鸣冤,这是贞观年间铁板钉钉的老案子,本来是不值得拿出来炒作的,之所以再度翻案,是因为它所产生的社会效应。

贞观年间,当时有太白经天,预示着有女主武王要兴起,将取代李唐。唐太宗李世民很快就将上天的预警锁定在左武卫将军李君羡的身上,因李君羡有个人人都羡慕的乳名——五娘。李世民先是将"五娘"贬为华州刺史,后又将其处死。

很多年过去了,李君羡的后人一直活在"五娘"的阴影下。时过境迁,他们很快就意识到"五娘"暗藏玄机。他们跑到这里来,就为告诉武则天一句话:李君羡当初是冤死的,他做了您的替罪羔羊,您才是真正的武王,而他只是"五娘"。

武则天大张旗鼓地为李君羡追复官爵,以礼改葬,而这些都是为了告诉天下人——武王当国,君权神授。在天下臣民的心目中,皇帝的资格证书是上天颁发的,是为天命。天命不可逆转,武则天就是在等天命,让天下人倾心归附的天命。

垂拱二年,雍州报告说新丰县东南有座山从地下踊出,于是改新丰县为庆山县,四面八方的官员和民众都发来帖子祝贺。在这些歌功颂德的胡扯海捧中,却夹杂了一个不同的声音。说话的是江陵人俞文俊。他上书说:"天气不和谐,寒和暑就会并行;人气不和谐,肉瘤就会滋生;地气不和谐,小土山就会出现。今日陛下以太后的身份霸占帝位,变换了刚和柔的位置,所以地气受到阻塞而山才发生变化成为灾害。陛下称它为'庆山',我以为并不是喜庆。我认为应该谨慎修德以答复上天的谴责,不然的话,灾祸将要降临!"

武则天大怒,将其流放岭南,后六道使诛杀之。俞文俊是个个案,但他的身份是儒生,武则天实在讨厌儒生,因为这些人总是对女主天下心怀耿耿说三道四。原本武则天对儒学没那么大意见,作为社会主流思想,只要不对她的宏图伟业构成障碍,就没有打压的必要。她也曾一度求助于儒学，寻找她称帝的理由。武则天亲自主持贡士殿试就是在这一背景下进行的，她要挑选为其所用的人才。

载初二年（690年）二月十四日，武则天在神都洛阳城南门，亲自举行殿试。显庆四年（659年），唐高宗也曾亲自面试举人九百人，最后钦点郭侍举等五人为甲等，令待诏弘文馆。当时面试的形式与殿试差不多，但没有坚持下去。在武则天日后的帝王生涯中，也举行过科举考试，但都是由考官主持。武则天亲试只有这一次记录。

为了这次殿试，武则天做足了功课，提前一年下诏，五品以上的官员要做好人才推介，人数不限，有才只管放马过来。考试那一天，来自全国各地的考生有上万名，云集神都洛城殿，分八科参考，每科按照惯例策问二至三道。武则天希望能从中选出一些将来能为自己所用的人才，真正的人才。武则天非常重视这件事，亲自临考，所问的问题都是她所关心和思考的国际国内形势。上万考生涌入洛阳城，科目又多，考试一连持续了半个多月，盛况空前。

此时，最让武则天头疼的事，就是为女主天下寻求理论依据，也就是儒家义理上的支持，毕竟以母后身份称帝并无先例可循。她翻遍儒家典籍，它们连一个标点符号都没有留给她。武则天很失望，以致有了"太后重学士而轻儒士"的定论。武则天何尝不想重视儒学，可那些出口成章的读书人根本不给她机会。

武则天为了实现自己的帝王梦想，可以说能用的招数都用上了，海陆空齐头并进，版本不断升级。整个帝国也呈现出一种亢奋状态——老太太真能折腾。这还不算完，还有最精彩的一幕即将上演，那就是重建上古时的明堂。何为明堂？明堂究竟是个什么名堂？

"归来见天子，天子坐明堂"，从这首脍炙人口的北朝民歌《木兰辞》里，我们可以看出，明堂是天子理政、百官朝拜之所，它生来就和天子紧密相连。这个地方不是一般的宫殿，传说中，明堂是由轩辕黄帝亲手建造的。

也就是说，明堂具有君权和神权的双重象征。对于一个帝王来说，修成明堂，其风光不亚于泰山封禅和开疆拓土。

然而自周公建成明堂以来，修建成功的仅有汉武帝刘彻、王莽和光武帝刘秀。

自隋文帝、隋炀帝至唐太宗、唐高宗，动议多次，但最后都不了了之。武则天想到会有人反对，那些李唐宗室、前朝旧臣、学问深不可测的名家大儒，不会轻易通过。这是一块试金石，通过就意味着他们不会反对称帝了。

在动议之前，她先做好杀人立威的准备。她想到了结局，但没有猜中开头。第一个跳出来反对她的，不是李氏皇族之人，也不是平日里反对自己的人，而是她最信任的北门学士之首，她一手捧红的政治明星，现任宰相刘祎之。

在武则天由皇后到女帝的夺权过程中，每当需要有人摇旗呐喊时，北门学士总是冲锋在前。作为北门学士之首，刘祎之不同于那些口碑恶劣的酷吏，他温文尔雅，文采华丽。高宗、武则天时期正是唐文学蓬勃发展的时期，刘祎之少年时即以文采风流而闻名，与孟利贞、高智周、郭正一等齐名，时人称他们为刘、孟、高、郭。

刘祎之虽然儒学功底深厚，但他并不是儒家眼中的一流人才，随性放荡，有劣迹。他的姐姐曾在宫中担任女官，当时武则天的老娘荣国夫人杨氏病重，刘祎之的姐姐受武则天之命前去探望，刘祎之便偷偷跟着姐姐进入宫中。

刘祎之入宫是冲着杨氏去的，《新唐书》说"祎之因贺兰敏之私省之"，那段时间九十高龄的杨氏和自己外孙贺兰敏之的私情传得满城风雨。说好奇也好，说猎艳也罢，总之刘祎之一门心思想去见见这位充满传奇色彩的老太太。文人有时候好奇心比一般人要强烈，他们始终对这个世界抱有一颗不老的童心。谁知事情败露，刘祎之为自己的好奇心付出了惨重的代价，他被流放到巂州（今四川省西昌市）。数年后，刘祎之还是等到了咸鱼翻身的机会，机会来的时候不要多，一个就够了。

他的机会是靠自己得来的，出众的文采引起了武则天的注意。武则天特地上表请高宗将其召还，拜为中书舍人，不久又蒙恩遇，被时为皇后的武则天亲自检拔为北门学士之一，同时入选的还有元万顷、范履冰、周思茂等人。

这些人有着文人的优点，也有文人的毛病，才思敏捷，属文工书，率性任侠，不拘小节。时为上元年间，武则天与太子李弘之争正值白热化阶段，因此这群突然出现在长安宫廷里的政坛新贵，从刚开始就被视为武则天的私人内阁。明着为她编纂书籍，扩大影响；暗着参议朝政，分宰相之权。

上元二年（675年），太子李弘神秘死亡，武则天又陷入与章怀太子李贤争锋的战局。面对桀骜不驯的李贤，武则天要求北门学士为她编纂《孝子传》和《少阳正范》，作为太子必备读物。可见北门学士编书，也算直接介入了皇后与太子贤之间的政治斗争。及至李贤被废，李显被立为太子，刘祎之拜为相王府司马，辅佐皇子李旦。他和李旦的师生感情也就是此时候培养起来的，他很快就找准了自己的位置。刘祎之与别人不同，因为他具有双重身份——太后的心腹，相王李旦的老师。

在武则天废中宗立睿宗的时候，刘祎之坚定地站到了武则天一边。他和裴炎策划并发动了嗣圣宫变，把中宗赶下了台。彼时的他和裴炎都天真地以为，这完全是废昏立明、利国利民的好事。做老师都希望自己的学生有出息，皇帝的老师，太后的心腹，刘祎之风头一时无两，此时的他并没意识到，他追随武则天的幸福时光正在悄然结束。

因为武则天并没有遵守承诺把政权交给李旦，而是将李旦幽禁深宫，自己临朝称制。

惊愕，自责，恶心，失望，有生第一次，刘祎之对敬若神明的女主人产生了不满。不满归不满，刘祎之毕竟不同于裴炎，他拎得清自己几斤几两，他还没糊涂到要和武则天平起平坐，他只是一个追随者而非同盟军，武则天的决定没有他置疑的余地。刘祎之选择了沉默。他的驯服也得到了武则天的丰厚回报，顺利地升为宰相，尤其在裴炎被杀之后，刘祎之的事业很快达到了一个顶峰。

凡军国大事，所有诏敕全出自刘祎之一人之手，殊恩荣宠集于一身，当朝无人能及。刘祎之没有辜负武则天的期望，处处注意维护她的形象。当时有个叫房先敏的人因罪被贬外放，他认为处置不当，跑去向宰相陈述。接待他的是因主审裴炎一案而获升职的中书令骞味道，不知道此人哪里出了问题，居然将责任直接推卸给了武则天。

骞味道说："这都是皇太后出的主意，我也只是照她的话做。"

刘祎之赶紧出来打圆场："这次不关太后的事，是我奏请的，是我的责任。"

武则天知道这事后，把骞味道贬为青州刺史。同时重赏了刘祎之，并当众夸奖说，下属（臣子）的美德在于随时随地维护君主的形象，刘祎之不愧为臣子典范。

在竭力维护武则天形象的同时，刘祎之仍然梦想着睿宗有一天能真正掌权。有一天，刘祎之憋不住了，向自己的属下贾大隐大倒苦水："太后既然已经废昏立明，又何必临朝称制？还不如把大权交给皇帝，让天下人安心。"

话说出去了，刘祎之感觉心里痛快多了。可贾大隐不痛快了，他将此事密奏武则天。

告密，却告到自己人头上。武则天不禁发出疑问："祎之是我一手拔擢的,如今却有背我之心,难道他就再不顾念我对他的恩情了吗?"

贾大隐领到赏钱,就抱着有好戏看的心态,等着刘祎之入狱,等着抄家的队伍浩浩荡荡开进刘祎之的家。一天天过去,刘祎之还是刘祎之。看似风平浪静,实则暗流涌动。很多时候局外人是无法体会局中人的困境的,武则天有段时间没和他聊天了,也没有对他露笑脸了,刘祎之似乎察觉到了什么。他所能做的,只有自我安慰。

北门,又称玄武门。十年前,他就是从这条捷径直达禁中,成为皇后的座上客。时光上溯得更久远一点,太宗皇帝就是在这里发动兵变,一举除掉太子建成和齐王李元吉。作为武则天的心腹,在无数次开门放狗运动中,他都是第一个冲出来开咬的。扳倒了一个又一个皇子,干掉了一个又一个政敌,自己的报应也该来到了。

刘祎之已做了两三年的宰相,按照经济学原理,他是大赚特赚的。他也深知,在他身旁四周,那些虎狼之人也已打磨好了獠牙,只等最后的一扑,将其撕成风中碎片。尤其是在他们觉察到刘祎之与武则天之间已有裂痕,一封封告密信也开始往宫里送。今天说他收受诚州都督孙万荣的贿赂,明天说他与许敬宗的小妾私通。刘祎之很快被妖魔化。

武则天决定将刘祎之逮捕入狱,把问题查个清楚。无论是私通还是贿赂,都不足以让武则天产生动刘祎之的念头。前有李义府公开卖官,后有来俊臣强占人妻,武则天都能够包容,可见令武则天真正动怒的还是他那句话——还政皇帝。

那么让谁去审这个案子?武则天的选择出乎所有人预料,当然也包括当事人。当时监察和司法机关都已被酷吏把持,有人听说武则天要审讯刘祎之,早就做好了准备。一旦把人交给他们,死是肯定的,死的过程也是可怕的。武则天还是不希望把事做绝,她希望刘祎之能够得到公平审判,毕竟追随自己一场。

选来选去，武则天选中了肃州刺史（今甘肃省酒泉市）王本立。当时王本立因事上奏，仍滞留在洛阳。当王本立带人闯进刘祎之家，宣读太后敕令的时候，刘祎之既平静，又吃惊。平静是因为一切不出意料，吃惊是因为武则天居然将自己交给一个地方刺史审判。

区区地方官审判他这个堂堂的当朝宰相，刘祎之无法接受。闹了半天，在武则天的眼里，原来也只配让一个地方刺史来折腾自己。

"你宣读的是什么敕令？"刘祎之用眼神的余光打量着王本立。

"太后的敕令。"王本立不敢直视，低头回答，像是欠了对方还不清的债。

"太后的敕令？"刘祎之明知故问，他知道武则天这次是动真格的。

"你是直接从宫里拿出来的吧？没有经过中书、门下的也配叫敕令？"刘祎之语气傲慢，姿态无礼。唐代三省制度下中书、门下二省对皇权虽有约束，但就此事来看，这种制度仍然无法有效地制约君主专制。唐制敕令是由中书省起草，门下省审议后，才能正式发布。

武则天临朝称制后创新工作机制，很多时候不通过三省，这边刚写出来，纸上的墨迹还没晾干，就直接发布出去。刘祎之对此早就不满，此时于人前捅破，是不打算再有回旋的余地。王本立愣在当场，半天没说出一句完整的话。

王本立带着羞辱，带着一肚子的疑虑和委屈，回去向武则天复命。他将情况原原本本说了，请太后定夺。武则天听了很是愤怒，自己派一个地方官去审理，是想让刘祎之少受些皮肉之苦，结果对方非但不领情，还羞辱她，难道刘祎之对她执政的合法性还存有质疑？

武则天能够想见对方眼中那种高傲且凛然的神情，他这是要和自己对抗吗？这难道就是自己一手提拔起来的心腹？如果说私下他和同僚议论还政皇帝，还可以原谅的话，那么公开质疑武则天敕令的合法性,是可忍孰不可忍!

武则天很快做出批示,刘祎之敢对抗御史("拒捍制使"),立即逮捕入狱。堂堂帝国宰相,就这样沦为阶下囚。居于别殿的睿宗李旦也在第一时间得到消息,自己的老师被太后抓起来了。他和刘祎之的师生感情还是很深的,其他事他可以坐视不理,这件事让他坐不住了。

不管怎样,该一个学生为老师尽的义务,自己要尽到。李旦鼓足勇气,写了份措辞婉转、情真意切的奏章,列举了刘祎之过往功绩,请求武则天在这件事上能够宽大处理。睿宗虽然是个傀儡皇帝,但皇帝毕竟是皇帝。李旦开口说话总比其他人分量要重,武则天肯定会卖几分面子给他。刘祎之的亲友们都很开心,纷纷向刘祎之道喜。

刘祎之看着身边狂欢的亲友团,一句话都没说,只是摇头苦笑。沉默良久,他才说:"太后临朝独断,无所羁绊,皇帝这么做,虽是好心,但只会让我死得更快。"刘祎之这句话让所有人都惊呆了,他们知道没人比刘祎之更了解武则天。还是回去为其准备后事吧,死亡通知可能很快就会下来。不出刘祎之所料,睿宗的上表让武则天坚定了想法。刘祎之公开挑战武则天的权威,留下他等于为将来留下一个祸患。睿宗说情,她不会让睿宗当好人,自己来做这个恶人。她要让天下人都看清楚,今日之朝堂是谁人主宰。

既然没人能审得了,那就只判不审,反正结果都一样。武则天直接下令,处死刘祎之。为了证明自己是懂感情的,武则天给了刘祎之最后的特权——回家受死。

刘祎之做好了死前的准备,回到家中,沐浴更衣,面色平静。他让儿子给武则天写个谢表,感谢她赐予自己一个体面的死法。

他的儿子难过得无法书写,刘祎之操起纸笔,一挥而就,洋洋洒洒写了几大页纸。文采盎然,情真意切,既有个人感情的流露,又充满对帝国前途的忧思。写完,他将手中笔一扔,从容赴死。麟台郎郭翰、太子文学周思钧看了刘祎之的这封绝笔，折服于他的才情，忍不住夸了几句，结果被武则天知道，将二人贬黜外放。

作为北门学士之首的刘祎之是武则天身边的红人，他的死完全是自找的。他不是好人，也算不上坏人，他用自己的结局告诉我们，中国传统文人的倔强和骄傲，不因权势而凋亡，不因富贵而折断。

北门学士曾经是政坛一股重要力量，刘祎之被干掉后，能在武则天面前说上话的只有两个人——范履冰和周思茂。明堂之制，借建李唐宗庙为由修武周祖庙，都是这两个人出的点子。此一时，彼一时，当年组建北门学士，武则天是押宝未来；而今日的北门学士，已经没有多少可榨取的剩余价值了。没有利用价值，又掌握太多机密，死亡是必然的结局。

周思茂，垂拱四年（688年）下狱死。

元万顷，永昌元年（689年）为酷吏所陷，配流岭南而死。

范履冰，曾拜同凤阁鸾台平章事，兼修国史。载初元年（690年）因举荐不当被杀。

曾经翻云覆雨的北门学士，除了武则天临朝前自然减员（病亡）的苗神客与胡楚宾二人，其他人在武则天登基前夕被诛杀殆尽。对于此时的武则天来说，世间已无可信之人，世间已无不可杀之人。

垂拱四年二月，洛阳宫改造工程全线上马。"拆迁公司"的工人们挥着铁镐、榔头，一通忙活之后，乾元殿成了一堆废墟。武则天要用自己的行动告诉世人，这个世界最宏伟的标志性建筑——明堂，是属于她的。

事实证明，武则天不光是治国、治人的高手，同时也是建造形象工程的高手。当年周公建明堂用了七年时间，而武则天的明堂从动议到竣工仅仅用了一年的时间。时间虽短，但绝对是一流的设计，一流的施工。它在中国建筑史上创下了两个之最，规模最宏大，设计最新颖，号称"万象神宫"。

关于它的高度，史料记载，共分三层，"高二百九十四尺"，以一唐尺=0.294米计算，折合86.43米，相当于今天的二十五层楼那么高。而这并非武后所建的最高建筑，明堂建成后，武后又在其北面建起一个供奉大佛的五层建筑，称为"天堂"，在天堂的第三层可以俯视明堂。

明堂不但高得离谱，恨不得捅破天，形制之巧更是超出人类的想象极限。可以说它是个融会了儒、道、佛乃至域外宗教的大杂烩，据说修建它所动用的巨木需要一千人才能拖动。

明堂的底层四面象征四时，是接受百官朝拜的地方，武则天经常在这里开会，发布命令；中层为八角形，上立重檐，雕饰着九条金龙，中间环绕一圆盘；其上为明堂的最上层，武则天经常在这里和上天交流（祭天），站在最高层离老天更近，喊起话来方便。

在最高层的宝顶之上赫然矗立一只高达丈余的金凤凰，丽日当空之下，振翅欲飞，直破云霄，以一种君临天下的强势姿态，让下面的九条龙摇尾陪衬。伴随着这座凌空而起的华美建筑，一个新的时代开始了。新王朝的标志性建筑——明堂，明白地表示出以凤压龙的决心。

这一年的春天，武承嗣派人在一块白石上镌刻出"圣母临人，永昌帝业"八个大字，杂以紫石等药物填塞，白石莹润如玉，字形古雅朴拙，看上去此物只应天上有，貌似神品。武承嗣花钱从街上雇了一个叫唐同泰的人，让他揣着这块石头来到洛阳，做一件极为重要的事情——献神石。这位临时演员一脸诚恳，把自己八辈祖宗都压上来证明：这是自己打鱼的时候，从洛水里面捞出来的。

中国古人以河图和洛书记载宇宙的密码，《易经·系辞上》云："河出图，洛出书，圣人则之。"也就是说洛水里出现带字的石头这样的事情，是上天降祥瑞，是上天有话说。上天要说的话就是：武则天是天命神授的圣人，应为天下之主。

　　武则天接受了这份来自上天的礼物。瑞石来自洛水，为天授圣图，老天这么客气，自己也要拿出点诚意。她决定亲自前往洛水祭拜。就在人们对这块神石疑惑重重之际，武则天又来了一个让人心惊肉跳的举动，她给自己上了一个尊号——"圣母神皇"，从来没有帝王自己给自己上尊号的，武则天算是第一人。尤其是天子在位，皇太后上此尊号自称神皇，其用意可见一斑。

4. 神女无恙，以及皇族的血

　　武则天决定将于垂拱四年（688年）十二月亲临洛水举行受图大典，之后坐明堂接受群臣朝贺。在拜洛诏书里特别注明，各州的都督、刺史、李唐宗室和外戚都要提前十天抵达神都，不得无故缺席。武则天一记组合拳，镇住了所有的人。她要扯下最后的遮羞布，借着拜洛大会正式登基。李唐皇室的人再也坐不住了，再不出手，人家就要夺了李家的江山社稷。可他们又能靠什么还手？当年太原起兵，高祖李渊借助宗族势力攫取第一桶金。在随后的初唐统一战争中，领军挂帅的也基本是李唐宗室之人。开国之后，天下局势尚不明朗，李渊也是大封本家兄弟，用自己人管理天下，广封宗室数十人为郡王，李唐宗室权势达到顶峰，很多人更是军政大权集于一身。

　　玄武门之变，太子李建成与秦王李世民兄弟相残，很多皇室成员卷入其中，也因此遭到第一次大规模的清洗。李世民即位以后，吸取教训，削减皇室力量，加强君权。除了寥寥几个做出特殊贡献的李唐皇室成员被封王，大部分都被降为郡公，取消留京指标外放为刺史，让他们远离大唐帝国的政治核心。

　　也就是说国家把他们养起来，只要不添乱，其他都好说。高宗时代，长孙无忌为了巩固高宗的皇位，一掌政就连杀几个亲王，一度造成李唐宗室人心惶惶。经过燕王李忠案、章怀太子案等一轮又一轮的清洗，时至今日，李唐宗室已经所剩无多。

高祖二十二子尚存四人：韩王李元嘉、鲁王李灵夔、霍王李元轨、舒王李元名。太宗十四子尚存二人：越王李贞、纪王李慎。高宗八子之中，武则天亲生的死了两个，还有两个在囚禁中。然后就只剩下李上金和李素节这两个早已半死不活的庶子。宗室亲王也就只剩下这八人以及他们的子嗣。

武则天亲政之后，表面上过得去，暗地里却削夺他们的权力。先是全部尊为三师三公，但却没有丝毫实权，另外频频调动，不让他们在一个地方做刺史太久。不仅如此，她还安插了密探监视他们的举动。李敬业扬州叛乱时，武承嗣曾向武则天进言，找机会将李氏宗族之人再行一轮清洗。武则天没有听从他的意见，当时条件尚未成熟，这么做会失去人心。

随着武则天权力的一步步收紧，就算有功的李唐皇室成员也被一脚踢开。比如说，那个平叛的李孝逸，被武则天当作一次性抹布用完后就随手丢。垂拱三年，李孝逸被流放岭南而死。武则天的所作所为无不在传递一种信号：李唐皇室已经过时。

武承嗣的建言，皇室成员不可能没有耳闻，这让他们惶惶不可终日。山雨欲来风满楼，韩王元嘉之子李撰与越王李贞之子李冲开始四下串联，相约京城之外的李姓皇族共图义举。

建明堂，拜洛图，武则天称帝已成定局，而召集李姓诸王齐集神都，显然是凶多吉少。暴风雨即将来临，御用文人也在大造舆论声势。从庙堂到市井，人人皆知天命已移，武王登基。此次召集李唐皇室，意在一网打尽，连洛阳街头做小买卖的都在议论。也就在流言汹汹的当口，武则天下诏削减东阳大长公主的封地。没多长时间，又找机会将公主的两个儿子流放巫州。武则天厌恶的不是公主，而是她所嫁之人，她嫁的是长孙无忌的舅舅渤海高氏一族。

武则天早先整治李唐宗室之人还有所忌惮，找些借口，现在是看不顺眼就动手。体内流着皇族的血，想洗都洗不掉。韩王李元嘉之子、通州刺史黄国公李撰与越王李贞之子、博州刺史琅琊王李冲交游广阔，政治敏感度较高，以密语的形式四下串联相约举事。武则天召集天下李室宗亲的诏书刚发，李撰就以暗语给越王李贞写信，说："内人病渐重，恐须早疗。若至今冬，恐成痼疾。"

按照韩王李元嘉父子的意思，说太后拜洛授图之时，必会大兴告密之狱，到那时"皇家子弟必无遗种矣"。接着，李元嘉又假造了皇帝玺书，送给琅琊王李冲，里面的内容是："朕被幽禁，王等宜各发兵救我也。"或许觉得皇帝被幽禁还不够力度，李冲也假造了一封信，内容是："神皇欲倾李家之社稷，移国祚于武氏。"

于是这两份假冒的皇帝书信分送韩、鲁、霍、越、纪各王，让他们各自起兵，向神都洛阳进发。信发出去后，诸王反应不一。有人甚至唱起了反调。纪王李慎就是其中之一，他坚决拒绝起兵。日子过得好好的，去勤什么王。

李唐皇室出过许多英雄，也出过懦弱之人。也就在李唐诸王犹豫不决的时候，一位女性的声音划破凛冽的风："当年隋文帝篡夺周室，尉迟迥身为北周皇室的外甥，尚能领兵匡救社稷。虽然没有成功，但却威震海内，青史留名。现在诸王都是先帝的子孙，怎么能不把李唐江山社稷放在心上！面对今天的困境，作为李姓诸王现在不能舍生取义，还要等到什么时候！就算是兵败身死，也无愧此生。"

说话的这个女人是高祖李渊的第十九个女儿常乐公主，说到李渊的女儿，我们会想到他的三女儿，当年的娘子军总司令平阳公主。

这不由让人叹服北朝以降，贵族女子在关键时刻所表现出来的慷慨气节，丝毫不输给她们身旁的男人。那一个个乱世红颜点亮了历史的天空，从力图匡复周室的北周千金公主、委身突厥的隋朝义成公主、助父起兵的平阳公主，再到今日的常乐公主。废帝李显当年有个姓赵的嫡妃，被武则天关起来，结果把人给饿死了。这个饿死的嫡妃就是常乐公主的女儿，常乐公主对武则天应该是恨得牙痒痒。

  与常乐公主形成鲜明反差的，是那些所谓李唐皇室的男人。随着行动日期的不断临近，除了一开始纪王李慎拒绝起兵的灰色论调，此次行动还等来了一次致命的打击。问题出在鲁王李灵夔的儿子李蔼身上。这个李蔼，是个书法好手，据说当年高宗给他爸爸鲁王一个字帖，让他拿回去给李蔼临帖用。

  李唐皇室的很多人政治上失意，转而投身艺术，寄情于书画音乐。如高祖之子滕王李元婴为后世滕派蝶画的鼻祖，韩王李元嘉工书善文，所结交的都是当代名士。据说他家中的藏书就连国家图书馆（大内秘府）都比不上。艺术让他们暂时忘记了李唐皇室身份给他们带来的快乐与痛苦，他们沉醉其中，麻醉自我。当李蔼知道父亲正与越王父子策划起兵的消息时，他握笔的手开始颤抖。

  他知道在这场游戏中不会有举白旗的机会，一旦启动，就必须到底，直到一方胜出，另一方倒下。他想过一千种结局，有一千零一种都是越王必败。对于失败者意味着什么？死，并且死得难看。越想越胆寒，越胆寒手越抖。他不想死，好死不如赖活着。我不想死，我只想好好练字，好好过太平日子。

  想到这里，李蔼不再犹豫。他很快将李唐宗室起兵的计划全盘告诉了武则天，出卖了自己的父亲和皇室宗亲。他的条件只有一个——继续活着。这孩子练字把脑子练坏了，他太天真了，他难道不懂"皮之不存，毛将附焉"的道理？

  本来这次诸王反叛，就是缺钱、缺粮、缺人、缺地盘的"四缺"运动。李蔼的告密，使这次行动迅速演变成一场灾难。计划赶不上变化，什么都想到了，就是没想到队伍里会出现内鬼。

李冲不得不提前起兵，他派人通知韩、鲁、霍、越、纪诸王。自己先起兵，希望大家收到信后马上起兵响应，然后兵合一处，共取东都。李冲的消息是传递出去了，由于交通和路程所限，诸王得到消息的时间并不一致。李唐皇室成员分散各处，这就为他们的联络制造了难度，骑马串个门都要十天半个月。

　　本来约定好的，突然改变了时间。原本意见不统一的诸王慌作一团，一时间不知道李冲这边出现了什么状况。大祸临头，几人能有挺身迎接的勇气？就在李唐皇室不辨东西之际，武则天已经派出了镇压的政府军，领兵的正是著名酷吏丘神勣，也就是当年武则天派去逼杀章怀太子的密使。武则天派他前往，难道是看重他在杀李唐皇室人员上有经验？

　　丘神勣不是一般人，是大唐开国名将丘行恭的儿子。丘行恭则是太宗皇帝麾下的一员猛将，秦王李世民与王世充决战中原，他护主有功。今天我们仍可以在昭陵六骏"飒露紫"的浮雕上看见丘行恭。此人生性残忍，都督刘兰因谋反罪被杀，丘行恭便剜了他的心肝放进嘴里，直接吞下肚。唐太宗听说后感到太过分了，就责备丘行恭："刘兰谋反自然会受到法律的制裁，既然已经判处死刑，这么做，未免太过残忍。"

　　丘神勣虽然没有机会像父亲那样上战场吞食人心，可他的心狠手辣颇有乃父之风。凡是他经手的案子，家破人亡是正常的，他被当时的人称为专吃死尸腐肉的猫头鹰。武则天派丘神勣领军，就是为了向世人表明，她要拿李唐皇室开刀了。

　　事情到了这种地步，拉弓已无回头箭。李冲带着临时凑起来的五千人马，向武水发起进攻，然后由此强渡黄河。八月十七日，李冲率领这五千人一路杀到武水，当地的县令已经提前得到消息，城门紧闭，等待援兵，死守不出。当时天色已晚，当空一轮残月，将整个武水城涂抹上了一层幽灵般的冷光，空气中弥漫着死亡的味道。

李冲没有让军队休整，时间意味着一切，他必须在天亮之前拿下武水。不然丘神勣撵上来，两边来个包饺子，自己凶多吉少。他临时准备了一些草车推到南门下，他要借着风势火烧武水。他准备烧毁城门，然后直接带人往城里冲。火还没有烧起来时候，刮的是南风，他这边火一点燃，南风突然变成北风。部队还没开到城门，火借着风势就卷向了自己人。前面的士兵就往后退，后面的在将官的催赶下往前拥，一时大乱。这样一来，队伍乱了，人心就散了。李冲没有因为失败而晕头转向，他带着几十个家丁一口气又跑回自己的封地博州，这也将是他最后的人生驿站。他在城下喊了一嗓子，城门就开了。李冲很欣慰，他一抖马缰绳就往城里冲。可闯进去才觉得不对劲，迎接他的不是平日里熟悉的笑脸，而是一把大砍刀。

抡刀之人正是候思止口口声声说的"孟青棒"，李冲没料到，自己大老远跑回来，居然是挨刀的。他发现不对劲，刚想勒马，刀已经呼啸着落了下来。天降夫贵妻荣怎能错过，"孟青棒"将李冲当场击杀，上前割下脑袋作为领赏的凭证。武则天将其擢升为将军。从起兵到身首异处，李冲只用了七天时间。

这时候丘神勣率领的朝廷大军抵达城外，本来造反就是李冲一个人的事，跟大家没关系，一州官吏满面春风穿着素服出城投降，开门迎接丘神勣。丘神勣在凛冽的月光下，发出猫头鹰似的冷笑，挥刃将出迎官吏全部斩杀，刀锋所向，伏尸遍野，博州城转眼成为一座空城。丘神勣拎了一大串人头回京复命，被武则天拜为大将军。

李冲起事，他联系的李唐皇室成员迟迟没有登场。他们中间一部分人在犹豫，一部分在静观其变，一部分在等待消息。结果他们等来的消息是，李冲已经兵败身亡。而响应起兵号召的是他的父亲越王李贞，在豫州起兵。李贞出兵后，顺利拿下了上蔡（今属河南），迎来了开门红。

按照这个势头发展,起兵或许能奏效。可就在此时,李贞得知儿子李冲已兵败身亡,这种打击是致命的。与此同时,武则天派宰相张光辅统帅十万兵马已席卷而来,而诸王方面仍然毫无动作。想一想,当初诸王正儿八经的密谋也不过是一场过家家的游戏。越王李贞算得清,手中区区五千兵马,靠什么迎战武则天的十万兵马。他不想死,他想去投案自首,以求武则天宽大处理。

李贞正准备把自己绑了去见武则天,绳子都找好了,就在此时,一支援军赶到,李贞将绳子一丢,又来了精神。这支援军只有两千人,在新蔡县令傅延庆的率领下赶来。李贞激动得重燃希望。傅延庆还不知道李冲的死讯,正准备去投奔李冲。路过李贞的地盘,准备找李贞给他的儿子李冲写个推荐信,自己到那边能谋个比县令大的官职。这支奇迹般出现的军队给了越王李贞决战的勇气。

他决定封锁不利消息,然后放手一搏。他在动员会上慷慨激昂地演讲,令士兵们热血激荡:我儿李冲能征惯战,已经攻破数州,拥兵二十万,正往这边赶来。李贞的兴奋仅仅维持了不到两天。武则天派来的十万大军已经杀到城下,豫州被里三层外三层围得风雨不透。一声令下,顿时火光冲天,杀声四起,越王李贞一缩脖子就滚下城楼。

他在形势万分危急的关头想起了自己尊贵的身份——李唐皇室,自己不是一般的流寇。他正了正衣冠,决定使出不到万不得已都不会用的招数。李贞找来一帮僧人和道士在两军阵前做法事,这完全是一幕黑色幽默剧。

在凄厉的血腥屠杀中,声声佛号成了命运的咏叹调。外面又是几千人面对十万人,这根本就不是一个重量级的比赛。豫州官民纷纷投降,打开城门迎接政府军。官军入城,没有遇到什么抵抗,只有李府的家童拼死抵抗,他们一心护主,可他们的主子却没了影子。

李贞此时已无心再战,结局早已注定,但他没想到会来得如此快。他将妻儿老小召集起来,做最后的诀别。他用手捋了捋额头凌乱的白发,长叹一声:"事已至此,岂能坐而待戮。"他们选择了集体自杀,用鲜血捍卫李唐皇室的尊严。

李冲从发兵到兵败身亡只有七天,而李贞比他儿子强一点儿,多坚持了十天。随着两父子的相继败亡,更血腥的杀戮开始全面爆发。

豫州城破,张光辅的十万大军涌入城中。他们既没有张榜安民,也没有打扫战场,十万政府军如同地狱里最强的恶魔,他们在城内到处放火,四处杀人。谁杀的人多,谁的军功就大,不管杀的是抵抗的兵,还是臣服的民。豫州城跌入深渊地狱,被株连者六七百家,甚至连妇女孩童也不放过,有五千多人被籍没为奴。也就在这世界末日的审判中,另一位重要人物登场了,他将用自己的思想和行动影响武则天,他一生的功勋都是建立在武则天时代。此人就是传说中的"神探"狄仁杰,尤其一些文学作品和影视剧将狄仁杰打造成了东方的福尔摩斯,这是不真实的。

狄仁杰,字怀英,生于贞观四年(630年),并州太原(今山西太原)人。狄仁杰生于一个官僚地主家里,父亲担任过夔州长史。狄仁杰从小接受的教育是爱护大唐,忠于大唐。狄仁杰以明经举第,出任汴州参军。何为"明经举第"?这是汉朝出现的选举官员的科目考试,始于汉武帝时期,至宋神宗时期废除。被推举者须明习经学,故以"明经"为名。

明经与进士二科构成唐朝科举的基本科目,明经又分为五经、三经、二经、学究一经、三礼、三传等。考试采取先贴文,后口试,也就相当于今天公务员考试中的笔试和面试。笔试比的是文章优劣,面试比的是处理实际问题的能力。考试时,从上面的经文中抽取十条来考("问大义十条"),回答的时候要能从不同的角度,从不同的圣贤书里找出不同的答案("答时务策三道")。

狄仁杰通过这样的考试流程,当上了汴州参军。不要小看这个低级别的职务,它是升迁的第一步台阶。狄仁杰的从政之路颇不平坦,他到汴州时间不长,就吃上了官司。官司吃得有点冤,因为是被人诬陷。在狄仁杰吃官司期间,工部尚书阎立本在河南任道黜陟使。插一句,阎立本在当时的书画界和工程建筑领域都有建树,是当之无愧的画家兼工程学家。唐太宗在宫中凌烟阁挂的二十四功臣的肖像画,正是出自他的手笔。

狄仁杰的案子转到了阎立本的手上。本来一个低级别官员违法,无非是证据确凿,就地免职。但此案在阎立本手上审来审去,居然审出了新的高度。到最后,阎立本用了十个字作为结案陈词:"河曲之明珠,东南之遗宝"。也就是说,他审的这个人是一个人才啊!他不应该是一个罪犯,而是国之瑰宝。我始终无法理解,狄仁杰究竟使了什么魔法,让阎立本审查中审出了一块宝,审出了一颗明珠。

显庆五年(660年),高宗李治携皇后武则天出游汾阳宫,途经并州太原。时任并州长吏李冲玄是个官场老油条,他善于在上级官员面前表现自己。他发现在皇家车队去汾阳宫的路上要经过一座妒女祠,他想大唐武皇后此时已开始走红并帮助她男人处理政务,可别遭了妒女之忌,遭遇不测。李冲玄从当地找了数万的农民工准备开辟一条新的阳光大道,供皇家车队使用。狄仁杰对此事持强烈反对意见,他说:"天子之行,风伯清尘,雨师洒道,何妒女避邪?"天子出行是天大的事,风伯雨师为其开道,小小妒女想要加害,几乎不可能。

高宗听到这个消息后,称赞狄仁杰"真丈夫矣"。说实话,狄仁杰在这里是变相拍马屁,但也因此化解了一场劳民伤财的繁重劳役。狄仁杰在其后的政治生涯中,将此风格发挥到了极致。武则天平定李唐宗室之乱后,就把狄仁杰安排到豫州担任刺史。狄仁杰本以为是让自己去安民，可到现场一看，根本插不上手。政府军在城内疯狂地烧杀抢掠，让他极为震惊。

狄仁杰知道，伴随权力争夺的是无数生灵遭涂炭。他看不过眼，想替老百姓说句求情的话，可他明白眼前这些杀人如麻的将士只是提线木偶，这疯狂的一幕，幕后真正的主使是武则天。他要劝武则天，让她放下屠刀，立地成佛，既然挡不住她当皇帝，那就只好劝她当个好皇帝吧。

狄仁杰的奏折写了又撕，撕了又写，他犹豫，他恐惧，与裴炎、刘祎之这些朝中重臣相比，他一个小小刺史能有几斤几两？不管怎样，为求心安，他打算豁出去了。他在写给武则天的奏章中直言，城中的百姓是无辜的，请武则天哀怜这些无辜受累的百姓。同时他带领豫州的官员们走上大街，全力阻止张光辅的暴虐行径。

接到狄仁杰的奏章，武则天也做了反省，觉得屠城之举实在是不得人心。于是，武则天诏令张光辅，不要再杀了，还是留些活口吧。狄仁杰笑了，豫州的百姓得救了。对于武则天来说，杀与不杀取决于自己。虽然她听从了狄仁杰的建议，但也要为自己找回丢失的颜面。武则天不能让狄仁杰得了便宜还卖乖，不然活下来的豫州老百姓都拿狄仁杰当神拜，谁还给她武则天烧香磕头。

我们来看武则天发的这个诏，完全具有一拖二的功能。豫州老百姓得救了，狄仁杰却被请出豫州。为民请命的狄仁杰被调整到复州当行政长官，做异地交流。豫州老百姓舍不得放狄仁杰离开，相携哭倒在德政碑下。小小豫州，是装不下狄仁杰的。在其后的十几年里，狄仁杰将用他的仁心侠骨，化解严酷时代的一块块坚冰。

武则天在此事的处理上，既听取了下臣谏言，又保全了自己的颜面。疯狂的杀戮，固然起到了杀人立威的作用，但往往也会适得其反。越王李贞为了捍卫李唐皇室的尊严，发动了这场总共加起来不到一个月的军事抗争。李贞父子死了,其他人还能好好活吗?武则天在漫天血雨之中,将韩鲁诸王及常乐公主夫妇等一起收审下狱。

武则天将李唐皇室视作釜中之物,煮与不煮全在于她。她要在称帝之前平复一切,若是等到她称帝之后再出手,效果和当下是不可同日而语的。到那时,她会因此戴上一顶窃国僭主的大帽子,换来的只能是民心背离。如今她虽是皇太后,皇帝死活要让她代为临朝,反对她就是与整个帝国为敌,人人得而诛之。就算她把反对她的李氏宗族之人杀得一干二净,她也问心无愧。为了表明自己并不是想存心冤死这帮人,武则天没有动用酷吏,因为她知道李唐宗室之人不是被吓大的。武则天派监察御史苏珦审理此案,结果苏珦的办案能力令她大失所望,审来审去,始终无法定案。

武则天召来苏珦,责问他为何不能结案,是有意庇护逆贼,还是有其他原因。苏珦不解释,不辩论,沉默以对。武则天看着眼前的苏珦,想骂又不忍开口,一个书呆子说他谋反实在太过牵强。好半天,她才叹道:"卿乃文雅之士,心慈不能施杀手。"

武则天没有去找苏珦的麻烦,只怪自己用错人,她当场将其打发去河西作监军。通过此事,武则天也悟出一个理儿:作为执政者,要做到人尽其才。不然浪费人才不说,还耽误工夫。看来审讯犯人此等粗活,只能交给自己养的那帮酷吏。武则天把主审李唐宗室的任务又交到周兴的手上。索元礼、周兴、侯思止和来俊臣,这几个人的名字就是魔鬼的代名词。他们联手开启武周酷吏时代,由此洞开地狱之门,死神将如约而至。

他们是武则天豢养的鹰犬,只需主人的一声口哨、一个眼神,他们便会凶猛地扑上前去撕咬,消灭肉体,使鬼神战栗。这个外表慈善如老妇,心如蛇蝎的周兴,绝非浪得虚名。苏珦埋头忙活半天都没结果的李唐宗室谋反案,到了周兴手里就迎刃而解。距离越王父子败亡不足一个月，韩、鲁诸王及常乐公主夫妇通谋案便尘埃落定。周兴，这台由武则天打造的杀人机器，他用那些创意十足的杀人方法，让李唐皇室之人暗淡了生命的色彩。所有犯人全都畏罪自缢而死，死亡对他们来说是一种解脱。

鲁王之子李蔼因为告密有功得以保全性命，还升职做到散骑常侍，可还没等到他缓过神来，又遭到酷吏陷害栽赃，被诛杀，算起来也就只比他的父亲多活了几个月。不知道九泉之下见着他的那些叔伯兄弟，他会做何解释？周兴手起刀落让武则天很满意，只要结果不要过程，没人管你用什么手段杀人。

垂拱四年（688年）十月开始，大狱又起。霍王元轨也因为李贞之乱连坐被废，流放黔州，死于半途。太宗之女城阳公主的三个儿子薛顗、薛绪、薛绍也因为与李冲合谋而被杀。其中薛绍还是武则天最宠爱的小女儿太平公主的丈夫，他被牵连进去纯属冤枉。要知道他与太平公主这时候已经结婚七年，七年之痒应该不属于他们。因为在这七年间他们有了四个孩子，薛绍入狱之时，最小的孩子还在嗷嗷待哺。

在这场大清洗中，幸存下来的亲王级人物只有舒王李元名和纪王李慎，由此可见此二人能躲过此劫，扮鸵鸟的本事也算修炼到家。逃得了初一，逃不过十五。血统就是他们的原罪，不需要别的理由。

垂拱五年四月，高祖第十六子故道王李元庆之子李溍、太宗第七子故蒋王李恽（也就是在高宗年间被属下诬告谋反，吓得主动自杀的那位）之子李炜等十二位皇族，都因叛逆罪被诛杀抄家，开除出宗籍。打着越王叛乱的旗号，武则天马不停蹄地绞杀李唐皇室，没有错杀，只有不杀。这年七月，漏网之鱼舒王李元名和纪王李慎束手就擒，也被送上了断头台。舒王李元名因儿子与越王合谋被杀，纪王李慎知情不报被抓。尤其纪王李慎是一个谨慎保守之人。他的姐姐临川公主是武则天的闺中密友，去世时，武则天还亲自撰文寄托哀思。估计他可能对武则天心存幻想，看在姐姐的面子上能够放过自己。他的六个儿子，长子受来俊臣诬告早死，其余五子都在此事件中被杀。

李慎自越王李贞谋反之后就被抓起来审讯，始终没有进展，如此折腾了大半年，最后还是被架上断头台。眼看就要刀落人头掉，武则天的免死特赦令从天而降。特赦令对他来说已经失去了意义，哀莫大于心死。

纪王李慎稀里糊涂被人从断头台上架了回来，还没等他喘口气，便传来了几个儿子被杀的消息。他明白了，武则天这是在对他进行精神折磨。人世间最痛苦的莫过于经历了死里逃生的狂喜之后，又让你陷入痛失至亲的狂悲。李慎虽然不用拿脑袋抵账，可还要继续活受罪。于是他被直接塞进囚车，披枷带锁流放巴州。巴州，又见巴州，昔日太子李贤的死难之所。

李慎没有再给武则天折腾自己的机会，走到半途就死了。即使他不死，生命之光也是黯淡的。李慎有个女儿是东光县主李楚媛，此女贤淑，待人接物得体。后来她嫁给司议郎裴仲将，夫妻相敬如宾。据说婆婆有病，所用药物食品，她都要亲口先尝，然后再喂婆婆；和妯娌们相处，也从不论长短争高下。当时的皇族女子都把骄横奢侈、相互攀比作为时尚，而李楚媛显得格外另类，由此可见家风纯正。有人就含讥带讽地对李楚媛说："人所以看重富贵，是因为能满足欲望；现在你独自保持勤劳艰苦，追求的又是什么呢？"

李楚媛说："我小时候喜欢礼，现在付诸行动，不是满足自己欲望吗？纵观自古以来的女子，都以恭顺节俭为美德，以放纵奢侈为丑恶。我只担心自己的言行辱没了父母名声，其他别无所求。富贵如浮云，不值得炫耀。"她的这番言论，让那些皇族子弟既惭愧又佩服。当其父李慎的死讯传来，李楚媛痛哭不止，呕血数升，守丧期满后，她坚持近二十年不用润发的油脂。

史家统计，经过此轮清洗，与武则天无血缘的李唐皇室宗亲已所剩无几。其中高祖二十二子，太宗十四子，无一存活。高宗八个儿子，其中李忠、李弘、李贤已死，剩下的只有李哲、李旦、李孝、李上金、李素节。而接下来，武则天又盯上了高宗的两位庶子泽王李上金和许王李素节，此二人能活到今日，是因为他们早已没有了李唐皇室的半点脾性，已构不成威胁。没有威胁，不代表不存在，存在即合理，合理但不合武则天的规矩。

六年后，天授元年（690年），武则天派周兴诬陷他们谋反，两个人被押解到洛阳受审。李素节本来是舒州刺史，离开舒州的时候，他正好赶上有人出殡，死者家属哭声震天。此情此景，让他不禁感叹："能够病死是多么不容易的事，怎么还如此哀哭呢！"意思是说，自己想寿终正寝都是不可能实现的梦。生为王孙贵族，还不如普通百姓来得自在。

连京城都没让进，李素节就被武则天派人在龙门驿用带子勒死，并杀其九子。而泽王李上金与许王一同被征召入朝，听见四弟被杀，惶恐之下，自缢而死，他的七个儿子也于流放途中死亡。被控谋逆的李唐皇族中人都被武则天开除出宗籍，改姓为虺。也就是说，他们已不属于人类，而是一种类似于蛇的，看上去让人恶心的爬行动物。武则天总喜欢给人改姓为蛇类动物，当年将废后王氏改姓为蟒，得罪她的武氏兄弟也被改姓为蝮。也许她认为改姓之后，这些人到另一个世界里只能认蛇归宗。

高宗去世时，武则天为稳定局面将在世的韩鲁诸王加封为三公，现在他们已经被消灭干净。但早逝的亲王们仍然有不少子嗣，在武则天的眼中，他们都是潜在的危险分子，躲在暗处，伺机而动。武则天不会轻易放过他们，只会找机会剪枝修叶。而周兴、侯思止、来俊臣等一帮酷吏，犹如嗜血的猛兽，个个饱饮李氏皇族之血平步青云。

从垂拱四年到天授元年的短短两年时间，以《旧唐书》所载李氏皇族子弟二百五十一人为参考，死于非命的约有一百一十三人，其中武则天掌权时被杀的占到百分之六十，加上流放、潜逃的，占到了百分之七十三。受到牵连的女眷与亲友有数百家被屠杀，诚如史家所叹"唐之宗室至是殆尽矣"。

在剪除李唐宗室的这场大狱里，周兴无疑是最拉风的酷吏，他快刀斩乱麻的断案方式深得武则天的赏识，累迁升为秋官侍郎。在酷吏中，周兴可谓独领风骚。周兴又奏请武则天，废除所有李唐宗室的皇亲身份，取消李家宗籍。经过一轮轮的清洗，李唐皇室这棵大树已经枝凋叶落，就连公主驸马也难以逃脱清洗。而就在其中，出现一个异类——唐高祖李渊之女千金公主。此女之所以绝境逃生，是因为她挠到了武则天的痒痒处。

她还有一个重要身份——武则天的体己人。作为女人，她看出武则天虽然已年过花甲，但尚无衰老之相。她为其开出了药方——治宜温养肝肾，填补奇经。药用：面首一名，名为薛怀义。千金公主不敢掉以轻心，虽然已年过七旬，仍不惜以姑母之尊，主动要求作武则天的女儿，被封为延安大长公主，赐姓为武。按辈分，千金公主应该算高宗的姑妈，武则天应该算她的侄媳妇。

武则天对这位比自己年龄还大的"女儿"很是喜爱，她太需要一名精神与生理上的良师益友了。女人，难言之隐便与何人诉？满朝文武皆为权力的傀儡，毫无生趣可言。或许在他们眼里，武则天也是性别模糊的治国者。被千金公主带到武则天面前的，就是冯小宝。千金公主的推荐语是"小宝有非常材，可以近侍"。

冯小宝何许人也？此人来自鄠地（今陕西省鄠县），贩卖药材为生，练就了一身腱子肉，粗犷不失英俊，粗鲁不乏温柔。冯小宝，一个十足的市井之徒，行走江湖之余，还操持皮肉生意。他仗着身体条件出色，在大街上表演武术，常常说些黄段子，以御女奇术自夸。有非常之材的冯小宝自然招来一些贵族女子的青睐，而其中色胆包天的要数千金公主的一个侍女。此女偷偷地将冯小宝带进府里幽会，结果被千金公主捉了现行。

千金公主看了不觉心动，于是将其留在身边。傍上千金公主的冯小宝，一如既往地卖力讨好。千金公主连连赞叹"如此良材岂能沦落民间"。为了讨好武则天，千金公主又将其作为"灵药"孝敬给武则天。于是，一个洛阳城里经常光着膀子晒肌肉的卖艺人，就这样进了武则天的寝宫。

醉卧美男膝，醒握天下权，生活原来可以如此美好。权力与美色让武则天重回青春，今年六十，明年十六。冯小宝，这个男人世界里的尤物，成为让武则天爱不释手的玩具。

此时的武则天虽然大权在握，可也不便过于张扬。为了掩人耳目，她让冯小宝出家当了僧人，赐名怀义。冯小宝这个名字毫无内涵，听上去就是一个混迹于底层的混混，为了提高他的身份，武则天将其改名为薛怀义。

武则天对外宣称，这个僧人是驸马（太平公主夫婿）薛绍的家门叔叔，借此提高他的身价。因为僧道有特权出入皇宫，尤其可以出入武则天的寝宫。冯小宝经常带着洛阳高僧法明等十几个和尚一起入宫作法，除了混进佛门的冯小宝，其他僧人都是洛阳城寺院里的精英。通常情况下，薛怀义会混在他们中间念经念到一半，便找个机会从后门开溜。

他轻车熟路地就进了武则天的寝宫。时间长了，薛怀义的胆子越来越大，将武则天伺候得舒舒服服，恩遇也越来越厚。人人皆知薛怀义是武则天身边的红人。薛怀义进出宫门都乘坐宫廷马厩的马，由宦官跟在后面伺候着,他享受的待遇超过了朝廷一品大员。遇见上朝的官员,薛怀义昂着头,鼻孔朝天,一副舍我其谁的神情。胆小怕事的官员迎面碰上,会夸张地匍匐在地行大礼谒见他,打招呼都不敢直呼其名,而是尊称其为"薛师"。就连武则天的侄子武承嗣和武三思都向他卑躬屈膝,身如小吏,他上下马时给他拉马,借以讨他的欢心。

武则天让薛怀义当了白马寺的方丈,白马寺是因唐玄奘出名的。因为白马寺这个方丈是为唐朝已故的帝王诵念经文的,所以可以自由出入宫门向武则天奏事。

武则天似乎很愿意将恩宠赐予他,就像那些帝王喜欢把荒村小巷之女纳入皇宫一样。薛怀义深信掌控了武则天,就会拥有至高无上的权力。穿了袈裟的薛怀义毫无收敛之意,洛阳街头,人们经常可以看见他欺男霸女,欺行霸市,俨然成了京都街头一道丑陋的奇观。薛怀义骑着高头大马,前有身着皇宫官服的差人开道,看谁不顺眼(特别是道士),抓过来剃光头发强迫人家做和尚。

街道之上,大和尚信马由缰,来不及避让的路人,靠近的就得挨上几下铁链子。一次,一个御史在街上迎面而来,薛怀义让开道的手下人狠狠教训了对方一顿,原因是那个御史弹劾过他。还有一次,薛怀义从皇宫前门进宫往武则天的宫院赶,当他大摇大摆地穿过门下省的大厅时,遇上了宰相(门下省侍中)苏良嗣。

宰相苏良嗣向他打招呼,薛怀义假装没看见,不予还礼。苏良嗣大怒,斥道:"贼秃子,焉敢如此无礼,你进来干什么?"薛怀义捋胳膊,卷袖子,就要使出摔跤本领,在朝廷宫门里咆哮一顿,然而唐代宰相的威仪绝非其他人可比,号称"礼绝百僚"。史料记载,冬至立杖,众人举火列烛,一旦宰相将至,百官都要扑灭火烛以避之,可见宰相出场时的排场。就算武则天执政时期的宰相地位受到打压,但也绝非薛怀义可以任意欺负的。苏良嗣见薛怀义竟敢在自己面前如此放肆,吩咐左右将其拿下,然后拖到面前,来了个左右开弓,抽了他十来个嘴巴。

攀上武则天这棵高枝以来,薛怀义哪里吃过这个亏?他哭着跑到武则天的宫院英贤殿,大诉委屈。武则天听了大笑起来,埋怨道:你以后记得从北门出入好了,南门是宰相出入的地方,你没事去惹他们做什么呢?

结果,侍中苏良嗣什么事也没有,薛怀义吃了个哑巴亏。这件事是个教训,至少让薛怀义拎清了自己几斤几两,知道自己不过是这个女人的高级玩具。知耻近乎勇的薛怀义决心努力奋斗,干几件惊天动地的事情,让天下人对他刮目相看。这种心态颇可理解,也值得"敬重",毕竟每一个人都有奋斗的权利。

毕竟欢爱正浓,武则天也不忍心打击他,于是把一个大工程的建设权赐给了薛怀义。工程很大,大到可以让包工头薛怀义名垂青史,这项工程就是我们在前面提到的那个很有名堂的——明堂。

因为修建明堂,薛怀义可以戴着安全帽,拿着施工图,公然进入宫廷后院。皇宫中嫔妃的住所一向是男人的禁地,当然不包括太监。现在薛怀义却能够百无禁忌,这不能不让天下男人羡慕和忌妒。

薛怀义这种拿皇宫后院当自己家后花园的做法,引来不少的闲言碎语,以骂人为己任的御史更是有话直说。御史王求礼就是其中一人,此人忠謇敢言,每上封弹事,无所畏避。他上了一本,奏请将花和尚薛怀义阉割之后,不允许他出入宫中女人住的宫院,以保"宫女的贞节"。

武则天看完奏本,大笑起来。她觉得所奏之事太过搞笑,也许她想到了阉割后的薛怀义的滑稽模样。她只是笑笑,然后将奏折丢在一边置之不理。让一个身份卑贱的男宠去修建儒家圣物明堂,也亏武则天能想得出来，这是对儒家学说的蔑视，也难怪后世儒生骂她骂得最难听。客观地说，薛怀义修建的明堂还算气派，在这件事上他没给武则天丢脸。

垂拱四年（688年）十二月，那座惊天地泣鬼神的明堂终于建成了，号为"万象神宫"。在明堂的后面还建成了一座更加高大气派的天堂，用来放置佛像。武则天大悦，将薛怀义拜为左威卫大将军、梁国公。这时候整肃李唐皇族的第一波暂时消停下来，已没有什么能够阻挡武则天前进的脚步。十二月二十五日，西方的圣诞节，圣诞老人没有出现，圣母神皇倒出现了。已经自封尊号"圣母神皇"的武则天，亲临洛水，拜祭宝图，迈出了神道立国的第一步。

所谓"宝图"，就是我们前面提到的武承嗣等人伪造的刻有"圣母临人，永昌帝业"的白石，自称获之于洛水。武则天命名为宝图，后又更名为"天授圣图"，洛水更名为"永昌洛水"，禁止在这里游泳、垂钓，免得弄脏了神水。武则天的举动刺激了李唐皇室脆弱的神经，由此爆发了越王父子的叛乱以及血腥屠杀。

武则天拜洛的决心没有因为李唐诸王的反对而停下。席卷的风暴过后，帝国的天空应该挂上一点彩虹，毕竟喜事将临。河出图，洛出书，本就是儒家理想治世才能出现的最大祥瑞，而这次拜洛大典文物仪仗之盛，也被史家称之为"唐兴以来未之有也"。影子皇帝睿宗、皇太子成器、内外文武百官以及八荒六合的蛮夷君长，都盛装出席。

数日之后的垂拱五年元旦，武则天宴请文武百官齐聚万象神宫。在这次宴会上，武则天貌似新皇。她第一次披挂上了全套天子专用行头——衮冕，执镇圭行初献之礼，皇帝为亚献，太子为终献。

先祭祀昊天上帝，然后是大唐高祖、太宗、高宗三圣。接着，她带着文武大臣又来到其父（神皇父亲）武士彟的灵前祭拜，最后才轮到五方帝座。礼毕，圣母神皇武则天登则天门宣布大赦天下，改元永昌。

三日之后，武则天再度穿上皇帝专用服饰，驾临万象神宫，接受群臣朝贺，并在第二天布政于明堂，颁九条政令训诫百官。五日，武则天再次在明堂宴请群臣，明堂落成后的首次布阵大典热热闹闹地落下帷幕。整个仪式完全按照周礼来操办，这是武则天认祖归周的具体表现。与众不同的是主持祭献的是身穿天子礼服的武则天，而祭祀的祖先中当然少不了自己父亲武士彟。

"天子坐明堂"的古老礼仪终于重现于世，然而群臣叩拜的却是一个女人，这多少让人感觉到有些别扭。不少朝臣纷纷展示自己歌功颂德的辞章，大大的"忠"字让李唐旧臣心惊胆战。初唐诗文革新人物之一，曾经上书谏阻武则天重用酷吏的陈子昂，这时候也撕去文人清高的面纱，专程跑来向武则天奉上自己连夜倾情赶制的贺表。贺表里吹捧道："至德配天，化及草木。天不爱宝，洛出瑞图……陛下恭承天命，因顺子来，建立明堂，式尊显号，成之匪日，功若有神，万国咸欢，百灵同庆。"

能写出"念天地之悠悠，独怆然而涕下"的陈子昂，写这样的马屁文章，还不是信手拈来！翌月，武则天再度下令尊自己的父亲武士彟为周忠孝太皇，母亲杨氏为忠孝太后，坟墓按照帝王的规格改称为陵。由武士彟起上溯四代全部封王，并特置官吏执掌武氏陵庙的祭祀，让死了的先人享受帝王待遇。

十月，武则天又下令重大祭祀活动除了高祖、太宗配祭昊天，同时要祭拜窦皇后和长孙皇后配祭皇地，借此提高妇女的地位。时代不同了，男女都一样。忠孝太皇配祭李唐三圣，武则天的母亲忠孝太后也同样配祭李唐诸后。由此可以看出，武则天此时已拟定了新王朝的国号——大周，周唐一体的混合体制已经初步形成，"于彼新邑，造我旧周"。

大周，一个全新的时代已经来临。

第五章
一个全新时代的来临

1. 日月凌空谓之"曌"

永昌元年（689年）十一月，武则天再度君临明堂，发布诏令，大赦天下，宣布废除实行了千百年的夏历，改行周历，以十一月为岁首正月，所有月份都依次往前推两个月。这样的话，历史上永昌元年的十一月一日，便成了载初元年的正月元旦。岁时节令也被推倒重来，正式进入武则天时间。普通老百姓的生活也跟着重新洗牌，不知今夕为何夕。

更新万年历，时间乱了可不行。天下臣民的生物钟被打乱，武则天又顺势推出《改元载初赦文》，"天平地成，淳风享千年之运；乐和礼备，宝柞隆三圣之基"。在颂扬高祖、太宗、高宗圣德的同时，武则天隆重推出自己，自封帝国的第四代圣主。在将身份合法化、最大化的同时，高宗遗诏传位的中宗李哲，傀儡皇帝睿宗全都不在其列。武则天代子临朝就这样堂而皇之地成了直接承继三圣。

武则天改天改地的同时，又要改字。改字的诏令发布半月后，要求取代旧字在天下实行，据说由侄儿宗秦客起草，武则天审定。头一批改了十二字，之后又陆陆续续地更改了一些，凡十七字，称为"武周十七文"，也有二十一字之说，都是"天""地""人""日""月""星"等使用频率较高的文字，这些字也是和万物生灵息息相关的字。

武周十七文后来逐渐被废弃，唯一保留下来的只有一个字，这个字直到今天还在使用，看样子还会一直使用下去，因为但凡书写中国历史便无法避开这个字，那便是武则天为自己取的名字——武曌。日月凌空谓之"曌"，这个字也成为她名字的专用字，全国独一份。

在宣布改名为武曌的同时，武则天下令将诏书的诏改为制，因为诏、曌同音，需要避讳。"制"其实与高宗李治的治也是同音，但李治的保鲜期已过。与此同时，武则天接受酷吏周兴的奏请——宣布取消李唐宗亲作为皇族的特殊户籍。武则天现在只需要一个依据，一个让女人登基为帝的理论依据。儒家教义严厉谴责女人执政是"牝鸡司晨，惟家之索"，道家也已被李唐皇族尊为祖先，现在剩下的只有佛家了。

消息传来，僧人无心向佛，都在琢磨如何能让武则天夺得三教之首的尊号，全天下的佛教徒都在拼命翻书。在他们中，最敬业的要数薛怀义，他带着法明等人，夜以继日地忙碌。功夫不负有心人，他居然将民间弥勒崇拜与佛教经文搅和在一起，捣鼓出一部鸿篇巨制——《大云经》。

这部《大云经》完全是武则天在神界的个人传记。比如里面有一句："佛告净光天女言，天女将化为菩萨，即以女身当王国土。"文中这位天女"净光"上辈子是国王的老婆，后又成为天女，再后当女王，最后成佛。最蠢的人都能看得出来，武则天就是"净光"在现实世界里的投影。

他不但完成了一部《大云经》，更是将武则天幻化为弥勒下凡，轰轰烈烈的造神运动被推至高峰。朝廷印制《大云经》，免费赠送，人手一册，并组织各地宣讲，而宣讲团成员基本上都是各地高僧，由他们开坛讲解。为了达到宣传效果，薛怀义和法明等对《大云经》进行详细注解，把晦涩的佛经与朝政结合，一一讲解清楚。

这里面没有夸张的成分，这本《大云经》的编撰人正是冯小宝。武则天下令，各地都要建一座大云寺，寺内各藏一本《大云经》。一时间，整个帝国笼罩在梵音诵经声中。今天我们在吉尔吉斯斯坦即唐朝安西四镇中的碎叶城，仍然可以看到大云寺的遗址，可见当时的宣传攻势是何等猛烈。

洛出书，表明她是儒家认可的圣天子，《大云经》尊奉她为佛祖首肯的未来佛。最后就连道教徒马元贞也率弟子上书拥戴。儒、释、道三家都为武则天登基找到了理论依据。

载初元年（690年），武则天在热火朝天的造神运动中亢奋地度过了一个夏天，她现在还需要的是民间舆论的支持。就在武则天左顾右盼之际，一个人闯进了她的视野——九品芝麻官傅游艺。傅游艺率关中父老数百人来到神都，进入宫门，上演了一场伏阙上表的好戏。表彰里称"天无二日，土无二主"，请武则天代唐自立，降睿宗为皇嗣，不然他们这些人就不返家。

武则天的心里虽然欢喜，但是她并没有答应。才来这么几百号人，气势不够，她要让暴风雨来得更猛烈些。武则天虽然没有答应上访民众的合理化要求，但却破例提拔傅游艺为正五品门下省给事中，三个月后又破格提拔为宰相。升迁之快，完全打破了朝廷使用官员的制度束缚。

不到一年，傅游艺由最低微的职位一跃而为宰相，让人看得心跳加速，从此落下一外号"四时仕宦"。没过多久，第二次大规模的上书请愿又来了，这次请愿的是社会各界群众。除洛阳周边的老百姓，还有一些国际友人（番邦胡客），宗教界人士（僧人道士），有一万多人。

这是一场万人请愿运动，声势浩大。武则天还在等，等应该说话的人开口说话。朝臣们再也坐不住了：难道他们这些体制中人的思想觉悟还比不上普通民众？就在万人上表的第二天，上书请愿的队伍不断扩张，大批官员也加入其中，人数很快发展壮大到了六万多人。这还不算完，听说一些人还在马不停蹄地往洛阳赶，还有一些民间人士背着铺盖卷，准备打持久战。狂热的人群聚集在宫外高声请愿，那架势似乎在说，武则天一天不当皇帝，他们就一天不回家。

如果说前期所有的铺垫都是广告，那么眼前的一幕完全就是疗效。大云寺的梵钟声声入耳，武周的文字字字入心，无论是天降祥瑞还是人工布景，强大的舆论攻势让人晕头转向。奉天承运，女主当国。所有人的情绪像鞭炮一样被点燃，任何风吹草动都能让他们陷入疯狂。

戊寅（初五），朝臣中间有人进言："我看见有凤凰从明堂飞入上阳宫，又飞回停在左台的梧桐树上，过了很久，才向东南飞去。"

"我也看见了，我看见的不是凤凰，是朱雀！几百只朱雀，遮天蔽日，那是相当壮观。"

"又来了，又来了！快看五色祥云！如果不是至德天子，上天怎会有如此异象？"

武则天知道，时候已经差不多了，她等待的那个人就要出现了。躲在偏殿像影子一样的睿宗李旦再也坐不住了，他再不出场就太不像话了。武则天仅存的两个儿子，一个长禁房州，一个幽囚宫内。李旦能够保全到今日，与他柔顺的性格不无关系。这时候李旦已经在幽暗的偏殿待了六年，六年来他这个挂名皇帝当得太窝囊，连议政的权力都被剥夺，一个人躲在这里听风听雨。他准确地找到了自己的角色定位，在母亲的剧本里，他只是一个跑龙套的，跑龙套的也是演员，哪怕一句台词也要说到位，一个表情也要装到底。

只有在一些重大礼仪活动中睿宗才露一下脸，于是大臣们每次见到李旦都感觉很新鲜。没有人在乎一个破落皇帝的喜怒哀乐，没有人关心在他微笑谦和的背后，背负着怎样的精神枷锁。他已经很久没有开口议政了，上次和母亲交流，还是为自己老师刘祎之请命。不请则已，一请反而让刘祎之死得更快。从那时候起，李旦算彻底明白了，自己这个皇帝的角色是个苦情角。

跑龙套的能有台词，就已经是格外开恩了。李旦不是哑巴，但是他嘴巴闭上了；李旦不是瞎子，但是他看不见未来。他能做的，就是忠实地执行武则天的每一项要求，少做少说，尽量不做不说。当黑压压的人群聚集在宫外上表请愿，他长长地叹了一口气，自己的挂名皇帝生涯到此要告一段落了。不知道是该庆幸，还是该痛哭。

载初二年秋天的某个早晨，李旦也投身到请愿劝谏的队伍中，自请降为皇嗣，改姓为武，恭请武则天登基为帝。睿宗连续两次谦让，武则天都没有同意，直到第三次，禅让的仪式才算完成。武则天当着满朝文武和来自各地群众代表的面，故作无奈之语："愈哉！此亦天授也！"走到今天这一步，都是天意所授，不是我夺，也不是你让。

紫宸殿上低垂了六年的紫帐豁然拉开，武则天终于完全而直接地掌握了整个帝国。登基大典选在九月九日重阳佳节，改元天授，这是公元690年，一年当中继永昌、载初之后的第三个年号。国号定为周，上尊号圣神皇帝，降睿宗为皇嗣，赐姓为武，更名为轮，变成了皇嗣武轮。

选择在重阳节称帝，武则天是有意淡化自己的女性角色。她在前面已经大言不惭地上尊号圣神皇帝，全国范围内的造神运动早已让人雌雄莫辨。《大云经》里称净光天女"舍却天形，化为女身"，也就是明白无误地告诉天下人：武则天虽是女儿身，但却是天女附体，与一般俗世女子有根本上的区别。

天授元年（690年）九月九日，武则天，中国历史上第一位女皇帝闪亮登场。身着天子衮冕服饰的武则天亲御则天门，接受百官万民跪拜。这一年，武则天六十七岁。天子衮冕包裹起来的武则天临风而立，神圣威严。蛾眉一扫，天下归心。

站在高高的则天门城楼之上，武则天觉得自己江山在握。本来就保养有术，再加上粉黛略施，此时的她看上去也就像一个中年女人。意气风发的女人犹如明堂之巅那只骄傲的金凤，展翅欲飞。这一刻，历史由她书写名字——武周。

周王朝定都洛阳，为了赶超西都长安的繁荣，武周又从周边地区搬迁了大量人口入神都，使洛阳很快就成为继长安之后又一个人口过百万的国际大都会。西都长安的李唐太庙也更名为享德庙，庙里依然供奉高祖、太宗、高宗三位大仙。而在武周所建的太庙中，李唐三圣也同样享受供奉，不过从主祭变成了配祭。

武则天只承认是从他们那里接手江山。至于太祖李虎等李唐先祖们就不能再享受冷猪肉了，武则天还要祭祀自己的祖先呢。武周朝臣在写奏章的时候，经常会用"天下者，神尧（高祖）、文武（太宗）之天下"等句子，这也是武则天同意的官方说法。九月十三日，武则天下令按天子之礼在神都洛阳立武氏七庙，以父亲武士彟为太祖孝明高皇帝，由上数五代武氏祖先为帝，又尊西周的周文王为始祖文皇帝，以武氏族谱上的始祖、周平王幼子姬武为容祖康皇帝。

在武士彟的昊陵《攀龙台碑》中，武则天更是认定，武士彟早有帝王之相，李唐江山本来就该是她父亲的，只是其父没赶上好机会，只有先助唐起事。同时大封武氏子弟如武承嗣、武三思等为王，姑姐皆为长公主，组成新的皇族宗室。

翌月，又下制免除天下所有武姓人氏的赋役。天下武姓是一家。这样，她一方面宣称武周政权本是继承高祖、太宗而来，一方面又以父亲为武周开国皇帝。李家现在已经不是皇族，武家才是皇族。武则天将李旦及其子女都赐姓为武，李旦降为皇嗣。十二岁的原皇太子李成器降为皇孙,然后让李旦的几个孩子同日出阁,开府置官署。后来的唐明皇李隆基也于此时被封为楚王。

武则天很喜欢李隆基,经常让他到宫里来玩。七岁那年,小家伙威风凛凛地带了车骑随从到朝堂去见祖母,派头十足。车队刚开到半道,前面就堵车了。堵车不是因为车辆多,而是有人故意找碴儿。

随从到前面一打听,原来是王牌对王牌,李家的王孙刚好撞上河内郡王武懿宗的车队。车一堵,老百姓就围上来了。这个武懿宗纯属没事找抽,看见李家小孩出门搞这么大排场,忍不住想要当众羞辱。武懿宗在武家诸位兄弟中,长得难看不说,与人论辩也是笨嘴拙舌,人品也不入流。后来打契丹时,畏敌不前却大杀老百姓邀功请赏,留下"唯此二河,杀人最多"的歌谣。

在成人世界里找不到自尊的武懿宗,希望能从李氏子弟身上找回做人的尊严。他站在街中央,手指着李隆基的随从,呵斥道:"你们敢拦老子的车队,知道老子是谁吗?说出来,吓死你们。"

话音未落,李隆基从轿子里走下来,厉声斥责道:"这是我家朝堂,干你何事?竟敢欺负我的随从!"武懿宗没想到七岁的孩子能说出这种话,一时语塞,涨得脸红脖子粗。

他只好收起唬人的假把式,绕道而去。据说武则天听说这事之后,笑得前仰后合,对这个宝贝孙子也是另眼相看。另眼相看归另眼相看,打压李氏才是武则天要做的。睿宗李旦的正式称号是皇嗣,移居东宫,享受皇太子待遇,但并非皇太子。皇嗣是个很模糊的词,皇帝的子嗣,但却不一定是后备皇帝。武则天对李氏强力打压,与此相对应的却是对武家人重用提拔。毕竟是六十七岁高龄的皇帝,从她登基的那一天起,接班人问题就摆上了日程。

这里面除了被整治得早已没了脾气的李唐宗室,更少不了武氏宗亲。武则天的侄子武承嗣就是其中之一,望着太子之位,他的眼睛都在滴血。为了夺取大周朝的太子之位,武承嗣联手酷吏再度掀起腥风血雨。以李旦为代表的李氏宗亲也因此陷入了新一场前所未有的危局。

这时候皇权虽已旁落,李唐宗室的剪除也已完成,但是天下民心未散,大部分朝臣嘴上不说,不代表他们心里是顺从的,毕竟读书的时候深受儒家正统观念影响,不是说换个皇帝就能船过水无痕。武则天对此心知肚明,她能做的就是斩除一切存在或者可能存在的隐患。从永昌元年(689年)她对李敬真事件的处理可见一斑。

李敬业失败后,他的弟弟李敬真流放绣州,后来逃回,准备投奔突厥。他路过洛阳时,洛州司马弓嗣业、洛阳令张嗣明给他准备了一些财物送他跑路。在那个告密成风、酷吏横行的年代,还能有这样的朋友,算是没白活一回。

李敬真运气实在太差,到达定州后,还是被官吏捕获。消息传来,弓嗣业上吊身亡。不劳政府出面,自行了断。张嗣明、李敬真被抓捕归案,谁知道此二人采用疯狗战术,没蹲几天监狱,学会张口乱咬。认识的,他们咬;不认识的听说过名字的,他们也咬。他们以为这样咬来咬去,自己就可以免除死罪。

那些被咬出来的人算是倒了血霉,很多人被牵连判死罪。很简单的一个案件,最后却演变成了罕见的大狱。他们的咬法,稳准狠。比如张嗣明诬告内史张光辅,说他征讨豫州时,曾经私下议论王者受命的征验、天象变化,在朝廷和叛逆者间脚踩两只船。彭州长史刘易从也被李敬真诬告,戊申(二十九日),在彭州被处死。刘易从为人仁爱孝顺,忠诚谨慎,将在街市行刑时,官吏和百姓怜惜他无罪,从远近各处奔赴刑场,争先脱衣扔在地上,说是为刘长史求冥福。据估价,这些衣服总值十多万钱。

张嗣明、李敬真两人充分发扬疯狗精神,一通狂咬之后,被牵连致死的人不计其数。曾经在平叛越王李贞之乱中大杀无辜的宰相张光辅，也被诬陷致死。当然被拉进来的人里，也有逃出生天的。秋官尚书张楚金、陕州刺史郭正一、凤阁侍郎元万顷、洛阳令魏元忠都被拖到刑场上了，武则天派凤阁舍人王隐客骑快马传话赦免他们。赦免的喊声一路传到刑场，受刑的人喜极而泣。

只有魏元忠端坐不动，保持受刑的姿态。有人让他起来，他说："真假还不知道。"

王隐客来到，又让他起来，他说："等宣布太后的敕令再起来。"

宣布完敕令，他才慢慢起来，以跪拜之礼拜了两拜，脸上始终没有任何表情。这些刀口脱险之人虽被赦免死罪，却流放岭南。当然在此次互咬事件中，也有被周兴趁乱诬告致死的。地官尚书、检校纳言魏玄同和右武卫大将军燕公黑齿常之就是两个冤魂。

高宗在位时，周兴任河阳县令被召见，准备加以提升，有人上奏说他不属清流官，这才作罢。周兴并不知情，还一直站在朝堂上等候任命。也就是说没人搭理他，没人告诉他事情的真相。就在这时，任同平章的魏玄同路过他身边对他说了一句："周县令不要等了，可以回去了。"

周兴以为魏玄同当初挡了自己的升迁之路，因此一直怀恨在心。魏玄同一贯与裴炎很要好，当时，人们因为他们的友情始终不变，称赞他们之间是"耐久的朋友"。因此周兴上奏诬陷魏玄同，说他曾说过："太后老了，不如事奉皇帝耐久（跟着侍奉皇帝的日子长）"。

武则天大怒，闰九月甲午（十五日），赐他在家里自尽。死前监刑御史房济对魏玄同说："您老为何不告密，以求得到太后召见，可以为自己申诉。"

魏玄同感叹道："被人杀死和被鬼杀死，没有什么不同，我怎么能当告密人呢？"说完，慨然自尽。

周兴等诬告右武卫大将军燕公黑齿常之谋反，常之被召回送进了监狱。冬季，十月，戊午（初九），黑齿常之上吊身亡。

我们现在回过头来看几次大规模的人员清洗。剪除李唐宗室是武则天主动出击，酷吏们只是按照她的意思去砍人。如今大臣的杀戮很大程度不是武则天的本意，而是武氏宗亲意欲夺嫡和酷吏们肆意妄为的结果，这两方面的代表人物是武承嗣和来俊臣。

高宗去世后，武则天正值夺权路上的重要关口。这时候，她需要帮手，诸武也是在此时得到重用。就算天下臣民都不拿武周政权当回事，武家子弟也不会这么做。

光宅元年（684年），武承嗣以礼部尚书的身份，主持了嗣皇帝睿宗李旦的登基大典，大大风光了一回。没过多久，武承嗣被提拔为宰相，正式进入帝国的权力中心。武则天连自己的亲生儿子都信不过，别说家门侄子了。武承嗣做了两个月宰相便被罢相，半年后再度拜相。这一次时间更短，一个月就被踢开。

武承嗣心态很好，如此反复折腾，要是碰上有个性的官员，早就撂挑子不干了。可武承嗣没有半句怨言，他相信姑母（"迎谐主意，钩探隐微"）。就连对武则天的男宠冯小宝，他也极尽谄媚，动不动薛师长薛师短，好不恶心。

垂拱以后，武则天除了提拔武承嗣为相之外，武三思等人也陆续升任相职。诸武纷纷登上前台，成为朝廷内外一股不可忽视的外戚势力，也成为武则天夺位的重要支持力量。武则天登基，诸武自然是群情振奋，自谓"武氏当有天下"。

从力劝武则天诛杀李唐宗室，建武氏七庙，到垂拱四年（688年）假造洛水宝图，都可以看到武承嗣忙碌的身影。多年在官场打滚的经验告诉他，没有功劳的时候，一定要想办法在当权者的面前多争取几次露脸的机会。所谓机会，就是为那些干活不要命的人准备的，这种人夹起尾巴，也是为了明天更好地当好爷。

武则天登基后，作为武氏嫡系袭爵人的武承嗣，进封魏王，并官拜首席宰相——文昌左相。地官尚书、同凤阁鸾台三品（宰相）韦方质负责编修《垂拱格》，也算是老派官僚。他有病在家，武承嗣、武三思前往问候，韦方质靠着床不行礼。有人规劝他不要这样，他说："生死有命运安排，大丈夫怎能屈身事奉太后的近亲以求幸免呢！"

武承嗣的热脸贴上了冷屁股，于是，他指使酷吏周兴构陷，将其抄家流放，使其客死异乡。宰相虽多，武承嗣却一人独大。话又说回来，宰相已经远远满足不了他的胃口了，他要飞得更高。目标，随着身份地位的改变而不断调整，对他来说，下一站——太子。

武承嗣从没有像今天这么感觉良好，试看今日之天下，竟是谁家之天下——武家。自己居功至伟又是武家的嫡系袭爵人，大周朝的太子，除了自己还能有谁？李旦！那个幽居东宫的皇嗣一天不离开京都，一天就是威胁。

武三思也劝武承嗣："你还记得当年傅游艺带领关中百姓上书劝进不？现在你也得这么做，花两个钱，组织些老百姓诣阙联名上表，请立你为皇嗣。这一鼓噪，皇上准得好好地考虑考虑，我再找几个大臣在旁边一帮腔，这事就成了。"

接着他又找到了凤阁舍人张嘉福为自己策划造势。张嘉福作为政府官员，不方便抛头露面，便找来洛阳人王庆之联络数百人上书请立武承嗣为皇太子。

天授二年九月下旬的一天，武则天正埋头在宣政殿批阅公文，隐约听见宫门外有吵吵嚷嚷声，问："何人在宫外喧哗？"

武承嗣花钱雇来的枪手王庆之被带到武则天的面前，看着眼前的王庆之，听了他的请愿，武则天很快就明白了是怎么回事，武承嗣这帮猴崽子又来给自己找麻烦了，不然小老百姓怎么会关心起皇家的立储问题。

武则天也想听听群众的意见,就问:"皇嗣(李旦)是我的亲生儿子,为何废弃?"

王庆之对武则天问这句话早有准备,因为他已经排练好台词。他上前文绉绉回答说:"古人说:'神不歆非类,民不祀非族。'"这是引用《左传》里的话,神灵不会喜欢异族的供奉,民间也不会祭祀异姓的祖先。

王庆之接着说:"当今天下是谁的天下?是武家的天下,可皇嗣却是李家的人,这非常不合道理。一旦陛下驾鹤西去,江山岂非又归李家所有?"也就是说,你武则天忙活半天白忙活,山还是那个山,水还是那个水。

这哪是人说的话,分明是一颗子弹,瞬间就击穿了武则天的心脏。武则天虽然让李旦及其子嗣都改姓为武,可那只是自欺欺人的做法。等到哪天自己两眼一闭,两脚一蹬,太子李旦登上皇位,复兴李唐是必然的。

就算是王庆之今天不说出来,在武则天的心里,她也无数次地考虑过这个问题。她送走王庆之,并赐以印纸,允许他可随时来见自己。武则天感觉很累,想休息一会儿,但躺下又睡不着,王庆之的话在耳边苍蝇似的绕呀绕。她赶紧找来两位宰相岑长倩和格辅元来议事,无非是征求对此事的看法。

岑长倩是初唐名相岑文本的侄子,也是当初武后赶在高宗死前急赴洛阳提拔起来的亲信之一。当时任命的四位宰相因为资历太浅,特设同平章事之名,他们是郭待举、岑长倩、郭正一和魏玄同。郭正一的宰相才做了几个月就被撵下来,郭待举连坐裴炎罪被贬,魏玄同为酷吏周兴陷害致死,四个人只剩下岑长倩一人。

岑长倩在武则天登基这件事上奔走拉票很卖命,上表请求改皇嗣为武姓，作为大周朝的储君，请愿劝谏武则天登基。武则天登基后提拔他为文昌右相，地位仅次于武承嗣，获赐姓为武氏，即武长倩。

由此可见，此人在官场上不是一般的能混，能稳稳当当地熬到今天，获得赐姓的殊荣。长倩应该改名为"长青"。按说岑长倩这种八面玲珑的官油子应该会见风使舵地支持武家子弟上位，但结果却让人大跌眼镜。

岑长倩说："皇嗣现在东宫，为陛下亲生爱子，一向谦恭孝谨，并无过错。何况立储为国之根本，岂臣民所能妄议！动辄结党请愿，非国之福。请彻查此事，切责上书者，以儆效尤！"这事肯定有人在背后捣鬼，应该将这个人揪出来严惩不贷。

格辅元也持相同意见，力请彻查幕后主使，解散请愿团，以安天下臣民之心。两名自己信任的宰相都坚决反对，看来这事暂时没办法进行下去了。武则天才刚刚登基，也不想因此搞得大失人心。

武承嗣第一次冲击太子之位，以失败而告终。但是他并不甘心，很快便要卷土重来。这件事上，武承嗣得出这样一个经验：处于囚禁状态的李旦无力反抗来自外界的攻击，武则天应该倾向武姓人继位，最大的阻力应该是来自那些在心里依然忠于李唐的朝臣。

要除去这些碍事的朝臣，最好的帮手就是那些敲骨吸髓不眨眼的酷吏。武则天登基后为了收买人心已经处死了周兴等一批酷吏，但新一代的酷吏却更狠，更毒，做事更不择手段，那就是大名鼎鼎的来俊臣。岑长倩是为数不多的几位赐姓宠臣之一，要把他拉下马不是那么容易的事。是人就有弱项，有弱项就有攻破的可能。

武承嗣和来俊臣当下一合计，以吐蕃犯边为名，推荐岑长倩出征吐蕃，将他暂时调离朝廷。岑长倩前脚率军刚一离京，来俊臣后脚就下手，逮捕了岑长倩的长子——灵原。

宰相的大公子哪经得住酷吏的折腾，在来俊臣的酷刑逼迫下，他不仅供出了岑长倩和格辅元，还有著名书法家欧阳询之子欧阳通在内的数十位朝臣，他们都反对立武承嗣为皇太子。

来俊臣立时上奏，岑长倩等人相互串联反对立武承嗣为皇储的根本原因，实际上是为了确保李旦的皇嗣地位，以备日后复辟李唐。不要以为酷吏都是像侯思止那样没有文化的，来俊臣用自己的行动证明自己是心理学大师，他把握住了武则天的心理。岑长倩是武则天的宠臣，要扳倒他，只有在一种条件下——触及底线。底线何在？就在来俊臣上奏的那句话里——复辟李唐。

宁可错杀，不可放过。御座上的武则天再一次抽出血刃，她享受刀出鞘时那种决然的声音。多年以来，她已经习惯了用这种方式来解决问题——快且有效。岑长倩在西行途中接到朝廷命令回马返京，他没有想到疲惫的归程就是死亡之路。

当来俊臣的捕吏在洛阳城门外挡住他的马时，岑长倩终于明白过来，绝望和求生的本能使他狂叫起来："滚开，让我去见圣神皇帝！"而来俊臣发出了数声冷笑，他说："是圣神皇帝下诏逮捕你，你一心反我武周，匡复李唐，居然还有脸去见皇帝陛下？"

武周开国以来的第一代宠臣岑长倩就这样锒铛入狱。当朝宰相、手握重兵的武威道大总管、赐姓武氏……这一顶顶高帽子都抵不过一顶谋反的帽子。前者送你上青云，后者陷你于万劫不复。面对酷刑，岑长倩表现出了比儿子更为坚强的意志，不管如何拷打，始终不肯承认自己有谋反的意图："陛下已有皇嗣，魏王夺嫡于国不利，臣等据实上奏，绝无谋逆之心。"

武承嗣和来俊臣已经在他和格辅元、欧阳通等老臣的身后，准备好了杀人武器。审讯进行了数月，毫无进展。来俊臣没有想到这帮老骨头这么硬，夜长梦多，啃不下来，最后别把自己的牙给崩飞了。他决定使出自己的最后一招——杀无赦！

299

他将岑长倩、格辅元、欧阳通等数十位朝臣全部处死，伪造了口供和签名，送达武则天。就因为反对立武承嗣为太子，两位宰相和数十位朝臣就这样被诛杀。天地为之失色，举世为之震惊。武承嗣借案立威，人人震惧。而这时候武则天却无法开心。她知道，在这件事上自己被侄儿利用了，武承嗣用她的刀来铲除异己。从来只有她利用别人的份儿，现在却被别人利用了，武则天心里有说不出的滋味。

　　武承嗣乘胜追击，武则天不是特许自己雇用的枪手王庆之可凭印纸随时求见吗，那就让这小子赶紧启动。接到命令，王庆之三天两头往宫里头钻，台词就那几句——立武承嗣为皇太子是利国利民的事。王庆之说到激动之处，号哭、撞柱、以头抢地，花样翻新，演技精湛。这种过分夸张的表演，终于把武则天给惹翻了。武则天叫来了凤阁侍郎李昭德，杖责王庆之一顿，给他个教训。武则天本来只是想教训教训王庆之，让他受点皮肉之苦以示警告。

　　也该着王庆之倒霉，李昭德正值盛年，办事精明，更重要的一点是，他看着武承嗣及一众跟屁虫就感到恶心，恨不得将他们都宰了。所以人无论何时都要敢想，只有敢想，事到临头才敢干。得此命令，李昭德心里就乐了："小子，大限到了。"李昭德叫左右把王庆之架出宫门外示众，打给其他人看：今后谁还敢为武承嗣请愿，就是这个下场。

　　那些跟在王庆之后面混吃混喝的请愿团成员见状都吓傻了，他们怎么也没想到会发生这种事。李昭德双脚内八字站立，看着对面一帮市井之徒，发出一声冷笑，接着气运丹田，朗声宣布："此贼欲废我皇嗣，立武承嗣，今奉皇帝制予以惩戒！"

　　打板子是体力活，但也是一项技术活。宫里的刑杖都是有规矩的，要人生就生，要人死就死，生死却在毫厘之间。执刑人训练时，先用皮革绑扎成两个人形，一个里面放上砖头，一个里面包上纸，然后再给人形穿上衣服，对它们刑杖。放砖头的人形是用来练习"外轻内重"手法的，要求能做到看起来似乎打得很轻，衣服也不破损，但里面的砖头要打碎。

包纸的人形是用来练习"外重内轻"手法的，要求做到看起来似乎打得很重，但里面包裹的纸不能损伤。刑杖手要达到这样的水平才算合格。而判定生死的关键也并不是打多少杖，而要看发令者的意愿，如果发令者两脚水平正常摆放，那执刑人就知道要"外重内轻"，顶多是养一个月伤了事。但如果发令者双脚内八字摆放，那执刑人就明白要"外轻内重"，表面看不出什么伤痕，但内地里使暗劲将人活活打死。行刑之人一看李昭德今天这副派头，知道要把这家伙往死里打。左右高声应和，乱棒齐下。王庆之开始还哀号连连，没几下就不动弹了。

李昭德走近一看，口鼻沁出了血丝，一摸没气了。看着王庆之被拍死在当场，请愿团成员早就吓得心胆俱裂，那一下下的板子如同拍在他们自己身上。武承嗣苦心组织起来的百人请愿团就此作鸟兽散状，工钱不要了，慢一步有可能也会被拍死在现场。

武承嗣靠连杀两位宰相树立起来的淫威，顷刻间，被李昭德一顿棍棒拍得皮开肉绽。李昭德转身回禀武则天："陛下可以安心了，王庆之再也不会来打扰您了！"

武则天心头一震道："他死了，你杀了他？"

李昭德双手一摊，无奈地说："我也不想杀这么一个人，谁知道棍棒无情，下面的人下手不知轻重，这人也太不经打，三两下就拍死了。"

武则天腾地站了起来，凌厉的目光逼视着李昭德。李昭德表情轻松，眉宇间难以掩饰心中的愉悦。良久，武则天才发出一声长叹："难道爱卿也不赞成立魏王为太子吗？"

"回禀陛下，那是肯定的。"李昭德根本没有掩饰内心想法的意思，"我不清楚陛下是怎么考虑的。天皇是陛下的丈夫，皇嗣为陛下的儿子。如果说儿子都靠不住，那侄儿就更靠不住了。"

李昭德的话凌厉得像一把刀子，刀锋所向直刺武则天的软肋。李昭德说的这句话和前面王庆之的那句话有异曲同工之处。王庆之在前面对武则天说的是，李旦靠不住；而今天李昭德向武则天强调的是，武承嗣更靠不住。话又说回来，在这个世界上，除了自己靠自己，靠别人都是不靠谱的事。

武则天不得不把武承嗣重新放在心里掂量掂量，她对自己的这个侄子的了解又有多少呢？当年武承嗣的父亲是死在自己手中的，武承嗣几年的牢狱生活也是自己所赐。如今他对她这个皇帝姑姑表面还算过得去，但如果没有皇权附身，他真就会拿自己当观世音菩萨供着吗？

武则天心中还有忧虑，她说："王庆之说的也不是没有道理，武周江山是不应该给异姓人继承的。"

"皇嗣（李旦）不是已经跟着陛下改姓为武了吗？"李昭德似乎早有准备。

李昭德继续道："陛下真要是为身后事打算，就更不能立武承嗣为太子了。儿子立庙祭祀父母天经地义，从来就没听说过侄儿会立庙祭祀姑母的。"

武则天陷入了沉默，李昭德说的每句话都没有破绽，也像是在为自己考虑。从武则天的表情，李昭德把她的内心读出个八九不离十，他知道，只要自己再添一把火，也就差不多了。

李昭德继续道："陛下能够成为社稷之主，是受高宗临终托付，陛下如果将来将皇位传给武承嗣，他能否立庙祭祀姑母不说，至少高宗是肯定得不到血食的。"

提到已故的高宗，掀起了武则天心头无限涟漪。一日夫妻百日恩，百日夫妻似海深。三十年的非典型夫妻生活，他们既是夫妻，又是战友，他们相互扶持又相互掣肘。不管是爱大于恨，还是恨大于爱，这份感情都是"剪不断，理还乱"的。武则天长叹一声："你说得对，这些不能不考虑啊！"轻飘飘的一句"考虑"，粉碎了武承嗣第一次夺嫡的美梦。李昭德由此得到武则天的信任，没过多长时间就被提拔为宰相。

李昭德的突然出现，打得武承嗣措手不及，板子虽然打在王庆之的屁股上，但同样也抽在他武承嗣的脸上。就在武承嗣还没来得及去找自己丢失的面子时，李昭德已经抢先一步，把他的里子都给扯了。他密奏武则天："魏王威权过重，陛下不可不防，不然会出事的。"

武则天先是一怔，继而自我嘲讽似的苦笑。只要她还剩一口气，武承嗣就翻不了天。她说："承嗣是我的侄儿，所以才会担当要职，委以重任。"

李昭德撇撇嘴，摇着头反驳道："侄儿对于姑姑，怎么能比得上儿子对于父亲亲近？儿子还有杀死父亲的，何况侄儿呢！现在武承嗣既是陛下的侄儿，是亲王，又任宰相，权势与君主等同，我恐怕陛下不能久安于天子之位！"

李昭德一番话直说得武则天如闻惊雷，她拍着脑门道："哎呀！朕没有想到这点，如果不是爱卿提醒，朕几乎埋下大患！"

天授三年（即如意元年，长寿元年，692年），朝廷任命文昌左相、同凤阁鸾台三品武承嗣为特进，纳言武攸宁为冬官尚书，夏官尚书、同平章事杨执柔为地官尚书，一并罢去相职。武承嗣夺嫡不成，连首席宰相也丢了，本来是希望一鼓作气拿下太子之位，结果李昭德谈笑风生之间就扭转了局面，胜券在握的完胜变成了完败。

输得不甘心的武承嗣跑到武则天面前去说李昭德的坏话，希望能够扳回一局。结果却被武则天批评教育了一通："我任用李昭德，才睡得安稳，他可以为我代劳，你不要说了。"武承嗣看着意气风发的李昭德，已经无语了，他能做的只有一件事——当空吐血。一个打屁股的执行官，靠给自己上烂药，居然摇身一变成为三品宰相，他只能吐血了。

李昭德这只潜力股，一路有惊无险，最高点的时候，时人有云："诸处奏事，陛下已依，昭德请不依，陛下便不依。如此改张，不可胜数。"虽有夸张之嫌，但也由此可见李昭德这时候在武则天心目中的分量。酷吏侯思止要讨老婆，武则天命政事堂拿出来议议。李昭德仰天一笑："这个流氓娶媳妇也要拿到这里来议，简直是大辱国，是大可笑！"

一席话，举座皆惊。李昭德连武承嗣都不怕，何况侯思止。武则天迷信祥瑞，登基之前，那些会说话的石头和自然界的灵异现象都让武则天兴奋不已。这是老天给的礼物，独一份。有人从洛水里面捞了一块有红点的白石，跑到宫里来献宝。主管官员责问他这石头有什么特别之处，这家伙回答说："因为它的心忠诚（以其赤心）。"

李昭德大怒，恨不得上去抽他两耳光。他也不管是不是在御前，当着武则天及一众朝臣的面，指着来人的鼻子就一通训斥："这块石头有赤心，那其他石头全都谋反了？"

所有的人都忍不住开怀大笑，就连武则天都给逗笑了。襄州人胡庆用红漆在龟的腹部书写"天子万万年"几个字，到皇宫门口进献。李昭德用刀把字刮除净尽，奏请将进献者法办。武则天认为此人用心不坏，命令释放他。在翻脸比翻书还快的武则天面前，李昭德能够谈笑风生，指点天意祥瑞，需要多么大的勇气。在酷吏当道、告密成风的年代，能够出现李昭德这样一个人，实在让人钦佩。

武则天自垂拱年间以来，任用酷吏，处死唐朝皇族和贵戚数百人，然后杀大臣数百家，杀刺史、郎将以下官吏更是数不清。每任命一名官吏，宫中守门的官婢便私下议论——做鬼的材料又来了。不满一个月，这些官吏即遭突然逮捕，举族被杀。

监察御史朝邑人严善思是个实在人，敢说真话不怕得罪人。当时告密的人多到数不清，让武则天烦不胜烦。她命令严善思彻查，不能有事没事拿告密当饭吃。不查不知道，一查吓一跳。统计结果显示，被诬告而死的达到八百五十多人。在这长长的名单中，有重臣，有小吏，无冤不成狱。例如，骑射比赛拿金牌拿到手抽筋的高句丽大将泉献诚，虽有平越王之乱的大功，因拒绝来俊臣的索贿，被逼自杀身亡。

嗣圣宫变勒兵入宫参与废中宗的羽林卫大将军张虔勖，被来俊臣审都不审，乱刀斫杀，枭首于市，事后伪造罪名上奏。名臣魏元忠是个谨小慎微的人，据说每次上朝时站的位置都不差毫厘，就是这样一个严谨之人，每隔上几年就会被酷吏构陷，罪当斩首，拖到刑场上，然后特赦令到了又被拖回来。在这份名单中间，尤为扎眼的是宰相。宰相位高权重，在武则天眼皮子底下混饭吃，累死是幸福的，折腾死是经常的，不死是意外的。

史料记载，从武则天临朝称制算起，用过宰相七十五名，人均任期三个半月。在这七十五人中间，有百分之六十被贬杀，由她一手提拔的宰相被流放和被杀的也有二十四人，笑到最后的只有四位。

武周朝干宰相干得顺风顺水的只有三位，时局如股市般动荡，身陷其中不赔还能赚的毕竟是少数。男一号是以谄媚出名的"两脚狐"杨再思，知政十余年，留下的名言就是"莲花似六郎（武皇男宠张昌宗），非六郎似莲花"。

男二号是苏味道，此公为文章四友之一，颇有文采，宰相当了六年多，官腔官话说了一箩筐。此人打官腔水平一流，可即是不可，不可即是可，凡事无可无不可。成语"模棱两可"就是从他这里来的。

男三号便是为相五年的娄师德，此人生来信奉的是"如果别人吐你一脸唾沫，不要生气，更不要擦去，要等唾沫自己慢慢干，这样别人才能出气，你才能不得罪他"。"唾面自干"就是送给他这号人的。

李昭德和后面两位宰相是同事，一位模棱两可，一位唾面自干，他就是想不拿主意也不行了，更何况他还是那种喜欢没事找抽型的主。李昭德挫败武承嗣的夺嫡之谋，却没办法消弭武则天对儿子的怀疑和猜忌。王庆之的"李旦靠不住论"，她能接受；李昭德的"武承嗣靠不住论"，她也能接受。靠天靠地不如靠自己，毕竟自己的皇位来路不正，天命神授的把戏骗得了一时，骗不了一世。

武则天需要等一个机会，一个可以一脚将李旦踢开的机会。机会没有跑远，很快就来了。李旦对武则天始终怀有一颗畏惧之心，他的位置被母亲夺去，却毫无怨言。也许他从来没有认为自己真正得到过那个位置，从未得到，又何谈失去。

李旦被降为皇嗣后，心态摆得很正，每日早请示晚汇报。有事没事，到武则天面前请个安，问个好，露个脸，态度决定一切。武则天看这个儿子还算懂事，没有什么可以抓的把柄。

可是有些时候，事态的发展是不以个人意志为转移的。李旦天天这么往武则天这边跑，一来二去，认识了武则天身边的户婢团儿。所谓户婢，也就是掌管宫中门户，负责引导人觐见皇帝的宫女。李唐皇族出俊男美女，李旦也不例外。史料记载，章怀太子李贤"容止端雅"，懿德太子重润"风神俊朗"，形容安乐公主李裹儿"姝秀辩敏""光艳动天下"。

团儿见过美貌男子，没见过如此俊朗的皇嗣。这个团儿不比一般的奴婢，留在武则天身边的人，心思灵敏，能说会道，这是基本素质。团儿在岗位上，有权有势的人见得多了，心也就活了，麻雀也要革命。她希望有朝一日攀上高枝，家雀变凤凰。

李旦此时哪有心思与宫女乱搞男女关系，何况还是武则天身边的人。任凭团儿怎么暗示，李旦两眼一闭，装无知少年。李旦的表现，让团儿姑娘很不开心。准确地说，户婢团儿怒了，武则天身边的户婢团儿怒了。无数的历史经验告诉我们，得罪谁，也不要得罪女人，就算是皇子也不例外。

无数的三角、四角恋情告诉我们，女人为了得到男人通常喜欢自相残杀，而男人总是冷眼旁观，一副爱莫能助的样子。团儿发飙了，像所有的女主人公一样，团儿没有伤害情郎李旦的意思，而是把心头的怨气撒到李旦身边的女人身上。自己色冠群芳，要身段有身段，要脸蛋有脸蛋，皇子没有理由不喜欢自己，肯定是家里那几个狐狸精在作怪。

李旦的正妃为刘氏，原本应该是皇后的，现在跟随老公降为皇嗣正妃，生长子成器及寿昌公主和代国公主。另有德妃窦氏最为得宠，生有唐明皇李隆基及金仙、玉真二公主。两个人都是名门淑女，老老实实地过日子。她们做梦也想不到自己会在冥冥之中得罪了一个宫婢，要是知道，估计她们也愿意做丈夫的思想工作，不就多娶一个老婆吗？

团儿开始出手了，决定一招致命，不留后患。她找了个机会，对武则天说出了这么一句话，她说："两位王妃对陛下早已恨之入骨，夜夜都施法诅咒陛下早死。"要知道施巫蛊之术，诅咒女皇早死，罪当灭族！武则天身边一个侍女都这么强悍，实在让人不寒而栗。

正月初一，武则天亲临万象神宫，破例启用魏王武承嗣为亚献，梁王武三思为终献。这样大型的庆典，武则天选用两位武家人为亚献和终献，却让皇嗣李旦置身事外，可见李旦位置的尴尬以及他在武则天心目中的地位。

当着满朝文武的面，表明皇嗣在皇帝的心里原来不过如此。李旦保持着一贯谦恭的笑容，像个没事人。他习惯了武则天加诸他身上的种种羞辱，而他没有想到的是一场灾难正向他悄然袭来。

第二天清晨，他的两位王妃刘氏和窦氏洗漱完毕，照例去嘉豫殿向她们的婆婆——当今的皇帝拜年。站在宫门外，她们下意识地回头看了一眼外面的世界。

新的一年又开始了，作为女人，她们的新年愿望，无非就是希望自己的男人和孩子能够平平安安。然后两人携手走进宫门，那个死亡之门。有人看见她们顺利地觐见武则天，但之后便无人见过她们的影踪，也无人知道她们的下落。两个活人就这样人间蒸发了。

若干年后，已登基为帝的睿宗李旦恨不得把嘉豫殿的每一块地皮甚至屋顶都翻过来，也没能找到她们的尸骨，只得用她们常穿的衣物在洛阳城南招魂礼葬。刘妃为刑部尚书刘德威的孙女，以温柔孝顺著称，是高宗李治亲自为李旦挑选的嫡妃，高宗对这个儿媳也非常满意。

窦妃的出身更为高贵，是著名的房姓高门扶风窦氏，即唐高祖李渊的皇后窦氏的家族，族人将相辈出，联姻帝室，唐以来最为贵盛。刘窦二妃其后都被追谥为皇后，但对这两位薄命女子而言，这死后的尊荣又算得了什么？

人在家中坐，祸从天上落。远避政事只求在温柔乡中忘怀一切的李旦，一夜之间妻妾双亡。李旦所能做的只能忍，忍字头上一把刀，忍无可忍也要忍。李旦严令东宫诸人不得谈论刘窦二妃之事，也没有举行任何超度仪式或纪念仪式，一切如常，好像生命中从来不曾有过那两个女人。

窦妃的父亲窦孝谌任润州刺史，有家奴恐吓窦妃的母亲庞氏：你女儿的事可能会连累你们全家，你应该半夜起来向神祈祷，消除妖异。

这话让庞氏寝食难安，经常半夜爬起来，焚香祈祷全家平安。结果这个家奴又跑去告密，庞氏因此被送到监察御史龙门人薛季昶处查问。薛季昶诬陷庞氏与她女儿德妃一起求神降祸于武则天，这个薛季昶先是痛哭流涕，然后说："庞氏的行为，我不忍说出口。"

诅咒皇帝，罪当问斩，就是王母娘娘也得死。眼看窦家难逃大劫，庞氏的儿子窦希找到侍御史徐有功讼冤，这是最后一根救命稻草。徐有功，名宏敏，字有功，河南道洛州偃师（今偃师市）人，外号"徐无杖"，因他在州县做了三年的法官，审案竟然没有一次动用刑罚。

他不仅是唐代最著名的法官，也是整个中国法制史上罕见的敢与皇帝对着干，屡屡驳回皇帝诏旨，敢用生命去捍卫正义的清官。当年在审理越王谋反一案时，有人替李冲收私债又通书信，被抓起来判了死刑。徐有功认为他并非主犯，按律不当斩，惹得武则天大怒。

徐有功不慌不忙，娓娓道来，他援引各项法律条文说明何为主犯，何为从犯。他与武则天在朝堂上唇枪舌剑斗了起来，吓得一众文武脸色发青。最后的结果是武则天收回成命，该人得以免死，徐有功由此声名大噪。事到如今，徐有功已经是窦家人最后的希望。

判决书已经下达，庞氏也被押赴刑场。就在千钧一发之际，徐有功快马传牒暂缓行刑——我来了。为了维护一个和他毫不相干的无辜人士，这位从六品下的芝麻官侍御史，再一次挺身而出挑战皇权。

为庞氏鸣冤的奏章很快送呈武则天御前，徐有功，这个疯子又来了。

武则天不会忘记这个名字，在裴炎之后，敢和她在朝堂之上面对面叫板的没有几个。要知道裴炎是首席宰相、顾命老臣，有叫板的资格。而他徐有功算老几，一个从六品下的侍御史，也敢蹚这场浑水？这个既让武则天敬佩又愤怒的人——她忘不了对方眉宇间飞扬的神采，忘不了对方正义凛然的表情。

徐有功的存在让武则天明白了一个道理：就算可以征服天下，也无法征服每一个人。武则天怒了，愤怒让她失去了好心情。给你个三分颜色就开染坊，真当我这个皇帝是纸糊的了。武则天大笔一挥，给徐有功安了个罪名——通谋，也就是说他与庞氏是同党，一并判处绞刑。

武则天征服天下，更希望征服人心，她希望所有的人面对自己，都能软弱得不堪一击。武则天错了，这一次她的对手不是别人，而是徐有功。徐有功既没有哭，也没有摇尾乞怜求宽恕。他愣了一下，十六分之一炷香后，笑意又浮上他的嘴角："有什么好难过，难道只有我一个人死，其他人永远不死吗？"

帝王将相，终归黄土。人赤条条地来，也应该赤条条地轻松上路。他回家吃饭、睡觉，一切照旧。有人认为徐有功在公开场合是强作欢颜，估计回家关起门来偷着哭，于是就跑到他家里偷窥，发现他就像个没事人。这是一个什么样的人啊！面对死亡谈笑风生。也许是人的好奇心使然，武则天再次召见了徐有功。见到徐有功，武则天上来就是一通责问："你近来办案，重罪不办或轻办的失误如此之多，还想干下去吗？"

徐有功答道："重罪不办或轻办，是做臣下的小过失；对生命怀有敬畏之心，却是帝王的大德。"

武则天沉默不语，在心里反复掂量这句话。因此庞氏得减免死罪，同三个儿子一起流放岭南，窦孝谌降职为罗州司马。徐有功也被削除名籍。意见我可以采纳，但你的错还是你的错。我们再来看看这件事的挑头之人团儿的下场。团儿后来又想陷害李旦，她得不到的东西别人也休想得到，结果被人告发，小小宫婢，算来算去，反算了卿卿性命。团儿死了，麻烦却没完。

长寿二年（693年）正月，回乡过完年的少府监裴匪躬带了一些土特产，应约来到内常侍范云仙家喝酒。范云仙是个伤残人士——比别人舌头短半截。他的舌头不是天生残疾，而是后天造成。让他舌头短半截的人不是别人，正是酷吏来俊臣。数年前，内侍范云仙犯案下狱，落在来俊臣的手上。范云仙被折腾得受不了，连连求饶，看在自己当年对先帝高宗有功的分上，手下留情。留情，酷吏何曾有过手下留情？来俊臣竟让人割去他的半截舌头，使其从此成为伤残人士。

当年被酷吏截去半个舌头的范云仙和裴匪躬对桌饮酒，哥俩谈起国事、家事、皇嗣的现状，不禁热泪横流。裴匪躬内心的感情无以表达，就提议道："过年了，皇嗣殿下连失二妃，又长期蜗居东宫，不如我俩带些家乡的土特产去探望皇嗣殿下，也尽尽我们做臣子的心。"

范云仙连连点头，干尽了一杯酒，仰面叹曰："皇帝不皇帝，太子不太子，又姓李又姓武，不明不白，不伦不类，何时是个头啊。"

第二天，二人带些土特产，来到了东宫门口，让看门的公公递上了拜帖。皇嗣李旦听说大过年的有臣子来看他，感动得想抱着太监哭——快，快把俩人请进门。二人进了东宫，见皇嗣殿下迎出门来，殿下比以前又消瘦了许多，心中不觉泛出一阵酸楚，撩起衣襟擦了眼泪，而后跪地行礼道："少府监裴匪躬、内常侍范云仙给殿下拜个晚年，愿殿下安康。"

李旦点点头，好久没听见这样恭敬的声音了，心中有些感伤，一手一个把他俩扶起，君臣携手走进内殿。李旦说："难为你俩一片忠心，我非常感动，但目前情形看来，二卿还是少来东宫为好，以免受我之牵累。"

裴、范两人慨然道："臣拜储君，理所应当，又如何在乎其他。"

两个人前脚刚迈出东宫大门，后脚就被来俊臣请进"推事院"喝茶，名为喝茶，实为受刑。"推事院"是来俊臣在丽景门设置的一个皇家监狱，专门供其使用。当时，官员们戏称"丽景门"为"例竟门"，也就是说，凡被关进这所监狱的人没有活着出来的。审理过程中，两人十分不配合。来俊臣各种毒辣招数在他们身上一一试过，也没见任何效果。

来俊臣只好向武则天打报告，武则天亲自批复，可以动用法外之刑，以私下密会皇嗣罪，腰斩于市。武则天这么做，意图很明显，孤立皇嗣，斩断李旦与大臣们之间的联系。谁不听话，胆敢私下去见李旦，视同裴、范二人。

睿宗李旦五个儿子原本和武氏族人一视同仁地封王开府，现在也全部降为郡王，女儿一律降封为县主，跟在父亲身边幽禁于深宫之中。武则天把李旦看得很紧，画地为牢。而与此相对应的却是她对诸武的纵容，由此可见武则天由最初的维护武李平衡，转向偏袒武氏一族。

2．酷吏政治的"血酬效应"

长寿二年（693年）九月，丁亥朔（初一），天空出现日食。魏王武承嗣率领五千人上表请加尊号"金轮圣神皇帝"。按照佛家的观点，菩萨成为转轮圣王后乘坐的车子有金银铜铁四种质地，分别称为金轮圣王和银、铜、铁轮圣王。

金轮圣王统治四天下，其余圣王依次递减为三、二、一天下。这就是将武则天视为菩萨皇帝，武则天对这一尊号相当满意，身着天子冠冕，接受四方朝拜。这一年，武则天已经七十岁，但她仍让人感觉宝刀不老，激情燃烧。大地在我脚下，只要我想要，就没有实现不了的。

在幽禁了李旦父子之后，武则天下令废除各州举子学习《老子》的法令，要求改学由自己编写的《臣轨》一书，进一步从民间清除李唐皇族的影响力。武则天视亲生儿子为狼崽子的心理，让一些投机分子蠢蠢欲动。在办完裴、范二人后，来俊臣开始把矛头直指皇嗣李旦，暗地里组织人手密告李旦，说李旦想造反。告密信递到武则天的手中，武则天长叹一声。

武承嗣趁武则天犹豫之际进言道："皇上既然赐旦姓武，李旦就应该老实点，以武家皇嗣自居。我看他始终忘不了李唐，三番五次图谋不轨，有的大臣也唯他马首是瞻。不查清李旦的问题，皇上您也甭想睡个安生觉。"

有这样的娘，有武家这一帮虎视眈眈的谋位者，李旦把每一天都当成自己生命的最后一天来过。母亲对孩子来说，是温情，是慈爱，但对李旦来说意味着政敌之间的猜忌，意味着血光。被迫选择皇帝这个职业，对他来说，是人生最大的悲剧。

主审此案的重任，毫无悬念地落在了来俊臣身上。来俊臣，长相阴柔俊美，举止斯文有礼，且具有非凡的洞察力，常常能一眼看出他人心灵深处的欲望和弱点。

他的言辞亦具有同样刺透人心的魔力，跟其他粗鲁不文的酷吏不同，来俊臣话语不多却简洁有力，条理清晰，逻辑严密，不时可以见到智慧的闪光，宛如沉思的哲人，配以他谦虚诚恳的态度，不知底细的人只怕会立刻引他为知己。

聪明、冷静、忠诚、俊雅，这便是时人对来俊臣的第一印象。史料记载，来俊臣是个花样男子，貌似美艳，心似蛇蝎，巧辩似智，巧谀似忠。看外表，还以为是哪部偶像剧里跑出来的男一号。

有人这样评价过来俊臣：历史上的任何一个坏人或小说里的恶棍，只要拿过来和来俊臣放在一起，都会黯然失色。来俊臣出身卑微，是个父亲都搞不清楚是谁的私生子。他从小没有接受好的教育，在一个赌徒的家里长大，别的没学会，吃喝嫖赌无一不精。大了以后，学人家混江湖，结果混来混去混成一名死刑犯。

人生有时候就是一场轮盘赌，赌，不一定能赌出未来；不赌，是一定不会有未来的。死刑犯，只要一天不死，就有咸鱼翻身的机会。在监狱里混吃等死的来俊臣开始下注，他要求上书告密。当时的刺史正是李唐皇族东平王李续，对来俊臣这种搞法非常恶心，于是杖责一百，遣送回牢。

天授年间，武则天大肆屠杀李唐宗室，东平王李续也没逃过劫难，被杀。来俊臣认为自己翻盘的机会又来了，再次上书要求告密。虽然这时候全民告密行动已经告一段落，鬼使神差，来俊臣仍然受到了武则天的破例接见。

按照规定，死刑犯要告密也是不受限制的。他利用这个特许条件，大喊大叫要去"告密"。

狱吏和州官怕有不准告密之嫌，只好同意他去神都洛阳去面告。反正告不告，都是个死。接待他的是上官婉儿，因为死刑犯要告密是极为少见的，武则天出于好奇，在帘后观察，原来是个小白脸，好感顿生。看来男人长得漂亮，也同样可以当饭吃的。来俊臣心想，自己是个赌徒，愿赌服输，索性下个大注，成不成，就这一锤子买卖。

他脚一跺，心一横，开扯，诬告和州刺史东平王李续是个祸国殃民的家伙，暴乱分子。他根据当时的风向来判断，很可能告他有利，因为李续是唐太宗第八子纪王李慎的长子。他选准了目标就一不做、二不休，信口雌黄，颠倒黑白，把自己说成是个好人，曾经和一个杀人犯同住一室，却把他误当成杀人犯。然后被李续捕入狱，严刑逼供，屈打成招！

既然李续被朝廷诛杀，说明李续不是什么好人，李续既然不是什么好人，按照逻辑推理，被李续痛打过的来俊臣就是好人。他还发挥想象，创造性地编造出李续的许多苛政来。他口若悬河，说得有鼻子有眼、声情并茂、活灵活现，连自己都觉得真有这么回事。说着说着，恍惚间他有点儿崇拜自己了，自己怎么会这么有才。

来俊臣，一个来自江湖的流氓，虽然心里如蛇蝎般狠毒，可长相英俊，容易讨女人好感。文化不高，但由于在三教九流里混的时间长了，还懂得些礼节和规矩，而且他的靶子选得也准，正中武则天的下怀。

武则天竟看中了来俊臣的胆识和满嘴跑火车的才华，这号人物正是自己需要的。武则天大笔一挥，死刑犯顿时绝处逢生，还坐上了八品官位，真是柳暗花明又一村。

可惜这春天只是针对来俊臣个人而言，在今后十年里，这个笑容温和、举止文雅的年轻人，将让整个帝国的人为之战栗。武则天重用酷吏早在垂拱初年，而来俊臣至天授元年方获提拔，只能算是后起之秀，但他很快就展露出在刑讯方面的惊人的天赋，交到他手里的案子没有办不下来的。

也许是他做惯了犯人的关系，来俊臣对犯人生理和心理的承受极限了如指掌，并且不辞劳苦地针对每个犯人的特殊情况量身定做，对症下药，务必做到必有一款方案适合你。

他会给你鼻子灌醋，耳朵塞泥或者干脆熏聋，然后把你扔进漆黑没有一丝光亮的地牢里，让你处于绝对无助的被遗弃状态里，剥夺你的视觉、听觉、嗅觉，让无边的孤寂和黑暗折磨得你发狂。如果你是生性高傲而有洁癖的读书人，他会刻意把你的牢房和寝处铺满屎尿秽物，不给你吃的喝的，饿得人撕破衣服掏里面的棉絮吃。

对于来俊臣来说，这已经是非常非常温柔的刑罚了，他的名言是："人可以接受死亡，却难以忍受痛苦，所以有必要选取他们不能忍受的刑罚（死之能受，痛之难忍，刑人取其不堪）。"

为了满足事业的需要，来俊臣可谓绞尽脑汁，体现出了极大的创造性，由他发明的刑具甚至代表了那个时代所能达到的高度。

譬如，他发明了一种叫作"突地吼"的刑具。凡是被上了这种"突地吼"枷的，都要在地上不停地转圈。于是，受刑的人先是上吐下泻，接着四肢瘫软，如果还不认罪，那就继续转下去，直到受刑的人晕倒为止。

不论怎么说，"突地吼"还算比较温柔的，"铁圈笼头"就没有那么客气了。顾名思义，铁圈笼头就是用粗铁丝做成的圈。这种刑具的独到之处是，每当审讯犯人时，就将铁圈套在犯人的头上，如果犯人老老实实地承认自己的罪行还好,否则,来俊臣就指示手下往铁圈里加木楔,很多人因此被折腾得脑浆迸裂。

只有"枷"一项,就有十种使人心悸的名号:"定百脉""喘不得""突地吼""失魂魄""求即死"……在这一大堆发明中,居然还有美丽香艳的名称,什么"仙人献果""玉女登梯"。来俊臣不光是令人闻风丧胆的实干家,更是善于总结实践经验的理论家。由他亲自编写的那本《罗织经》,令人胆战心惊。

经上有七条:第一,确定对象;第二,派人告发告密或写检举信;第三,等候当权人下达命令;第四,根据需要把对象逮捕;第五,用酷刑取得口供(如果死于酷刑之下,又多了一项"畏罪自杀"),被抓的人只有两条路可走,要么招认,要么死于酷刑之下;第六,审讯中在口供里互相牵引,并扩大牵引,人数多少由需要决定;第七,将被逮捕人的口供整理编撰,使相互吻合,毫无破绽。整个过程滴水不漏,能活下来的都是铁人。

只要来俊臣察觉出自己的主子(武则天)对谁起了疑心,或者自己看谁不顺眼,这个人便上了他的黑名单。他从全国各地收买了几百个无赖,一旦想要诬陷谁,便指使那些无赖联合去告发,然后各地流氓群起响应,保证口供一致,然后定罪收监。那时候还没有通信工具,能够做到整齐划一,可见来俊臣布下的这张大网有多么可怕。

来俊臣的恶心表现,不仅得到了武则天的青睐,也得到了同行和前辈们的高度认可。没想到小伙子人长得白,心却这么黑。在那些老牌酷吏中,像来俊臣这样偶像派兼实力派的人,几乎没有。也不知道人家娘是怎么生的,人都坏成那样了,一张脸却那么漂亮。其他酷吏可以说是各有千秋。

索元礼是波斯人,高鼻大眼,外形气质还能说得过去。侯思止是个典型的文盲加流氓,满嘴的陕西土话,成为朝臣们茶余饭后争相模仿的必备曲目，逗闷取乐。周兴算是法律界资深人士，一向自视过高，能让他正眼瞧的没有几个，来俊臣算是一个。除了来俊臣的才华让他欣赏，他们还有另一层关系——老乡。

更多的时候，"老乡"这个词语，更像是一个阴谋——一种用于谋利的武器。还有一点，老乡最大的功用，就是用来出卖的。在这一点上，后来的周兴体会更加深刻。来俊臣可以说是周兴一手捧起来的，刚开始，他在周兴面前执弟子之礼，他人长得漂亮，嘴巴又甜，哄得周兴团团转。小伙子，会来事，有前途。周兴当时已经红得发紫，是武则天剪除李唐皇室的头号功臣，也是李唐宗室的克星。

武则天登基后论功行赏，有些功臣享受到赐姓武氏的荣誉。其中包括高宗病危助武则天夺取政权的宰相岑长倩，嗣圣宫变勒兵入宫废除中宗的羽林军首领张虔勖，逼杀章怀太子的丘神勣，以及带头诣阙上表请求改唐为周的傅游艺等，而作为酷吏代表受到赐姓嘉奖的，便只有周兴了。

这一荣耀，就连武则天亲自提拔起来的首位酷吏、花和尚冯小宝的义父索元礼也没有摊上。天授年间，来俊臣刚刚步入仕途，周兴已经是武则天眼中的红人，个人也达到了事业的巅峰。一旦攀登到了顶峰，也就意味着走下坡路的开始，只是早晚的问题，只不过周兴没有想到这一天会来得这么快。

在坐稳了江山之后，武则天也厌倦了酷吏那一套让人心颤的手法。酷吏虽然能为自己杀出一条血路，但作为统治者，不光要清除异己，更要树立自己的亲民形象。打打杀杀，太不具有人性化。

武则天是个有经验的政治家，她打算化化妆，打点粉底遮遮丑，以一种亲民的姿态出现在世人面前。这么多年，丢掉的形象分要赶快补救。不是说补救就能补救的，这需要方法对路。想来想去，武则天还是决定从哪里跌倒，就让别人在哪里躺下。

天授二年（691年），武则天决定动手，她要借几样东西用用，准确地说是几个人的脑袋，几个老牌酷吏的脑袋。第一颗脑袋，正扛在那位首先拥戴她为帝的傅游艺的肩膀上。傅游艺曾经是帝国政坛上的未来之星，在武则天登基这个事上，是出了大力的。一个小小的合宫县九品主簿，用了不到一年的时间，就一跃而为三品宰相。

由于晋升太快，他身上穿的官服就成了变色龙的皮，由青而绿、自朱而紫，当时很多人都称他为"四时仕宦"。傅游艺不是上访专业户吗，现在怎么又被划到酷吏的队伍里了？当年他带着几万群众大规模上访，力挺武则天当皇帝，是形势需要。后来他成为酷吏也是形势需要，武则天清理李唐皇室需要酷吏开道。傅游艺奏请诛杀流放到岭南的罪犯，因此被列入酷吏名单之中。傅游艺的升迁太快，快得像是坐了火箭，而他的升迁之路，也触及了多方利益。

他对李唐皇室下黑手，为李唐旧臣所恨；残忍地诛杀流人，让天下人恶心；快速发迹又引发了同辈官僚的忌妒。每个人的眼睛都盯着他，伺机而动。一切来得太快，像一场梦境，当梦醒的时候，他离结束也就不远了。

也许那天他赶酒场，喝大了那么一点点，回家倒头就睡。他做了一个梦，在梦里他穿着华丽的衣服，登上湛露殿。醒来之后，他仍陶醉在梦境之中。傅游艺认为这是一个好兆头，不但对家人宣扬，在亲友面前也自我炫耀。有人立刻就跑去告发，说他有反心。武则天没有犹豫，当即批示，逮捕下狱。傅游艺不堪受刑，自杀而亡，看来酷吏也顶不住酷刑。

第二颗脑袋，长在酷吏的大哥大——波斯人索元礼的肩膀上。他是武则天提拔的首位酷吏。他审一个犯人，不让人家咬出几十人上百人，都不收手。他的那些门徒（周兴、来俊臣之辈），个个争相效仿。时间一长，武则天也生厌恶之心，将其安了个受贿罪的罪名，关进了监狱。索元礼在监室里大喊冤枉，结果狱卒说了一句话，索元礼立马瘫软如泥，顿首认罪。那位狱卒说的话只有五个字——取公铁笼来！

索元礼服罪，死在狱中。作为一名执法人员，能够死在自己所热爱的工作岗位上，上天也算待其不薄。还有最后两颗脑袋，轮到了丘神勣和周兴。琅邪王李冲起兵，丘神勣前往镇压，杀尽白衣请降的数千家博州官民，尽显酷吏的杀手本色。如今风水轮流转，现在轮到别人诬告他谋反，同时牵连入案的还有周兴。

武则天毫不手软地赐死丘神勣，但对周兴还有一丝怜才之意，因为周兴的确在律法方面颇有造诣，当年便曾得到高宗嘉许，碍于他的流外官身份未能破格提拔。于是，武则天便把这桩案子交给了周兴的好友兼下属来俊臣办。来俊臣也不傻，武则天让自己去审这个案子，是想给周兴留条活路。

看在朋友兼老乡的分上，来俊臣责无旁贷地做出了选择——去死吧，周兴。对于来俊臣来说，朋友是用来出卖的，老乡是用来算计的。周兴的祸，就是他来俊臣的福。不把对方踩下去，自己就难以熬出头。他只是个赌徒，不会谈感情。不过要将周兴踩下去，又谈何容易。这么多年跟在周兴后面，得其真传。有时候就连周兴也自叹不如：这小子早晚会超越老子，成为真正的酷吏之王。面对周兴的老辣和狡黠，他有切身体会，这将是他仕途上至关重要的一战，不容有闪失，能不能取而代之，就看这一回。

天授二年正月，神都洛阳，这个冬天似乎格外寒冷。天色渐暗，北风呼啸像要酝酿一场暴风雪。文昌右丞周兴挥动了两下胳膊，揉了揉眼睛，一天又过去了。

那些断了的残肢，喷出的血液，凄惨的哀号，让他亢奋，但也让他不寒而栗，毕竟人心都是肉长的。尽管他是不是个人这个问题，还有待进一步商榷。近年来，自从唐宗室的主要人物被他一一罗织入狱而遭杀害之后,他办的案子明显少了起来。今年以来,连续几名法律战线的同僚惨淡收场,让他不免兔死狐悲。下一个又是谁?是自己,还是别人?不想了,该来的会来,不该来的,请也请不来。如今朝中人人自危,除武党外,其他人躲自己就像躲瘟疫。

周兴是雍州长安人,从小就专修法律。早在高宗时代,他的才华曾引起高宗皇帝的赏识。第一次见到高宗皇帝,他就侃侃而谈。他用眼神的余光解读出皇帝的那份欣赏,使他越发兴奋,完全超水平发挥。

"可惜你只是一个小吏,可惜啊!"高宗皇帝当年离去时留下的这句话,扑灭了他所有的热情。多年以后,这一幕仍是他在酒桌上与朋友吹牛的谈资。武则天用他,看中的是他的刑讯手段,而不是他对法律的见解。一个小人物能派上大用场,能让那么多人对自己心生恨意,他已经很知足了。

只要武则天的一个眼神暗示,他会像闪电犬一样扑向猎物,然后摇着尾巴叼回来向主人邀功请赏。随着一条条人命的陨落,周兴的官位也扶摇直上,一直做到司刑少卿、秋官侍郎。宰相魏玄同得罪了他,便被诬告谋反,含冤自杀。

只要他开心,可以把威震四夷的名将黑齿常之锁拿入狱,一颗一颗地敲光牙齿,还幸灾乐祸地询问:"你的牙齿并不黑呀,为什么叫黑齿?"

就在这个日暮天寒、雪将落未落的冬日,周兴收到了来俊臣邀他赴宴小聚的便笺。这样一个有着几分浪漫气息的雪天,能和三两好友小聚,也是不错的消闲时光。周兴如约前往,两大酷吏怀揣着各自的心思,频频举杯。醉翁之意,早已不在酒中。

酒喝得差不多了,二人借着酒劲回顾了过往的交情,并就朝堂之事交流了看法。谈着谈着,就把话题集中到刑讯上。来俊臣俊美的面庞上已现出酒醉的酡红,可他却比任何时候都清醒,他要在不知不觉中给周兴下个套子。他叹了一口气:"如今案子难审呀,犯人越来越狡猾,个个都说自己是冤枉的。"

周兴摇头道:"我不同意你的这个观点,刚抓进来的时候,人人都说自己是冤大头。斩决之后,就都没话说了(被告之人,问皆称枉。斩决之后,咸悉无言)。"

说到这里,周兴顿了顿,他举起杯中酒一饮而尽,然后漠然道:"说来说去,做好我们这一行就两个字:刑讯。"

来俊臣满脸崇拜,毕恭毕敬地给周兴斟满杯中酒:"周兄说得在理,可是对于有些人,刑讯也未必管用。"

周兴撇了撇嘴道:"管用不管用,主要看你的方法是否对路。"

来俊臣嘴角泛起不易察觉的冷笑,他知道该到收套子的时候了。他说:"我要审的这个人,自己是一个刑讯行家,熟知审案过程,他深知如果招认只有死路一条,这样的人该用什么手段对付?"

周兴哈哈一笑说:"这个太简单了,现在正好是冬天,何不找一口大缸,将炭火生旺,把缸烧得发烫,请犯人进去暖和暖和,让他在里面坐会儿,看看他能在里面支持多久。"

来俊臣崇拜的眼神让他很受用,他说:"我估计到时他会知无不言。"

来俊臣的笑妩媚动人,在冬夜里看上去却让人不寒而栗。他当即让人置办下一口大缸,生起炭火。炭火熊熊,缸很快就烧得通红。来俊臣猫头鹰似的笑声刀子一样划破冷寂的冬夜,他站起身来,朝着周兴鞠了一躬:"周兄,小弟我奉旨查办周兄与丘神勣合伙谋逆一案,还请周兄配合审讯工作,入此瓮中。"

来俊臣一张俊脸在火光的辉映下显得很真诚:"周兄,你可以进去试一试,看能在里面待多久。"这玩笑开大了,自己把自己给绕进去了。周兴面如死灰,愣了半天,然后跪倒在地,磕头如捣蒜:"贤弟,你要我招什么?你说我写。"

来俊臣笑眯眯地把他的老上司兼同乡从地上拉了起来,递上纸和笔。没费多少工夫,来俊臣就把谋反一案的证据全部搞定,送达武则天。

周兴肠子都悔青了,算来算去,却被自己最亲密的战友给算计了。按律当杀,武则天看在他这么多年为自己披荆斩棘的分上,并没有将他杀掉,改判流放岭南。但流放对于周兴来说,又何尝不是让他去死。这些年来,被周兴整得家破人亡的何止百十家。如今武则天将其逐出京城,他也就此失去权力的庇护。周兴就这样上路了,半道上就被自己的仇家给杀了。

来俊臣扳倒周兴,并不能说明这是武则天对暴虐政策的深度反省。来俊臣的聪明之处,在于一边施展酷刑,一边向武则天表忠心。在他的那本《罗织经》中,他更是无耻地宣称"上无不智,臣无至贤"。自己做人的原则便是"功归上,罪归己"。功劳是武则天的,罪过全是自己的。

天授二年之后,来俊臣成为武则天最信任的宠臣之一,凡有大案必交给来俊臣处理,并专门为他在丽景门内置推事院,号为"新开狱"。由他一个人主宰制狱,入此门内,有死无回,百不全一。

武则天疑心病很重,对于谋反案件宁信其有不信其无,即使有明显漏洞,她也不加责怪,任他自由发挥。有人告发来俊臣受贿索贿夺人妻妾这类鸡毛蒜皮的小事,武则天更是问都不问。人的生活方式各不相同,不可强求人人都是正人君子。

来俊臣师承周兴,但却青出于蓝而胜于蓝。如果说周兴算是牛头马面,那么来俊臣完全就是阎罗在世,是死亡的代名词。这时候,一心想谋夺储君之位的魏王武承嗣看中了来俊臣的残忍凶狠,来俊臣也正想傍上他，两人准备共同携手创造美好幸福生活。

天授二年一月，武承嗣指使人告发皇嗣李旦谋反。武则天对谋反的案子，通常是宁可信其有。她没做干预，而是把案子交给了来俊臣来处理。来俊臣带领大批酷吏驻扎东宫，现场办案，背后有武则天撑腰，他就百无禁忌。

来俊臣把李旦和他的嫔妾子女带到偏殿看管起来，就地在东宫架起了刑堂。各种新鲜玩意儿摆得一地都是，上面血迹清晰可见。胆小的女眷捂住了脸，嘤嘤哭泣。李旦早已被武则天下令不得与大臣们见面，除了侍女宦官，身边就只剩下一些太常乐工罢了。长夜漫漫，无心睡眠，他只能寄情于书法和管弦打发时间，这样心怀恐惧的日子总是难熬。

来俊臣看着李旦和他的家眷，心底发出阵阵冷笑。贵族血统？对他来说，人只有两种，活着的和死了的。而经过他的手，活着的也成了死了的。来俊臣出手了，那些稀奇古怪的刑具刚一派上用场，凄厉的惨叫就不绝于耳。

娇贵的身体哪里经得起酷吏的严刑拷打？抖抖索索地画押，卑躬屈膝地承认自己和皇嗣同谋叛逆。实在撑不下去了，但求速死。李旦不忍直视，他缓缓合上了双眼。这一幕无数次地出现在他的梦境之中，虽然早有心理准备，但面对死亡，他仍心有不甘。

这一次，他知道自己死定了。来俊臣这个活阎罗，到他手里就难有活路。来俊臣自我感觉良好地踱着步子，今天他的心情大不同，因为他审的人是皇嗣李旦。看着被他折磨得不成人形的东宫侍从乖乖画押，他的唇边浮起一丝冷笑。本来以为要多折腾一会儿，谁知道难度系数如此不堪。这些口供一交上去，便成了铁案，皇嗣李旦不死也得脱层皮，最重要的是李唐皇室会输掉所有翻身的本钱。

也就在这个时候，一个冷冷的声音传进了在场每个人的耳朵："你们为什么要血口喷人？皇嗣没有谋反。"

这句话让在场的每个人都愣住了，李旦回头望去，是太常乐工安金藏。李旦与他并不熟悉，平时与他交流得很少。来俊臣还没审问到他，他挤在人群里，谁都没料到这个沉默寡言的男子竟然会在关键时刻突然发言。

来俊臣盯着这个年轻的乐工，他不相信刚才的话是从他嘴里说出来的，质问道："你说什么？"

安金藏没有回避的意思，迎着来俊臣的目光，他一字一顿地道："皇嗣从来没有谋反，你们不要诬陷好人，会遭天谴的。"

寂静，死一般的寂静，寂静得让人只能听见现场每个人急促的呼吸。来俊臣脸上浮现出了杀机，命令道："快把他带过来，我有话问他。"

安金藏身边的人哗啦一下全散开了，将他一个人孤零零地暴露在场地中央。英雄，从来都是孤独的。几名酷吏见来俊臣要动真格的，直扑安金藏。安金藏面色微变，他明白一旦落到这帮酷吏手中，连顺顺当当的死都是奢侈的。他闪身躲过酷吏的攻击，并就势夺下了其中一人的佩刀，大叫道："皇嗣没有谋反，你们如果不信，我安金藏愿意剖心明证！"

言毕，他做出一个让所有人都震惊的举动。他反手一刀，竟直刺自己的胸膛，动作快得让人来不及反应，看来也是练家子的（练武的）。那些平时见血就亢奋的酷吏此刻也呆立在当场，他们做梦也想不到一堆金枝玉叶里还藏着一副傲骨。安金藏强撑着没有倒下去，他用尽力气吼道："皇嗣真的没有谋反！"

说着话，他手握佩刀又向下拉开尺许长的口子，五脏六腑都滚出来了，惨不忍睹。一句话没说完，安金藏一头栽倒在地，昏死过去。这事闹大了，酷吏杀人本来很正常，但是在还没结案的情况下，在东宫闹出人命可不是儿戏。就在所有的人都慌了手脚之际，早有人跑去报告武则天了。武则天命令来俊臣停止审讯，这来俊臣肯定是把人逼急了，不然不会闹出人命。

同时，武则天让人将安金藏用肩舆接进宫来，急召御医诊治，无论如何要保住安金藏的性命。御医们七手八脚地将安金藏的五脏小心地纳入腹胸之中，以清洁的桑皮线细细缝合伤口，敷上最好的疗伤药。安金藏毕竟年轻，昏迷了整整一夜之后，一条命总算又捡回来了。

得知安金藏脱离了危险，武则天也很高兴，她决定亲自前去探望。武则天为他这种英勇无畏护主的精神所打动。由于失血太多，安金藏的身体一直很虚弱。看见武则天来看自己，他借此机会反复向武则天陈述皇嗣的无辜，满脸的诚恳，话说得虽然笨拙，但却更容易打动人。

安金藏的父亲是归降的安国首领，而他只是东宫一个身份低微的乐工。满朝文武看着皇嗣李旦被来俊臣逼得生无可恋却无能为力。关键时刻那些平日里鼻孔朝天的文武官员都闪得没影子了，没人敢出来保护李旦。来俊臣本以为胜券在握，谁知道半路杀出个安金藏，小人物发出了耀眼的光芒。

看着安金藏那张毫无血色的脸，武则天想必也是百般滋味在心头。武则天反复念叨，李旦是她的儿子，可是她这个当娘的，却一点儿也不了解自己的儿子。武则天轻轻叹了口气。在这一刻，她好像变了一个人，不再是那个铁血君王，而是一个母亲。

"自己的儿子自己不能知根知底，连累得你差点丢了性命，是我的错啊。"这是武则天第一次当众承认自己的错误。武则天让来俊臣暂时收手，再这样逼审下去，指不定还会闹出什么动静，影响太坏。李旦就此又逃过一劫。

如果这次不是安金藏挺身而出，事情会发展到什么程度，让人难以想象。安金藏，由此成为李唐皇族最应该感谢的人，中宗复辟后将其封为右骁卫将军，立碑表彰他的忠义。唐玄宗即位后又赐爵安国公，荫泽其子孙。安金藏用决然赴死的姿态保住了皇嗣李旦的清白，也为自己在宏大叙事的历史中留下了炫目的一笔。

谋反，是最让武则天忌惮的一个词，只要一提它，不管有多忙多累，她都会亲自过问。朝臣们也知道，这是一条触及必死的高压线。呈递到武则天手里的奏折和密信，至少有一多半事关谋反。皇嗣李旦都差点因为这个翻船，更何况其他人。武则天还没从李旦谋反的事件中平复心情，又有人状告岭南有流人意图谋反。所谓流人，是指被判决流放的罪犯及家眷，其中以政治犯居多。

一直以来，武则天就对政治犯十分警惕。他们和一般的流民造反还是有很大区别的，因为他们大多是读书人，可以造舆论，从底层民众那里拿到同情分。武则天得到消息后，当即派遣万国俊为监察御史前往审理。万国俊也是酷吏，与来俊臣同掌制狱。两个人不光是同事，还有共同的兴趣爱好——编书。他们共同编写了武周朝刑讯第一书《罗织经》，他和来俊臣一样，都是冷血之人。

人如果还保有良知，是很难写出《罗织经》那样的书的，一本书从头到尾都是如何折磨人的经验之谈。万国俊一到广州就把流人全部召集起来，让他们集体自杀。没有经过任何审讯，上来就号召他们集体自杀。这些政治犯的情绪瞬间被点爆，局面顿时失控。

万国俊知道让他们乖乖自杀，难度大了一点。他只好安抚，让他们排着队到河边去看风景。走到河边，万国俊站在高处，一声令下，军兵们拔刀便砍。三百多名身披枷带锁毫无防备的流人，被全部砍死，河水顿时被染成红色。万国俊用袖子蹭了蹭刀锋上的血迹，一切就这样结束了。

万国俊回到京城，伪造流人造反的证据呈献给武则天，他说："那些流人对陛下都心怀不满，意图造反，如果陛下不早做处置，只怕过不了多久就会有叛乱爆发。臣因担心局势发展下去不可收拾，所以就把他们全部杀了，以绝后患。"

武则天很满意，特别提拔万国俊为朝散大夫兼侍御史。同时选拔刘光业、王德寿、鲍思恭、王大贞、屈贞筠等六人担任监察御史，分别前往剑南、黔中、安南等六地调查流人情况。武则天这么做就是摆明了告诉后来这六个人都要向万国俊学习，到地方后要快刀绝后患。

六道使都是精明的官场老手，他们到地方后有样学样。在这场屠杀比赛中，纪录被不断刷新。刘光业杀九百人，王德寿杀七百人，其他就算杀得少，也有五百人之多。

武则天果然没有用错人，六道使的手段似乎更为狠辣。这场杀人比赛，没有裁判，更没有调查取证。后来统计，连很多高祖、太宗时期的政治犯也被无辜牵连，惨死刀下。当死亡人数统计出来，武则天也被吓了一跳。她赶紧阻止屠杀行动，没被砍死的六道流人，连同家人在内，立即释放回家过日子。

这就是武周史上最血腥的"六道使事件"，酷吏的杀人游戏越来越疯狂，律法形同虚设，人命如草芥。酷吏的势力越做越大，大到令帝国体制内的每一个人都感到心惊胆寒。终于有不怕死的官员上书要求整顿酷吏，结束滥刑，重建法制。武则天也正为此事烦恼不已，酷吏是自己一手扶持起来的，这些年没少出力，但是却越来越难以驾驭。为了区区几个酷吏，让自己背骂名，太不划算。自己是一国之君，整人只是手段，整顿朝政才是王道。

武则天顺势接纳了整顿酷吏的意见，当即将六道使流放，以平民愤。延载元年（694年），武则天以贪污罪将声名太坏的来俊臣贬谪为同州参军，以示警告。六道使因杀孽太重，仇家遍地，最后都落了个身首异处的下场。

来俊臣并不安分,他本是风流好色之人,就算被贬到地方,色心却未减半分。有同僚为了巴结讨好于他,将其请到家中喝酒聊天,谁知他见人家的老婆长得漂亮,便霸王硬上弓。在霸占过程中,又撞见了人家的岳母,见其风韵犹存,也一并夺去。夺妻之恨不共戴天,何况连岳母都被霸占,是可忍孰不可忍。被夺妻的同僚愤怒了,他想找机会报复来俊臣,又担心搭进去自己一条命。

其实他的担忧不是没有道理,没过两年,来俊臣又重新获得起用,擢拜为洛阳令、司仆少卿,这是从四品上的官衔。武则天知道他色胆包天,更一次性赐给他十名奴婢。来俊臣再度翻身,更加肆无忌惮。只要被他看中的美貌女子,无人能逃出他的手掌心。但凡世上的情种都有自己处理感情的一套方法,来俊臣也不例外。

没出嫁的,登门求亲强娶过来,你未婚,我就有娶你的资格。已经出嫁的,将人家的丈夫折磨死,然后再娶过来。不管你是西蕃酋长,还是高门贵族,只要被他看上就算倒霉,吃了亏,也没人敢言语。他诬陷司刑府史樊惎谋反当诛,樊惎的儿子为父申冤讼于朝堂,人人都知道樊惎是无辜的,但也知道是来俊臣要办的人,没有一个敢接受他的诉讼。

在尝试过所有的办法之后,这个可怜的年轻人悲愤交加,绝望之下,也学安金藏当众剖腹。可樊惎儿子剖腹的技术实在不过关,技术不过关的直接下场就是把自己给杀了。结果老子没有救下来,还赔上了儿子的一条命。

在那个无情的官场之上,热血唤不醒冷漠。只要事没找上自己的门,没人愿意多管闲事。别说多管闲事,就是挤一滴同情的眼泪都会淹死人。秋官侍郎刘如璿就是一个例子。他居然受不了刺激,泪洒当场。这件事被来俊臣知道了,麻烦事也就跟着来了。

来俊臣立即上奏,刘如璿是樊惎的同党,也是谋反者,应当判处绞刑。武则天不是没脑子，她也知道来俊臣这条狗逮谁咬谁，到目前为止，她还需要在身边豢养这样一条疯狗。她居然卖了来俊臣几分面子，将刘如璿改判为流放。有武则天背后撑腰，来俊臣的胆子越发大了。他经常在和朋友聚会的时候，玩掷飞镖的游戏。来俊臣乐此不疲，他还对这种游戏进行了深化和二度创作。他把朝臣的名字写在对面的石板上，然后掷石头，打中谁的名字就拿谁开刀，直到中标者家破人亡。

这一次，来俊臣的手气特别好，击中之人是李昭德。李昭德和来俊臣是两种类型的人，李昭德乃刚直之人，而来俊臣则是敢作敢为的真小人。如果说，满朝文武还有谁敢在朝中和来俊臣对抗，李昭德绝对是其中之一。此时的李昭德已经贵为宰相，也算是武则天值得信赖之人。他曾谏阻武则天立武承嗣为太子。武则天曾公开说过，"有了李昭德，朕能睡个安稳觉"。他在武则天心目中的位置可见一斑。

来俊臣虽然刚猛，但面对这位铁腕宰相也得让他三分。在这风云变幻的年代，李昭德的确是满朝文武中的异数。在来俊臣的心里，李昭德是一个刚健之人，这样的人都有一个致命的缺陷——不识时务。

来俊臣被贬同州参军之后，朝堂之上攻讦李昭德的言论很快出现，什么专权用事，威震人主。苍蝇不叮无缝的蛋，这些罪名也不完全是无凭无据。在李昭德的逻辑体系里，当官就要敢于担当，不担当的官，就算不得官。他不愿意拿着薪水一天到晚混日子。而在当时，大部分混迹官场之人都抱有这样的态度，事不关己，高高挂起。与李昭德同列宰相班子的几位朝堂重臣莫不如此，比如唾面自干的娄师德、模棱两可的苏味道和以逢迎拍马著称的"两脚狐"杨再思等。每个人都像在装睡，喊不醒。唯独李昭德，一副随时要和人拼命的架势。管的事多了，自然就"专权擅事"；不管事，自然也就什么事都没有。于是爱管闲事、个性直率的李昭德就成了人们群起攻之的目标。

弹劾李昭德越权专断的奏章不断出现，称李昭德的权势已然侵凌人主，正所谓"陛下已依，昭德请不依，陛下便不依"。如此下去，李昭德的权势越来越重，将来想要控制就难了。大权旁落，被人控制，这是武则天最不愿意看到的。一个人说的时候，她不信；两个人说的时候，她也可以不相信；当大家都在说这件事的时候，她就坐不住了。

延载元年九月，李昭德被贬为岭南的钦州南宾县县尉，八品芝麻小官，从堂堂一国宰相断崖式降级为八品的县尉。这还不算完，李昭德随后又被剥夺官职，追为免死流放，成了一名流放的政治犯。第二年，曾和李昭德同殿为相的豆卢钦望、韦巨源、杜景俭、苏味道、陆元方等五名宰相，受李昭德牵连，统统被贬，被武则天赶出京城。这时候在宰相班子里，只留下了正奉旨修建天枢的姚璹和"两脚狐"杨再思。这是太平年月难得一见的大批宰相左迁，可见武则天不能容忍任何人专权结党的决心。

虽然事隔三年，李昭德重获启用，但只给了一个小小的正八品监察御史，而这时候来俊臣已经是从四品的司仆少卿了。世易时移，如今的来俊臣要整治已然失宠的李昭德可谓不费吹灰之力。李昭德被诬谋反，下狱待死——武则天仿佛对昔日这位她言听计从的宠臣失去了兴趣。

眼看李昭德就要死在自己手下，来俊臣的内心狂喜不已。背靠着武则天这棵大树，谁敢动他？谁又动得了他？现在别说李家的人他看不上，就算武氏诸王和武则天最宠爱的亲闺女太平公主他也不放在眼里。来俊臣经常玩这种掷石头、点兵点将的游戏，点中谁，就跑到武则天面前吹风，说这个要谋反，那个想夺权，然后直接向其家属发出恐吓之言。

武则天知道来俊臣很多时候在胡闹，可从未阻止过。她希望自己的朝堂能保持这种平衡，这样她才容易控制。武则天并不呵责阻止来俊臣继续胡说,或许她觉得确实需要一头恶犬来监视自己的儿女子侄。身为帝国的一把手,武则天连自己的亲生骨肉都不能信任,可见帝王的幸福指数之低。来俊臣的行为,不仅让大臣们感觉到恶心,更让诸武和太平公主感到不满。不满归不满,却没人能动他,因为谁也不想去招惹这个疯子。

来俊臣没有消停的迹象,他看上谁家的闺女,谁家的妻妾,人家都得乖乖奉上。他手一摊,对方赔了夫人还要赔笑脸赔钱。可谓是:色,我所欲也;财富亦我所欲也。就连政府用于赈灾的款项,他也敢挪用。来俊臣没想到,他把李昭德送进大狱,自己也快走到了尽头。因为有一把刀已经抵住了他的喉咙。

这致命的一刀不是来自宿敌,也不是仇家,而是他最亲近的下属兼朋友——酷吏卫遂忠。就像他当年把周兴请入瓮中一样,卫遂忠认为朋友就是放在火上烤着吃的。卫遂忠是来俊臣一手提拔上来的,当年来俊臣在全国各地布控,安排线人,只要他想整谁,各地爪牙相互串供,这就是传说中的"罗织"。

卫遂忠很上进,不仅亦步亦趋追随来俊臣,更主要的是他吃透了来俊臣博大精深的思想。他把来俊臣所著的《罗织经》奉为宝典,放在枕头底下,日日苦读,夜夜钻研。因此得到来俊臣的赏识,引为心腹死党。

这一天,卫遂忠刚赶过一个酒场,虽然喝得迷迷糊糊,可还是意犹未尽,便摇摇晃晃地登门找来俊臣继续喝酒。赶巧了,当时正逢来俊臣宴请妻子的娘家人,就是大名鼎鼎的五姓七望中的太原王氏。王氏女是太原王庆诜的女儿,早已嫁给段简为妻,是出了名的美女,结果被来俊臣盯上了。因为对方是高门士族,来俊臣没有霸王硬上弓,而是假传圣旨,说武则天已把王氏女赐婚于他。

把别人的老婆赐婚给自己,也亏得来俊臣想得出来。段简自然知晓对方在胡说八道,无奈武则天对宠臣的胡作非为通常是不作为的。被人抢了妻妾,可以再续,若是丢了身家性命,可就再也找不回来了。段简纵有一万个不乐意,也只能休了王氏。被夫家休了的王氏女不再是段夫人,而成了来夫人。因为太原王氏是名门望族,虽然不得已结下这门亲事,但觉得还是很丢面子的事,所以这次来府家宴实在不想为外人所见。

来府看门人就将卫遂忠挡在了门外——来公不在家,请改日再来。卫遂忠虽然喝大了,但他的心里非常清楚,知道看门人在搪塞自己,不禁怒从心头起。于是他推开两人,直接往府里闯。

卫遂忠骂骂咧咧地迎面撞上王氏,他满心的怒气无从发泄,指着王氏的鼻子一通羞辱。王氏虽是二嫁,但好歹也算名门淑女,众目睽睽之下被卫遂忠骂得狗血喷头,哭哭啼啼地跑去找来俊臣。当着新媳妇娘家人的面让自己下不了台,来俊臣哪里吃过此等亏,气得血往脑门涌。来俊臣命人一顿乱棍齐下,又将卫遂忠捆了个结结实实,然后拖到太阳下暴晒。卫遂忠的酒这时候已经全醒了,赶紧跪地求饶,来俊臣最后才放了他。本以为事情到此结束了,可几天后来府传来消息,王氏女不堪受辱竟然自杀了。

出身名门望族的女子秉性刚烈,嫁给来俊臣后过得本就生不如死,但无论如何她的死是卫遂忠大闹来府引发的。卫遂忠以为来俊臣这一次不会放过自己,于是他买来棺材,写好遗书,在家等消息。一天过去了,没动静;两天过去了,还是没动静。

女人如衣服,兄弟如手足,来俊臣这一次没来寻卫遂忠的晦气。他本来看上的就是王氏的美貌和高贵家世,从段简手里将王氏抢过来,也只是为了满足男人的虚荣心。人死不能复生,天下漂亮的女人有的是,大丈夫何患无美妻。

来俊臣发现段简找老婆很有一套,刚被自己霸占一个,又出来一个。没过多长时间,来俊臣又盯上了段简的侍妾。估计二人乃前世的仇家,段简心里恨得牙痒痒,但也只能自认倒霉,他没有能力,也没有胆量去抗争。在这个世界上,想除掉来俊臣的又何止段简一人,最起码卫遂忠也算一个。

自从上次挨打晒太阳以后,卫遂忠就惶惶不可终日,王氏的死更是让他崩溃。他太了解来俊臣了,因为了解,他才不相信来俊臣会轻易放过自己。卫遂忠没有等来俊臣找上门,自己便开始借刀杀人,而他借的是武承嗣的刀。卫遂忠跑去找魏王武承嗣,就说了一句话,武承嗣就把刀借给了他。他说:"魏王,你可知道,上次龙门聚会来俊臣掷石的对象是魏王吗?他准备告魏王谋反!"

武承嗣当时就跳了起来,这句话暗含的隐语就是,来俊臣要杀他。如果换作其他人告诉武承嗣这句话,武承嗣或许会在心里打个问号。但这个消息是从卫遂忠嘴里说出来的,武承嗣不能不信。他曾为争夺太子之位和来俊臣联手整治过李唐旧臣,深知其心狠手辣。他决定赶在来俊臣前面动手,他以武氏族长身份,召集诸武开了一个碰头会,商议对策。在此次碰头会上,除了诸武,还有一个重要人物——太平公主。

太平公主在驸马薛绍死后,由武则天强做主再嫁武攸暨。这次武氏家族会议,她以武家的媳妇列席会议。武则天对她的这个女儿还是非常信任的。虽然这时候,太平公主没有完全介入政事,但是已经开始介入武则天的生活,就在不久前,她刚向母亲推荐了张昌宗、张易之两名绝世美少年做男宠。知母莫若女,何况自己也好这一口。

武承嗣为了利用太平公主在武则天心目中的地位,就把太平公主也拉进来俊臣的黑名单。太平公主本来就不太平,听说来俊臣要对自己下手,她找到武则天的二位男宠张昌宗、张易之帮忙。如此这般滚雪球,反对来俊臣的力量越来越强大,连南北牙禁军统领都参与进来了。

他们决定联名上奏，奏章以一人之下、万人之上的魏王武承嗣为首，诸武及太平公主紧跟其上。奏章上所列也并非莫须有的罪名，来俊臣本就劣迹斑斑，要找到证据实在太容易。索贿受贿，杀戮功臣，强抢人妻。

来俊臣很快就被逮捕下狱，当年武则天就是把他从死囚堆里捞出来的。对于朝臣们来说，来俊臣一天不死，就有咸鱼翻身的可能，一旦翻身，后果将不堪设想，所以来俊臣这次必须死。他们动用各种关系，目的只有一个：将来俊臣罪名升级。在这种情况下，审讯结果也在不断升级，先是说来俊臣想诬告诸武和太平公主，接着说他还想诬告皇嗣和南北牙禁军谋反，想把他们全部除掉，然后利用武则天对他的信任，伺机夺位自己做皇帝。

谋反，归根结底还是谋反，每个人都清楚，只有这个罪名成立，来俊臣才会死定了。来俊臣虽然恶贯满盈，但还不至于谋反。话说回来，在来俊臣已经开出的那张死亡名单里，很多人是背着谋反的罪名被处死的。以彼之道，还治彼身。有人这时候站出来指控来俊臣，说来俊臣经常拿奴隶出身的后赵皇帝石勒自比，他有野心，想造反。

已经被武承嗣打通环节的审讯人员，就把这当作来俊臣谋反的证据，大做文章。没费多少周折，来俊臣就被定了死罪。看来被冤死的，不光是忠臣。来俊臣当死吗？那是当然，死一百次也难以赎清身上的罪过，但只有这样一种死亡方式才配得上他，符合他的《罗织经》的精神。

武则天也大吃一惊，来俊臣有几斤几两，她怎会不知道？此人虽然狠毒而又狂妄，但他不是疯子，要把朝中那么多实权人物都解决掉是根本没可能的事。武则天也清楚，只有在她产生怀疑的情况下，政治嗅觉异常的来俊臣才会像猎狗一样扑上去撕咬。至于谋逆夺位云云，更是匪夷所思。

武则天很快意识到，这位宠臣是被冤枉了，对于来俊臣的忠诚，她是深信不疑的。武则天迟迟没有在批复上落笔，每个人都惶惶不可终日。难道武则天想赦免来俊臣？难道这么多人的意见她都充耳不闻，视而不见？实践证明，来俊臣是政治海洋中的游泳健将，宦海浮沉，只要淹不死就会浮起来。如果他这次不死，沉下去的就不是一两个了。武承嗣慌了，太平公主慌了，卫遂忠更慌了，盼着来俊臣死的每个人都陷入恐慌之中。

要求处死来俊臣的奏章堆满武则天的案头，有匿名的，有不匿名的。武则天男宠张昌宗和张易之不停地在武则天耳边吹枕头风，然而越是这样，武则天越是犹豫。对武则天而言，来俊臣是一个忠心耿耿的拥护者，来俊臣之所以得罪那么多人，是因为除了忠于她，其他人都可以不在乎。

如今来俊臣正用得顺手时，他们却联合起来要将其置于死地，这是武则天不能接受的。然而这次参与的人太多，她也不得不考虑给大家一个交代。正在武则天左右为难，内史（以前的中书令）王及善又催上门来。王及善已经是八十多岁的老臣，因为契丹作乱而重新启用。他的功劳并不在于上阵杀敌，他只是起草了一个平乱实施方案，方案极具操作性，里面列出十余条治乱要义。武则天看了很满意，又将其重新启用，捡拔为内史。

王及善其实并没有多少本事，在当宰相期间，也没干过几件大事。不但没做成大事，还差点转行去放驴。王老头任宰相期间，做得最有建设性的事就是不许官员骑驴上班，为此在朝堂上下掀起声势浩大的"赶驴行动"。有时他这个宰相也会亲自去赶。

堂堂帝国宰相，跑到大街上去赶驴，因此得一名号"驱驴宰相"。赶驴就要有个赶驴样，王及善在外形上和赶驴这一活儿还是挺匹配的。

他长得一副驴样,却占据了内史的高位,朝臣们在背地里都把这称之为"鸠集凤池",也就是一只斑鸠却占据了凤凰池。王及善虽然长得丑了些,但他还算个清官。武则天能够予以高位,说明对他还是有看好的地方。

不仅武则天看好他,朝臣中也同样有人看好他。既然王及善赶驴有一手,那么杀驴本领也不容小视。于是大家就搞了一次公推公选,让王及善去弄死来俊臣。王及善背负着众人的期望,投身到这场"杀驴行动"中。他先是跑到武则天面前说:"来俊臣是个凶狡贪暴之人,是朝廷的首恶之徒,如果不把他除掉,大臣们必然不服,也会动摇民心。"连王及善都发话了,武则天不能不有所考虑,但她依然没有表态。

神功元年(697年9月改元神功),武则天已经七十四岁,在处理朝政之余,她仍然可以从事一些简单的体育运动。近一段时期,为武则天牵马的是吉顼。吉顼也是一个酷吏,口才极好。与来俊臣的阴柔俊美不同,吉顼属于高大威猛型。他心机深沉狠毒不输来俊臣,如果我们把索元礼、周兴看作第一代,把来俊臣看作第二代,那么吉顼算是第三代酷吏中的领军人物。

吉顼是个很复杂的人物,史料给了他两张面孔。一张面孔,即一些所谓的"正统"议论,这张脸是丑陋而狠毒的。《旧唐书》中将他列入《酷吏传》。另一张面孔,传说中的"忠臣",有人认为吉顼不应该被列入《酷吏传》,理由是吉顼在大是大非面前极力维护李唐皇室,做事有魄力和权谋。《新唐书》将他与裴炎、刘祎之合传,将其看作与武则天有密切关系但依然心存李唐的忠臣。

后来中宗得以复位,吉顼出力不少。睿宗上台后将这段隐情公之于世,追赠他为左御史台大夫。但他为人狠毒,满手血腥也同样是不争的事实。他曾和来俊臣联手审理刘思礼案,大杀海内名士三十六家,亲朋故友被连坐流放的千余人。

吉顼的强势表现一度压倒来俊臣，让来俊臣很是不爽。敢和自己抢风头，真是活得不耐烦了。为了独占功劳，来俊臣打算把吉顼也罗织到此案中去。吉顼知道来俊臣《罗织经》的厉害，只要被他罗织进去，不死也脱层皮。他赶紧上书，武则天亲自出面调解。来俊臣被提拔为洛阳令，吉顼也就此上位，成为武则天的心腹，有事没事伴个驾。这天君臣二人在独处的时候，武则天问道："最近大臣们都在议论什么，做些什么？"

吉顼知道武则天是想从他这里得到一些大家对来俊臣一事的看法，他心头暗喜，道："其实也没议论其他的，大家疑惑不解的是皇上对来俊臣的极刑迟迟未予敕许。"

武则天淡淡一笑，答道："来俊臣对武周有功，朕不能过河拆桥。"

吉顼的脑子飞快地运转，武则天这时候征询他的意见，意欲何为。吉顼立刻拜倒在地，沉声道："来俊臣勾结无赖，诬陷忠臣，赃贿如山，冤魂塞路，如此国贼，不杀不足以平民愤，安顿朝野，何足为惜！"

即使知道自己是如此的不情愿，还有那么多人想要来俊臣死，武则天凝眉静静地看着吉顼那张说到兴奋之处连五官都几乎要移位的脸。武则天摆摆手，示意退下，到了该决断的时候了。吉顼的一句话成为压死来俊臣的最后一根稻草。没过几天，武则天下令将来俊臣斩首弃市。与来俊臣同日赴死的还有被他诬陷下狱待死的李昭德，能亲眼看见宿敌与自己同归于尽，是武则天给予这两个宠臣最后的恩典。

当天，电闪雷鸣，大雨如注，但这丝毫影响不了人们看热闹的心情。数以万计的洛阳百姓自发地走出家门，冲上街头。当两名口中含枚的死囚被带上刑场的时候，围观群众气沉丹田，发出了狮子吼。这吼声是对李昭德的敬重和怜悯，还是对来俊臣的憎恨和愤怒？

两种情绪激烈碰撞，这也成为武周历史上最为戏剧性的一幕。刀光闪过，人头落地，一对前世冤家，同归来世宿命。也就在鲜血喷溅一瞬，围观的人群突然拥向行刑台。现场维持秩序的刑吏抽出刀想吓退群众，可人是从四面拥向前台。

刑吏们一看，拥上来的人群都冲向一个点——来俊臣的那具无头尸体。愤怒的人们撕扯着来俊臣的四肢，有人甚至连皮带肉地张口就咬，状若疯癫，凄厉如鬼。豆大的雨点打得人浑身透湿，却没有一个人在意，只顾着在来俊臣的尸体上挖眼剥皮，撕开腹部，把五脏六腑全掏了出来。

短短几分钟内，来俊臣的尸体就变成了一摊肉泥，单独滚落一边的脑袋也不知道被人踢到哪里去了。再扭头看李昭德的尸体，已经被人悄悄地盖上了一张草席。

消息传至宫中，武则天大为震骇。她做梦也没有想到，世人怎会如此痛恨来俊臣这样的人。为了顺应时势，让天下人出尽恶气，她亲下《暴来俊臣罪状制》，列举诸多罪状，"宜加赤族之诛，以雪苍生之愤"。来俊臣整个家族全被诛灭，家产充公，很多被他霸占和强抢来的姬妾也全部没入宫中为奴。

来俊臣死了，而群众撕扯来俊臣尸体的血腥一幕严重刺激了武则天。武则天开始反思酷吏滥刑的危害，一桩桩冤案，一段段噩梦。来俊臣死后，她再也没有重用过酷吏，而开始逐步平反以往的冤狱。吉顼也放下屠刀，不再重操旧业。从此以后，他巴结"二张"，交接诸武，慢慢坐到宰相的位置，后来更为李唐复国出谋划策。

来俊臣之死为酷吏的历史画上一个句号，特务恐怖统治持续了有十五年左右，其中尤以垂拱年间武则天临朝称制时期和武周开国的天授年间最为强势。酷吏的兴起和衰亡都是武则天一手操控的，从索元礼、周兴到今天的来俊臣，这些瘟神不过是武则天诛锄异己的一把把刀而已。酷吏是武则天夺取皇权不可缺少的力量，酷吏横行的时期以垂拱、天授年间为最，而这正是武则天上位的关键时期。

一般说来，女主临朝，手底下也没几个为之卖命的，要独揽大权必须借助外戚或宦官。众所周知，初唐时期的宦官尚未形成气候。武则天也没有外戚可做坚强后盾，裴炎、刘祎之等亲密盟友一个个背叛自己，武则天一度陷入孤军作战的境地。

需要说明的是，酷吏主要行使的是检察权，而不是行政大权。也就是说，他们担任的大多是司法方面的官职，入阁拜相的则少之又少，因此不能进入帝国的政治核心，只能别人敲锣，自己耍两套猴拳助助兴。影响最大的酷吏索元礼和周兴以及来俊臣，都没有做过宰相，只有一个傅游艺浅尝即止。傅游艺因第一个上书劝武则天登基而拜相，可他不出半年就将好不容易到手的相位，以及个人的小命搭了进去。来俊臣死后，吉顼赶紧洗白自己，不再扮作酷吏。

3．冯小宝之死与控鹤府秘辛

作为一个女人，武则天能够在李唐最强盛之时夺取皇权，并且做了十五年皇帝，到最后不是因为输给其他政治势力而灭亡，而是终结于自然法则。一个在传统伦理上居于先天性弱势的政权何以能维系如此之久，并且在很多地方胜过前面的男性帝王？

有人认为武则天对高门士族一再打压，而对寒门庶族却一路绿灯，因而得到了底层大多数民众的拥护；还有人认为武则天属于非法夺权，属于独裁政治，不给他人插足的机会。其中最明显的例子，就是她对宰相职权和声望的打压。她首创"同中书门下平章事"一职，把一些工作资历浅、品级低的官吏提拔到宰相的位置。据统计，在武则天统治时期，四品以下官员出任宰相的超过半数以上。这些低级别官员身上最可贵的品质就是安于本分，不摆资格。

从蛮荒之所到京都之地，本来是值得炫耀的事，可在权力高位上没待几天，就被处死。如此一来，谁还把心思用在为朝廷效力上？宰相班子成员更换频繁，常换常新。宰相府每天都很热闹，出门上早朝像是举行告别仪式，拉着妻儿的手交代一番。晚上平安到家，再举行庆祝仪式。在如此政治高压下，宰相们两股战战如筛糠，吃了上顿不考虑下顿。唐朝建制以来，三省六部制互相制约君权，也成了一句空话。

武则天首创"同中书门下平章事"，导致中书门下两省的正三品宰相常年缺编，这种劳动强度大、危险系数高的工种，谁也不愿意主动承担，甚至出现三省都没有官员任职的局面，全部由"同中书门下三品"和"同中书门下平章事"这些编外宰相代劳。与此同时，武则天大力加强中央集权，加大对地方州县的监管力度。发明了十道巡查制度，也就是由中央派遣十道使者分春秋二季巡视全国。

春季称为风俗，秋季称为廉察，并定《垂拱格》专门删定四十八条巡查格式，依照条例监督州县。这些监察御史别看级别不高，只是小小的八品官，但权力却大得惊人。在地方上，谁也不敢拿他们不当中央官员。他们除了考察地方官政绩、审理疑难案件之外，还包括检查财政经济领域内的犯罪行为，并督促发展州县农业生产，搜罗人才，等等。只有想不到，没有巡不到。这时候的十道还只是虚拟监察区，但权力却实实在在凌驾于州县之上。

到玄宗时期，道由最初的虚拟区向实体行政区转化。到了唐代后期，道与方镇合二为一，成为凌驾于州县之上的地方最高行政机构。御史的权力也越来越大，成为一方诸侯，甚至拥兵割据。这就是最终导致李唐王朝分崩离析的节度使和藩镇割据的源头所在。不过武则天疑心太重，对她视为心腹的监察官也始终保持着戒备之心，左右肃政台可以没事互相弹劾，巡察使者也是三天一换两天一调。

监察御史的权力大到什么程度呢？他可以把自己的顶头上司晾在一边，直接上奏皇帝反过来弹劾自己的上级。在人才的使用选拔方面，武则天也有自己的一套。她最为推崇的是科举，特别是自己亲自主持的制科考试。唐代的科考分为常科和制科。每年按例举行的分科考试称为常科，而由皇帝下诏临时举行的考试则称制科。

武则天对科举取士的推广和贡献现已成为常识，但翻阅史料，你会觉得奇怪，武则天统治期间以常科步入仕途的人数并不多，甚至还赶不上高宗时代。武则天推广的应该是制科，有人认为，殿试是武则天工作创新的结果,其实不然。所谓殿试,就是由皇帝亲临现场主持制科的考试。史料记载,显庆四年(659年),高宗开科八门,并亲策举人九百人。

这是一个划时代的举动,此后制举就大致按照这个路子发展下去,也开了帝王亲试举人的先河。既然高宗开了先河,那么自己就要将其发扬光大。殿试虽然不是武则天原创,但却在她手里形成制度。制举由皇帝亲下制诏举行,考官也由皇帝临时任命,皇帝有时还会亲临考场,考中者就成为天子门生。皇帝的学生,前途一片光明。

武则天自临朝称制开始便频繁地举行制举,平均一年半载总要搞那么一次,频率高于高宗时代;常科考试却没什么发展,进士平均每年录取二十人,反而少于高宗时代。唐代的常举由礼部官员主持,录取与否也是由主考官根据考试成绩来定夺,考生也大多是应试教育的牺牲品。唐代刚开始推行科举,录取率极低,也没有誊录、糊名等规定,很多时候考生场外的表现也在考虑之中,场外表现有很多不确定因素,雇用枪手那是家常便饭,有钱人可以组成智囊团,发挥集体的智慧。

没有背景也没有名声的寒门士子把自己的作品结成文集,托关系走后门,交到朝廷官员或者主考官员的手里,希望得到他们的赏识和提携,称之为"行卷"。为了避免文章交上去后让人读不下去,扔进垃圾桶,参加考试的士子们抠着脑袋,别出心裁地写点有趣的东西作引子来加强可读性,这样就诞生了一种新的文体——"唐传奇"。

这些考生在考前挖空心思和考官取得联系,搞好关系。白天不方便,晚上翻墙头也要去送礼。要知道官场如赌局,上半场还是腰缠万贯,下半场就有可能输得一无所有。今日位极人臣,明日可能就被"烧纸"。

举子视主考官为座主,主考官视举子为门生。进了我的门,你就是我的人，这就是结党，结党讲究的是缘分。而这一幕也是武则天不愿意看见的——你们都结党了，我却成为真正的寡人。她下令严肃科考纪律，一要糊名，遮住考生姓名；二要誊录，派专人把考生试卷重抄一遍，免得主考官认出笔迹故意放水。

考场纪律算是过关了，但天下考生挤独木桥的缺陷却又暴露出来。再出色的人才也有临场发挥不好的时候，接连几位地方高考状元落榜，下面一堆人便开始议论纷纷。时间长了，武则天不胜其烦，与其得便宜卖乖的事都被手底下人占了，不如开制科自己做座主，考官临时指派，科目自行拟定，及第者既不是张三的人，也不是李四的人，统统是朕的人——天子门生。

载初元年（690年），武则天诏令天下读书人，有能耐就来殿试。洛阳一下涌进上万考生，规模空前，持续数日之久，影响远远超过高宗时期。武则天君临洛阳殿，亲自对策。所谓对策，就是把策题写在简册之上，使应举者作文答问。在这次对策中，刚满二十岁的考生张说脱颖而出，小伙子艺高人胆大，挥笔如刀，洋洋洒洒，直指武则天重用酷吏之弊。

武则天看完后，不但没生气，而且钦点张说对策为天下第一，当即拜为太子校书，张说从此步入仕途。武则天开了金口，张说对策，天下无双。武则天对张说的对策推崇备至，把他的策文张贴在尚书省，让朝廷那些起草政令的文官都好好学学。

张说在上万名考生中被武则天钦点文章独步当世，且专门发国际通告昭示天下。对于二十岁的年轻人来说，真是几世修来的福报。张说从此一举成名。史料中给出的评语，"文武双全，出将入相"，文章与许国公苏颋并称"燕许大手笔"，也曾经去边疆匹马平定过突厥叛乱。张说前后三次为相，掌文学之任凡三十年，号称一代文宗。张说后来成为推动"开元盛世"的一位重量级选手。

这种面对面的制科考试，发掘了一大批人才。除了张说，还有张柬之、苏颋、刘幽求、祝钦明等一群猛人，都是通过制举青云直上。他们是武则天留给后来者的政治遗产，这些光芒万丈的名字，最终点亮了大唐的天空。

除了制科之外，武则天还对常科也进行了改革。常举考试，全国统一教材是高宗时代编印的儒家经典《五经正义》。要知道儒家文化推崇的"三纲五常"，是当时束缚女性解放的枷锁。女子无才便是德，当初武则天为了从那些经义之中找到女人当国的依据，不知翻烂了多少圣贤书。她发现那些所谓的圣贤之书对女性创业很少正面肯定，让她收获甚微。

费了很大的劲，武则天才在《尚书》中找到一句"垂拱天下治"的句子，牵强附会于"垂拱"的年号，刚想把这当作自己受天命的依据，又有人站出来说话了。"牝鸡司晨，惟家之索"也同样出自《尚书》，这又怎么解释？唐初的常科考试主要有明经、进士、明法、明书、明算等科。政府对儒学还是非常推崇的，大兴学校，尤其是明经，更是被视为诸科之首，及第者可授予从九品上的官职。

明经，汉朝出现的选举官员的科目，始于汉武帝时期，一直到后来的宋神宗时期才被废除。被推举者须明习经学，故以"明经"为名。初唐重臣裴炎、裴行俭都是明经出身。明书和明算是选拔文字训诂和数学计算方面专门人才的科目，就是有人靠这两个科目考上了也没前途，没有前途的事，就激发不了考生读书的兴趣。

明法选拔法律方面的人才，但革命维新不破不立，法律是个软套子，自然被武则天选择性忽视。她的眼光落到了进士科上面。进士科由隋炀帝首创，唐初并未受到特别重视，叙阶一般为从九品下阶，低于明经，考试标准也有不同。《文苑英华》中载有贞观元年进士及第者上官仪的策文，声律严格，文辞华美，通篇用典，颇有六朝的奢靡之风。

上官仪以文名取胜，是唐初进士及第者以文名而受到武则天擢升的第一人，从中可以反映进士科以文取士的实质。及至武则天秉政，有意识地淡化经学，大崇文章，进士科的地位大幅上升。

永隆二年（681年），武则天已废太子李贤，全面有效地掌握政权，朝廷颁布《条流明经进士诏》，进士科加试"杂文"，并明确把"识文律"作为进士及第的首要条件。该诏令可说是唐代科举史上标志性的重要文件，文辞之重在进士科中得到了制度保证，由是文学大兴，进士科重于天下。以致宰相薛元超把自己始终不得进士及第作为平生三大恨之一。

作为执政者，武则天无法改变千百年来深植于人们心底的天理人伦，但她的确在一定程度上影响了当时人们的价值取向。武则天对于科举制的改革不光体现在文采上，她还开创了武举，以示文武并重。

武则天的选拔标准太过荒诞，因为考试只考射箭举重等武艺和膂力，而不论运筹帷幄的韬略智谋。特别还要求身高六尺以上（大致相当于今日1.8米），要人长得帅，话语得体，这看起来不像在选拔军事人才，倒像是评选健美先生。淡化儒学，抑制道教，把人们的视线吸引到诗赋的风花雪月和释教的幽微义理上去，武则天热心地为民众安排好精神生活，而她自己自然也是其中的一部分，而且还应该是万众瞩目的中心部分。

从卑微的才人、侍女，到如今掌控天下唯我独尊的女皇帝，既然当上了主角，她就绝不肯淡出视线。她自称弥勒转世，称帝后即加尊号"圣神皇帝"，此后又连续加上尊号"金轮圣神皇帝""越古金轮圣神皇帝""慈氏越古金轮圣神皇帝"，乃至"天册金轮圣神皇帝"。慈氏指弥勒，金轮称自己为转轮王，这是同时以弥勒佛和转轮王自居。她的想象力震古烁今，就连浩如烟海的佛家传说里也难以找到。

武则天对此并不在意，如果真担心佛祖愤怒，她也不会让自己的面首冯小宝（薛怀义）做白马寺的主持，那可是佛教东来的第一处名刹。武则天在冯小宝身上还是很下本钱的，将他收为己用后，还给他改了名字——薛怀义。意为胸怀大义，而薛又是贵族大姓，算是攀上了名门。

为了帮助冯小宝打造建功立业的平台，武则天先后两次派冯小宝带兵去讨伐突厥。冯小宝带兵扫荡沙漠，无人匹敌。之所以无人匹敌，是因为他的军队连一个突厥人的影子都没看见。话也可以这么说，突厥人听说冯小宝驾到，早就闻风而逃。

冯小宝脸皮不是一般的厚，他还真就拿自己不当外人了，找了块碑石，把自己的功劳都刻在上面。武则天也给他面子，居然将其拜为辅国大将军。由此可见，在诸多男宠之中，武则天对冯小宝是宠爱有加的，想将其打造成为复合型人才，让他在其他领域也有所建树。

在武则天心目中，冯小宝不光是她的好伴侣，更是事业上的伴侣。记性好的朋友，应该还记得想当初武则天为找不到称帝的理论依据所苦，冯小宝和法明等僧人为《大云经》作疏，称唐室衰微，武则天为弥勒降生，当为天下主。

从这点上来看，冯小宝也算得上武周的开国功臣。冯小宝的想象力让武则天很受用，知其者，小宝也。冯小宝参与的几个大工程也没有给武则天添麻烦。督造明堂，兴建天堂，一个跑码头卖狗皮膏药的江湖中人能够完成，并且没出半点纰漏，难怪武则天会对他另眼相看。

这时候，武则天还是孀居的太后，虽然天下人皆知冯小宝的"御用国师"身份，但对外还是羞答答地隔了一层面纱。冯小宝出入宫禁都打着出家人的幌子，有时还要法明等僧人陪同前往作为掩饰。

随着武则天的正式称帝，冯小宝更是为所欲为。两次出征突厥勒石记功，更是让他觉得自己是无往不胜的将军。唐时最重军功，而让诸多名将灰头土脸的默啜可汗竟然不敢与冯小宝交战，望风败逃。出征突厥期间，冯小宝曾因一言不合向宰相李昭德挥拳便打，而那个打板子出身的李昭德居然害怕求饶。要知道，彼时的李昭德最得武则天宠信，可见冯小宝狂妄到何种地步。

这时候，冯小宝已经成为天下第一名刹白马寺的主持。据说武则天是因为冯小宝的缘故才皈依了佛教，说此言者高估了冯小宝，也低估了武则天。长寿元年（692年）四月，武则天下令改元如意，有人说，这是武则天为了冯小宝这位如意郎君才改的年号。

如果只是单纯去烧香拜佛，那还不能尽显武则天对佛的诚意。武则天也显然意识到了这一点，她发布制令——不得杀生，禁天下屠杀及捕食鱼虾。坚决反对任何虐待、残害动物的行为和思想。当然这条禁令仅限于低等动物，在生物学上，人是属于高级动物，因此不包括在内。武则天作为动物保护主义者的先驱，想法是值得肯定的。但想法能否付诸实施，就要另当别论。

这条禁令并没有培养出一批素食主义者，却让挑食的大臣们塞了一肚子的怨气。天天萝卜青菜，有酒没菜，长此以往谁还有力气干活，宰相的餐桌和贫民的餐桌没有区别。上有政策，下有对策，群众的智慧是无穷的。时间不长，人们的餐桌又重新丰富起来。天上飞的，地上跑的，应有尽有。

宰相娄师德到外地出差，发现驿站人员端上来一盘羊肉，而娄师德正好是检查各地有无违法乱纪事项的监察御史，这种堂而皇之违反禁屠令的事情自然要过问："皇上下令禁屠，你们从哪里弄来的羊肉？"

厨师答："大人有所不知，这羊根本不是我们杀的，是被豺狼咬死的。"

娄师德点头微笑，手指盘中羊说："这只羊很倒霉，那只豺狼也很知趣啊!"

厨师听了这话,感觉像是在夸自己,回到后堂一通忙活又端上一盘鱼。

娄师德又问:"这鱼又是怎么回事啊?"

谁知道这个厨师烧菜把脑子烧煳了,回答道:"大人,这条鱼也是被豺狼咬死的。"

娄师德摇头叹道:"你这个厨子,欺骗人也要动动脑子,你应该说,这条鱼是水獭咬死的。"连娄师德这样厚道的老实人都不拿这条禁令当回事,可见这条禁令的可行性有多大。

武则天对臣下这种明知故犯行为并没有放在心上,本来这么做就是为了忽悠天下人的。她也意识到这条禁令的不合理,但还是听之任之地实行了八年之久,直至久视元年(700年)武则天服长生药病愈,下决心抑武兴唐还政长安。在这八年时间里,这道奇怪的禁令一直摆在那里,既妨碍了普通人的生活,也妨碍了帝国律法的尊严。人们还是心照不宣地吃着肉,说着谎言。

武则天走向权力的巅峰,大周帝国已经代唐而生七年,政敌被消灭得差不多了,整个帝国趋于稳定,尽在掌握中。武则天丝毫没有衰老的迹象,精力充沛,面首一个接一个。六十九岁换了新牙,七十六岁时又长出了两条眉毛。

文武百官从未见过返老还童的妇人,闭着眼山呼万岁,将其奉为真佛在世。现实世界的繁花似锦让身在其中的武则天感觉到眩晕,她沉醉其间,不愿醒来。这时候武则天已经开始广置面首,但冯小宝坚定地认为,自己在武则天心目中无可取代,情比金坚。

因此对于那些争宠者,他表现出一种皇后般的高贵与轻蔑,甚至不再经常入宫,更多的时间都住在白马寺。有时候武则天宣召,他也爱理不理。很快武则天就另结新欢,御医沈南璆——这方面近侍们总能近水楼台先得月,而懒得再去搭理心高气傲的冯小宝。冯小宝着实有点吃醋,但谁让他头脑发热摆谱在先呢?

皇帝身边多了一个人?这对冯小宝的打击可太大了,他为武则天立了那么大功劳,武则天怎么可以移情别恋?冯小宝一气之下,耍起了小性子。于是,他整天待在白马寺里,和追随他的那些地痞无赖胡作非为。闹来闹去,就有人看不下去了。此人叫周矩,是个御史。

毕竟冯小宝整天出入宫廷,要是和这帮无赖使出什么阴谋危害皇帝怎么办?于是他上奏武则天,说:薛师每天都纠集一些不法和尚在那儿操练,他又整天出入皇宫,万一哪天脑子发热,对您有什么不良的企图,那是防不胜防。

周矩要求提审冯小宝,看他到底有无企图。武则天当时也正在生冯小宝的气,就批准了周矩的请求,说:"你先回去吧,我马上让他过去受审。"

周矩刚刚回到御史台,冯小宝就骑着高头大马来了。人虽然来了,但小宝派头实在太足了,进门后拒绝跪地受审。他一看堂上摆着一张床,下了马就直接往床上一躺,袒胸露腹,旁若无人。周矩气坏了,招呼手下过来,就要把冯小宝押上公堂。没想到冯小宝一跃而起,飞身上马扬长而去。

周矩愣在当场,这是提审犯人,还是被犯人耍啊?周矩只好向武则天奏报,武则天听完后,笑得花枝乱颤。武则天说:"这和尚疯了,你也不必再审问他,就把他剃度的那些小流氓处理掉就可以了。"

周矩没办法,只好先把那近千个和尚给流放了。武则天的态度表明,虽然冯小宝任性引起了她的不满,但是念及旧情,武则天还是愿意保护他的。不过,冯小宝并没有体会到这点,他不仅没有因此收敛一下,反而沿着这条几近疯狂的道路越走越远。

证圣元年(695年)正月十五日,这一天是中国传统的上元佳节。

朝廷取消宵禁，百姓家里也是张灯结彩，天下狂欢。冯小宝为这个节日也做了精心准备，他一贯是个希望折腾的主，这样一个热闹的节日没有他的助兴，该有多么黯然失色。他指挥手下在明堂的地上挖了一个五丈深的大坑，坑里面预先埋上佛像，装上机关，然后，用丝绸在坑上搭了一座宫殿。

冯小宝指挥手下将佛像从坑底徐徐拉起，一直拉到彩绸搭建的宫殿之中。从旁边看起来，活像是地底踊出佛像。这景象难道不神奇不壮观吗？不过他还留着一手。他早就杀了一头牛，用牛血画了二百尺高的一个大佛，然后将佛像张挂在天津桥上。疯狂的冯小宝对外宣称，这是他割破膝盖，用身体里流出的血画成的。傻子都不信，那个巨大的佛像如天降弥勒，就是割破他的主动脉也不可能流出那么多血。

冯小宝尽情地表演，忙活了半天始终不见玉辇的踪影。武则天没来捧场，自己就是瞎耽误工夫。时间一分一秒过去，该来的人始终不见踪影，而看热闹的人却是里三层外三层围个水泄不通。他所有的表演就是为博一人笑，可那个人却让他的良苦用心付诸东流。

冯小宝被惯坏了，终于忍耐不住，一脚踢翻了案桌。他认为，武则天一定是故意没有赶来。她把自己苦心准备的盛宴视作狗屎一堆，牛血画成的大佛，像在冷冷地嘲笑他这个假和尚，她是故意让他在天下人面前丢尽颜面。

这个想法，让冯小宝心生绝望。他为武则天做了那么多事，就因为那么一个御医，就要把他打入冷宫。冯小宝真的吃醋了，他一宿没睡。第二天（正月十六）夜里，天堂忽然失火。火借风势，迅速蔓延开来，天堂成了一片火海。当初建天堂的时候，耗资数以亿计，国库几近空虚，耗费如此巨资，眼看一场大火就要将其化为灰烬。

大火没有停下来的意思，继续蔓延，把附近的明堂也给点着了。烈火熊熊，将神都洛阳照耀得如同白昼。这场大火一直烧到天亮，明堂连着天堂也就此焚为一炬。放火的不是别人，正是帝国第一情人冯小宝。冯小宝无法忍受武则天如此冷落他，既然你不在乎我了，我就为你做一件大事。

可是这件事冯小宝办错了，明堂和天堂能随便烧着玩吗？他犯了公私不分的错误。对于武则天而言，明堂是她得天命的标志，是她号令天下的标志性建筑，是大周武朝的象征。明堂顶上一凤压九龙的造型，更是武则天的真实写照，这些都是她毕生追求的东西。

相对于这些而言，她和冯小宝之间的私情算不了什么。冯小宝却不这么认为，他天真地把两者联系到一起。为了引起武则天的注意，他不惜烧掉对方心中最神圣的东西。这一次，武则天很生气，后果很严重。不是武则天不知道纵火犯是冯小宝，因为天下没有不透风的墙，但武则天并没有立即捕杀冯小宝，这可能来自两方面原因。

武则天需要一块遮羞布。她不能公开惩办冯小宝，天下人都知道冯小宝是她的面首，现在如果昭告天下，说冯小宝因为争风吃醋火烧明堂，必须予以惩处，这也太没面子了吧。不仅不能公开他的罪行，还要尽可能地帮他洗脱罪名。怎么洗脱呢？说这是天火？不行。如果是天火，那就不就意味着天谴了吗？只能归罪于人。那应该归罪于谁呢？工匠。说他们用火不慎，点着了天堂里的大佛，大佛含麻较多，属于易燃品，引起火势迅速蔓延。

武则天难舍这段情。冯小宝从垂拱元年（685年）进入武则天的后宫，到延载二年（695年）的正月，整整十年。人生有几个十年，冯小宝跟着她一起经历了改朝换代的种种风浪，为她登基称帝没少操劳。此次放火，也是多情所致。

对于武则天来说，明堂是她得天命的标志，突然被烧了，怎么解释这场火灾呢？没办法解释，只能听取大臣们的意见。朝堂之上为此争吵，唾沫如火星四溅。大臣们之间围绕这场大火展开了激烈的辩论，各说各的。

一派说，这是上天的惩罚，皇帝应该反省自己，向上天致以诚恳的歉意；另一派则"恭喜吾皇"，此为天降祥瑞，可喜可贺。他们还引经据典，说当年周武王伐纣，军队过河时就遇到天降大火，结果武王伐纣成功。今日明堂失火，也预示着大周朝会越来越旺。

甚至有人直接说，当年弥勒成佛时就遇到过天魔烧宫的情况，皇帝陛下您老就是弥勒佛在世啊。武则天虽然爱听好话，但是她心里也在犯嘀咕。这火烧得未免太过于邪乎。冯小宝心里更不平静，天天琢磨这个事情。他知道自己这个娄子捅大了，以他对武则天的了解，如果武则天知道了其中的实情，是绝对不会放过自己的。但是他转念一想，就算武则天知道是自己所为，也舍不得为难自己。

念及于此，冯小宝胆子更大了，行为越发放荡。对于来自江湖的他，没有什么不敢做的，也没有什么做不得的。冯小宝愈发放肆，即使在武则天面前也不知道收敛。到了这一步，武则天再也不想容忍他了。而且，武则天开始把他视作一个危险分子。为了防备他突然发疯，利用随便出入自己寝宫的特权搞恐怖袭击、伤害自己，武则天秘密挑选了一百多个健壮的宫女，组成一支宫廷女子特警队，整天跟在自己身边，以防不测。

表面上，武则天装得像个没事人似的，内心还是很受震动。那被浓烟熏得发黑的金凤，深深地印在她的脑海中。天命真的要离她而去吗？神明真的对自己所做的一切感到厌恶吗？

一把火，不仅毁掉明堂，也同时波及无辜。自称能预言吉凶祸福的净光老尼成为第一个牺牲品，武则天责问对方："你不是常说你知晓过去未来事吗？为什么不告诉我明堂将会失火？"老尼被问得哑口无言，准备带着弟子连夜跑路，结果被全部捕获，充作官婢。南下岭南为武则天采制长生药的韦什方听到此事，受不了刺激，自缢身亡。

过了几天，武则天宣白马寺主持冯小宝进宫。冯小宝又惊又喜。惊的是，算账的日子终于到了；喜的是，武则天居然想到了他。见面的地点安排在偏殿，气氛随意而轻松。冯小宝见了武则天，还是有些心虚的。武则天笑意盈盈地看着曾经宠爱的面首。武则天特意向他解释了那次没有出席无遮大会的原因。在谈到火烧明堂时，武则天向冯小宝表态，起火的原因已查明，是施工的工匠不小心造成的，烧就烧了，帝国也不差那俩钱。她决定重建，还是任命冯小宝全权负责。

冯小宝乐疯了，来的时候还在忧虑，谁知武则天却将责任全推给工匠，他居然心生愧意。武则天把重修明堂的任务交给冯小宝的第二天，满朝大臣议论纷纷。太平公主听说此事，就去见武则天，第一句话便问："听说陛下把再建明堂的任务又交给薛怀义了？"

"不可以吗？"武则天笑眯眯地看着公主。

"外面都在谣传那把火是冯小宝自己放的，陛下难道没有听说过吗？"

"不是谣传！"武则天纠正女儿说的话。太平公主满脸疑惑，不知武则天此话何意。武则天望着女儿，只是微笑。太平公主不是普通人，武则天的亲生女，女人中的人精。从武则天的微笑中立即悟到她的用意，于是点头回报母亲一个微笑说："那以后的事情陛下就不用操心了，统统交给儿臣吧。"

冯小宝有些感动了，没想到武则天对自己还是如此好。他怀着赎罪的心情，把精力全部投入到新明堂的再建中。在他的严厉督促下，整个工程提前竣工。

新明堂高二百九十四尺，方三百尺，完全按原先的样式，拱壁飞檐，高大豪华。大殿顶上立有贴金箔的一对凤凰，展翅欲飞；沿屋脊是两条铜铸的巨龙，口衔宝珠，昂首相向。宫殿内部，金碧辉煌，五彩缤纷。

落成典礼那天，武则天亲自到场，鼓乐齐鸣，盛况空前。趁着高兴劲，武则天下令改年号为"万岁通天"，并奖励冯小宝等有功人员。庆典后大摆筵席，尽欢而散。冯小宝完全没有意识到，欢乐的尽头就是死亡。这天，他正在白马寺带着一帮花和尚作乐，忽然接到太平公主遣使送来的邀请函，邀请他前往瑶光殿把酒言欢。

我们知道，冯小宝当年被武则天赐姓为薛，强行摊派给太平公主的第一任丈夫薛绍做叔叔。在邀请函里，太平公主以晚辈自居，给足了他面子。小时，太平公主有一奶娘，姓张，出身武术世家，曾教过太平公主几手拳脚，至今仍在府上，阖府称为张夫人。公主让她训练出一百多名女兵，作为保镖。这天，公主把这一百多女兵一一做了布置，又叫武攸暨之兄建昌王武攸宁派几十名羽林军卫士，隐蔽在瑶光殿外。一切布置停当，专等冯小宝的到来。

冯小宝领着一帮僧徒，骑着高头大马，趾高气扬地直奔瑶光殿而去。

冯小宝心情舒畅，远远地看见太平公主向他招手，用悦耳的声音喊道："季父驾到，未能远迎，乞望恕罪。"

一个侍女将门帘一掀，太平公主伸手相让，冯小宝笑眯眯地跨进门去。

刚刚落脚，只听"哎哟"一声大叫，冯小宝便掉进门里的一个深坑。顿时，两旁上来十几名膀大腰粗的女兵，拿张大网向他头上一撒，把他装进网里，拖了上来。冯小宝就是力气再大，也成了网中鱼。

众女兵把捆得结结实实的冯小宝押到堂前，按他跪下。两边女兵过来，不由分说，劈头盖脸打了他一百嘴巴，只打得他血流满面，嘴斜脸歪。冯小宝一开始还想嘴硬，看到一地的刑具，知道今天这帮人是要把自己当核桃夹了。

这时，太平公主又一次狠拍惊堂木，喊道："执行！"

但见两旁几十个女兵，手执木棍、扫帚、粪杓，向他一阵乱打，最后将其活活打死。当晚，冯小宝的尸体运回白马寺，说是寺主因酒醉坠马而亡，命立刻火化，让他早升天界。第二天，太平公主进宫复命，武则天听了，长长舒了口气，但接着，她又长长叹了口气。

从垂拱元年到证圣元年（685—695年），由临朝称制的太后成为一代女皇，武则天一生中最辉煌的一段岁月就是和这个男人一同度过的。武则天趁势将冯小宝平日豢养在寺里的一干侍者恶僧尽数拿下，该处死的处死，该流放的流放，免得污言秽语流传于外。

至于冯小宝的尸体，则焚化了造佛塔，算是毁尸灭迹外加废物利用，此时离他传奇式的发迹正好十年。可怜薛怀义尚未年长色衰，便消失得连渣也不剩。

参与除掉冯小宝事件之后，太平公主成为武则天的贴心人，见母亲闷闷不乐，便慷慨地将闺中爱物张昌宗送给母亲。张昌宗是已故宰相张行成的族孙，贵胄公子，俊雅温文，不同于薛怀义那种江湖小人物。

太平公主把张昌宗带进宫去，举荐给武则天。武则天见了这艳若莲花的美男子，又惊又喜，惊的是人间竟有如此绝美的男人，简直通身找不到一丝缺点；喜的是他即将陪伴自己欢度良宵。真是说不出的高兴，于是把女儿太平公主着实嘉奖一番。

当天晚上，张昌宗陪圣神皇帝武则天枕席，当夜就被封为飞旗将军。从此，张昌宗日陪饮，夜陪宿，双宿双飞，欢爱无比。朝臣们见武则天对张昌宗如此宠爱，也纷纷拍他的马屁。当人们齐声赞赏他的粉脸美得像莲花时，内史杨再思马上纠正道："你们都没说对，不是六郎似莲花，而是莲花似六郎。六郎解语，莲花岂能解语？"张昌宗也由此多了一个"莲花六郎"的雅号。

就在武则天沉醉温柔乡之际，那些武家子嗣却在盘算着武则天死后皇位的归属问题。尤其武承嗣和武三思，二人争着向武则天讨好。

长寿二年（693年）九月，武承嗣发动五千人上表，请武则天接受"金轮圣神皇帝"的尊号；第二年，武承嗣发动两万人上表，请武则天接受"越古金轮圣神皇帝"的尊号。"金轮"指佛教中的转轮圣王，"越古"，即古今未有的意思。

有理有据地抬高武则天，令其兴奋不已，但她觉得还不够，又在前面加上"慈氏"二字，这就面面俱到了，于是便成了"慈氏越古金轮圣神皇帝"。刚开始念起来似乎有点别扭，经常念就顺口了。见武承嗣邀功博得武则天欣赏，武三思不甘落后，他的创意更新奇。他把四夷的酋长都发动起来，共同铸造一根高一百五十尺、径十二尺的粗大铁"天枢"，立于洛阳皇城正南门，上面铭记圣神皇帝废唐兴周的功德，以传之后世。

武则天对此的兴趣似乎更大，她下令造九州铜鼎，与"天枢"对应，用铜五十六万零七百斤，上面铸的是各种吉祥的花纹图样，以显示国威和皇权。当武承嗣、武三思为争当皇太子挖空心思向圣神皇帝武则天邀功讨好时，太平公主正与张昌宗的兄弟张易之在情爱的春梦中沉睡。

太平公主一觉醒来，才发现自己又慢了一步。不过她脑子转得并不慢，如果立武姓皇嗣，只有她最有资格。既然男性帝王传位于子，那么武则天作为开天辟地的一代女皇把帝位传给自己的女儿，也是顺理成章之事。对此，太平公主信心十足。武承嗣尊上"金轮"也罢，武三思铸造"天枢"也罢，不过是虚名，能给母皇带来多少实质性的快乐？

太平公主要使母皇得到实实在在的好处，她决定再度把张易之也奉献出来。尽管，她很舍不得，但为了从武则天那里得到更有价值的东西，她再一次忍痛割爱。张易之确实有他的好处，他不仅使武则天心满意足，而且使她在六十九岁时又长了牙齿，在她七十六岁时又重生了眉毛，眼睛视力大增，高兴得她把年号改为"久视"。

张易之回春有术，使武则天感到自己似乎回到了"昭仪"的年龄，甚至比年轻时代来得更疯狂和热烈。后宫里突然间有两个年轻貌美的小伙子活动，一些大臣开始私下里犯嘀咕。

武则天便在宫墙内新设了个"控鹤府"，这机构的名称是太平公主琢磨出来的，她向武则天解释说："鹤，乃道家成仙飞升之鸟。乘之飞往仙山，永隔尘嚣，与天地造化共存。鹤是仙鸟，清高洁雅，脱尽世虑，远离名利，自由脱俗。任命张氏兄弟为府监，以研究儒、释、道三家学问为主要任务。这样，他们的工作也不会很繁重，也没有案牍的辛苦，有时间和精力陪陛下。"

太平公主曾经当过两天道士，对道家这一套理论读得滚瓜烂熟，说起来头头是道，听得武则天连声说好。于是，以张易之为首的"控鹤府"便在宫里挂起匾额，一批容貌出众、才华出众的男子被召入府为"供奉"。一时之间，朝堂内外议论纷纷。

武则天又拨巨款扩大"控鹤府"的面积，修建了长宽各一里的御花园，里面有池塘，塘内有两个小岛，由彩绘精雕的游廊相连。园内四时花草树木茂密繁盛，恰如仙山洞府。既为"控鹤府"，当然少不了有仙鹤栖息，匠人们做了许多木鹤，供观赏和踩骑。

张昌宗头戴华阳巾，身披鹤氅衣，手执洞箫，骑在木鹤上，一边吹出动听的曲调，一边在园中轻盈漫步。其他年轻供奉也在府监的带领下，边歌边舞。有时，武则天和太平公主也参与其间，君臣翩翩共舞，其乐融融。此时的则天皇帝早已忘记这是在人间，还是在天上。她觉得只有这样，才算不虚度此生，才不枉为帝王一场。

虽然这里名为"控鹤府"，但实际上那些所谓的"鹤"是控制不住的。一群美少年饱食终日，无所事事，除了饮酒赌博，寻欢作乐，还想着花样玩耍，乃至不男不女，闹得秽声四起。圣神皇帝武则天对此不闻不问，装聋作哑。

"上有所好，下必甚焉"，有一个名叫魏侯祥的年轻人，听说"控鹤府"如此美好，便向武则天上了奏折推荐自己，说自己长得如何漂亮，完全有资格在"控鹤府"中当个"供奉"。

朝廷官员听说有人写了这样的奏折，都捧腹大笑，只有大臣朱敬则怒发冲冠，拍案而起，向圣神皇帝武则天上书道："我认为皇上有张氏兄弟也就可以满足了，陛下难道认为有此二人还不够，非要把天下美男一网打尽？满朝之中已人言啧啧矣。我还听说一个叫魏侯祥的人，到处炫耀自己性功能强大，言词丑恶不堪，无耻至极，败坏皇上的名声，满朝文武都听到了，大家议论纷纷，实在难听。臣职掌谏劝，不能不奏。"

这话说得够直露，武则天看了后，并没有生气而是批道："爱卿为国勤劳，殊可嘉勉。但此事你并不知道！"朱敬则虽然触到武则天的痛处，使她难堪，但幸好她那两天心情好，加上又是在朝堂上的公开议论，不便追究。可另外那些在背后议论这些事的人，就没有如此好命。

太子李显的爱女永泰郡主由武则天做主嫁给魏王武承嗣的长子武延基，怀孕已将临盆。她的兄长也就是太子李显的嫡长子李重润，前来探望他们夫妻二人。兄妹几人就议论起了朝堂和后宫之事，尤其是聊到"二张"得势更是情绪激动。你一句，我一句，言语中也就有贬低武皇之意。事后众人发生口角，争执中说漏了嘴，私下密语就被传了出去。

张易之听说后就添油加醋地学给武则天听，这几个年轻人因此遭遇灭顶之灾。武则天让人喊来太子李显 —这就是你培养的好儿女、好女婿，你来亲自处置他们——用他们的血警醒其他皇家儿女，什么事不该做，什么话不该说。

对于太子李显来说，这无异于晴天霹雳。李重润是他的嫡长子，年仅十九，尚未娶妻生子。而永泰郡主年仅十七，身怀六甲已将临盆，叫他这个做父亲的如何下得了手？可他还有其他的选择余地吗？他动不动手，结果都已经注定。母亲的手段他早已领略过。孩子，上路吧，来生就不要生在皇家了。白发人送黑发人本就令人断肠，何况是父亲逼杀子女。

  李显带着自己母亲的诏令，去执行杀自己子女的任务。下令赐李重润自尽，武延基虽为武氏族人，但父亲武承嗣已经过世，很可能也是由岳父太子李显赐死的；本已接近产期的永泰郡主突闻兄长和丈夫的死讯，受了惊吓早产。在这种情况下，无人敢伸出援手，包括她的亲生父亲，任由她痛苦万分地死去，早产的孩子也随母亲而去。

  李显即位后，追封重润为"懿德太子"，永泰郡主为"永泰公主"，并空前绝后地特许他们的坟墓尊称为"陵"，规格与帝王等同。从这里我们可以体会到，李显在此次事件中承受的内心痛苦。补充一点，李重润是韦妃的儿子，也是唯一一个儿子。他的死，令韦氏后半生母凭子贵的指望完全落空。后来，她联手自己的女儿安乐公主毒杀自己的丈夫唐中宗李显，阴谋篡位，估计与此事有着或多或少的联系。

  "控鹤府"每天的节目照常演出，武则天下诏改"控鹤府"为"奉宸府"。宸，本指帝王宫殿，引申为帝王。奉宸的意思就是，好好侍奉皇帝。话都挑明到这一步，也就无所顾忌了。武则天认为，历朝皇帝都是男人，他们三宫六院，嫔妃上千，可从来没有人议论。她武则天虽是女儿身，但好歹也是正儿八经的皇帝，多几个男人伺候，也是意料之外情理之中。

  至于张易之、张昌宗，由控鹤府监改为奉宸令，级别不变，薪酬不变，干的活更不变。张氏兄弟很是尽责，天天把自己打扮得千娇百媚。朝臣们都说，但闻香风阵阵，便知两张来临。

  武则天越看越喜欢，爱屋及乌地拜"二张"之母韦氏、臧氏为太夫人。天下父母无不慨叹，生子当如"二张"。百般赏赐那就更不必说了，作为女人，武则天理解女人的心，她还敕令臧氏看中的凤阁侍郎李迥秀做了臧氏的兼职情夫，这也算是奉旨通奸。

李迥秀就算有一千一万个不乐意，也只能将恨意埋在心底。在这之后，李迥秀日日借酒浇愁的悲惨生活却成了武则天和她的小情人们常常调笑的对象。

和这些青春美貌的少年郎在一起真是养眼养心，身心愉悦，武则天对这种幸福的晚年生活很是满意。她常和"二张"欢聚宴饮到天明，在少年郎轻謦浅笑的眼眸里，在觥筹交错嬉闹戏谑的笑语中，一代女皇但愿长醉不愿醒。

万岁登封（696年），武则天下令免天下百姓租税一年，起程封嵩岳，祭后土。三十年前，她曾以皇后的身份，跟着高宗李治登封泰山，如今既然是武周天下，便改封禅地点为中岳嵩山，与李唐划清界限，各行其道。

不过中国历朝历代都以泰山为封禅圣地，这一次武则天以女主身份登封嵩山，不仅使她成为中国封禅史上唯一的女性封禅者，而且是唯一在泰山之外举行封禅大礼的皇帝。

武则天的创新之举自有她的道理，她对外宣称，自己在梦中得知中岳之神姓武，跟自己是本家。这只是借口，她这么做，一是因为她的佛门情结，毕竟也算是佛门弟子，又和所谓白马寺住持冯小宝有过一段情。少林寺的和尚是最高兴的，就是关门不开张，也抵得上好几年香火了。二是她这么做，是为了摆脱李唐的阴影。借着这次封禅典礼，武则天把中岳的神灵给封了个遍：尊神岳天中王为神岳天中黄帝，灵妃为天中黄后；夏朝帝王启为齐圣皇帝；启的母亲为玉京太后。

封禅又封神，新明堂也在这一年重建完工，规模略小于旧明堂，号为"通天宫"。明堂之巅仍然铸有金凤朝阳，高达两丈。其他可以省,这个绝对不可以省,那只金凤就是自己的化身。她要以"天册金轮大圣皇帝"的身份,再享明堂。巧合的是,明堂重建后时间不久,遇上了十二级台风,宝顶的那只金凤被风刮断了,一头栽了下来。

　　武则天无奈之下决定更改为火珠,构成群龙捧珠的形制,中国建筑史上"凤压九龙"的奇景从此成为绝响。这一年,天下大旱。武则天亲享明堂后不足一月,东北契丹部落即在首领李尽忠、孙万荣的带领下,打着"尊唐反周"的旗号起兵反叛,攻陷营州,史称"营州之乱"。武周开国以来,边境线上并不太平,西北有吐蕃争雄,北部有东突厥复国。

　　高宗时代,随着咸亨元年(670年)大非川一战,吐蕃崛起,双方开始了对西域的争夺,安西四镇几经易手,幸亏有名将裴行俭夺回,保住了颜面。待到垂拱二年(686年),武则天以太后身份临朝称制期间,唐军败于吐蕃之手,四镇再度失守,这让她一直耿耿于怀。唐帝国的政治中心在关中,陇右的安全至关重要,而西域正是翼蔽陇右的天然屏障。

　　在经过周密准备之后,武则天于长寿元年(692年)派遣久居吐蕃熟悉敌情的王孝杰率军西讨,一举夺取四镇,"还先帝旧封",并从此派兵戍守长镇西域,吐蕃和西突厥退出争夺,天山南麓的形势基本稳定,直至安史之乱,一曲霓裳舞破河山。不过在和复国的东突厥(一般称为后突厥汗国)交战中,武则天却没占到半点便宜。

　　当时的突厥首领默啜可汗也算突厥史上的一代名将,能屈能伸能打能逃。昨日要和你结盟,今日就翻脸无情;那边刚带人烧杀劫掠,这边又跪地磕头来朝贡。俗话说,好女怕赖汉。武则天虽然不是淑女,见了此等无赖也是很头疼的,何况手底下还有个中国通暾欲谷做小弟。后突厥经常骚扰武周北部边境,完全是"敌进我退、敌疲我打"的游击战术。

武则天并不是个战争狂人，其精力还是放在处理内政上，她的对外策略是不扩张、不称霸，但是你要是把人逼急了，也会狠狠剁你一刀。但同时，她对自己的手下将领实行的却是铁血政策，稍有不听话就找机会将其除掉。黑齿常之、程务挺、泉献诚等名将都是这么被杀的，到了该用人的时候，难免会捉襟见肘。

而军队的状况也令人担忧，太宗时代曾立下赫赫战功的府兵制这时候已经濒临崩溃。贞观四年（630年）李靖击破东突厥以来，中原地区平静了有半个多世纪，战火多在境外或边陲一带，内地百姓不识干戈已有数代之久，而李唐三帝都非常重视农业，到了武则天掌权时代依然不改以农为本的政策，兴修水利，劝课农桑，上层的权力之争不影响中下层人民的生活。你们在台上争权夺利，老百姓管不了那么多，他们关起门过着老婆孩子热炕头的生活，所以这一时期人口增长非常快。

此时推行的是均田制，随着人口的增长，渐渐无地可均却是事实。于是人们自然希望迁徙到有地可种的宽乡去，而唐初政府禁止老百姓随意迁徙，没有经过政府批准，擅自移民就成为逃户。史载，武周时代"天下户口亡逃过半"，原因即在于此。

这些逃户跑到一个地方，知道入户口难，就不入户口。只要有吃的，要不要户口无关紧要。他们或私下垦荒，或租赁他人田地，因为没有户口，所以也就不需要纳租调，服徭役，这种偷税漏税行为，受损的是国家。

时间长了，政府吃不消了。武则天沿袭唐初以来的户口普查制度（括户政策），查清隐匿人口，要求他们恢复户籍；也就是允许逃户就地落籍，无论是北漂的还是南漂的，漂到哪里，就在哪里生根发芽。承认他们的合法地位，有时还给予减免一年赋税或两年课役的优惠，让逃户得以安居乐业，化解社会危机。

在敦煌出土的文书里有一篇《燕子赋》，以雀占燕巢比喻逃户燕子被主户雀儿欺凌，雀儿有恃无恐，因为它看到官府正在括户，以为逃避赋役的燕子必遭惩处，哪知诉诸官府，主审官凤凰却将雀儿判罪，巢穴归还燕子。

原来雀儿不知旧法已改，政府已对逃户做了新规定，所以燕子胜诉，可以在当地落户。

这个有趣的故事说明了逃户政策的成功，否则便不足以解释，为何武周时代逃户数量如此巨大，官方统计户口仍能增长得如此迅速。武则天去世之时，人口已由永徽初年的三百八十万户增长到六百五十万户，经济上也出现了前所未有的繁荣。

武则天一向重视人心向背的问题，宣布百姓年满五十岁者免除徭役，比以往六十岁免除徭役的规定缩短了十年，这些德政都有助于社会稳定和发展生产。如果说均田制的败坏对社会造成的影响还可以用灵活的手腕化解的话，那么对府兵制的冲击就不是那么好办了。

均田制是府兵制赖以生存的基础，直接影响到兵源问题，不是高宗时代一个整顿吏治就可以解决的。武周时代甚至出现过征召全国囚犯从军讨敌的尴尬场面。兵制败坏，名将乏人，当营州之乱爆发时，武则天面临的就是这样"无将可派，无兵可征"的窘况。

契丹在当时只是羽翼尚未丰满的小部族，还没有与突厥分庭抗礼的实力。这次之所以会突然起兵反叛，责任实际在武周一方，用句时髦的话说，就是民族政策不当，对待少数民族不够团结友好。与李唐三帝相比，武则天是对少数民族首领利用到极致，欺压也是最狠的一位，征召番兵到前线当炮灰已经不算什么新闻事件。

垂拱三年（687年）铁勒九姓反叛，武则天令西突厥十姓发兵助国征讨，十姓酋长很给面子，每个人都带了三万军队，同时打仗不要政府补助，并且还自带干粮。到哪里找这种出钱又出力的好事？

十姓酋长很卖力气，请求入朝。吃的都没有，哪里还有条件派发红包？面对嗷嗷待哺的少数民族兄弟，武则天只能视而不见。更有甚者，作为天朝上国的大皇帝，武则天经常两眼放光地盯着人家小国君主的钱包。铸造大周万国颂德天枢，她要求四夷君长集资捐款，并且是自愿的。

少数民族兄弟又不是呆子，这种占人便宜的做法为他们所不齿。至于杀俘杀降之类的事情更是没少干，最出名的就是为了挤兑裴行俭，斩杀本已投降的东突厥贵族阿史那伏念等人，结果将东突厥逼上复国之路。

武则天行事执拗，做事强横惯了，她又怎会将这些所谓的蛮夷之国放在眼中？如果是她的大臣跟别人闹矛盾，那一定是蛮夷的不是，护短到底毫不含糊。她的宠臣来俊臣看上了番将阿史那斛瑟罗家的婢女，竟然诬告斛瑟罗谋反，结果引得数十位酋长被割去耳朵揭去面皮参加讼冤。

后来因为来俊臣得罪了诸武和太平公主被诛杀，斛瑟罗才算逃过一劫。斛瑟罗不仅是西突厥的可汗，还是最早拥护武则天登基的番将功臣。我们知道当初傅游艺煽动不明真相的老百姓上表劝进，武则天坚决不干，直到斛瑟罗为首的诸番酋长和百官共同上表，武则天才半推半就登基，斛瑟罗也因此被封为"竭忠事主可汗"，意思就是，想尽一切办法为领导分忧的可汗。上行下效，武周的边疆大吏也跟着有样学样，个个两眼望天地横着走路，从不把治下这些少数民族兄弟放在眼里。营州都督赵文翙就是其中的典型。

万岁通天年间（696年），天下大旱，契丹也遭遇了百年不遇的饥荒。赵大都督不仅没有赈济少数民族地区的灾民，而且还自我感觉良好，天天鼻孔朝天。他把那些酋长当作自己的奴仆呼来喝去，随意打骂。契丹首领李尽忠受不了这种侮辱，与自己的大舅子孙万荣商量之后决定起兵反叛。

李尽忠自称"无上可汗",这是契丹历史上首位自称可汗的人。他以孙万荣为将,杀赵文翙,攻占营州,不到半个月就召集了数万人,进逼檀州。如果说这些还不够刺激的话,他们的造反理由则差点把武则天雷翻到椅子底下——何不归我庐陵王?

这话显然是在质问武则天:你把庐陵王弄到哪里去了?这话很有力度,完全是为长期羁押在房州的李显平反。武则天这一次真的愤怒了,她才不管你是谁,只要胆敢挑战自己的权威,就会把你折磨得满地找牙。跟这帮人没什么道理可谈,一群野人、一帮蛮汉,对付这帮人,只有动用武力,舆论攻势不管用,亮出刀子打得他们没脾气才行。

武则天发挥自己的聪明才智,给他们每个人起了个绰号。不是想当名人吗?她将李尽忠改名为"李尽灭(李该死)",孙万荣为"孙万斩"。

万岁通天元年(696年)五月二十五日,也就是营州被攻陷后的第十三天,武则天派出了左鹰扬卫将军曹仁师、右金吾卫大将军张玄遇、左威卫大将军李多祚、司农少卿麻仁节等二十八名将领领衔的强大阵容向契丹发起攻击。

二十八星宿下凡,打不死对手也要吓死对手。在这二十八名将领中,靺鞨人李多祚是裴行俭经略西疆时一手提拔起来的副将,后来做到上柱国的位置,成为第一位封王的异族将领。武则天一口气派出了二十八员将领,直看得一帮朝臣大眼瞪小眼。二十八名将领出征,个个都是演技派,只为对付一个小小的契丹。除了派出强大的进攻部队之外,武则天还组织了高规格的防守力量。七月十一日,她任命梁王武三思为榆关道安抚大使,姚璹为榆关道安抚副使,负责戒备契丹南下。有攻有守,完美!

武则天如此大张旗鼓,就一个目的——提高朝廷对"营州之乱"

的关注度，人为地扩大这次小规模边境事端的影响。传递出一种信号：这个仗不打不行，非打不可。可惜契丹人是喝马奶吃狼肉长大的，不是被吓大的。

相反，营州的初战告捷让他们兴奋不已，从人见人欺的可怜虫到突然掀翻一个庞然大物，这种变化首先是来自精神层面。战争很多时候是心理战，自信不是吹出来的，是打出来的，是骡子是马拉出来遛遛。

李尽忠深信，凭着契丹人的智慧勇敢，完全可以把武周帝国这只纸老虎打翻在地，踏上一只脚。李尽忠这一次迎来了前所未有的大好局面，而这一局面的始作俑者不是别人，正是武则天本人。事实上武则天安排统兵将领如此之多，已经埋下了失败的种子。二十八员将领，个顶个厉害，这么多将领扎堆在一处，到底谁该听谁的？

曹仁师、张玄遇、麻仁节他们到达幽州的时候，看到的景象鼓舞人心。营州陷落时被俘的唐军将士先前被契丹人关在地牢里，在曹仁师等人的部队即将抵达的时候，契丹的看守对被俘的唐军将士们说："我们的家属又冻又饿，都快活不下去了，只等着官军到了就投降。"

不久，契丹人又把被俘的唐军将士们从地牢里放出来，告诉他们："我们没食物供给你们吃，又不忍心杀你们，现在就放你们走。"

这批被俘的唐军将士到了幽州，把这些事情告诉了曹仁师等人的部队。曹仁师部队的将士们一听，兴奋得嗷嗷乱叫，争着要率先出击。这么容易的仗，不打白不打。

八月底，唐军抵达黄麞谷（今河北迁安东北）时，又遇到一批契丹的老弱病残请降，道路两旁也都是老牛瘦马。谁都能看得出契丹这次饥荒的后果很严重。

曹仁师等人一看契丹果真不行，就不再保持骑兵与步兵整体推进的队形，直接率领骑兵进攻，希望能够一举拿下。而埋伏了多时的契丹军等的就是这样一个机会。狼崽子似的唐军呼啸着进入了包围圈，结果就不用说了。

史料记载，此战之后，契丹军用战死的唐军将士的尸体把整个山谷都填满了。在这次战斗中，张玄遇、麻仁节被契丹军用绊马索生擒活拿，他们的被俘使后面的战局陷入被动。

这一仗让契丹人打出了信心，一计奏效，又生一计。他们缴获了唐军的统帅印信，伪造了一封军令，让张玄遇等人在上面签上字，送给了唐军的总管燕匪石、宗怀昌等人。军令上说：官军已经击败契丹叛贼，如果拖延到达营州的时间，将领全部斩首，士兵拿不到赏钱，全部喝西北风去。燕匪石、宗怀昌得到军令后内心抓狂不已，之所以抓狂是因为怕到迟了连汤都喝不到，还落个不得好死。于是命令部队日夜兼程地行军，争取能早点儿抵达营州。

在错误道路上跑得越快，就一个下场——早死早投胎。急着投胎的唐军在半道上就被契丹军打了个伏击，全军覆没。连契丹军自己也没想到，这仗会打得如此轻松。于是他们决定找个合作伙伴，风险共担，利益共享。他们找到的是突厥的默啜可汗，双方一拍即合，约定共谋武周。契丹占崇州，突厥袭凉州，连战连克，兵锋所向势不可挡。消息传来，举朝震骇。二十八名将军就这样被打得没了脾气，颜面扫地。武则天恨不得御驾亲征去和契丹人拼命，放眼朝堂，有谁能替自己出征？她心里还真就没多少底。

武则天一方面任命同州刺史、建安王武攸宜为右武威卫大将军兼清边道行军大总管出击契丹，一方面为充实军队又颁布诏令："天下系囚及士庶家奴骁勇者，官偿其直，发以击契丹。"全国的囚犯和家奴，只要你够狠，就可以参军出击契丹，囚犯无罪释放，家奴由官府出钱赎身。

由此可见武则天是真急了，正在这时候，却有人坐不住了。此人是阿史那默啜可汗。阿史那默啜可汗是个城府极深的人，他在联合契丹进攻武周大捞了一笔之后，突然觉得女皇当国的武周还是很强大，一旦把事做绝将会成为自己的死敌。阿史那默啜决定改变策略，助武周打契丹，乘势吞并这个部族，一统北方。刚刚攻占凉州杀了一票人，要让武则天相信自己比较困难。反复无常之人，为了生存必然会打破自己做人的底线，他决定给武则天当儿子。

为人子女是一项技术活，而给武则天当儿子更是难度系数极大的活儿。除了上表要给武则天当儿子外，阿史那默啜还表达了另外一层与武周修好的意思，想把自己的女儿许配给武则天的孙子，同时希望朝廷能够归还河西的降户。

正为契丹人闹心的武则天大喜过望，立刻封阿史那默啜为迁善可汗，表彰他弃暗投明很有眼色。形势开始出现重大转折，孙万荣进攻檀州失利。十月，契丹那边出大事了，李尽忠两眼一闭，两脚一蹬，病死在军中。平定营州之乱的机会伸手可触。

阿史那默啜抓住李尽忠去世后契丹疏于防范的机会，率军直捣契丹大本营松漠（今内蒙古巴林右旗一带），把李尽忠、孙万荣等人的家眷都抓回东突厥。

看到东突厥真的攻打契丹了，而且战果还不错，武则天非常高兴，就给阿史那默啜加官晋爵，封他为颉跌利施大单于、立功报国可汗。武则天高兴得太早了，东突厥不是听话的乖儿子，契丹也没那么容易就失败。

阿史那默啜袭击松漠之后，孙万荣并没有被打蒙，他集结契丹的残余部队，试图反扑。

他派骆务整、何阿小率领前锋部队攻陷了冀州，杀死了冀州刺史陆宝积，屠戮官吏、平民数千人，接着又进攻瀛洲，黄河以北人心震动。这时，武则天想起了另外一个人，一个后来改变帝国命运的人——狄仁杰。

长寿二年（693年）正月，武承嗣勾结酷吏来俊臣诬告狄仁杰等七位大臣谋反，将他们逮捕下狱。当时法律中有一项条款"一问即承反者例得减死"，意思是说，若主动承认自己有谋反罪可以免死。

来俊臣逼迫狄仁杰承认"谋反"，狄仁杰非常配合工作，二话不说立刻服罪："大周革命，万物唯新，唐室旧臣，甘从诛戮，反是实！"老辣的狄仁杰之所以很快招供，是为了稳住来俊臣。看着沾满血迹的刑讯工具，狄仁杰使出缓兵之计，他可不想给来俊臣做活体试验。等到定罪收监之后，他趁狱吏不备，偷偷写了一份上诉材料，塞进自己的棉衣夹缝中，并请狱吏转告家人将棉衣取走。

最后，狄仁杰的儿子将上诉材料转到了武则天的手中。武则天亲自召见狄仁杰，并当面询问他："你没有谋反，为什么要主动承认'反是实'？"

狄仁杰平静地回答："如果我不承认谋反，估计我早就被来俊臣那帮人给折腾死了，又怎么能再见到皇上呢？"

武则天下令释放此案七人，把他们都贬为地方官。狄仁杰也就此被贬为彭泽令。武则天此时想到在彭泽当县令的狄仁杰，一纸诏书将其调到黄河以北的魏州当刺史去了。别看狄仁杰这几年一直窝在彭泽当县令，可他身上的浩然正气并未消减半分。

他到任之后，看到当地农民不下地干农活，全都窝在城里修防御工事，一问之下，才知道这是前任刺史独孤思庄为了防备契丹搞突然袭击，让他们干的。狄仁杰把他们全都赶出城，让他们回去耕地。放着自家地不种，来这里做苦力？干活的是一帮忠于武周的农民，死活不肯走，继续在这里修建防御工事。狄仁杰拍着胸脯说道，契丹人离这儿远着呢，哪里用得着这么做！万一契丹人来了，由他狄仁杰对付。

在老百姓最需要安全感的时候，狄仁杰给他们吃了一颗定心丸。

狄仁杰这么说，不是因为自己打仗有多猛，能够吃定契丹，而是因为他知道契丹人是不会开到魏州的，他之所以相信契丹人不会来，是因为有一个人不欢迎他们来。

那个人就是武则天，武则天当然也不会让契丹军轻易就攻到魏州。那样的话，她派出去的就不是部队，而是一批又一批的饭桶。这时候，她释放囚犯和赎买家奴组成的部队已经抵达抗击契丹军的最前沿。武则天吸取了上一次的教训，没有再闹"二十八星宿下凡"的笑话，而是启用收复安西四镇的名将王孝杰，领兵十七万讨伐契丹；同时让建安王武攸宜领兵进驻渔阳，作为侧应。

从这个安排，我们可以看出武则天对武家子弟的优待，让他不必与契丹正面交锋，却可以分享胜利的果实。这时候契丹领兵的只有孙万荣，孤军作战，而武周领兵的是名将王孝杰，统率的军队又是如此庞大，这样的安排按说没什么问题，十拿九稳。

武攸宜出征之前，武则天亲自前往白马寺为其饯行，足见对此战的必胜信心以及对武攸宜的厚望；而王孝杰此时正因与吐蕃交战失利而免职赋闲在家，此番白衣起任清边道总管，急于立功赎罪报效国家。

部队开到平州，发生了一件奇事。有一只白色的老鼠大白天没事溜达到军营里找吃的，据说这只老鼠长得很是奇异——身如白雪，目似黄金。王孝杰听说后，立即下令士兵们停下手里的活，先抓老鼠。

他知道武则天一向好祥瑞，将这只长得天下无双的小白鼠献给武则天，肯定能博得她的欢心。可是忙了半天，连根老鼠的毛都没抓着。王孝杰只好率部队继续前进，与契丹军在东硖石谷碰个正着。狭路相逢勇者胜，可王孝杰部的后军总管苏宏晖可不这么认为，他认为狭路相逢，活着才是硬道理。要想活着，前提是你要逃得够快。听说前方遇到契丹军，苏宏晖直接掉转马头，溜之大吉。武周军顿时军心大乱，王孝杰算是倒了血霉，被困在山谷，上天无门，入地却有路，他一头栽下山谷摔死了，全军覆没。

　　作为侧应的武攸宜听到王孝杰败亡的消息，军中震恐，竟然不敢前进，致使孙万荣乘胜杀入河北重镇幽州城，纵兵大掠，局面迅速恶化。武攸宜派人去讨伐，又吃了个败仗，灰头土脸地领军返回洛阳。

　　尽管如此，身为领军之人的武攸宜不但没有被追究责任，反而被拜为左羽林大将军。由此可见，武则天这时候对武家人的维护与她早期的过分打压截然不同。接连吃了两次大亏，武则天不能不小心谨慎，于是先跟突厥约定好攻打契丹，然后又凑了二十万大军前去征伐。

　　这次她选中的武家子弟是河内王武懿宗，出任神兵道行军大总管；以娄师德为清边道副大总管；右武威卫将军沙吒忠义为前军总管。第一次讨伐契丹，梁王武三思为安抚大使；第二次建安王武攸宜为侧应；而这一次河内王武懿宗独当一面。对外亲兄弟，上阵父子兵。在北征这件事上，武则天先后派出了三位亲王，这时候的她在用人上已经完全失去理性，只相信自家人，也不问有没有这个能力。

　　河内王武懿宗毫无半点武将的样子，个子不高，相貌猥琐，更重要的一点是胆子小。大军刚刚抵达赵州，武懿宗听说有几千契丹骑兵杀将过来，竟然吓得掉头就跑，军用物资扔得满地都是。保命要紧，其他都是身外之物。契丹人闭着眼睛就接管了赵州城，传说中的天朝上国原来也不过如此，胜利让他们信心爆棚。契丹军闭着眼睛拿下赵州后，又睁着眼睛干了一件非常血腥的事情——屠城。

　　孙万荣这时候不害怕与武周军面对面，他害怕阿史那默啜偷袭自己的后方，顾脸就顾不上屁股。他决定先稳住阿史那默啜，他派人通知阿史那默啜：我们已经打败了王孝杰的百万大军，唐军看见我们就吓得跑没影了，请贵军和我军联手拿下幽州。孙万荣派了五个人去和阿史那默啜谈这个事，五个人不是一起去的，是分批去的。其中三人先到，阿史那默啜很高兴，立马给这三人每人赏了一套红色官服。

后到的两人一看阿史那默啜的脸色，知道不好，两人脑子转得很快，马上说："请可汗听完我们说的话，再杀我们。"

阿史那默啜见他们有话要说，就问他们到底要说什么。这二人就把契丹后方空虚的情况掀了个底朝天。对这两个关键时刻敢说真话的家伙，阿史那默啜决定也送他们每人一套红色官服。不过二人的官服是从前面那三个人身上扒下来的，可汗为了奖赏这两个人，不光将前面三人的衣服扒了，也把他们的命一并取走。

阿史那默啜出兵攻打孙万荣新建的那座城池，仅仅用了三天时间就将新城攻了下来，在这次行动中，他充分发扬游牧民族抢了就跑的优良传统。孙万荣的主力部队与唐军在前方血战，而自己的老巢却被阿史那默啜连锅端了，因此军心大乱。

军中的奚族部落军人见有油水可捞，跟着反戈一击。武周军的神兵道总管杨玄基率军从正面攻击孙万荣军，奚族部落的军人从背后夹攻孙万荣军。孙万荣军大败，只带了几千名骑兵跑路。逃跑也需要技巧，比如逃跑路线，交通工具，风力大小。凶残的孙万荣显然没有熟练掌握逃跑这门技术含量很高的学问，在逃跑的途中很不幸地遭到了唐军前军总管张九节的伏击。

孙万荣被打得像老鼠一样乱窜，带着手底下的家奴一口气跑到潞水东岸。正在走投无路之际，他的家奴义不容辞地站了出来，给他指了一条光明大路——死路。家奴趁其不备，手起刀落，整个世界清静了。孙万荣死了，让武则天闹心不已的战争就这样结束了。

武则天宣布大赦天下，改元神功（697年）。战争平息后，武则天派遣武懿宗、娄师德、狄仁杰分别在黄河以北各地安抚百姓。河内王武懿宗打仗不行，安抚百姓却很有一套。那些被契丹军队胁迫带走的大唐子民以为战争结束了，可以老婆孩子热炕头了，可迎接他们的不是亲人的笑脸,却是冰冷的刀锋。

　　武懿宗把他们全部当作内奸叛徒,将其剖腹取胆,手段极其残忍。一时间,黄河以北的老百姓把河内王武懿宗跟杀人狂魔契丹将领何阿小相提并论,说"唯此两何,杀人最多"。

　　这还不算完,随后,武懿宗又向武则天提出了一个更为变态的建议,把黄河以北投靠契丹的老百姓全部灭族。这时候,有人实在看不过去了,此人叫王求礼。记性好的朋友应该还记得,当年武则天要把冯小宝弄进宫里建明堂,就是王求礼上疏要将冯小宝阉了再进宫,少惹麻烦。

　　在王求礼的事迹材料里,还有这么一件事,能让我们清楚地认识到这是一个刚直的猛人。在武周与吐蕃打得不可开交之时,因朝廷军费开支太大,担任内史的豆卢钦望就出了个主意,要求九品以上的京官每个人拿出两个月的薪俸捐作军费。

　　王求礼直接找到豆卢钦望质问:你工资高,捐两个月的工资不影响生活,我们低级别官员就那点工资,还要养家糊口,都捐了,让全家喝西北风去啊!后来这个事就不了了之,但却成全了王守礼求真务实的名声。

　　武懿宗放着契丹军队不打,却对自己的百姓大开杀戒,如今又要诛杀全族之人,这让王求礼实在坐不住了。时任左拾遗的王求礼站出来了,他说:"这些投靠契丹的都是手无寸铁的贫民,他们打不过契丹军队,为了活命才被迫跟随契丹,根本没有反叛的想法。武懿宗率领数十万大军是去打仗还是组团旅游?没见着敌人的影子,自己先跑得没影。现在又把责任全推到老百姓身上,他这是不忠的行为,请把武懿宗杀了向屈死的百姓谢罪!"

　　武懿宗被驳得哑口无言。司刑卿杜景俭也上奏,认为那些人是被胁迫的,请求武则天不要追究。在王求礼和杜景俭的力谏下,武则天最终没有采纳武懿宗的馊主意，刚刚被契丹蹂躏过的人民和土地总算逃过了这一劫。

平定契丹后，武则天将武承嗣和武三思同日拜相，但仅仅九天之后又双双罢免。由此可见武则天内心是很矛盾的，想扶武家子弟，但终究烂泥扶不上墙。

神功元年，武则天进行了一系列的人事调整，干部问题永远是大问题。可以不夸张地说，这次人事调整稳定了帝国朝纲，是武周化为李唐的一个重要节点。

老实人娄师德出任门下省最高长官纳言（即侍中）。

被酷吏整得死去活来的魏元忠出任考察百官的肃政中丞。

与徐有功并称"徐、杜"的杜景俭也受到重用，拜为宰相。

而在平定契丹及来俊臣一案中均有上佳表现的姚元崇（后来的开元名相姚崇），被破格提拔为夏官侍郎，成为一颗冉冉升起的政治新星。这其中还有一个人值得大书特书，他就是安抚百姓有功的狄仁杰。在这次调整中，狄仁杰出任鸾台侍郎（相当于中书侍郎）。

4. 皇嗣之争的时与势

刚经历了神功元年（697年）那个乱哄哄的年份，在河北安抚老百姓立下大功的狄仁杰被任命为鸾台侍郎，并在第二年正式进入宰相班子。其实这并不是狄仁杰第一次拜相，早在六年前，即天授二年（691年），狄仁杰就曾经入过阁拜过相，后来因为被来俊臣陷害入狱。这次卷土重来，狄仁杰是不打算轻易离开了。

狄仁杰是并州太原人，和武则天算是半个同乡；他比武则天小六岁，这一年他六十七岁，武则天过了七十岁。几十年的宦海浮沉，武则天的喜怒无常，同僚的过河拆桥，他见多了，也麻木了。但有一样东西他始终没有放弃，那就是赤诚之心，一颗对大唐帝国的赤诚之心。他必须忍耐，他必须等待，等待一个翻盘的机会。不夸张地说，此时的狄仁杰已经修炼成为一个官场达人，行事沉稳，智慧通达。他是一个老成谋国之人，一个真正的权术家，一个怀揣着理想上路的人。

在帝国体制内生存，谋人谋己是必不可少的。身在其中，如果连自己都保全不了，理想更是空谈。史料记载，狄仁杰天生是一个演说家。他不光长着一张能说会道的嘴，而且外形俊雅。综合起来，他说话的时候声音洪亮，长髯飘飘，气宇不凡，再配上他说话时夸张的表情和招牌式的动作，在人群中显得格外惹人关注。

狄仁杰就是这么一个极具个性之人，但他却能与武则天相安无事，不能不让人感叹，狄仁杰的成功绝不仅仅是一个"混"字这么简单。当时很多人背后对武则天的私生活指指点点，恨不得用唾沫淹死武则天养在控鹤府的面首。比如说宋璟这种脑子一根筋的人，就爱与"二张"兄弟较真斗法，有事没事就想把他们弄到监狱里去恐吓一顿；还有劝武则天杀掉来俊臣的那个宰相王及善，他也劝武则天不要因为生活作风，让自己的政治形象受损。只有狄仁杰站在一边光看不说，只谈朝政，不谈风月。可能在他看来，武则天养两个男宠，就像那些男性帝王纳个妃嫔那么简单，用不着上纲上线，更不要往君臣失序上面引，不然只会适得其反。人都有七情六欲，武则天也有追求幸福生活的权利。

虽然狄仁杰没有指责过武则天的私生活，但不代表诸武就能轻易放过他。风头太劲，将来有可能会成为武氏全面接手皇权的障碍。当初狄仁杰被来俊臣陷害入狱，武承嗣就在背后捣过鬼。起因是当初李唐皇室起兵讨武兵败，狄仁杰为了营救因屠城被无辜杀戮的越州百姓，站出来阻拦，也因此开罪了武承嗣。后来狄仁杰凭着自己的聪明才智又从死牢里把自己捞出来，才算躲过一劫。

武承嗣差点没气得背过气去，这样都能被他逃脱，他干脆自己跳出来奏请诛杀狄仁杰。狄仁杰不死，他就一日不得安宁。奏章一次次地递上去，又一次次地被武则天驳回。这么反复搞了几次，他还是不死心，又指使了一个叫霍献可的低级官员，用头撞玉阶请杀狄仁杰——不杀狄仁杰，我就撞死在这里。

武则天无意取狄仁杰性命，霍献可撞了两下吃不消，揉揉脑门上的两个紫疙瘩，拍拍屁股回家了。狄仁杰复位之后并没有去找武承嗣算账，与其和小人纠缠，不如自己老老实实干点事，自古以来，与小人纠缠，只会惹来一身臊。

狄仁杰"好面引廷争，太后每屈意从之"。也就是说，狄仁杰仗着自己能说会道，喜欢参加各种宫廷辩论赛。我们知道那时候上朝，如果皇帝大开言路，给三分颜色，每天大臣们上朝就等于去参加一场场辩论赛。尤其那些以辩论起家的御史，更是把上朝当成过年，动不动就在朝堂之上互相对掐，争得脸红脖子粗，脾气暴躁者恨不得卷袖子伸胳膊上去掐架。

狄仁杰喜欢来这一套，只要自己认为不妥之处就站出来，常常让武则天无法散朝，最后只好以自己的妥协收场。在武则天面前都敢据理力争，更不要说在那些官员面前了。有一件事可以让我们对狄仁杰的性格有更为全面的了解。

当时王及善和豆卢钦望刚刚被提拔到宰相岗位上，算是他的顶头上司，狄仁杰照样嘴下不留情。通常情况下新官上任要说几句客套话，王、豆卢二人也虚伪地客套了两句："我们都身无长行，皇帝关心，同僚们给面子，才让我们当上宰相，我们只是滥竽充数，需要学习的地方还有很多。"

话刚说完，都没等落地，狄仁杰就接了过去。他说："二位大人谦虚了，我看你们玩长行（打麻将等赌博游戏）就很有一套，怎么能说自己身无长行呢？其实王大人不该称为右相，应该称为有相才对。"

慢半拍的王及善没反应过来，忙问道："你凭什么这么说啊？"

狄仁杰手捋长髯，微微一笑道："难道博学多才的王大人没有听说过这样一句话？聪明有才华的不如生来命好的，而二位面相这么好，应该是有相之人！"

面对狄仁杰的嘲讽，王及善和豆卢钦望也只有尴尬赔笑的份儿，连头都不好意思抬。还是这个王及善，经常被狄仁杰拿出来当活靶子。尽管如此，他还心甘情愿为狄仁杰鞍前马后，让人无法理解。如果我们用白描手法勾勒狄仁杰，可以这样说，他直率而富有幽默感，相貌不凡，而且有一种咄咄逼人的气势，不怒自威，相当有型。

　　武则天对狄仁杰还是寄予厚望的，她之所以如此信任狄仁杰，就是期望狄仁杰能巩固自己的江山社稷，为自己建功立业。可事实证明，武则天还是做了一笔赔本的买卖，狄仁杰不是神探，而是不折不扣的李唐卧底。在狄仁杰拜相的前一天，武则天赐他一袭紫袍，上面绣着十二个金字——"敷政术，守清勤，升显位，励相臣"，也就是让他将来能够做一个清正廉洁的好官，登上相位，做相臣的表率，百官之首。

　　据说这十二个字是武则天亲自绣上去的，为官至此，也算是荣耀之至。估计连高宗的龙袍，武则天都没动手绣过，可见狄仁杰在武则天心目中的地位。皇帝都拿狄仁杰当个掌心宝，其他人只有羡慕的份儿。很多同级别官僚都尊称狄仁杰为"国老"而不直呼其名。

　　对于狄仁杰来说，这些身外的浮名只是为实现自己的理想做的前期铺垫。他只关心一个问题——太子的归属，谁将成为武则天的接班人。迟迟未定的太子之位，成为派系之争的焦点。这个时候不光李唐旧臣们着急，着急的还有武承嗣和武三思，夜长梦多，越拖越不好办。

　　他们屡屡派出枪手在武则天耳边吹风，包括枕头风。为了拿下武则天的枕边人，以武承嗣、武三思为首的武则天娘家人整天就守在张易之、张昌宗哥俩的家里，争着牵马服侍，大献殷勤，口口声声称张易之为"五郎"、张昌宗为"六郎"。

　　当然武家人的理由是"自古天子未有以异姓为嗣者，大周的江山不能一代而亡"。自古以来就没有天子把异姓作为继承人的，大周公司不能说关门就关门，怎么也要千秋万世。两股势力的交锋，让武则天一时也陷入了矛盾之中。武则天被他们忽悠得也没了主意，不知道该立娘家人还是该立自己的亲生儿子。

　　狄仁杰也看出武则天心中的矛盾，多次利用私下进言的机会把话题往这方面引。李昭德活着的时候,让武承嗣的太子梦打了水漂,现在李昭德死了,狄仁杰又义无反顾地接过这一重任。武承嗣当年没把狄仁杰除掉,他会为此付出代价的。在立储这件事上,狄仁杰严防死守,不给对方任何一点机会。

"狄爱卿,朕昨天晚上几次梦见跟人玩双陆(一种赌博游戏)都不能取胜,这是怎么回事呢?"武则天和狄仁杰拉家常。

狄仁杰是个机会主义者,他不会浪费任何一次机会,浪费机会意味着失败和死亡。狄仁杰说:"双陆不胜,我想肯定是因为宫中无子。这是上天在给陛下一种暗示,太子之位空在那里太久肯定会生变的。"

武则天盯着狄仁杰的眼睛,想从中发现一丝破绽,但她一无所获。对于一个有信仰的人而言,坚持是他唯一的法宝。狄仁杰没有回避武则天忧虑不安的眼神,他知道,随着时间的推移,这个女人内心坚守的城池已经在不断地失陷,而他这时候需要做的,就是给对方一个陷落的理由。

狄仁杰的理由很简单,他的理由也是天下归心的理由。他缓缓说道:"文皇帝(李世民谥号文)九死一生、浴血奋战才平定天下,把江山传给子孙。大帝(指李治)又把两个儿子(指李显和李旦)托付给陛下。现在陛下想把江山传到别人的手里,这不是上天的旨意。况且姑侄之间、母子之间哪个更亲?陛下如果立皇子为继承人,离开人世后牌位将会被送到太庙跟先帝一起接受祭祀,直到永远;如果立侄子为继承人,那就另当别论。因为从来没听说过侄子把姑姑的牌位放在太庙里祭祀的。"狄仁杰这一招极为有效,正中武则天的心事。虽说心事被戳破,可武则天并没有轻易屈服,她冷冷地回应:"这是朕的家事,你少管闲事。"

对于狄仁杰来说,这能算是闲事吗?自己的半生奋斗,难道仅仅是为了一场闲事?当然不是!狄仁杰明白,成不成就这一锤子买卖了,为了李唐的江山社稷，为了自己心中的复国理想，他决定豁出去了。

狄仁杰继续道："作为君王应该以四海为家，四海之内，还有什么事不是陛下的家务事！陛下不是经常教导我们说，皇帝是头脑，大臣是手脚，所以君臣应该是一个统一体，何况我还处在宰相的位置上，我没有不过问这件事（立太子）的理由。"

武则天一时被说得无语，气得浑身发抖。可抖完以后，没过几天，她又会忍不住找来狄仁杰谈话："昨天晚上，我梦到一只羽毛丰满漂亮但两翅折断的大鹦鹉，这代表什么啊？"

也许武则天此时心中已经有了定数，不然不会三番五次自己设个套往里跳。就算没定数，内心也是纠结万分。这一切当然逃不过狄仁杰这只老狐狸的眼睛，他抓住机会继续为武则天答疑解惑："这只鹦鹉代表陛下，您姓武暗合鹦鹉。折断的双翅就相当于陛下的两位皇子。如果陛下能够起用这两位皇子，那样的话，双翅就会更完美了，神鸟才会腾空。"

作为一个官场老油条，狄仁杰说东扯西，来来去去，但最后的落脚点总能扯到上天要求李氏当立的话题上去。对于才华横溢的狄仁杰来说，这并不是什么难事。当然在这件事上，并不是狄仁杰一个人在战斗，很多时候老实人王及善也跟在后面瞎起哄："是啊，是啊，一切都是天意！"

武则天虽然对他们和稀泥的态度不满意，但这样的话听多了，自己也开始动摇。话又说回来，其实在武则天内心深处，她根本就瞧不上武家那几个草包。她怎能放心将自己苦心经营的帝国交给他们，那兄弟几个根本不是坐天下的料，更重要的是将皇权交到他们手里，难以让天下臣民信服。再说回来，如果武承嗣真的坐上大周皇帝的宝座，以她对这个侄子的了解，他是不会对她这个姑母心生半点感激的。

毕竟他们的父亲当年就是被自己除掉的，这几个孩子也曾经被自己折腾得半死。如果将来他当上皇帝，她这个前皇帝想进太庙，恐怕连门儿都没有。不仅如此，如果立侄儿为储君，为了稳定政权，他们肯定会大肆屠杀李唐宗室，包括自己仅存的两个儿子。到时候她在这个世界上唯一的亲人，将会一个不剩。就算为了大周，她愿意做出断子绝孙的牺牲，那么武周就真的能维持下去吗？答案只有一个，不能。既然不能，那就索性不去做。

　　武则天的老年综合征越来越严重，最明显的是腿脚不太利索。她越来越不愿意活动，或许怕自己的老胳膊老腿碰着磕着。她的活动时间，基本上都沉浸在张氏兄弟的美色之中，左拥右抱。何以解忧，唯有"二张"。这就使得"二张"也被卷入云谲波诡的夺嫡之战中，并成为各方势力竞相争夺的中心。自古以来，皇帝枕畔之人的枕头风都强过飞沙走石的强台风。

　　武则天一直没让这两个面首参与朝政，主要是有冯小宝的前车之鉴。她只是让"二张"兄弟担任一些清贵散官，后又特置控鹤府，以张易之为控鹤府监。里面安置了张昌宗、吉顼、李迥秀等人，大部分都是武则天宠幸之人，其中也有一些文学之士掺杂其中。"二张"成了武则天舒缓神经、抗衰延老的心灵鸡汤。他们堂而皇之地在群臣面前抛头露面，毫无遮掩。

　　凡内殿有什么酒场和娱乐活动，武则天左手拉着大张，右手拽着小张，后面还跟着武承嗣一帮子侄。诸武也清楚"二张"在武则天心中的分量，极力地巴结讨好，争相为其牵马执鞭，他们也希望"二张"能站在自己这一边，关键时刻为自己吹吹枕边风，美言几句。

　　"二张"不比冯小宝，冯小宝来自江湖，身上流氓习气重，敢说敢做。"二张"算是宰相族孙，身上有贵族血统，相比较而言，还是比较低调含蓄的，他们只是安分守己地陪在武则天身边。

　　这种情况被一个人看在眼里，此人便是吉顼。吉顼就是当初借着给武则天牵马往来俊臣身上抹烂药的，最后让武则天下定决心诛杀来俊臣。吉顼对武懿宗还算了解，神功元年，吉顼曾和武懿宗一同审理过刘思礼一案，在他眼里，武懿宗不是什么好东西，虽然他自己在很多人眼里也不是什么好东西，但他还是觉得自己有资格鄙视更不是东西的武懿宗。

鄙视武懿宗的，大有人在。营州之乱将武则天娘家那几个活宝的无能彻底暴露于人前，武则天每次派遣一名武家子弟上阵，希望能挽回一些颜面，结果却换来更大的耻辱。武懿宗率军回京后，武则天设宴款待，郎中张元一便在席间当着武则天的面作诗嘲弄："长弓短度箭，蜀马临阶骗。去贼七百里，隈墙独自战。甲杖忽抛却，骑猪正南缘。"

这首诗将武懿宗糟蹋得无以复加，诗中抓住武懿宗又矮又丑的特质，极尽嘲讽，说他"握的是长弓，射出的是近箭，本来是匹很小的蜀马，也要找个台阶才能骑上去。敌人远隔七百里之遥，却绕着城墙自己跟自己作战。把兵器全都抛掉，骑着猪急急忙忙南逃"。

武则天不知道是真没弄懂还是装晕，问道："懿宗不是有马吗，为何要骑猪而逃？"

吉顼答："豕（即猪的意思）屎同音，武将军听说敌军来了，吓得屎尿齐出，难道不是骑猪而逃？"当着武则天的面如此羞辱武家这帮平庸的子弟，可见武氏兄弟在朝臣心目中的地位并不高。

吉顼不算坏人，但肯定也算不上正人君子。《旧唐书》更是将其列入《酷吏传》中，这主要是因为他在刘思礼一案中的表现。吉顼是个极其聪明的人，虽然起步很晚（也就是在神功元年才算真正获得起用），但他的效率却很惊人，只用了短短一年的时间，就混得风生水起，成为武则天身边的大红人。他在得宠于武则天的基础上，还与她的两大面首——"二张"打得火热。

吉顼心里明镜似的，武懿宗和武三思想当太子，做梦去吧，李唐复辟已是大势所趋，人心所向。武则天看似还在犹豫，其实内心的天平已经倒向李氏。狄仁杰等大臣的劝导还不足以让武则天下定决心，仍然差关键性的一味药。

一次，吉顼与"二张"喝闲酒，三个人喝着喝着，吉顼先自停杯。他看着眼前已有七分醉意的"二张"，醉颜酡红美如莲花，男人长成这样，真让人忌妒。吉顼盯着两人看了半天，满脸关切焦虑之色。"二张"兄弟见吉顼停杯，不知意欲何为。吉顼长叹一声说道："你们兄弟两个能够到今天这一步，很多人恨得牙痒痒。皇上年龄越来越大，等到哪一天撒手而去，你们将来何以自保？"

此言一出，正中"二张"痛处，二人当时就放声大哭，也许身体内的酒精起了作用，哭得很是伤心。他们拽着吉顼的袖子问计。吉顼看着兄弟二人，知道一切尽在掌握中。他说："眼下大家都想让李唐复辟，然而庐陵王在房州，皇嗣又在关押期间，社稷必须要有所托之人。皇上根本看不上武氏诸王，二位何不劝皇上立庐陵王，将来也有个好的归宿。"

"二张"拿吉顼的这番话当了保命符，就私下找了个机会向武则天提出召回庐陵王的请求。第一次从张氏兄弟口中听到这样的请求，武则天真是吃惊不小，就好像手里一直把玩的木偶，突然间会说话了。她立刻意识到，他们背后一定有人指使，一问又是吉顼。

于是武则天将吉顼召来问话，吉顼也不隐瞒，就将自己的想法和盘托出。他说的那些话和前面狄仁杰说的内容也差不多，无非是武家那几兄弟根本不是成大事的人，只有两位皇子才能继承她的意愿，才是人心所向。

武则天没有愤怒，是时候面对现实了，她陷入深深的疲惫和焦虑。她曾经以为这江山社稷是自己的，天下的臣民是自己的。可现在她忽然觉得所有的一切就像手中沙，看上去握得很紧，其实空空如也。

圣历元年（698年）三月的一个黄昏，狄仁杰正在家里无事乱翻书，难得有这样放松的心情。也就在这时候，宫里来人传话，武皇找他过去有要事商量。像往常一样，狄仁杰梳洗一遍，换上官服，就急急往宫里赶。狄仁杰赶到的时候，武则天已经端坐良久。武则天看着眼前的老伙计，老了，都老了，时间过得可真快啊。

君臣二人，如至交老友唠起了嗑儿——身体还好吗？孩子还孝顺吗？

说到孩子，两个人把话题又落在了庐陵王身上。狄仁杰依然很激动，慷慨陈词，甚至落下了眼泪。这一次，武则天没有打断他的话，也配合着长吁短叹。说到情深处，武则天轻轻叹了口气说："也许狄公说得对，到了该召回庐陵王择定皇嗣的时候。"

此言如雷贯耳，狄仁杰震惊地抬起头。武则天微笑地看着他，不像在开玩笑。狄仁杰不禁血脉偾张，如身在梦中。然而武则天下面一句话，更让他兴奋难抑。武则天说："既然你那么思念庐陵王，那么我就把他还给你。"

武则天冲着身后轻轻说道："哲儿，出来见过狄公。"狄仁杰不相信这一切是真的，他不由将目光移向武则天身后，只见紫色的帷帐徐徐拉开，一个四十来岁神情呆滞的中年男子低眉垂首站在那里。这不是他记忆中的人，却有张似曾相识的脸，那眉眼，那轮廓……

这一瞬间狄仁杰再也忍不住泪流，跪倒在玉阶之上。是的，这就是他朝思暮想几十年的庐陵王李哲，大唐昙花一现的中宗皇帝。长久的期冀突然乍现于眼前，却只并非梦幻。狄仁杰泪流满面，激动得说不出话来，只是向李哲深深顿首下拜。

武则天喟然长叹，命李哲拜谢国老。当李哲惶然抬头的那一刻，她看见了他花白的头发和已经不再年轻的面容，以前眼里还留存的少年人的傲气也已全然变成了怯懦。此人正是自己的第三个儿子李哲，如今连他都这么老了。

武则天也是很久没有见过李哲了,二十年的血雨腥风在她眼前一掠而过,是何等须臾之间的事啊,嗣圣宫变她把李哲从皇位上赶下去的那一幕犹在眼前,时间快得像一把锋利的刀。李哲是秘密回京的。武则天托言他身体有病,派人将他一家接回神都,沿途秘密封锁消息,甚至李哲本人都不知道此行是福是祸。据说他一度吓得想要自杀,幸好有妻子韦妃给他安慰——你连死都不怕,难道还怕活着吗?

狄仁杰听罢前因后果,感觉还是有什么地方不妥:"故君回到京都,到现在还没有人知道,怕就怕外界不知真假引发猜测与议论。"

武则天疲倦地微笑,既已召回庐陵王,不妨把人情做到底,命庐陵王出居龙门,百官列队往迎,隆重地昭告天下。一时人情大悦,但却没了下文。虽然如此,召回庐陵王已经是个很大的胜利,表明局势在向有利于李唐的方向发展。狄仁杰等大臣也不敢催迫武则天,怕欲速则不达,引发她的反感,反而把事情搞砸了。

意外的推动力来自北方——因营州之乱降伏契丹、奚族一跃成为草原霸主的阿史那默啜可汗。当初为吞并契丹部落,巩固突厥在北方的霸权,阿史那默啜可汗主动要求与武周结盟,上表请求做武皇的儿子,又为女儿求婚。

武则天召庐陵王回京之后,即着手准备与突厥的联姻事宜,最终选中武承嗣的儿子淮阳王武延秀。之所以选中武延秀不光是因为他长得漂亮,能歌善舞,很讨女人欢心,更重要的是武则天认为武家子弟在营州之乱中实在丢尽颜面,如能顺利和亲也能消除一些不利影响。

武延秀一行人于六月来到突厥王庭,怎知默啜突然翻脸:"我为女儿求婚,要她嫁的是天子之子,你们送来一个武家的人做什么?这是天子的儿子吗?我突厥世受李唐恩惠,听说李氏尽灭,只留下两位皇子,当派兵辅佐二位皇子登基。"

当即扣押武延秀,并于八月发兵入寇河北,连陷城池,杀戮惨重,同时移书责备朝廷,其中一条赫然竟是"可汗之女当嫁天子之子,武氏小姓,门不当户不对,罔冒为婚,纯属欺诈!"。檄文传到武周,武承嗣本来就担心自己儿子的安危,结果又遭此侮辱,最后郁闷而死——李哲被接回京,预示着自己的太子梦已经破碎,努力半天,一切不过是水月镜花。这时候,事情出现了转机,被软禁深宫的皇嗣李旦一而再、再而三地上书恳请逊位于庐陵王。

圣历元年九月,武则天思虑再三,终于松口,复立庐陵王为太子,并恢复了他出生时的名字——显。这时候,距离李显回京已有半年之久。忠于李唐的朝臣都长舒一口气,心头的一块石头终于落地了。与此同时,武三思再度拜相,成为今后武李之争的主角。

李显既已被立为太子,这默啜弃周复唐的口号不攻自破。鉴于府兵败坏已不堪战,武则天命太子为河北道元帅,以他的名义招募军士征伐突厥。消息传开,人心振奋,原本招募一个多月还不满千人,现在应募者云集,没过几天就招募到五万多人。

这个时候,李显的才能已经不重要,他的存在就是一面旗帜,巩固他地位的每一个举动都被视作为李唐复国铺路。担任河北道行军副元帅的是狄仁杰,实掌元帅之职,让监军使吉顼把这一情况告诉武则天。于是声音洪亮的吉顼当着满朝文武的面,大大吹嘘了一番李显的号召力,听在武则天耳中,也不知是何滋味。这十几年来她广施官爵,减免赋役,神道立国,薄待儒术,为收买人心做出了诸多努力,到头来还是敌不过"李唐皇族"四个字。募兵进行得如此顺利,也算是件好事。武则天脸上挂着微笑,辛酸而又欣慰。

一旁的诸武听着可实在不爽到家,觉得吉顼这小子太不地道。他们这时候并不知道吉顼就是那个鼓动"二张"召回庐陵王的主谋,不禁深恨吉顼此刻的摇唇鼓舌。"二张"鼓动之事进行得极为隐秘,睿宗登基后有人剖白才得知吉顼为李唐复国所起的作用。

当下召集到四十五万大军，太子挂虚职留京，命狄仁杰执元帅事，武则天亲自送行。然默啜已经回师漠北，掳掠诸州男女万余人，所过之处杀掠不可胜计。先行出师的沙吒忠义等人只敢引兵远远缀着，不敢逼近。狄仁杰带了十万兵马一阵狂追，已经追不上了。

默啜可汗独霸北荒，拥兵四十万，地盘广袤绵延万里。武则天狂怒之下改默啜之名为斩啜，把亲附他的一千叛臣处以极刑。而她这时候所能做的，也只有这些。武延秀仍然被扣留在突厥，直到中宗复位后默啜请和才被放回，后成为安乐公主的男宠之一，正牌驸马死后，他得以升级扶正，不过最后还是死于李隆基讨韦后之役中。

征伐突厥之事最终不了了之，武则天心里郁闷至极，身体的衰老与国事的烦忧纠结在一起，让她不堪面对却又不得不面对。既已确定了李唐复国，她就要尽量调和武李之间的矛盾，确保武姓在李唐政权下也能享有如今的地位和权力。

在李显太子身份确立之后，武家子弟也被委以重任，安排到重要岗位。圣历元年八月，武承嗣去世的第三天，武三思即出任检校内史，掌首相之职。同月，武士逸之孙重规任天兵中道大总管，掌并州（今太原市）城中的天兵军。九月，武攸宁入阁宰相。十月，下令在神都洛阳城外屯兵驻防，命河内王武懿宗、九江王武攸归统领。

圣历二年（699年）七月，命建安王武攸宜留守西京长安，接替会稽王武攸望。通过这一系列安排，武家子弟分别被授予军政要职，并控制着洛阳、长安、太原三大政治中心。

武则天还是不放心，又于圣历二年腊月，赐太子姓武；同年六月，召集太子李显、相王李旦、太平公主与梁王武三思、定王武攸宁等共为誓文，立誓和睦相处，在明堂昭告天地，铭之铁券，藏于史馆。弃周兴唐的原则至此成为定局，武李盟誓的这一刻，也就向天下宣告了一个事实：武周王朝注定一代而亡。

第六章

李唐复国与无字碑

1. 狄公去，朝堂空矣

圣历二年（699年）冬天，在宫中幽禁六年之久的相王李旦及其诸子终于重获自由。李旦的长子李成器二十一岁，已经成年；三子李隆基十五岁。他们的青春期就在六年漫长的囚徒生涯里度过了，连到院子里放风的机会都不被准许。

在狭小的空间里提心吊胆地活下去，像小动物一样互相安慰取暖，意外的不幸反而凝聚了兄弟之间的感情。就算现在准许出阁，武则天也没有把他们分开，赐宅洛阳积善坊，分成五院，各自生活，但还是住在一起，时称"五王坊"。所以李隆基兄弟之间的感情是很让人羡慕的，后来李成器主动将太子之位让给李隆基，或许也有兄弟情深的因素。

同时出阁的还有故太子李贤的遗孤李守礼，他的幽禁时间更久，有十几年时间，现在二十八岁了。相王诸子还有亲情可以慰藉，李守礼的命运更为悲惨，每年都有几次要被带到院子里受宦官杖打，他的哥哥和弟弟就是死于这种残酷的毒打之下。

李贤的三子之中，只有李守礼活了下来，可见他生命力的强韧，但无情的杖责仍给他身上留下了不可痊愈的伤痕，一遇天气变化便会隐隐作痛。出阁后的李守礼纵情声色，好酒贪财，名声很不怎么样，但想到他少年时不幸的遭遇，谁又能忍心指责他呢？能活下来，已经不是一件容易的事了。

当这些尊贵的囚徒终于活着走到阳光下,回首往事,想必都会生出翻云覆雨、世路艰难的感慨。武则天仍在不停地忙碌,她总有那么多忙不完的事情。从前她处心积虑地从李家抢过江山,现在她要处心积虑地弥补这种伤害。一纸誓言无法消弭武李之间的积怨,这一点她也不是不清楚,所以她要建立一重更牢固的关系,就是联姻。

太子李显有八个女儿,在武则天的安排下,新都郡主嫁武延晖,永泰郡主嫁武承嗣之嫡子武延基,李显最宝贝的女儿安乐郡主则嫁给了武三思之子武崇训。

据说这个安乐公主极其美丽,《新唐书·公主传》中说她"姝秀辩敏""光艳动天下",很少看到一本正经的史书用这类词语形容一位公主。可见安乐公主的美丽,必是人间罕见。

这一系列联姻也透露出武则天内心的隐秘,她虽然已将太子显和相王旦赐姓为"武",但心中仍然视他们为李家之子,故此武李联姻,以巩固武家的外戚地位。

她自己尚且如此,也就难怪外人将太子与相王视为李家天子了。这时候的武则天已经是七十七岁的高龄,但她对权势仍然紧抓不放。王及善、娄师德两位重臣也相继去世,她又提拔了谨慎清廉的陆元方做宰相。一天,她向陆元方询问宫外的事务,陆元方大概怕她年高劳累,答道:"臣备位宰相,有大事不敢不奏;琐琐碎碎的人间细事,就不足劳烦圣听了。"

武则天听得十分刺耳,勃然大怒。这句话就好像我们常开的玩笑:在一个家庭里,大事男人做主,小事女人做主,可一辈子又摊不上几件大事。怎么刚当上宰相,就想把我的权力架空?武则天一怒之下就将陆元方罢相。

她的确感到力不从心,硬抬上去的武家子弟又没几个能帮上忙的。圣历三年（700年）正月，刚被拜为首相的武三思再度罢相，看来此人除了谄媚功夫实在没什么政治才能，一次又一次地让武则天失望。心比天高，无奈身体不争气，身边的人也不争气，武则天内心的郁闷程度可想而知。

而在李唐复国已成定局的情况下，世人对武家人的轻视也越来越不加掩饰地表现出来，此消彼长的态势往往会给武则天以强烈的刺激，时不时地发作一次，每次都有倒霉蛋做祭品。这次是吉顼。

吉顼原本被武则天视为心腹，作为后备宰相，颇受看重。有一次，他与河内王武懿宗争功于殿前，吉顼身材高大、口齿伶俐，对付短小伛偻笨嘴拙舌的武懿宗，各方面都有压倒性优势，说到得意处不免声色俱厉，越战越勇。

老实说，武懿宗被人欺负这绝不是最惨的一次（可参见张元一的讽喻诗），可这次一下子触痛了武皇的敏感神经，当即呵斥："吉顼当着朕的面都敢小瞧我武氏诸人，他日岂可指望你！"

没过几天，吉顼奏事又援古引今地长篇大论时，武则天震怒警告："你说的这一套我听多了，不用废话！告诉你，昔日太宗有马名师子骢，狂烈无人能制。朕作为宫女侍侧，当即表示，只要给我铁鞭、铁挝、匕首三件东西，就能制服。铁鞭击之不服，就用铁挝打，还不服，则以匕首断其喉，连太宗听了都壮朕之志。难道你今日想用鲜血来弄脏朕的匕首吗！"

吉顼吓得差点当场尿裤子，趴在那里磕头如捣蒜，最后被贬为县尉。临走之前向武则天告别，吉顼含泪进言："臣今远离阙庭，永无再见之期，愿陈一言以进！"临走之前要说与武则天。武则天赐座问询，吉顼道："合水土为泥，会引发争执吗？"

武则天答："没有。"

吉顼道："如果分一半塑为佛祖，另一半塑为道家的天尊呢？"

武则天答道："那就有麻烦了。"

吉顼再拜，然后道："臣也以为有。宗室、外戚若能各守本分，则天下安。现在太子已立而外戚仍居王位，陛下若不处置而任其发展，他日必有祸乱，臣担心的就是这件事。"

话一出口，吉顼已忍不住流下泪来。不管此人有多么滑头，他这一番话的确是发自肺腑。

武则天沉默良久，怅然道："朕也知道，可是事已至此，又能如何！"

吉顼一震，他从未想到过一向斗志旺盛的武则天竟然会说出这样消极的话。还未接口，武则天已疲倦地挥挥手，起身离去，白发伶仃，似已不胜萧瑟。他目送着她的背影，看她慢慢地走入阴影中，最终消失在幽暗的回廊间。

正如他自己所料，这是他最后一次见到武则天。贬谪后不久的吉顼，即在失意中客死异乡。他所预言的一切，都在逐一发生……

武则天还是改不了一贯的强悍性子，心态上早已认输，可在情感上仍有不甘。她也承认武三思不是做宰相的料子，现在换上狄仁杰做内史（即中书令），作为首席宰相掌管一切朝政。

同月，武则天给太子李显的诸子封王。李显的长子李重照已经十八岁，避讳改为重润，当年高宗为保证政权顺利交接，在立李显为太子的同时也立几个月大的重润为皇太孙，此后他的身份随父亲一路浮沉，现在被封为邵王。次子李重福为平恩郡王，三子李重俊为义兴郡王，四子李重茂当时只有三岁，也被封为北海郡王。

诸子之中以长子李重润最为出色，史载他"风神俊朗，早以孝友知名"，看来是位孝顺友悌的俊美少年，中宗自己不怎么样，倒生下了重润和安乐公主这样一对漂亮儿女。武则天这样安排，自然是为了加强太子李显的地位了。

她这么不停地在武李之间左右摇摆搞平衡，估计自己都不知道自己在干什么。这天下是姓武还是姓李？她应该扶持李家还是武家？天无二日，国无二主，两边抬高的结果必然是双方火拼两败俱伤，其下场她是知道的，吉顼也指出来过，可是她停不了手。

陷入理智与情感争斗中的武皇不堪重负，毕竟已经是七十七岁的老太太，她病了。史书上第一次记载武则天生病是在圣历二年，这当然不能说明她以前没生过病，但应该不是很严重。比起她的同时代人，她的身体已经好得有点过分，至少足以让她那一步三晃的老公李治心生羡慕。

武则天到底是人不是神，只要是血肉之躯，便总有衰亡的一天。看岁月的痕迹一点点爬满皮肤，感受到疲倦由内及外毒素般地蔓延开来，曾经三天三夜不眠不休也依然神采奕奕目不交睫，现在就算睡眠充足头脑也整天晕晕沉沉，精力、智慧、记忆力、判断力、反应力都在逐日衰退，力不从心的感觉越来越强。

虽然顶着金轮圣王弥勒化身的名头，圣历二年正月原来稀疏的眉毛又重新长出了几根，为此百官相贺很是热闹了一番，但再精致的谎言也掩饰不住事实。

正月才庆祝过身体康健如西王母般的青春不老，二月就大病一场，好像上天在有意捉弄她似的，先给她一点惊喜，当她按照一贯作风去渲染宣传的时候，便反过来无情地嘲弄她。纵横一世玩弄天下人于股掌中的武皇，最终也逃不过冥冥中那只翻云覆雨的手。

据说这次大病全靠给事中阎朝隐虔诚向嵩山之神祈祷，甘愿以命相换才得痊愈。次年武则天又再度病倒，而且病情似乎更为严重，几乎到了不能视事的地步。首席宰相狄仁杰恳请武皇下令太子监国，但被拒绝。她仍然贪恋权力的魔杖，尽管她现在已经知道这并不能给她带来健康和长寿。

狄仁杰无可奈何，只得利用自己掌政的机会尽量提拔一些忠于李唐的才学之士上位，先后引荐了姚崇、桓彦范、敬晖等数十人。后来策划神龙宫变逼武则天让位的五位主谋中有三位是狄仁杰推荐的（张柬之、桓彦范、敬晖）。

狄仁杰的身份究竟该怎样定位？无论是大周还是李唐都让他荣宠备至。当笔者重温那部叫作《无间道》的经典电影，看完后终于找出了答案——神探与卧底。狄仁杰就像是游走于这两个身份之间的帝国精灵。卧底与神探的相同点就是都代表正义一方，且都具有危险性，是技术含量颇高的工种，要想这两个身份攻守平衡，无论是能力，还是性格，都要超出常人数倍。前者（卧底）行动隐蔽，身份模糊到让自己内心挣扎；后者（探神）行事果决，具有超前的预见性。

他是武周皇帝武则天最信任的重臣，一代良相。他同时又是大唐帝国最忠实的捍卫者，感觉像是李唐派往武则天身边的卧底。他死之后，武则天发出"朝堂空矣"的慨叹；他死之后，李唐依旧。

当时狄仁杰也已经七十多岁，年迈体弱，自己也感觉到生命已经进入倒计时阶段，想在身前尽量巩固太子地位，以确保政权的顺利交接，不然等到自己哪天两眼一闭，苦心经营的一切都将化为泡沫。

武则天的信任，是他仕途之路上最重的砝码。如果说武则天对他没有一丝疑虑，也是不可能的。举荐张柬之的时候，一向对他言听计从的武则天便表现出了犹疑。武则天曾要狄仁杰举荐贤士欲用为将相，狄公答道："单论文辞蕴藉，苏味道、李峤已可入选。如果陛下要的是济世安邦的奇才，臣推荐荆州长史张柬之，其人虽老，有宰相之才。"

武则天于是把张柬之提升为洛州司马。过了几天，武则天又要狄仁杰荐贤，狄公答："前些日子举荐的张柬之，陛下并没有用啊。"

武则天道："不是已经提升他为洛州司马了吗？"

狄仁杰道："臣举荐的是宰相人选，不是司马。"

尽管狄仁杰的语气已经带有责备的意味，武则天仍只让张柬之出任秋官侍郎（即刑部侍郎）。直到狄公去世，张柬之也未入阁拜相。然而推荐张柬之的人实在太多（这是否表明他的政治倾向当时已是尽人皆知？），迟至长安四年（704年），张柬之还是通过姚崇的举荐而拜相，那时他已经八十岁了。

大周朝的国政仍在有条不紊地运转中，对狄仁杰的人品和才能，武皇一向深信不疑，他必定可以保障政权顺利交接，不会忘恩负义地赶恩主下台。

武则天对狄公的敬重已经到了人臣莫及的程度，狄公觐见每每免其跪拜，称见到狄公下拜她也会感觉疼痛（"每见公拜，朕亦身痛"）。太宗皇帝就曾说过魏征是他的镜子，李勣是他的长城，李靖好比他的兄长，长孙无忌好比他的儿子，一日不见马周，就会想他想到梦里头。作为一把手，甜言蜜语一箩筐，总要哄得手下人高高兴兴地替他卖命为止。

武则天素来强横，这方面多有欠缺，如今年事已高，也想为后世留下一段君臣遇合的佳话，何况狄仁杰确有笼络的必要。又下令百官奏事非军国大事不得烦扰狄公，可谓百般礼遇，体贴入微。然而年迈多病的狄公仍然不胜负荷，久视元年（700年）九月，一代名相狄仁杰溘然长逝，终年七十一岁。狄仁杰两度拜相，加起来不过三年多时间，名气却超过武周朝任何一位宰相，身前身后都广受赞誉，晋封梁国公，图形凌烟阁，追赠司空，配享太庙，可谓人臣之极。或许唯一的遗憾就是不曾亲眼看见李唐复国成功吧！但作为武皇的头号宠臣，也许他也同样不忍目睹武周的终结。早逝（其实也不算早逝）让他避过了这尴尬的一幕，他没有辜负武皇，因为他只是因势利导地帮助她选择了一条最明智的道路；他也没有辜负李家，为他做到了一个臣子所能做到的一切。

武则天原本希望狄仁杰打理朝政，自己优哉游哉度过余生，岂料斯人先行一步，徒唤奈何。她对狄公的了解与信任是长期以来建立的，一时之间很难找到替代者。武则天不由得长叹："天何夺我国老如此之速！"

狄仁杰的提前去世，让武则天的退休计划泡了汤。虽然身体已经江河日下，还是不得不勉力勤政。只是每当迟疑难决的时候，满朝文武竟似乎再也找不出一个像狄公那样睿智干练而又了解她心思的人替她分忧解难。

"狄公一去，朕的朝堂仿佛都空了"，白发苍苍的武则天在幽冷的洛阳宫中发出这样一句感叹，让人顿觉意兴萧索。天上地下，权力满满的女皇竟然孤独得如此彻底。武则天的感叹不无夸张的成分，虽然狄仁杰的确能干，但还没有到离开他，王朝的时钟就处于停摆的地步。事实证明，离开狄仁杰的武周帝国，依然在向前走。

在这个世界上，没有无缘无故的爱，也没有无缘无故的忠诚，狄仁杰的忠诚是为了心中那份坚持。对于武周和武则天来说，狄仁杰只是一个卧底，而不是一个神探。什么是卧底？有人说卧底就是取得对手信任，保全自己再借机消灭对手。最高明的卧底，不是消灭对手，而是去化解对手。

武则天想当皇帝的时候，只是想自己过过瘾。她没有考虑更多，更没有想到当了皇帝之后怎么办。很多时候，很多事情，武则天个人是无法改变的。尤其在后期选择接班人时陷入两难境地，一边是李唐，一边是大周，她该放开哪一个？狄仁杰捕捉到了武则天的心思，在取得信任的前提下积极进谏，成就了还政于李唐的历史伟业。诚如林语堂先生所言："他（狄仁杰）的冷静，他的耐性，他的智慧，他的眼光，都不弱于武后。他正是武后的克星。"

克星，不是水火不容，兵戎相见，而是一物降一物，是一种致命的吸引力,是巨大的磁场。与狄仁杰相比,武则天是单纯的,单纯到信任狄仁杰的一切。狄仁杰抓住一切机会去付诸自己的行动,只为心中理想——复辟李唐。

武则天执政以来,许多大臣想恢复李唐,他们有的当面讽刺,有的公开造反,但最后的结局都是生得伟大,死得憋屈。只有狄仁杰做到了既化解了对手,又达到了自己的目的,这才是真正的政治家。

倒下去一个狄仁杰,魏元忠还在,姚崇这时候也混成了重臣,当然还有狄仁杰临走之前推荐的张柬之,他们能将狄仁杰的坚持作为自己的坚持吗?一切犹未可知。

从另一方面来说,狄仁杰的离开,是腾出位置给后来者,官场也讲究个新陈代谢,不然一个人老占着位置,那后来者就没办法居上了。一代良相狄仁杰完成了他的历史使命,为下一步李唐的顺利接手打下了坚实的基础。逝者已逝,该致敬的还是要致敬,该继续的还是要继续。

久视元年十月,即狄仁杰去世后一个月,武则天宣布以十一月为正月(即岁首)的周历废除,恢复以一月为正月的夏历,大赦天下。自永昌元年(公元689年)开始,使用了十一年的周历终被废除,恢复李唐王朝使用的夏历。历法,在古中国占据着极其重要的地位,唐代周边少数民族政权向李唐表示臣服的一大标志便是改用唐朝的历法,称之为"改正朔"。武则天在登基之前宣布改用周历,是她即将发动武周革命的预演,而现在弃周历复唐历,是不是有着更深刻的用意?

朝堂之上因为失去重臣而陷入一时的低迷,而在遥远的边塞,武周帝国也迎来考验。

2."二张"乱政与斗法

久视元年（700年）七月，吐蕃将领麹莽布支率军对凉州发起进攻，包围了昌松（今甘肃省古浪县一带）。时任陇右诸军大使的唐休璟率军在洪源谷与吐蕃军展开激战。

吐蕃和唐朝的渊源，我们都知道松赞干布和文成公主。当时东亚地区的超级大国并不仅仅只有武周（大唐）一个。综合各方面指标来看，吐蕃应该也算大半个。如果按抢地盘多少来划分武力高低的话，吐蕃的军事实力绝对不在李唐之下。翻看史料，你会惊讶地发现唐朝与吐蕃在一百多年的较量中，各有胜负。输了赢回来，赢了再输回去，很让当权者伤脑筋。

你来我往之间，吐蕃乘机侵吞了唐朝大片领地。到唐朝中后期时期，吐蕃"尽据羊同、党项及诸羌之地，东接凉、松、茂、巂等州，南临天竺，西陷龟兹、疏勒等四镇，北抵突厥，地方万余里，诸胡之盛，莫与为比"。也就是说，不仅西北地区原属大唐版图的河西陇右诸州全部被吐蕃一点点蚕食，就连西南地区原受大唐册封的南诏国，也同时被纳入吐蕃的势力范围。贞观六年（632年）前后，部落联盟首领松赞干布统一了青藏高原，建立了吐蕃王国。唐廷在贞观时期奉行的是"华夷平等"的外交政策。

唐太宗在朝廷里大量任用少数民族贵族为官。那时候各部首领凡来到长安的，都拜为将军（武官，在大将军之下）、中郎将等官。以突厥为例，当时五品以上的突厥武官达到一百多人，几乎占了朝廷的一半。贞观八年（公元634年），李唐王朝与吐蕃王朝之间开始互相遣使往来，这算是双方第一次亲密接触。

开战前，唐休璟看到麹莽布支的军队衣甲鲜明，就对部下将领们说："钦陵兄弟已经死去，麹莽布支刚当上大将，对军事还不太懂，很多吐蕃大臣的子弟跟着他，看起来像是精锐部队，其实很容易对付，我今天就要击败他们让你们瞧瞧。"

唐休璟为什么要在开战动员中说到"钦陵兄弟已经死去"？也就是说，一个死人在武周军队心目中余威尚存。钦陵兄弟不仅善于作战，而且能言善辩，极有远见，唐朝军队曾经不止一次吃过钦陵兄弟的亏。当年他们就曾经以绝对优势的兵力大败赫赫有名的薛仁贵，一举歼灭唐军十万。调露元年（679年）二月，芒松芒赞去世，钦陵拥立新的赞普。唐高宗闻信后，命大将裴行俭乘机出兵攻青海。裴行俭说："钦陵为政，大臣辑睦，未可图也。"唐高宗只好无奈地收回了成命。从这里可以看出钦陵在当时吐蕃国中的威望之高和吐蕃势力之大。

不知道是因为"钦陵兄弟已经死去"起了作用，还是唐休璟的确是一员悍将，他率先突入敌阵，一通厮杀。吐蕃军队被打得一路败退，六次战役全都以唐休璟的胜利而告终。吐蕃军队中有两千五百人被唐军斩下首级，还有两名将领做了俘虏。吐蕃军队打不赢，只好退兵。

钦陵兄弟如果地下有知，也会死不瞑目。他们刚离开这个世界两年，吐蕃就沦落至此。由此可见一个好的将领对于一支军队来说是多么的重要，所以说两军对阵，不是玩命那么简单。战争是这个星球上最顽固的瘟疫，在任何时候都不能放松警惕，不然就有可能遭受到来自对手的猛击。就在洪源谷之战后不到一个月，沉寂了多年的西突厥也开始蠢蠢欲动。

久视元年九月，西突厥酋长阿悉吉薄露率部反唐，武则天派遣左金吾将军田扬名、殿中侍御史封思业带兵征讨阿悉吉薄露。唐军到达碎叶城时，阿悉吉薄露在夜间劫掠碎叶城附近的居民。封思业带领骑兵追击，反而被阿悉吉薄露击败。封思业受挫，田扬名也没有能够扬名立万。

田扬名率领西突厥可汗阿史那斛瑟罗的军队攻打阿悉吉薄露所在的城池，十几天都未能攻下来。就在田扬名扬名无门之时，天上掉馅饼了。阿悉吉薄露自己主动上门请降。田扬名乐坏了，看来这次不扬名都难。

在任何情况下，尤其在战场上，绝对没有免费的午餐。阿悉吉薄露又不是傻子，在己方占据主动的情况下，放下武器投降，也许是觉得这场战争的技术含量太低了，有点侮辱自己的高智商。

他在一觉醒来后，就想到了诈降之计，借投降的名义打对手一个措手不及。一听说对手要投降，最高兴的莫过于田扬名，他立即接受了阿悉吉薄露的投降请求，这种送上门的便宜不占白不占。眼看自己的诈降计划就要实现，阿悉吉薄露不免有些得意。可他没想到，他的得意让他放松了警惕。那个被他打败了的封思业却利用一次见面的机会将其除掉，他的手下也全部成了封思业的俘虏。

封思业本来投降了阿悉吉薄露，阿悉吉薄露又反过来诈降田扬名。结果封思业将计就计，借机杀掉阿悉吉薄露，平定了这次叛乱。阿悉吉薄露这次起兵只是小打小闹，真正能对大唐构成威胁的还是吐蕃。强盛的吐蕃虽然暂时威胁不到大唐的腹地，但在西境的较量已经消耗了大唐不少军力和物力，而且稍有不慎，吐蕃打过来也不是没有可能。

为了对抗吐蕃，唐朝建国以来都是将最优秀的军事人才放到西境担任统帅。在唐休璟之前，刘仁轨、娄师德都曾先后在吐蕃的第一线工作过；唐休璟之后出任陇右诸军大使的是魏元忠，为了对付东突厥，魏元忠又于长安元年（701年）改任灵武道行军大总管。

同年十一月，新的陇右诸军大使兼凉州都督郭元振赴任。郭元振的战略才能在安西四镇的割让与否上已经得到了检验，他的战术才能也将在实践中得到检验。

郭元振到任之后，很快就用实际行动证明了自己不光有战略眼光，还有实战能力。当时凉州处在大唐与吐蕃、东突厥交界之处，自然也就成了吐蕃、东突厥军队经常光顾的地方。由于离得近，骑马一溜烟就到了。为了扭转局面，郭元振在凉州南境修筑和戎城（今甘肃古浪）、北境设立白亭军（今甘肃民勤东北），把险要位置给控制住，控制范围也从南北四百里扩大到了一千五百里。从此以后，吐蕃和东突厥的士兵们不敢自由出入凉州。

在经济方面，郭元振让甘州刺史李汉通屯田垦荒、兴修水利，凉州的粮食产量迅速增长，粮价急剧下降，囤积的军粮甚至够吃上几十年的。郭元振不但擅长军事，发展农业也很有一套。在他任凉州都督的五年间，当地无论是汉族还是少数民族都对他又敬又畏，他的命令都能得到不折不扣的执行。

凉州路上好风光，凉州的牛羊满山坡，这都是郭元振才能的体现。现任的凉州都督既然风光无限，那么原任凉州都督的唐休璟在哪里？唐休璟这时候已经回到朝廷述职。就在唐休璟回朝述职期间，吐蕃使者论弥萨来到大唐求和。武则天设宴招待论弥萨，唐休璟也参与了此次宴会。在宴会上，论弥萨多次把目光停留在唐休璟身上。

武则天问："好酒美色在前，你都不动心，为什么总是看唐休璟？"

论弥萨回答说："洪源之战时，这位将军猛厉无敌，所以我想记住他的样貌。"

对于一个将领来说，得到己方的称赞固然不易，能够得到对手的称赞更难。武则天很快就把唐休璟提拔为右武威、右金吾两卫的大将军。唐休璟对边疆事务非常熟悉,对东起辽东碣石、西到安西四镇的绵绵万里地理情况也都了如指掌。

后来,唐休璟因军事能力突出,又被任命为夏官尚书、检校凉州都督,同凤阁鸾台三品。当时突骑施部落酋长乌质勒与西突厥互相攻击,大唐通往安西的道路无法通行。武则天让唐休璟跟其他宰相一起研究应对措施,很快就把研究结果报给了武则天。

武则天按照研究结果安排实施,过了十几天,安西各州纷纷请求增援,路程日期跟唐休璟预料的一模一样。武则天不无感慨地对唐休璟说:"只恨我用爱卿用得有些晚(恨用卿晚)!"

武则天对身边那些宰相说:"唐休璟对边疆的事务非常熟悉,你们十个也抵不上他一个。"年近八十的武则天不再一味任用娘家人,也不再任由酷吏们胡作非为。正因为改变了用人策略,唐休璟和郭元振这样的人才开始浮出水面,再加上魏元忠、姚崇这些能臣,武周帝国呈现出中兴的迹象,但这种迹象却是死亡重生前的回光返照。

这时候,武则天和她身边的重臣们,组成了历史上罕见的高龄政府,由君到臣都在跟时间赛跑。在时间面前,每个人都是平等的,谁也无法逃脱自然法则。武则天开始向她前面的那些帝王学习,学习他们在晚年必做的一门功课——服用仙丹。

不过她的运气的确很好,曾经让李唐几代皇帝体质急剧下降甚至为之丧命的丹药,却在她的身上奇迹般地发生了功效。可能是她的体质实在奇异。

在服了洪州道士胡超耗费三年时光给她炼制的长生药后,武则天的疾病竟真的好多了。这让武则天欣喜不已,她激动地把年号改为"久视",这是一个具有浓郁道家色彩的词语,语出《道德经》:"有国之母,可以长久;是谓深根固柢,长生久视之道。"

从这个年号蕴含的意义,我们可以看出武则天对长生的渴望和对道家的敬意。年轻时笃信人定胜天，编织谶纬，制造天命；年老时却敬天畏神，虔诚礼佛。无论怎样，垂暮的武则天开始对宗教渐生敬畏之心，不再一味视其为可利用的工具。改元"久视"的同时，她宣布去"天册金轮大圣"之号，恢复到最简单的皇帝称呼，其后又废除了长达八年的禁屠令。

武则天曾经煞费苦心炮制的一个个神话，现在由她自己来一一打破，只因对延续生命的渴望已经压过了往昔对荣耀的追求。与天争高、与神佛比肩的豪情开始逐渐消退，她只是俗世的天子，这就是她的真实位置。什么"金轮圣王""弥勒化身"，轰轰烈烈的造神运动帮不了她，她不想再欺骗自己，也无心再欺骗天下人。

久视元年七夕节，她派道士胡超替她到嵩山谢神，投简于封禅台北，除罪金简上镌刻短短六十字的铭文，从中间我们可以看出她此时的心态变化。铭文上书："大周国主武曌好乐真道长生神仙，谨诣中岳嵩高山门，投金简一通，乞三官九府，除武曌罪名。太岁庚子七月甲申朔七日甲寅。小使臣胡超稽首再拜谨奏。"

从上面这六十个字中，我们可以解读出，这个呼风唤雨了半生的女人，无论是精神世界还是自我实践，都在向现实做出一种妥协和让步；向她曾经挑战过的皇权秩序，挑战过的权力规则，甚至向她曾经强力扭转的天意和人心做出让步。

在时间面前，无论多强的强人都会有被打败的一天。身体越来越差，接连生了两场大病使武则天仿佛变了个人。一切皆如过眼云烟，及时行乐才是王道。她试着将自己从烦琐的政务中慢慢解脱出来，将生活的重心转移到与"二张"的欢娱和无休止的宫廷宴饮之中。对于一个八十岁的老人来说，与皇权相爱相杀了一辈子，也该到享受胜利果实的时候了。

武则天将控鹤府改名为奉宸府，海选天下美貌少年以充后宫。选秀的标准也极为严格，才貌双全是第一位的。就算不用，放在那里当花瓶摆设，也要让人能够看出主人的品位。

奉宸府还有一些创作型的人才。武则天要求他们能够随时随地陪伴在身边吟诗作赋，逗闷取乐。我们不要忘了，武则天当年也是文学女青年。有了这些文人墨客做陪衬，粗俗的男女调情便上升到了一个档次，简单的宴乐也平添了一份文化情趣。就算是谄媚文化，也要去除庸俗。

在这一帮文人墨客里最为出名的才子当数一个叫宋之问的，他的文采和人品一样声名远扬。他的名声走的是两极分化，文名有多高，对他为人的评价就有多低。

作为文人，宋之问也因其低劣的人品而遭人唾弃，不仅表现在其对待政治趋炎附势的态度上，也表现在一桩广为流传的命案上。自古凡是文人都爱好诗好句，一日，宋之问见其外甥刘希夷的一句诗"年年岁岁花相似，岁岁年年人不同"颇有妙处，便想占为己有。刘希夷不答应，自己抠脑袋想出来的，凭什么让给你？宋之问于是用装土的袋子将外甥刘希夷压死，被称作"因诗杀人"。

据说宋之问当初报名参加武则天的男宠选拔，最后没有通过是因为武则天嫌他口臭。既然当不成女皇的枕边人，宋之问只好退而求其次地做了"二张"的枪手，也就是有需要写诗应酬的时候替两位花样美男捉刀代笔，因为张易之、张昌宗兄弟"雅爱其才"。本以为自己会成为奉宸府的主人，谁知道却成为捧场客。

宋之问算是个知足的人，能在这华丽的奉宸府中谋得一份差事，他也就心满意足了。就算是帮"二张"捧尿壶，他也觉得这是一份很有前途的事业，毕竟离权力核心最近。武则天早已厌倦了深宫的枯燥生活，频频出游，徜徉于山水之间，沉溺于少年温柔的笑容里。拜嵩山，幸温汤，修建三阳宫，沉醉奉宸府。

有时候，兴趣来了，她也会在奉宸府举办一些诗会，由她宠爱的才女上官婉儿做主持兼评判，看谁写得又快又好。她曾经在游龙门的时候，命百官当场赋诗，冠军的奖品是一件皇家锦袍。左史东方虬诗先成，获赠锦袍，他抱着锦袍还没回到座位上，口臭文人宋之问也完成了自己的作品。

口臭并不妨碍文香，宋之问的文章写得文理兼美，在座的文臣无不拍手叫好。武则天又将赐给他的锦袍要了回来，转手又改赐宋之问，群臣在下面起哄，诗会也由此达到高潮，这就是传说中的"龙门赋诗夺锦袍"的故事。

落败者东方虬当然会感觉尴尬，有人据此称武则天未免太过小气。不过这类场合图的就是一个热闹，彩头的意义本就在于添加竞争和嬉闹的氛围，无须太认真。由此诞生出大量宫廷应制诗，这些诗大多格调不高，但声律严格，对仗工整，对正在成型中的律诗发展起了极大的推动作用。

奉宸府在当时的名声并不好。武则天毫不掩饰地大选美男，这无疑刺痛了很多男人的自尊心。更由于奉宸府待遇优厚、工作清闲，吸引了一些贵族少年前来投奔。他们放弃学业，放弃世袭官职不做，争着跑到奉宸府去参加各种选秀活动，希望能像"二张"一样得到武则天的垂青。清秀少年整天打扮得像袅娜随风的海棠花，粗豪健壮的逢人便夸自己的性能力超群，自我举荐起来一点也不谦虚。

初唐虽然风气开放，还是有些思想正统的大臣看不下去，上书要求武则天注意影响。武则天厚赏进谏者，但说归说做归做，依然我行我素。在享乐主义思想下建立起来的奉宸府，充满了一种后现代主义的颓废气息。国色天香花中王自然是莲花六郎张昌宗，他的美貌被渲染得几近神话。人们纷纷传说他是仙人王子乔（又称王子晋）的化身，十七岁骑鹤飞升的周灵王太子。这么说的人多了，便也成了事实。

武则天命人打造一只木鹤，让容貌俊美的张昌宗身披羽衣，乘坐其上，悠然吹笙，远远望去男女莫辨。轻轻地按动机关，木鹤就拍动翅膀，跃跃欲试。木鹤机关再精巧，想必也比不上现在的小汽车，难免一颠一跛，震得张昌宗羽衣飘飘，越发像个神仙，时不时就掉下一根半根羽毛，牵惹出无数相思情债。武则天这时候已经飘飘欲仙了，不由赞叹道：爱郎，真乃仙人也。

武则天对张易之、张昌宗兄弟的宠爱日盛。她日复一日地迷恋于他们，不管不顾大臣们的议论之声，大有将这种迷恋进行到底之势。她的这种迷恋使她的生命变得很长，这是朝廷中的百官们和她的后代们始料不及的。武则天恨不能把她的无穷珍宝都送给那一对妖姬一样的男人，于是几乎是转瞬之间，原本贫穷的张氏兄弟，摇身一变就成为天下少有的腰缠万贯的富翁。

武则天先是给了她最宠爱的张昌宗云麾将军行左千牛中郎将的官位，而后又一而再再而三地不断为他加封，将散骑常侍、银青光禄大夫等各种官衔，全都一股脑儿地加在了这个面色白皙傅粉涂朱的年轻人身上，并特许他与众多资深朝官一道朔望朝觐。

对那个稍有才能且已做了朝中小官的张易之，女皇帝更是赐他司卫少卿的高官。如此张氏兄弟一路攀升的势头锐不可当，直到朝廷终于没有了适合这对男宠的更高的官位。

来自朝廷和来自皇室的风浪，一波接着一波，几乎把武则天淹没。这让武则天很是头疼，也很郁闷，她甚至连愤怒的力量都没有了。有一天，在寝殿，她终于憋不住，问上官婉儿："这天下是朕的。朕在自己的天下可以为所欲为，他们这帮俗不可耐之人怎么就容不下神仙般的两个孩子呢？"

上官婉儿回答："朝官们认为这张氏兄弟虽然容貌俊美，但是无德无才，只会吃喝玩乐，而圣上却给了他们那么高的官。如果陛下把官位给了无能的人,那官职不也就成了虚名吗?"

武则天道:"那朕该怎么办?"

上官婉儿说:"陛下,可以安排'二张'兄弟做些事,以此来堵住朝中大臣之口。"

武则天叹息道:"这两个孩子又会做些什么呢?"

"不知道陛下是否记得,您一直想编纂一本将儒、道、佛三教精粹汇集起来的大书,成为后世垂范的经典。何不让张氏兄弟的奉宸府来试着做做,以解陛下之忧。"上官婉儿提示道。

武则天听了只摇头,说他们哪里懂得这些。上官婉儿也笑了,说道:"不懂不等于就不能去做。天下有那么多文人学士,招募进奉宸府不就是了。只要奉宸令亲自监督,这本垂范千秋万代的大书就一定能编好。如此还能为易之、昌宗兄弟正名。"

这次谈话之后,武则天命"二张"领衔编纂《三教珠英》。朝中由张说、宋之问、崔湜、富嘉谟等二十六位文人组成的编书班子成立,这些文人雅士也纷纷前来"二张"的奉宸府报到。这部总共一千三百卷的《三教珠英》很快问世,世人也果然对奉宸府刮目相看。

从建筑学上来看,奉宸府绝对算是一件艺术精品,可谓匠心独运、鬼斧神工,宛如道家修真的洞府。风流倜傥的文人墨客在其间载酒而行,诗情画意;粉面桃腮的俊俏少年临风弄笛,不染俗尘。

别说老年的武则天,就连那些后宫的女子也没有几个能抵挡神仙般日子的诱惑。武则天游嵩山时还特地往谒升仙太子庙,亲自作文刻碑,文中除了汪洋恣肆地炫耀武周的繁荣昌盛,字里行间透露了女皇对神仙世界的向往,当然也少不了对主人公神仙太子王子乔的赞美,然而字字爱意都是送给自己身边的玉人六郎的。

这块碑刻于武周圣历二年(699年)六月,现存于河南省偃师县缑山仙君庙,共有行草书三十四行,每行六十六字,有飞白书碑额。

碑阴刻有武则天《游仙篇》诗文，是武则天七十六岁时所作。《升仙太子碑》的正文，语势畅达，气象恢宏，情韵无穷，读来令人荡气回肠，但将文章与书艺相比较，书胜其文！其书风遒劲潇洒，笔势婉转流利，结体宽严适度，落笔铿然有声，"升仙太子之碑"六个大字大气磅礴、飘飘欲仙。既得二王神笔，又有自家风格，是我国艺术宝库中的珍品。

随着狄仁杰、娄师德等宰相的相继离世，武则天发出了"朝堂空矣"的喟然长叹。只要武周朝继续生存下去，就会有官员留在这里效忠与服务。对于这一点，武则天从来没有怀疑过，所谓人为财死，鸟为食亡。

而在这些依然健在的大臣中间，魏元忠应该算得上是当仁不让的一哥。魏元忠是武则天晚年的能臣，可以用文武兼备、敢说敢为来形容这个人。在武则天使用过的所有宰相中，此人应属上品。

这时候文臣集团与"二张"的矛盾越来越明朗化，如果"二张"能够有所收敛，肯安安生生地专门服侍武则天，那也没什么，最多只能算是生活作风问题。可他们偏生也喜欢搞搞政治，试问又有几个生在权力场上的男人在权力面前能够淡定如处子？

武则天非常信任这两个散发着脂粉气的"纯爷们"，经常授意让他们处理政务。私底下的唾沫非但没有淹死他们，反而成为激发他们斗志的原动力。不要说大臣们拿"二张"没有办法，就是那些皇亲国戚在这两个妖人面前也黯然失色。前一时期，邵王李重润和他妹妹永泰郡主、妹夫魏王武延基就不服气，几个人私底下议论武则天与"二张"的床笫之事。结果这事传到"二张"那里，最后被武则天知晓。武则天下令让李重润、永泰郡主、武延基三人自杀谢罪，就连"二张"也没有料到武则天会下此重手。要知道李重润和永泰郡主那可是李显的子女，武延基是武承嗣的儿子。

为了"二张",武则天不惜逼杀自己的孙子、孙女,由此可见她这时候是铁了心要将"二张"兄弟宠幸到底。如此一来,谁都知道张氏兄弟是得罪不起的了。

既然有人在这件事上吃亏,那就吸取教训。于是李显、李旦、太平公主这三个武则天的亲生骨肉都想方设法地哄张氏兄弟开心。张氏兄弟开心,武则天就会幸福;武则天幸福了,他们这些做儿女的日子也就好过了。

长安二年(702年)八月,李显兄妹三人上疏请武则天封张昌宗为王。武则天没有同意,虽然说自己宠幸"二张",但并不代表就要给他们官做。武则天在这一点上还没有老糊涂。人尽其才,物尽其用。可兄妹几个却认为这是母亲在考验他们。为人子女要想母亲之所想,急母亲之所急。过了几天,李显兄妹再次上疏——"二张"这么优秀的人才不当官,不足以彰显我武周王朝的恢宏气度。

武则天一看这几个孩子没完没了,只好借坡下驴封了张昌宗邺国公的爵位。连太子和公主都上赶着拍张氏兄弟的马屁,何况那些屁股指挥脑袋的朝臣了。为了屁股下面的那个位置,一定要跟上形势,不然早晚会被踢出局。试看今日之朝堂,谁是最亮的那颗星?虽然说大部分人都在琢磨着怎么和"二张"拉关系,但也有人在找机会要将"二张"拉下马。魏元忠就是其中一个。

魏元忠的官场之路极为坎坷,此人是宋州宋城(今河南商丘县南)人,在太学当学生的时候,就是一个性格刚直之人,从来不去跑关系走后门,也就因为这个多年未得征用。当时有左史江融写了一本《九州设险图》,备述古今用兵成败之事。魏元忠从其学,由于学习刻苦,天赋又好,终于成为一位有着卓越军事才能的文人,当时与娄师德、裴行俭相类,走的都是文武全面发展之路。

仪凤年间,吐蕃侵扰,他向朝廷投密信言事,长篇数千言表现其雄才大略。他历数前朝治乱与君主用人的关系，也大胆地指出本朝用人和赏罚得失，尤其论述了对吐蕃作战的应有方略。其论宏阔，大气磅礴，具有一定的可操作性。

他的表现很快就得到高宗和武则天的赏识，授秘书省正字之职，入值中书省。不久，又迁任监察御史、殿中侍御史。人才都要放在领导眼皮底下，平时不用先养着，用的时候召唤一声就到了。

在平李敬业叛乱中，武则天让他担任李孝逸军的监军。武则天认识极准，魏元忠果然极具军事才能，给李孝逸献计无不成功。平乱之军所以能不失时机地进军，迅速取得胜利，和魏元忠的监军献策关系极大。平叛中魏元忠立下汗马功劳，也表现了他非凡的军事天才和果勇的作风。

平乱后因功授司业正，不久迁洛阳令。当时酷吏横行，他先后数度受害，首次入狱时因平叛有功，被武则天救下，流放岭南。一年多后又被召回任御史中丞，又为来俊臣拘陷，面对屠刀依然神色自若，毫无畏惧之色，这次又被武则天在刀头救下，流放费州。后来又被重新起用为中丞，不到一年被酷吏侯思止陷害，结果又一次被扔进大狱，在狱中大骂侯思止不停。

武则天爱惜人才，这一次仍然没有杀害他，把他流放到外地。酷吏垮台后，武则天再一次恢复了他的原官。武则天对他累被牵进重案而不解，问他原因。他委婉地回答女皇："身为头鹿，酷吏欲烹为美羹，故受害。"

一个人在官场上过山车似的这么来回折腾，可以说是九死一生。按说应该能够做到云卷云舒，宠辱不惊。可所有的人生经历对魏元忠来说，都没有转化为城府。要将一个性格刚猛之人扭转为彻头彻尾的阴人，不是一件容易办到的事。

圣历二年，武则天提升他为凤阁侍郎、同凤阁鸾台平章事，并命他检校并州长史，任天兵行军大总管，让他防御突厥。同时再迁升为左肃政台御史大夫，检校各州长史、同凤阁鸾台三品，已成为出将入相的权要。看来武则天对这个人还是极为倚重的，不然一个官场之上屡教不改的"惯犯"能够成为首辅之臣，不是一般肚量的当权者能够容忍的。

魏元忠与他的前任狄仁杰、娄师德等相比较，缺乏后者的机智和通融，因此治理政务军务、对上对下，可以说刚猛有余而柔韧不足。如果他能够像狄仁杰那样懂得一些官场的变通之术，四两拨千斤地去处理一下矛盾，他应该可以走得更远。可惜他没有选择走别人的路，而是选择了走自己的路。

我们就拿武则天宠"二张"这件事来说，狄仁杰和魏元忠都劝谏过，但却收到了不一样的效果：成全了狄仁杰一世良相的美名，魏元忠只捞了个"一根筋"的称呼。执政后期的武则天以"二张"为近侍，整天宴饮笑闹，游山玩水，其行为自然为那些正派大臣所不容。作为天子应该有一套行为和道德准则，亲贤臣而远小人，为天下臣民立德，这是正直官员所期望的好皇帝。

狄仁杰等虽劝谏女皇，但他们也清楚地看到武则天并不是一个昏庸的君王。虽然在某些方面宠幸"二张"，但她也尊重手下这帮大臣，朝中政务都是交给宰相处理，诸官任事也不许含糊。她丝毫没有放权给那些近宠，更没有让他们干预朝政，也就是说大权没有旁落，武周朝政仍然风正气清，并无多少歪风邪气。

狄仁杰等人还看到，女皇还是能正确处理工作与生活的关系的，并未因宠"二张"而耽误了工作（政务），当然也不会因为工作而放弃自己的生活。尤其能让狄仁杰等可以接受的是，此时的武则天已是高龄老人，守寡已经十几年（高宗离世十几年），身为万乘之君，却又是孤寡老人，养几个男宠，抚慰一个空巢老人的寂寞时光，算不得什么大事。不要说七八十岁的老人已难有男女欢爱，就是有又能说明什么？

想一想那些满口仁义道德的大臣哪个不是妻妾成群，女皇也是皇帝，作为皇帝就不能有几个男宠？总而言之，作为女皇的股肱大臣，都是七八十岁的老人了，应该相互理解才对。所以，狄仁杰等劝谏女皇，让她别玩得太出格，武则天也理解这些大臣心中所想，所以能分清现实的重点，这让他们君臣之间许多年相处融洽。所以狄仁杰去世时，武则天当着众官员的面大哭不止。一代铁血女皇，也是血肉之躯。

尤其让大臣们高兴的是，晚景的女皇帝性格变得温柔而有趣，有点儿老小孩的意思。大小事任你劝谏，不再动气发火。即使是关于"二张"的劝谏，只要不是当面冲撞让她下不了台，她也都不发火。如宰相韦安石，当着武则天的面，逐走了"二张"的友人四川宋霸子等商人，武则天不仅没有加罪，还表扬韦安石是自己所信任的大臣，能够直言劝谏，这种风度让在场的官员无不叹服。

这时候，狄仁杰等首辅大臣相继离世，宰相班子很少再有比魏元忠更有威信之人，但对于武则天宠幸"二张"这件事，魏元忠却表现得尤为激烈，眼里揉不得沙子，天生一个暴脾气。这件事再度引爆他与武则天之间的正面冲突，几乎让九死一生的他又死了一回。在一次人事安排会议上，武则天内定张易之的兄弟、岐州刺史张昌期为雍州长史。既然内定，就不要拿到会上来了，可武则天还是把这件事拿到朝堂上征求宰相们意见，这等于把球又踢给了宰相们。

武则天都定下来的事，拿出来讨论不过是走走过场。宰相们也明白游戏规则，无人反对。可魏元忠却不买账，既然是征求群臣意见，那有话就不能憋着。他当时就说："张昌期不配当长史！"

这一石破天惊的话，让现场所有人都大为震惊，包括武则天在内。武则天问他原因，他回答："张昌期不懂政事，以前任职岐州，当地农户都跑完了。雍州是京畿地区，事务重大，薛季昶精明强干，应当由他来担任。"魏元忠的话虽然不中听，但说的却是事实，句句在理。武则天只得终止对张昌期的任命，放薛季昶为雍州长史。

武则天给足了魏元忠面子，还重用了他推荐的薛季昶，让薛季昶做右御史台谏议大夫，充山东道防御大使，节制幽、沧、瀛、定、桓等州诸军，以防突厥。

这让魏元忠产生了错觉，他认为自己在武则天心目中是无人可以取代的神话。所以他一不做二不休，继续向武则天面奏："我魏元忠蒙皇上和先帝看得起，屡受皇恩。今天武皇让我位极人臣，当上了宰相。我压力很大，感觉肩上的担子更重了。令人惭愧的是，自己始终没有尽到一个宰相的责任（尽忠死节），让一些小人亲近皇上，这是我的罪过啊！"

武则天和大臣们心里也都清楚，魏元忠这句话的矛头直指武则天身边的那两个跳梁小丑。这已经不是魏元忠第一次这么做。

当初魏元忠还是洛阳长史的时候，就没把张氏兄弟当盘菜。当时洛阳县令张昌仪仗着是张易之、张昌宗的弟弟，每次到都督府都直接往长史的办公室闯。

魏元忠当了洛州长史后，张昌仪还想这么嚣张，结果被魏元忠当面呵斥出去，让他规规矩矩地到院子站着听候指示去了。

有一次，张易之的奴仆在街头行凶，被魏元忠抓到，直接就给乱棍打死。当年尚且无惧二人，如今当了宰相之后，就更没必要怕了。

张易之兄弟见魏元忠疯狗似的咬住他们不放，更拿出了"尽忠死节"的架势要和他们死磕到底，别看兄弟二人活得潇潇洒洒，让人妒忌，可谁又能真正了解他们的感受，在无限风光的背后有着深刻的危机感。他们的风光来之于武皇，这时候的武皇已经八十岁，说不准哪天两脚一蹬，就把两个人撂在这里了。如今武皇还健在，魏元忠这个老儿就有生吃他们的心。可以想象,一旦皇权易手,他们会死得很难看。他们心里也清楚,不光大臣们有生吃他们的心,就连李唐皇室和武家人也不会放过他们。

魏元忠既是宰相,又是太子左庶子,即东宫官僚,跟太子关系不错。"二张"兄弟在前面通过武则天的手间接杀死了太子的一双儿女,把太子已经得罪了。太子一旦当了皇帝,魏元忠是他的东宫官僚,肯定还得接着当宰相,到那时候君臣二人都看不上他们哥俩,他们也没好日子过。索性先下手为强,制造一个案子,把魏元忠给拖进来,顺便也把太子拖下水,一箭双雕。

张易之兄弟决定先出手,不然到时候就只有被别人吃掉,他们决定借武则天之手先除掉魏元忠。魏元忠并不是随便捏的软柿子,有智慧、有功劳、有资历,还有两次在鬼门关前打转的经历。既然台面上除不掉他,那就在台面下想办法将其铲除。

长安三年(703年),逐渐老去的武则天行动越来越不方便,走路要人搀扶,不然就要扶着墙,老年人的生活圈子也变得越来越狭窄。作为一个进入倒计时状态的老年人,最怕的就是孤独。所以这时候的武则天,在情感上越来越依附于"二张"。

她的身体正在逐渐迟钝僵化,精力也一天天地衰退。可一颗帝王之心仍在跳动,就注定了她仍舍不得放手对整个世界的掌控。如果说权力是毒药,那么这个世界没有解药。

这一天,武则天躺在龙床上静养,身边只有"二张"。

张昌宗在床前不停地嘀嘀咕咕,一副有话难说的委屈样子。这一切又怎能逃过武则天的眼睛。她关切地问道:"六郎,有什么心事说出来让朕听听。"

张昌宗未语泪先流,他满含委屈地说道:"魏元忠凌强欺弱,皇上还以为他是能人,屡屡袒护于他。如今养虎成患,魏元忠露出反状来了，我是替陛下着急。"

一听有反状，武则天的手不由抖了一下，抓住张昌宗的手忙问："什么反状？谁有反状？"

张昌宗故意卖了个关子，这才慢慢道出："魏元忠与司礼丞高戬私下密谋：主上老矣，吾属当挟皇太子，可谓耐久。"

不听这话则已，一听这话，武则天再也平静不下来了，气得在床上直喘气，微闭的双眼忽然睁开，神目如电，杀机浮现。她疑惑地盯着张昌宗，然后问道："魏元忠数度流配，朕不以为责，又数度把他召回朝堂，委以重任，何又负朕如此深？"

武则天最恨的就是谋逆这档子事，当然是皇帝都讨厌这玩意儿。好好的太平官不做，非要提着脑袋和皇上对着干。在武则天看来，魏元忠谋反这事靠谱，她太了解这个人了。魏元忠性格刚烈，敢做敢当，又对她宠幸"二张"之事耿耿于怀。所以在听到张昌宗的密报后，武则天产生了警惕之心。

身为帝王，武则天对魏元忠这类官员始终是爱恨交织。政务上需要他们，因为他们的确有水平；但同时又往往被他们搞得头大，因为他们也的确有性格。魏元忠是个文武兼备之臣，在朝中的势力很大，威望也挺高，可以说是百官之首。如果真像张氏兄弟所说，他要发动叛乱，祸起萧墙，那后果真是难以想象。

魏元忠和"二张"较劲，这是人人皆知的事。"二张"陷害魏元忠，也算是意料之中。至于司礼丞高戬被拉进来，也不是无缘无故，这个世界从来就没有无缘无故的爱与恨。高戬是因为经常有事没事训责自己的属下张同休（"二张"的哥哥），而得罪了"二张"。这打狗还得看主人面，由此可见哥几个在高戬心目中也没有什么地位可言。这个高戬还有一个重要的身份，那就是武则天的女儿太平公主的情人。张昌宗的话让武则天再也没有心思休息，这件事没有水落石出，那么一切皆有可能。

她下令将魏元忠和高戬控制住,这一次她要亲自突审。不能冤枉一个好人,更不能放过一个坏人,尤其是对待魏元忠这样的重臣更要慎之又慎。武则天要求"二张"与他们第二天当庭对质,这让"二张"多少有些意外。他们以为,武则天会把魏元忠和高戬直接定案下狱,因为以前类似的冤狱太多。次日辰时整,太阳刚刚冒头,御审就准时开始。朝堂之上,武则天一脸的肃穆,端坐于龙椅之上。太子李显、相王李旦和诸位宰相分坐两旁。

先由张昌宗指证:"某年某月某日,凤阁侍郎、同凤阁鸾台平章事魏元忠到礼部视察,司礼丞高戬负责接待,俩人站在司礼府的二楼上,指点着皇城说出了那句大逆不道之言。他说:主上老矣,吾属当挟皇太子,可谓耐久。"

魏元忠盯着"二张",眼珠子都滴血了,他恨不得捋袖子上去抽他们两个耳光,这俩小子真是坏啊。魏元忠开口就是左一句小人,右一句小人。小人,就算是小人,你能奈我何?"二张"脸不红心不跳,一口咬定魏元忠、高戬说了那句忤逆之话。魏、高二人就矢口否认。一时之间,双方唇枪舌剑,在武则天眼皮子底下展开拉锯战。本来就是没影子的事非要捕风捉影,也不是件容易的事。

既然如此,那就只好使出自己的最后王牌。虽然张昌宗和张易之二人在这里无中生有,但他们打的却是有准备之仗。他们口袋里的最后那张王牌,是一个人,一个叫作张说的年轻人,一个在仕途之上无限光明的年轻人。在此之前,二人就找到了凤阁舍人张说,许予高官,让他出来作伪证。张说是个年轻干部,又是奉宸府的成员,平时同张氏兄弟关系很好,加上有高官引诱,就同意站出来作伪证。

武则天点头同意,当即传令让张说上殿对证。张说就是当年武则天殿试的时候录取的第一名,武则天对张说还是很欣赏的,平时也是高看一眼，现在"二张"兄弟提出他这么一个证人，就是想让谎言成为真理。其实张说还有另外一重身份——《三教珠英》编辑部成员，也就是说他是"二张"的手下，跟武则天和张易之兄弟关系都很好。

张说是个非常聪明、非常有才华的人，特别擅长写诗赋文，二十来岁就考中了贤良方正科的第一名，从此青云直上。年仅三十五六岁的他就当上了凤阁舍人。张说早已被"二张"安排在朝堂外贵宾休息室等候，闻听传他上殿，喝完最后一口茶，站起身来，整整衣冠，迈着八字步，从容上殿。在前往大殿的路上，早已在朝堂外关注这场大案的朝臣们，纷纷撺着张说陈述利害关系，解析忠奸。

张说的同事，同为凤阁舍人的宋璟首先开口说："道济啊，名义至重，鬼神难欺，不可党邪陷正以求苟免！若获罪流窜，其荣多矣。若事有不测，璟当叩阁力争，与子同死，努力为之，万代瞻仰，在此举也！"这是在告诉张说，一个人的名节最重要，你可以欺骗人，但是你不能欺骗鬼神，你干什么事，鬼神都在那儿看着呢，所以啊，你千万不能党附奸佞，来陷害好人，如果你因为这件事得罪了皇帝，即使流窜边疆，那也是很荣耀的事啊。

左史刘知几也说："无污青史，为子孙累！"刘知几是当时的史学家，这句话等于在威胁张说：笔杆子在我手里握着，如果你敢做危害魏元忠之事，我非要在史书里记你一笔，让你遗臭万年。

张说本来就不是一个觉悟低的人，这些官员你一言我一语，使其大受刺激，他内心纠结着就进了殿。武则天问他："张说啊，据说魏元忠口出狂言的时候你也在场，你听到了吗？"

张说半天没有说话，他这边一沉默下来，魏元忠沉不住气了就嚷起来："张说，你小子也想和张昌宗一起陷害我吗？"

张说皱了皱眉头说："魏公，你好歹还是个宰相，怎么能像个街头巷尾的小人那样听风就是雨啊,你知道我要说什么吗?"

他这么一说,张昌宗又急了,指着张说道:"你说啊,那天你到底听见什么?你快说啊。"

张说显得很无奈,他看着武则天说:"陛下啊,今天在您的面前,张昌宗尚且如此逼臣,可见在背后他得多嚣张啊!今天当着您的面,当着满朝文武的面,我得有一说一,我从来没有听见魏元忠说什么不该说的话,张昌宗在逼我作伪证。"

张说的话一出口,朝堂之上顿时炸开了锅。"二张"差点没被张说这句话给轰晕过去,本来以为张说出场是来救场的,谁知道这小子临阵倒戈,玩了一场无间道。"二张"气急败坏,指着张说对武则天喊道:"武皇,张说与魏元忠同反!"

刚才还说张说可以为你作证,现在又说他跟魏元忠一块儿谋反,这也太离谱了。武则天对"二张"的表现很失望,她追问张易之兄弟,凭什么说张说和魏元忠一块儿谋反。

本来"二张"的这句话是脱口而出的,还没来得及细细地琢磨。要不说"二张"能俘获武则天的心,其他控鹤府的文人只能写写马屁文章。要成长为女皇身边的宠臣,不是光靠脸蛋,还需要有一颗聪明的脑袋。

张说的临阵倒戈,并没有让"二张"兄弟自乱阵脚,编造出一个理由对他们来说并不难。张易之说:"我曾经亲耳听到张说跟魏元忠说:您就是当今的伊尹和周公。伊尹是什么人呢?伊尹流放了自己的主君太甲。周公是什么人呢?周公长期摄政,把主君都给抛到一边去了。张说这么说不是和魏元忠一块儿谋反吗?"

可是他这句话刚说完,张说就大笑起来,然后上前接话:"陛下,当年您任命魏元忠当宰相的时候,我前往祝贺,确实勉励他要向伊尹和周公学习,我为什么让他们学习伊尹和周公呢?因为伊尹辅佐商汤成就商朝的霸业,而周公呢,那是辅佐周朝的几个王成就周朝的霸业,这都是千古忠臣啊。陛下任命宰相,要是不让他们学伊尹和周公,您还让他们学谁啊?我这样说有什么错吗?"

"二张"兄弟当时就傻眼了,伊尹和周公原来如此,悔不该不多读些书。张说见自己的话让"二张"闭口无言,就更得理不饶人了,继续道:"我岂不知道今日'"二张"'兄弟气焰熏天,如果我依附他们,我能当到宰相,而如果我同情魏元忠的话,可能马上就要人头落地,可是鬼神在上,我张说不敢附和小人。"

如果不是在朝堂之上,张说这番话会引得掌声四起,欢呼一片。张说的表演有点过了,估计连他自己都忘了自己是来给"二张"兄弟作伪证的,临阵倒戈,让"二张"防不胜防。

这时候武则天已经看出了端倪,自己这两个小情人被朝臣们耍了。张说这种做法让武则天感觉很不痛快,她看着张氏兄弟在群臣的围攻之下左支右绌,觉得自己的权威也受到了挑战。话说到这份上了,谁都知道张昌宗是在诬陷魏元忠等人。

武则天实在看不下去,这个案子纯属虚构,如有雷同,无人负责。既然无人负责,她就必须站出来说话,张说反复无常,称魏元忠为伊、周,在张易之面前又说他谋反;先说魏元忠反,又说张易之诬陷,应该把张说押起来一起审讯。武则天命令宰相和武懿宗一起审讯张说,张说现在是彻底横下一条心,打死都不改口供。

在这次事件中,如果说张说所表现出来的正直英勇等美德是产生反应的化学品的话,那么宋璟等人激励的话就是催化剂,这次化学反应的结果是打乱了"二张"兄弟的如意算盘,不光救了魏元忠,也成全了张说的一世美名。

在这次事件中,宋璟等朝中重臣抱团与"二张"兄弟相抗,可见人心所向。正谏大夫朱敬则首先递上奏章为魏元忠、张说申诉;以前曾上疏强烈要求武则天返政给太子的平民苏安恒也递上了奏章。同是奏章，同是为魏元忠等人申诉，苏安恒的奏章要比朱敬则的奏章有料得多。朱敬则的奏章主要是说魏元忠忠诚正直，张说也没犯什么罪，如果处罚他们，会让天下人失望。苏安恒的奏章就激烈得多，对魏元忠的问题一带而过，矛头直指武则天本人以及张易之，说武则天刚登基的时候还像个纳谏的样子，晚年只喜欢马屁精，忠臣们畏惧张易之等人，在朝堂不敢说话，私下里都很愤怒，而且赋税徭役太多使得老百姓精疲力竭，听信谗言、独裁专断使得赏罚失当，弄不好就要引起政变。

张易之这帮人看到苏安恒的奏章之后勃然大怒,想要杀掉苏安恒。苏安恒要求武则天返政给太子的奏章也很不客气，但武则天终究也没杀他。这次，张易之想杀他也不是那么容易的。连皇帝都不愿意动的人，谁敢动？

在朱敬则和凤阁舍人桓彦范、著作郎魏知古的担保下，武则天最终还是放过了苏安恒，由此也可以看出武则天是个有度量的人。经苏安恒这么一闹腾，武则天再也没心思审讯魏元忠和张说等人了。最后的审判结果下来了，张说和魏元忠等人一并治罪。魏元忠被贬往高要（今天的广东地界）当县尉，从宰相直接给贬为副县长。张说和太平公主的情夫高戬也被流放到岭南。

垂暮之年的魏元忠，第四次踏上流放之路。临行之前，他特向武则天辞别。

双鬓已染白霜的魏元忠，穿着一身便装，走进了大殿。武则天也有些心软，忙令近侍给魏元忠赐座看茶。魏元忠虽是被贬之人，却也觉得有些受宠若惊，喝了几口御茶后，充满感情地对武则天说："臣老矣，今向岭南，十死一生，陛下他日必有思臣之时。"

"元忠啊，你把最后一句话说明白一些，朕有些不明白。"武则天不解地问道。

魏元忠用手指着缩在女皇背后的"二张"说:"这两个小人,终究是祸乱之根!"

"二张"兄弟像两只受伤的四脚小兽,惊得屁滚尿流,赶紧下殿叩头如捣蒜,捶胸顿首,直叫冤枉,希望能够从武则天那里博取同情分。这句话说完,魏元忠向武则天行罢君臣之礼,飘然离去。武则天望着魏元忠离去的背影,从龙椅上站了起来,跟跄了几步,怅然若失道:"元忠真的走了吗?"这句话不由让我们想起,狄仁杰死后,武则天发出的那声长叹:"朝堂空矣!"

殿中侍御史王晙还想上殿替魏元忠说理,宋璟拦住他说:"魏元忠幸得全身而退,你再多说,引起皇帝震怒,不知该有多狼狈呢!"

王晙说:"魏公以忠获罪,我以义再奏,即使也被发配流放也在所不辞!"

宋璟叹曰:"我不能为魏公申理,深负朝廷啊!"

魏元忠离京时,太子仆(掌管太子车舆、乘骑、仪仗官员)崔贞慎等八人为他在郊外饯行(因魏元忠兼太子左庶子)。

张易之兄弟听说此事,便化名"柴明"投信铜匦,密告魏元忠与崔贞慎等继续谋反。武则天又令监察御史马怀素调查。

武则天进一步认为魏元忠身为朝中首辅大臣,又在太子东宫任重要职务,他们生离死别,急中生变,可能做出不轨之事,因此想查个水落石出。马怀素查案时,她同时派人监督催促,以防包庇作弊。马怀素很快上奏说:"崔贞慎等人仅为饯行,并无反状。"并提出让柴明出来与崔贞慎等人对质,武则天闻奏说:"我并不知柴明何许人,你也不必让他们对质,只要根据密状报的案情审理就可以了。"

马怀素一口咬定这些人就是去送行,没有其他的事发生。武则天不禁勃然大怒,逼问道:"难道你是想纵容他们造反吗?"

马怀素道:"臣不敢!魏元忠以宰相被谪,崔贞慎作为故旧相送,要诬陷他谋反,臣不敢这么做。西汉时栾布上奏赦免彭越,汉高祖不认为栾布有罪。何况魏元忠的罪名实情和贬官的处理都不如彭越重,难道陛下还要杀死送他的人吗?陛下自操生杀大权,欲加之罪,陛下就亲自断案好了。而如今既委臣审理,臣不敢不据实上奏。"

武则天听后口气缓和了些,说:"你想一点儿也不加他们罪吗?"

马怀素说:"臣愚昧无知,看不出他们有什么罪状。"

武则天见马怀素说得句句有理,对答如流,态度安然如闲,觉得应该是真实情况,便心中释然,不再审崔贞慎等人。其实,武则天也自知宠幸"二张"兄弟会落人话柄,但她总以为自己这么大年纪了,让这两个孩子陪自己笑笑闹闹,愉悦身心,也不影响大局。那些忧心朝政的大臣劝谏,认为身为女性帝王,她不该如此。正因为朝臣们反感她的行为,才会对张家兄弟看不惯。武则天能够理解那些朝臣的想法,所以很多时候,她并不生气。

作为首辅大臣的魏元忠,多年来自己又信任他,非要与自己玩命死磕,这将她心中压抑已久的愤怒之火瞬间点燃。加上张氏兄弟和密状告他造反,又有这么多人拿性命同他一同争斗,参与人又多是东宫太子的属官,尤其那个苏安恒因魏元忠之事说得那么严重,因此,她才揪住不放,审个明白。魏元忠作为一国宰相,竟因张氏兄弟这两个跳梁小丑而遭贬,实在不划算。

武则天回到洛阳之后,这时候整个政府班子被分裂成了两派:一派就是攀附"二张"兄弟,可以管它叫拥张派;那么另外一派,也就是反对"二张"兄弟,就姑且称之为倒张派。这两派为了各自的利益,始终处于一种水火不容的状态。魏元忠一案让这两派的争斗更加趋于明朗化,很多人跳将出来表明自己的立场,生怕慢一步就排不上队了。

我们在这里要弄清楚这两派的人员构成，基本上也就梳理出了神龙政变的前因后果。别看"二张"是靠美貌取悦武则天，走的是祸主乱政的路线，但拥护他们的却不乏真正的实力干将，很多还是德才兼备的文人。我们很多时候都认为文人都是有气节的，远小人，亲君子。可眼前这些平日里看上去有些闷骚的文人，在关键时刻却看不清方向。

这些熟读经史子集的文人之所以抛却自尊为"二张"提鞋拎包、鞍前马后，不外乎为了利益。他们都是"二张"兄弟的下属，彼此相互利用。张易之是奉宸府的头儿，奉宸府集中了许多体制内的文人墨客。张易之、张昌宗兄弟奉武则天之命修《三教珠英》，这也是有许多文人参与的浩大工程。也就是说，"二张"与这些文人之间曾经有过密切的工作关系。

而这些文人墨客在身份上和"二张"兄弟也有着极为相似之处，那就是他们都是武则天晚年怠政的产物。武则天晚年觉得该办的大事也办得差不多了，想要享受生活。如何享受呢？一是包养"二张"兄弟作为男宠；二是举办各种各样的文化活动，写诗、写字，让这帮文人陪着她打发寂寞的晚年时光。所以这些人虽是文人、是大臣，但也有好多弄臣的色彩。在这一点上，他们和"二张"兄弟并无质的区别。

除了文人官僚之外，以武三思为首的武家子侄，也是"二张"党羽的重要成员。武三思以及他那些弟弟、侄子，当时最怕李显当皇帝，不愿意让李显接班，想要阻止李显由皇太子变成皇帝。那当时谁才能够真正阻止李显当皇帝呢？他们觉得只有"二张"兄弟有这个能量，所以他们想借助"二张"兄弟阻挠李显当皇帝，有这样的一个利益在里头。

同时武家的这些子侄，他们在性格上比较谄媚。这其实也是武则天高压政策的结果，老压着他们，让他们觉得只有攀附武则天才能有真正的活路。发展到最后，凡是武则天跟前的红人，武家的那些人都会想尽办法去巴结。当年武则天宠幸冯小宝,武三思兄弟几个甘心跟在后面牵马执鞭;如今"二张"得宠,他们又跑来巴结"二张"。

下面我们再来看倒张派。还是透过魏元忠这个案子,我们会发现很多正直的大臣都是反对"二张"兄弟的。这些大臣主要集中在两大部门,一个就是太子府和相王府。因为太子李显和相王李旦受到"二张"的直接威胁,所以他们的僚属为了保护主君,那肯定是看不上"二张"兄弟的,这是一种天然的对立。

另外一个部门就是司法部门,包括大理寺、御史台、刑部等。武则天结束了酷吏政治之后,这时候的司法部门汇聚了一批执法严明而且正义感强的官员。其中的代表人物就是宋璟,也就是在前面对张说进行思想教育的那个人。

宋璟是进士出身,在武则天的长安年间,已经混到御史中丞的位置上了,也就是御史台的实际负责人。宋璟是个追求内心高洁之人,看不惯武则天身边这些弄臣,尤其是"二张"。他常常将自己比作梅花,凌寒独自开。他为官名声极好,老百姓称他为"有脚阳春",也就说他这个人走到哪里,就把阳春三月带到哪里。此类人乃国家柱石,李唐复国的希望。

有一天,武则天在宫里宴请官员。张易之、张昌宗兄弟仗着和皇帝亲近,坐到上座。就在他们坐好的时候,宋璟进来了。宋璟虽然从来没有巴结过"二张"兄弟,可"二张"兄弟还是很敬畏他。张易之一看宋璟走进来,赶紧站起身来让宋璟坐上座,一边让还一边说客气话:宋公,你是当今第一人,怎么能坐在下座呢?快请上座,快请上座。

没想到的是,宋璟根本不给他面子,只是扭头看了他一眼,冷冷地说:"才劣位卑,张卿以为第一,何也?"这句话就是说,我宋璟只是一介小官,张卿却说我是天下第一人,你这话是从何说起。

这时候,有一个官员就出来打圆场了:宋公你这话说得不应该,你怎么能管五郎叫张卿（"奈何卿五郎"）呢？

这个官员虽然有攀附"二张"之嫌，但也不是信口胡说。此处涉及唐朝人的语言习惯，在当时奴才都管主人叫郎。由于张易之、张昌宗受宠于武皇，所以很多无耻的官员称他们为五郎、六郎。没想到今天，宋璟突然冒出一句"张卿"来，所以这个官员就提醒他，说话注意点。

宋璟上下打量了插话的这个官员，然后手指对方道："你又不是张易之的家奴，你怎么会管他叫郎呢？"此言一出，举座皆惊，一些拥张派官员更是羞愤难当，脸色比猪肝还难看。虽然说平日里他们的脸皮比墙砖都厚，但宋璟这句话还是伤了他们的自尊。

拥张派和倒张派在当时确实是水火不容，势力也是旗鼓相当。拥张派里有很多的高官，包括一些宰相。由于"二张"的得宠，就连他们的几个弟弟也都跟着沾光做了高官，所以说"二张"的势力不容小觑。

当然倒张派也不是吃素的，与拥张派相比，倒张派的优势在于群众基础。也就是说，有正义感的大臣和群众是倾向于倒张的。他们的观点是，妖孽注定祸国，"二张"必然乱政，倒张是为救国。

武则天带着"二张"从长安返回洛阳，洛阳老百姓用自己的实际行动表明倒张立场。张易之、张昌宗当时整天在宫里，老百姓逮不着他们，没有机会表达愤怒。只要想表达，就会有机会，逮不着两人就拿他们的弟弟开刀。

当时，"二张"兄弟还有一个小弟弟叫张昌仪。张昌仪在洛阳刚建了一所豪宅，这盖房子的钱当然是从老百姓手里搜刮来的，所以老百姓看着就生气，心里就恨。有一天，张昌仪刚刚起床，看门的慌慌张张就给他报告说：不好了，咱们家大门上被人写了一行字。什么字呢？"一日丝能作几日络"。这句话就是说，只能够用一天的丝线，能打几天的结子呢？言下之意，看你还能张狂到几时。

张昌仪气坏了，赶紧让人擦去，吩咐看家护院的家丁晚上好好守着，若抓住此人，把他往死里揍。当天晚上，各种保安措施都用上了，看门护院在外面站了一夜岗，吹了一夜西北风，别说是人，连个鬼影都没抓着。第二天早晨，那行字又出现在大门上，一连六七天都是这个样子。可见群众的力量是无穷的。

张昌仪被折腾得毫无脾气，索性也就由他去。不过他在那行字后，也写了四个字："一日亦足"。你不是问我还能张狂几日吗？我告诉你，一日就够了。活脱脱一副流氓嘴脸。对付流氓最好的办法是用流氓手段，用写字这种文绉绉的方式，对张昌仪这种人来说太过文雅。留字之人大概也意识到这一点，自从张昌仪写了这四个字之后，门上再也没字了。

多事的长安三年终于过去。新年刚过，武则天在自己的侄子梁王武三思的怂恿之下，在万安山修了一座兴泰宫。万安兴泰，新年新气象，取个好彩头。这是一项由皇家监造的大工程，大工程需要大人物来监造，宰相李迥秀在这时候登场了。李迥秀是"二张"集团的重要成员，也是当朝宰相。他还有一个不太光彩的头衔：张昌宗的母亲张太夫人的情夫。

李迥秀的这个情妇，不是自己找的，而是武则天强行塞给他的。就算他心底有千万个不乐意，也无法拒绝。也就是说，他这个宰相是奉旨找情人，当然这个情人的年纪大他不止一点点。

当时武则天宠爱"二张"兄弟，对他们的母亲也不错，封其为太夫人。武则天还推己及人：自己这么一个老太太，喜欢年轻漂亮的男人，那别的老太太肯定也喜欢，独乐乐不如众乐乐。于是她就跟"二张"兄弟的母亲说，你喜欢谁，告诉我，我替你牵线。张太夫人乐坏了，她早就盯上了风流儒雅制举出身的李迥秀。武则天就跟李迥秀打招呼说——朕派你一个快活差事，你去认下张太夫人。

李迥秀虽然有一种吃了死苍蝇的感觉，可他还是觉得这个事情有利可图。张太夫人果然是个吉祥物，此后李迥秀官运亨通，直至宰相。

承揽工程是一个肥差，有多少官员一头扎进去，就再也没有站起来，前赴后继，乐此不疲。李迥秀也不例外，愉快地上路了。李迥秀是个不够地道的无良文人，文章写得还行，可捞钱对他来说才算是业务。他仰仗着自己是宰相，背后又有"二张"撑腰，工程刚开始启动，他就按捺不住地索受贿赂，大捞特捞，结果被监察御史马怀素捉住了把柄，弹劾他贪赃受贿。

弹劾完了，马怀素把那些贪污的证据往武则天面前一摊，人证物证俱在，李迥秀不认都不行。结果工程还没完工，李迥秀就被外放到庐州做刺史。魏元忠被贬的时候，众大臣力挺不止，可对于依附于"二张"的李迥秀，只有庆祝。李迥秀上路的时候，无人送行，挺张派那帮人没人敢露头，大难还未临头就各自飞。

李迥秀落马并没有引起"二张"警觉，他们还在积极寻找新的生财之道，对于他们来说，只有财富才能带来安全感。他们与僧人万寿商议，请求武则天向天下僧尼收税，用来修建一尊巨型佛像。

这又是一项浩大的工程，贪赃机会多多自不必说，还可倒卖木材大捞一笔。当年的明堂大火烧毁了天堂内的巨佛，武则天曾经想过重修，但被狄仁杰劝阻。如今旧事重提，正好可以弥补当年的遗憾，武则天岂有不同意的道理。

长安四年（704年）四月，朝廷从各地寺院征税得十七万余贯，正准备投入修建，监察御史张廷珪上书进谏，称眼下府库空虚，民生困蔽，不太适合大兴土木。张廷珪还认为：佛家提倡灭诸相，崇无为，如果兴建大佛，就会填土伐木，破坏生态，就会杀生，就会逆佛而行，那么念经拜佛还有什么用？

进入暮年的武则天对佛的敬畏之心越来越强，她也知道自己再强也强不过佛祖，违背佛意的话不说，违背佛意的事不做，所以这项工程最后成了烂尾工程。工程虽然下马，但没有妨碍"二张"从中获得好处。该拿的好处一分没少拿。因为各地寺院征来的税很大一部分进入了他们腰包，这真是贪到佛祖头上来了。

莫伸手，伸手必被捉。"二张"万万没有想到，拥护李唐的朝臣早已盯上他们。对付阴人的最好办法，就是用更阴的阴招。倒张派经过几个月不动声色地搜集证据，在这一年的七月十二日突然出手，状告司礼少卿张同休、汴州刺史张昌期、尚方少监张昌仪贪赃受贿。

随着魏元忠倒台，倒张派也开始意识到，生死对垒的时刻快到了。不是被对方吃掉，就是吃掉对方。最好的防守就是进攻，最好的进攻就是把对方打趴下。自兴泰宫返回神都宫城，主管政法工作的宰相韦安石，就把厚达尺余的指控诸张的材料摆在了武则天的御案上。当然这些材料并不是捏造的黑材料，件件都属实。

指控的材料翔实有力，时间、地点、人证、物证，一件都不少。他知道要将拥张派打趴下不是一件容易的事，搞不好先趴下的是自己，而不是对手。这么多的证据堆在武则天面前，看着看着，她就发现了其中的猫腻。这帮人不眠不休，日夜盯着自己身旁这两个俏娇娃，真就那么急不可耐，真就想让自己长夜漫漫无人陪伴！

武则天怒了，这帮人没完没了，打狗还要看主人的面。在她的袒护之下，张昌宗和张易之再次成为漏网之鱼，而张同休和张昌仪还有张昌期就没有这么好的命了。三人因贪赃罪下狱，交给左、右台共审。这次的廉政风暴主要目的是掀翻"二张"，"二张"逃脱，这事就等于白忙活一场。

到手的机会不能轻易放弃。韦安石指挥左右台的甲士将"三张"逮捕入狱。同时选派得力预审人员连夜突审。面对翔实的指控，身陷牢狱的"三张"不得不认，只是把所有的罪名一股脑全往张易之和张昌宗身上推。"三张"以为，御史台的人动得了他们，却动不了武则天裙裾间的张五郎和张六郎。

武则天查看了"三张"的供词，见实在躲不过去，只得同意将"二张"先收监。也就在收监后的当天下午，张昌宗和张易之关入大牢还不到三个时辰，夏官侍郎、同凤阁鸾台平章事宗楚客，就拿着武则天的敕书将案子接手，同时将韦安石派往地方察看灾情去了。

在宗楚客的一手安排下，数天之后，司刑正（有点相当于现在的最高法院大法官）贾敬言上奏，判张昌宗强买人田，按律罚铜二十斤抵罪。不料四天之后，御史大夫（相当于总检察长）李承嘉、御史中丞桓彦范却给出了完全不同的判决："张同休兄弟赃款合计四千余缗，张昌宗依法应当免官。"一向骄狂跋扈的张氏兄弟，终于把火烧到了自己身上。

张昌宗听说监察部门要将他的官职免去，赶紧到武则天面前去喊冤，说自己于国有功，应该功过相抵。武则天觉得爱郎太沉不住气，在朝堂上她又不能不顾及群臣的看法，于是，她就顺着张昌宗的话问朝臣们：你们看，张昌宗对朝廷有何功劳？

朝臣们一时间不知如何作答，面面相觑。张氏兄弟对朝廷有功吗？他们应该对武皇有献身精神才对。也就在这时候，宰相杨再思出场解围，他给出了一个恰当的理由：张昌宗合炼神丹，皇上服用之后有效果，这应该是最大的功劳。

朝臣们一听，不禁哗然，在朝堂上交头接耳议论开。武则天似乎很满意杨再思给出的理由，她借坡下驴："昌宗既有功，可以功抵罪，官复其职。"武则天不待其他宰相发话，立刻传旨赦免张昌宗。而他的两个家族兄弟就没那么好运气了，张同休贬为岐山县丞（今陕西省岐山县），张昌仪贬为博望县丞（今河南省方城县西南）。

杨再思是个无耻之尤，当时很多人都看不起他。左补阙戴令言作

《两脚狐赋》以讥刺之,杨再思闻之甚怒,找机会将戴令言贬为长社令。然而拥护李唐的大臣已视"二张"为眼中钉,岂会这么容易就罢手?

两天后,韦安石从附近区县视察灾情回来,见张易之等人在牢房里锦衣美食,吃喝玩乐,比在外面活得还滋润。韦宰相勃然大怒,当即下令将诸张剥去锦衣,换上囚服,移于别室关押,而后用车拉着诸张在狱中的豪华用具,直奔朝堂。

张昌宗贪赃案尚未结案之际,宰相韦安石便上表弹劾张易之等的罪状,与另一宰相唐休璟一同审讯。这两人都兼任东宫属官,韦安石为太子左庶子,唐休璟为太子右庶子。史书上没有明载张易之所犯何事,但案情性质似乎很严重,以致武皇不得不再次出面干涉。她不愿与两位宰相直接冲突,又找不到理由为张易之开脱,只好把韦安石外派到扬州去做长史;八月七日又以契丹入寇为由,任命唐休璟为幽营都督、安东都护,把他派遣到东北去。

唐休璟临行前,特向太子辞行,并提醒他:""二张"恃宠生娇,屡失为臣之礼,必将生乱。殿下宜留心防备。"李显复辟后,称此言对他影响极深,一直深藏心中牢记不忘,神龙宫变前一度想召唐休璟问计。至此,我们终于看到了此案背后李唐皇族淡淡的影子,尽管只是通过间接的反映。

拥李派大臣准备了数月之久,张昌宗贪赃案与张易之罪案几乎同时发动,由此可见,这件事背后有着深广的背景。然而如此声势浩大的举动,也只维持了半个多月就有了结果,张氏兄弟仍然逍遥法外,仅仅两个亲戚被贬外放而已,而拥李派却损失了两名宰相,可谓得不偿失。

不仅如此,是年九月,宰相兼相王府长史姚崇也被武皇以突厥叛乱为理由外派为灵武道行军大总管,虽然默啜可汗随即求和并送回扣押多时的武延秀以示诚意,姚崇仍需以灵武道安抚大使的身份出使西北边陲,其真实原因仍然是他得罪了"二张"。太子东宫和相王府的人接连被调离外地,且都是名臣良将,当然会惹得天下议论纷纷,人心惶惶,对"二张"的不满越来越强烈,怒火甚至延及武则天。

　　武则天是老糊涂了吗?人们实在难以理解她为了包庇两个无德无功的男宠,将那么多才华出众的朝臣逐出神都,这实在是君主的大忌——亲小人,远贤臣。也有人会换个角度想,难道武则天只是想打击李唐两位皇子的势力,她对儿子的调教还没有结束?又或者她不希望人们对她回归李唐的政策有所误解,她想要利用这次突厥请和的机会重返长安,结果还没来得及动身,就一病不起。

3．政变前的谋与断

武则天这次病得比以往任何时候都严重，桑榆暮年，抵抗力越来越差，整个身体仿佛一具风干的躯壳。曾经如此眷恋过的权杖，曾经孜孜以求的帝国，现在已变得不是那么重要。她只想尽情享受剩下不多的时光，而代表着青春与梦幻的"二张"兄弟，或许是她生命里最后一抹鲜艳的色彩。

武则天也不明白，她的人生只剩下这么一点有限的快乐，朝臣们怎会如此狠心将其剥夺。她已无心再去改变什么，只希望能安安静静地度过余生。

然而上天仿佛有意与她作对，几乎在她病倒的同时，洛阳城遭遇百年罕见的雪灾。接连一百多天里，苍穹晦暗，无月无星，没有车马，没有行人，昔日辉煌灿烂的锦绣神都几乎变成一座死城。就在这日光消逝、万物凝滞的时候，八十岁的张柬之终于入阁拜相。

张柬之生于唐高祖武德年间，所以可以想象他岁数有多大。他是进士出身，但是在唐高宗一朝一直是郁郁不得志。张柬之真正得志是在六十五岁之后，就是在载初元年（690年），武则天为了建立武周王朝，第一次开殿试，开制举。

张柬之以六十六岁的高龄，跟着那些后生晚辈一起上考场，然后又一举高中，可谓真正的大器晚成。十年间，他从八品的监察御史做到了四品的荆州长史，当时他已经七十六岁高龄。

　　严格说来，张柬之上升之路遇到的第一个贵人是武则天，因为是武则天开制举给了他一个出头的机会。他遇见的第二个贵人是国老狄仁杰。

　　久视元年（700年），武则天在与狄仁杰交流朝政时，让他为大周推荐一个人才。狄仁杰就问武则天："陛下想要什么样的人才？如果想要文学侍从的话，朝廷里多了去了，根本用不着我来推荐；如果陛下想要经邦济世之才，我推荐荆州长史张柬之，此人年岁虽高，但却有宰相之才。"

　　武则天见狄仁杰如此推崇张柬之，马上将其从荆州长史擢升为洛州司马，从地方召进京城。

　　过几天，武则天又找到狄仁杰说："国老啊，你再给我推荐一个人才吧。"

　　狄仁杰说："我不是才给陛下推荐过张柬之吗，你还没有用啊，怎么又来让我推荐人才呢？"

　　武则天说："此人我用了啊，已经将他提拔为洛州司马。"

　　狄仁杰摇头道："我向陛下推荐的是宰相，不是什么洛州司马。"

　　武则天一听，很快将张柬之提拔为秋官侍郎。所谓秋官侍郎，就是刑部侍郎，进入朝廷中央部门。武则天这样做是完全符合用人原则的，宰相是百僚之首，是负责全局的，所以必须经验丰富，既要有地方工作经验，又要有首都工作经验，还要有中央工作经验，然后才能总揽全局。所以武则天是想一步一步地来，多考察几年。

　　就这样，张柬之在八十岁的年纪终于拜相了。可是虽然武则天对张柬之有知遇之恩，但最后张柬之却站到了武则天的对立面上，因为张柬之拜相的时候已经是武周王朝的多事之秋——"二张"兄弟气焰熏天，国家前途未卜。

对于张柬之这样一个正统的儒家知识分子而言,最重要的事情就是除掉这两个小人,即所谓的清君侧,确保太子李显能够顺利继位。就这样,这个政治立场特别坚定、深厚有谋,而且又身居相位、手握大权的张柬之就一下子成了大臣之中反"二张"力量的核心。

离开荆州的前夜,他和好友杨元琰一同泛舟江上。那一夜,他们谈了很多,平生际遇、世事沧桑。讲到动情处二人不觉慨然泪下,相约盟誓,此生定要竭尽全力推翻武周政权,匡复李唐天下。酒尽灯残,张柬之辞别挚友,再度回到纸醉金迷的洛阳城,然而那一夜的豪情与江上的盟誓已经深深地烙印在他的心底,念念于心,无时不忘。

一别经年,张柬之的官职仍在原地踏步。如果不是任性的"二张"一口气赶走魏元忠、韦安石、唐休璟、姚崇等多位能臣良相,致使朝堂空虚的话,张柬之很可能还是没机会入阁拜相。

然而,如果只是如果,不管武皇政治嗅觉有多高,对张柬之有多么不放心,她毕竟还是让他进入了权力中心。张柬之站稳脚跟后,立即提拔杨元琰为右羽林将军,掌握部分禁军。

好友相见,没有风花雪月,没有畅述旧情,有的只是彼此莫逆于心的知己情怀。"元琰可还记得昔日江上之言?"张柬之动情地说,前尘往事如过眼烟云,然后他话语一转,沉声道,"今日我授予你这个职务,并非没有理由的。"

杨元琰自然明白张柬之的内心,他微笑道:"明公放心,元琰没有一天忘记过。"

四目相对,眼里都有掩饰不住的兴奋之情,那是天下风云尽在我辈指掌间的万丈豪情。此时张柬之已经八十岁了,然而烈士暮年,壮心不已。展望前景,张柬之依然踌躇满志,只要梦想的种子不曾死去,人生的任何阶段都可以作为征程的起点。这也正是"天行健,君子以自强不息"的唐人精神。从张柬之的身上,我们可以感受到正处于上升时期的大唐王朝积极进取、蓬勃向上的昂扬姿态。

武周后期，局势已趋缓和，但李唐复辟仍然困难重重。武则天余威犹在，"二张"势力扩张极快，跟张柬之几乎同时提拔起来的宰相韦承庆、房融等都倒向"二张"。

张柬之沉着以对，团结一切可以团结的人物，挑动起人们心底的波澜。有不满武周政权的，有安于现状却也怀念李唐的，有对武李无所偏好但憎恨"二张"的……

在张柬之的组织安排下，宰相崔玄暐、御史中丞宋璟、司刑少卿桓彦范、御史中丞袁恕己等，逐渐成为倒张的核心人物，先以"二张"为靶子展开攻击，并将事态逐步升级，最终演变成针对武则天本人的逼宫行动。

武则天的病越来越重了。这场百年难遇的雪灾接连肆虐了数月之久，遮蔽了日月，也带走了武则天的健康。本来已经衰老枯朽的身躯还在继续衰弱下去，她已经很久没有早朝，渐渐地连床也下不了了。

每日僵卧于迎仙宫长生殿，听沙漏一点一滴不停地流泻，那是时光残酷的脚步声，曾经如斯强悍的生命，如许充沛的元气，经过日复一日的侵蚀，已消耗得接近枯竭。宽大袍袖下的手枯瘦得可怜，因为长久卧病而呈现出异样惨淡的苍白，可以清晰地看到叶脉般淡青色的血管。她正在死去。

但她仍旧紧紧地掌控着帝国的最高权力，一如攥紧自己最后的时光。或是不想他人窥见自身的老病，或是年纪越大能信任的人越少，连宰相也几个月难以见她一面。非紧急政务一律压下，案上累计的公文渐渐堆积如山。

武则天并没有让太子监国帮忙处理政务的任何迹象，而太子李显经过十几年的起起伏伏，已非昔日轻狂莽撞的青年皇帝，深知在母亲面前韬光养晦的必要，根本不敢有非分之想。这时候，常年随侍在武则天身边的只有张氏兄弟。

在这种情况下，最为不安的当数那些忠于李唐的旧臣。武则天已整日缠绵于病榻，而他们连皇帝的影子都见不到，一旦有驾崩消息也不能立刻传出来，无法掌握先机。于是待武则天病情稍有好转，宰相崔玄祎（即日后发动神龙宫变的五位主谋之一）即谏言，要求禁止"二张"兄弟入宫，禁侍疾，并以孝道为名推出李唐两位皇子。于是皇太子李显、相王李旦应诏近前伺候武则天。宫禁重地禁止异姓出入。这么做的目的，是让李唐皇族尽快取代"二张"，随时掌控武则天的动向。

武则天自然不理，但也不想跟大臣们闹翻，温言慰勉一番，"二张"照旧留在身边。作为让步，皇太子也可留驻玄武门，准许时常谒见天子，侍候晨昏。

这个结果并不能让他们满意，张氏兄弟内可近侍皇帝，抢得先机，外可结交朝臣及武氏族人，势力不容轻视，已然成为李唐复国的最大障碍，也是忠于李唐的朝臣们要铲除的首要目标。

"二张"不是木头，朝中局势的变化他们又怎能不知？两次牢狱之灾让他们乖觉了许多，昔日的张扬跋扈都收敛了起来，谨言慎行得不敢轻出宫门一步，活像在外面耀武扬威一不留神吃了亏的宠物猫，吓得再不敢出门，只乖乖地蜷伏于老妇人脚下，生怕被李家的恶狗捉去剥皮炖汤。

其实张氏兄弟虽为幸臣，但出身名门，上有天子宠爱，下面也有不少趋炎附势的文臣武将甘为所用，手里的牌并不算差，如果有一定的政治智慧，也不是完全没有生路。但"二张"本是纨绔子弟，一遇风浪便吓得三魂不见七魄，只知躲在武则天身边避祸。

张氏兄弟修身养性安分守己，朝臣们要捉他们的痛处一时倒也不易，但对于这些久经考验的政坛老狐狸来说，也不是什么不可完成的任务。

沉寂数月之后，长安四年（704年）十二月，洛阳城的大街小巷突然出现了一批神秘的榜文和传单，说张易之兄弟要谋反。榜文里并没有"二张"谋反的确切证据（有确切证据就不用发匿名贴了），只说他们结交党羽，意图谋逆。今天一批，明天一批，贴得满天飞，却完全无法追查来源。

一时间，整个神都洛阳闹得沸沸扬扬，"二张"吓得魂不附体。他们心里是有鬼的，因为在此之前，他们曾经找人为自己专门看过相。

当时刚刚踏足云谲波诡的深宫，"二张"兄弟对自己的前途心怀忐忑，于是就找人相面。相面之人名叫李弘泰，张口就说卜筮得乾卦，是天子之卦，"二张"当有帝王之贵。这下就不是看相的问题，而是要谋逆。

"二张"兄弟如果有一点点政治头脑，或把李弘泰捉去见官脱罪，或干脆将其杀人灭口，偏偏这两个绣花枕头完全没有危机意识，虽然本能地知道此事要保密，但是并没有动李弘泰分毫。

眼下飞书一逼，两人顿时没了主意，商量之后由武则天最宠爱的六郎张昌宗出面，把这段陈年往事向武则天交代清楚，争取坦白从宽。武则天也知道这两个宝贝的能耐，一笑而过。

"二张"兄弟一坦白交代，拥李派大臣也很快收到了消息，他们顺藤摸瓜将当年之事弄得一清二楚，觉得其中大有文章可做。不过"二张"包庇李弘泰只能算是有反心，便把此事和八月份张易之要求在定州造佛寺联系起来，说"二张"此举是受李弘泰所惑，欲行妖术夺取天下。

没过几天，许州人杨元嗣出面状告"二张"谋反，称"昌宗召术士李弘泰占相，弘泰言昌宗有天子相，劝于定州造佛寺，则天下归心"。术士李弘泰被捕落网，人证物证俱在，张氏兄弟欲哭无泪。

这样的案子是根本不需要审理的铁案，就是将人直接拉出去砍了也能交代过去。综合各种证据，我们可以得出以下结论：张昌宗曾经找人算过命，而且算出有天子命，这说明他有不臣之心；另外他在算命之后，又撺掇武则天在定州造佛寺，这就叫作妄图利用宗教发动群众，既有谋反的动机又有造反的行为。

但是"二张"不是普通人，而是武则天养的两只宠物猫，所以这是一个大案要案。那么按当时的程序，就得立案侦查。武则天不能再置之不理了，只好派凤阁侍郎韦承庆、司刑卿崔神庆、御史中丞宋璟去调查此事。

韦承庆和崔神庆是不敢得罪张氏兄弟的，他们在调查之后向武则天上疏说："张昌宗在看相不久后就把李弘泰的话奏报陛下了，按照法律，张昌宗这是自首，可以免除刑罚；李弘泰妖言惑众，应该依法处置。"

宋璟不同意他们的意见，他和大理丞封全祯上疏说：张昌宗已经非常受宠，也非常荣耀了，他找人看相的目的何在？李弘泰说他有帝王气象，他为什么不将对方交到司法部门治罪？他虽然声称已经奏报了，终究还是包藏着祸心，依照法律应该斩首抄家，请把他收押起来，严加追查！

武则天当然不会真的杀掉"二张"，所以她采取了"拖"字诀，留着宋璟和封全祯的奏章不批示。宋璟的意思是，如果不收押张昌宗，恐怕会让民心不安。武则天让他暂时先停止调查，等收集进一步的证据再说不迟。宋璟没办法，只得退下。宋璟退出去之后，左拾遗李邕又向武则天进言："宋璟上奏是为了国家的安定，并非为自身着想，请批准他的请示。"

武则天仍然没有松口。为了不让宋璟盯住张氏兄弟的案子不放，不久之后，武则天派遣宋璟去扬州办案，接着又派他去查办幽州都督屈突仲翔贪赃案，后来又让他作为李峤的副手去甘肃、四川一带巡视。

总之让宋璟一直处在路上的状态。另外，他所给予的建议武则天也统统不予理睬。宋璟上奏说："按照惯例，州县的长官有罪，品级高的由侍御史审理，品级低的由监察御史审理，不是军国大事，御史中丞是不应该出去办案的。现在甘肃、四川一带并没有什么叛乱，不知道陛下为什么会派我外出？臣不敢接受命令。"

宋璟不离开朝廷，他就天天可以盯着张氏兄弟。同样盯着张氏兄弟的还有桓彦范和崔玄暐。时任司刑少卿的桓彦范和天官侍郎崔玄暐都是狄仁杰生前非常赏识、极力推荐的人。他们也跟狄仁杰一样，都是李显的忠实拥趸。

桓彦范上疏要求治张昌宗的罪，崔玄暐也多次要求惩处张昌宗。武则天只好让司法部门研究怎么定张昌宗的罪。司刑少卿崔升是崔玄暐的弟弟，他对张昌宗的判决是斩首。

宋璟乘机再次要求收押张昌宗。武则天无奈之下对宋璟说："张昌宗已经向我奏报了，你先退下，容我再好好想想。"

宋璟把手中的审讯笔录呈上，却并不退下，站在一旁静静地等。武则天将手中的材料翻得哗哗作响，半天没有言语。宋璟只好继续说："那是他被匿名信检举没有办法的时候才自首的，谋反是大逆之罪，即便自首也不能减刑。如果不处死张昌宗，还要国法干什么！"

武则天也不发火，只是和颜悦色地劝解宋璟。宋璟却越来越不客气，他说："张昌宗承蒙额外的恩宠，臣知道自己的话会带来灾祸，但义愤在心，就算死了也不会感到遗憾！"

武则天最终也被宋璟激怒了，杨再思担心宋璟再这样下去会惹怒武则天，就以武则天的名义让宋璟退下。宋璟根本不买账，回答说："圣主就在这里，不需要宰相擅自传旨！"

武则天见再也不好遮挡，有些气急败坏地说："你们说该怎么处理昌宗？"宰相崔玄暐的弟弟、司刑少卿崔升说："按我大周律法，应对张昌宗处以大辟！"大辟就是把人大卸八块。

宋璟也知上来就大辟是不可能的，于是再次奏道："谋反大逆，无容首免，请速将张昌宗下狱，交御史台按问。"

杨再思见状，挺身而出，为武则天解围，摆出宰相的威风，指着宋璟喝道："你数度忤旨，惹圣上生气，你给我下去！"

宋璟鄙视地看了杨再思一眼，说："天颜咫尺，亲奉德言，不烦宰相擅宣敕令。"

杨再思被抢白得脸上一阵红一阵白，却又无可奈何，只得讪讪地退了下去。在宋璟义正词严的要求下，武则天答应让张昌宗到左台（即御史台）接受调查。

宋璟大获全胜，兴奋得合不拢嘴，押着"二张"直奔御史台，来不及升堂，站在院子里就审问起来。"二张"也失去了往日的张狂，低眉顺眼，低声下气，有问必答。宋璟没想到官威还没摆足，宫里便来人颁下特赦令，"二张"跳起来就跑，跑得比兔子还快。

宋璟目瞪口呆，还没等他反应过来，人早就跑得没影了，不禁气得大骂："早知如此，一开始就该先把这两个小子打得脑浆崩裂！"

其实武则天也算给足了宋璟面子，不仅不追究他三次抗旨之罪，还倒过来叫"二张"专程到他府上去拜谢。

在长安四年那个多雪的冬天，宋璟并未感到一丝暖意。耗费了无数精力，那么长久地坚持，竟等来这儿戏般的结局！这对于一直希望在制度内解决问题的宋璟，无疑是一个沉重的打击。

武则天对"二张"的维护包容让所有有心杀贼的人明白了一点，那就是只要武则天活一天，就没有人能够动得了张氏兄弟。

在法律无能为力的情况下，张柬之以武力兵谏逼宫的主张逐渐占据了上风。对"二张"的憎恨，对朝政的失望，对时局的忧虑，最终战胜了对铁血君王的恐惧，君臣之间的敌对态势终于发展到白热化阶段。

武则天的病情一直没有起色。新年伊始，她出人意料地下令废弃使用四年之久的年号"长安"，改元"神龙"。"神龙见首不见尾"，将其作为年号不免有几分不祥之意，这或许是武则天内心世界的一种自然反应。

尽管如此，她仍然试图与大臣们改善关系，开年便宣布接受宰相崔玄暐及司刑少卿桓彦范的意见，大赦天下，自文明元年以来的罪犯（公元684年，武则天废中宗囚睿宗，改元文明），如果不是李敬业扬州之乱或李唐宗室起兵的主谋魁首，皆在宽宥之列。

这是武则天独掌天下后规模最大的一次平反活动。崔玄暐与桓彦范都是力主将"二张"治罪的大臣，武皇此举有一定的和解意味，也是希望能在她生前了结恩怨，实现政局的平稳过渡。

令武则天万万没有想到的是，针对她的罗网已经布置停当，正在悄悄收拢。

张柬之是从什么时候开始策划神龙宫变的，现在已经无从考证，只知他反武拥李的立场从未改变过，刚刚入阁拜相便着手在禁军中安插自己的人。

从这个角度上来说，武则天在狄仁杰、姚崇的再三举荐下提拔他为宰相，就是为自己打开了一扇死亡之门。张柬之与武则天年纪相仿，都是打不倒、压不垮的强人。但是再强的人也抵不过时间的消磨，此时的武则天缠绵病榻已久。

一个人病得久了，内心的斗志也就会一层层剥落。在生命进入倒计时的分分秒秒中，她考虑得会更深更远。可她无力再做抗争，就让一切都随风去吧。真的累了，一辈子与天斗，与地斗，与人斗，岂有不累之理？可作为同龄人的张柬之却是老当益壮，雄心万丈，一心要在生命结束前迸发出最强烈的火花。两位八十岁高龄的老人将要来一次面对面的博弈，而博弈的结果将决定一个伟大帝国的命运。

时光过得飞快，多事的冬天很快在冰雪消融的尽头远去。神都洛阳又迎来了一个新的春天。这一年的春节大不比往年。由于武则天身体不好，只是在正月初一，组织了在京正四品以上的重臣，到长生殿谒见了病中的女皇陛下。

这一次，朝臣们忽然对自己的女皇生出了看一眼少一眼的凄凉感觉。岁月不饶人，此时的武则天真的老了，宽宽的椭圆形的脸上布满了皱纹，看上去有些浮肿，黯淡的眼睛流露出对生的渴望和对死亡的恐惧。

短短半个时辰的接见时间，她竟有些支撑不住，显得异常疲乏。她叮嘱张柬之等几个宰相一些勤勉为政的话，就挥挥手让大家回家过节去了。岁月不饶人，武则天伏枕养病，政令不通，朝臣们跟放了羊似的，趁着春节，你来我往，今天到你家，明天到我家，轮番喝起酒来。今朝有酒今朝醉，管它明天谁继位。

在大臣们私底下的迎来送往中，一切看上去很美，竟也呈现出一派歌舞升平的景象。

武则天改元神龙，时间进入了神龙元年。实践证明，有时候改名只是为了寻求精神上的慰藉，根本不顶用。新年应该有新的气象，这个春天注定是等不来东风的，等来的只会是一场风暴。武则天卧病长生殿，身边只有"二张"兄弟出入，始终没有表现出还政太子的意愿。朝臣们私底下议论纷纷，一旦武则天突然死去，"二张"会有什么样的行为，帝国将走向何处。在这种紧张气氛的驱使下，张柬之决定出手了。

大年初二，张柬之以拜年的名义，亲自来到羽林大将军李多祚的家中。李多祚原为靺鞨酋长，骁勇善射，以军功被高宗李治迁为右羽林大将军，前后掌禁兵北门宿卫二十余年。李老将军见当朝宰相屈尊来给自己拜年，高兴得不得了，忙令人安排酒宴，予以款待。

为什么张柬之要屈尊到李多祚府上拜年？因为李多祚的职位太重要，他是右羽林大将军。武周中央军事力量一共是两支，一支叫作北衙禁军，另外一支叫作南衙卫兵。北衙禁军，它的主要职能就是保卫皇帝；南衙卫兵主要职责是保卫中央政府。这个北衙禁军的最高统帅就是左右羽林大将军，李多祚是这两个最高统帅中的一员。也就是说张柬之如果能够说服李多祚，也就等于控制了半个京城，对于下一步的行动就有了胜利的把握。

二人关起门来，饮酒畅叙。几杯酒下肚，话题也就自然聊到张易之兄弟身上。李多祚平日也看不惯"二张"，对其所作所为气得直摇头，直骂娘。这正是张柬之希望看到的一幕，他知道饺子熟了，该到动嘴的时候了。

李多祚是靺鞨人，少数民族将领，唐高宗的时候投降唐朝，然后步步高升，张柬之就想利用他这个身世去打动他。人都有软肋，只要找到软肋，就算他练的是金钟罩铁布衫，也照样能够轻松拿下。

张柬之就问他："将军击鼓鼎食，金章紫绶，贵宠当代，位极武臣，岂非高宗大帝之恩？"这句话就是说，将军今天这种大富大贵的生活，是当今武臣中最高的殊荣。可您想过没有，您的荣华富贵是谁给的呢？难道不是高宗皇帝的恩宠！

李多祚想了想说："是啊！这一点我铭记于心。"

张柬之一听此事有眉目，就说："高宗皇帝的儿子现在被张易之和张昌宗这两个跳梁小丑陷害，您难道不想去解救他吗？您难道不想做点儿什么事来报答高宗的恩德吗？您难道不想青史留名吗？"

张柬之是玩笔杆子、动嘴皮子的，说的话如排山倒海，一句紧似一句。李多祚虽是一介武夫，但也浸润官场有年。他一见此架势，早就明白其意何在。他私底下也曾在心里衡量过，武则天已风烛残年，待其死后，"二张"也就混到头了。武将大多来自江湖，既然李多祚能从一个少数民族的江湖人成长为一员重要的武将，说明他还是有头脑和谋略的。他一拍桌子，端起一觞酒一饮而尽，慨然道："若能诛灭张易之兄弟，还太子于宝位，多祚惟相公所使，终不顾妻子性命。"这句话是一句表态的话：老张，有事您说话，只要是为李唐社稷，我李多祚就是抛妻弃子也在所不惜。

张柬之就把诛杀张易之兄弟的计划和盘托出，李多祚听得热血沸腾，跃跃欲试。武官大多数都是性格耿直之人，他们对那些绕着一个问题说上半天的文官有一种崇拜心理，何况面对的是八十多岁的持重之人。直觉告诉他：干了一辈子刀口舔血的买卖，最后这一笔将会使他青史留名。

八十岁拜相的张柬之做起事来果然是沉稳有谋，他的政变准备进行得是有条不紊，各个环节都是层层推进。笼络李多祚，就等于手里有了一支军队。军方仅仅有一个右羽林大将军李多祚还是远远不够的，还要继续充实队伍。张柬之利用他的职务之便，对一些下层军官进行了调整，把自己的一些亲信秘密安插到羽林将军这个岗位上去，以方便随时调度。

张柬之策反的两个最重要的人物，一个是司刑少卿桓彦范，另外一个是中台右丞敬晖。这两个人都是他过去的老同事，而且他们三个都曾经受到过一个人的提拔，那个人就是武则天曾经最信任的狄仁杰。

如此算下来，三个人也就有一种类似于同门的关系。所以张柬之一找到他们两个，把自己的计划一说，立即得到了两人的响应。他们为了一个共同的目标走到了一起，也形成了政变的核心集团。而这三个人也成了政变核心指挥部的最早成员。

拉拢李多祚，让张柬之握住了兵权。任何时候有了军队，政变等于成功了一半。拉拢桓彦范和敬晖，让张柬之有了并肩作战的盟友。一切按部就班，张柬之并没有停下来的意思，他知道自己要想一举成功,还有很重要的一步棋需要走,那就是争取更广泛的群众基础,得到天下人的响应。

张柬之很快就找到了突破口,那就是拉拢李唐皇室。在老百姓心目中,李唐皇室才是正宗,别看武则天在台上折腾得欢,可老百姓并不买账。对于武则天来说,这真是一场悲剧。张柬之要发动的这场政变必须得到李唐皇室的支持,诛杀"二张"必须打着皇室的旗号进行,否则就是犯上作乱。

当时太子李显每天从玄武门进宫,给武则天请安。担任羽林将军的桓彦范和敬晖两个人就在玄武门截住了太子李显。两个人把张柬之制订的计划这么一说,太子李显虽然有些犹豫,但还是同意了。因为政变成功,他是最大的利益既得者,人家都拎着脑袋跟自己干了,他这个太子没有理由退缩。

我们再来看皇室成员这边,武则天活着的子女一共就三个:太子李显,相王李旦,还有太平公主。也就是说,兄妹三人是一个利益共同体,不能有一个人在关键时刻掉链子。

比方说太子李显,他是政变的一面旗帜。政变必须打着他的旗号进行才算合法,而政变的最终结果,也肯定是将他扶上皇位。李显还给政变核心指挥小组派出了一个人,此人是他的太子右庶子,直接归他管的宰相,叫崔玄暐。这个崔玄暐也是狄仁杰当年一手提拔上来的,和张柬之算是同门。

那么相王李旦在做什么呢?相王李旦很早就开始掌握军权。这时候李旦担任左卫大将军,这是南衙的最高将领,南衙卫兵的头。所以到时候,可以由他带领南衙卫兵来控制政府,稳定京城的局面。大臣们和皇室成员都做好了准备,政变已经到了箭在弦上,最后摊牌的时刻就要到了。

4．身后的沉默与表达

长安五年(705年)正月二十日,在浓浓的晨雾中,张柬之、崔玄暐、桓彦范及左羽林卫将军薛思行等率领左右羽林兵五百余人,伫立在玄武门下,焦急地等待着李多祚以及驸马都尉王同皎等人。在这里,我简单地把整个政变计划做一简单交代。这次行动兵分四路,环环相扣。

第一路由张柬之和崔玄暐两个老伙计带领部分禁军将领和禁军的士兵控制玄武门,只要控制住了玄武门就等于控制住了入宫的必要通道。当年唐太宗李世民就通过这一招,诛杀了自己的兄弟,夺取皇位。

第二路由李多祚带领部分禁军将士到东宫迎接太子,把太子迎到玄武门,号令天下,然后两路军队会合,进入皇宫,杀死"二张",再逼武则天退位。

这两路,可以说是整个政变的主体部分,只要有一路出现纰漏,满盘皆输。

第三路是由太平公主策划好的一些宫女在宫里头做内应,别看这些宫女平日里低眉顺眼,干的都是伺候人的活,可当时的宫中女子,骑马射箭也是一项基本技能。

第四路,就是由相王李旦和相王府司马事袁恕己一块儿发兵,控制政府,进而稳定整个京城局面。

张柬之首先安排右羽林大将军李多祚带领部分将士去东宫迎接太

子,太子一到,号令一出,大局定矣。可他万万没有想到的是,这些士兵走到东宫门口,太子李显居然反悔了。或许他本就以为只是说说而已,没想到这帮人会动真格的,而且行动如此迅速。

李显这边一打退堂鼓,害苦了来接他的将士。东宫门口,李多祚一行人正在拍门叫人,拍了半天,门也没开。李显正躲在屋里紧张得发抖,自从张柬之向他和盘托出行动计划,他就陷入了一种犹豫难决的状态。他在心里不止一次地计算过成本,现在虽然是"二张"伴君侧,可武则天毕竟还没有将自己这个太子废黜。如果逼宫不成,自己就是领头造反的罪魁祸首,会死得很难看,他太了解母亲的雷霆手段了。

李显越琢磨越觉得这事不太靠谱,躲在门里不肯往外迈步。太子成了缩头乌龟,急坏了那些等在外面的将士。他们又不是傻子,你太子会计算成本,他们也会。他们这些当兵的图什么,无非就是逼宫成功,你太子成了皇帝,到时候你吃肉,他们跟着喝点汤。

可令他们想不到的是,事到临头,太子却不愿意陪他们玩了。如果太子这张牌打不出去,他们不就成了造反吗?造反可是要灭九族的,这还了得?这时候有人站了出来,太子的女婿——驸马都尉王同皎。他比一般人更了解自己的岳父——怯懦、胆小、无主张。对待这种人只有一个办法,替他拿主意,就是绑也要将他绑上这条贼船。不然的话,后果不堪设想。

王同皎上前拍门,内侍一听是太子的女婿,忙把门打开。王同皎一把推开门房内侍,领着一行人,直闯内室。正殿里,太子李显已穿好衣服,在那里来回踱步。他见自己的女婿带着一行人闯了进来,不由得将身子往后缩了缩,赔着笑说:"我,我还是不去吧,你们干你们的。"

王同皎急得头上冒火,恨不得背起自己的老丈人就出门。他催迫道:"先帝以神器付殿下,横遭幽废,人神共愤,二十三年矣。今天佑其哀，北门、南牙，同心协力，诛凶竖，复李氏社稷，愿陛下暂至玄武门以服众望。"也就是说，老丈人啊！您看当年先帝把国家交付给您，可惜您被自己的母亲（武皇）废掉了，如今已经二十三年都过去了，好不容易，今天宰相们和将士们同心协力，想要帮您恢复李唐社稷，请您赶快出来发号施令吧。

王同皎的话虽然说得句句在理，李显还是听得心惊肉跳，浑身发抖。这些道理他比谁都明白，毕竟自己一路走来九死一生，这种步步心惊的生命体验早已融入了自己的血液。

李显扶着墙，面露难色说："这小人是应该清除掉，可是现在圣上身体不好，万一咱们兴兵宫禁，吓着她老人家怎么办？咱们还是从长计议吧（凶竖诚当夷灭，然上体不安，得无惊怛，诸公更为后图）。"

李显在这时候居然孝心大发，如果不是因为他是当今太子，又是自己的岳父，王同皎恨不得抡起巴掌抽他。外面这么多大臣和士兵都把脑袋系在裤腰带上，等候他的号令，他居然为病中的母亲着想。

李显这种临阵退缩的表现激怒了在场的另一位将领李湛，他大吼起来："诸将相不顾身家性命以徇社稷，殿下奈何欲纳之鼎镬乎？请殿下自出止之。"——你要不出来也可以，你要不政变也可以，请太子您亲自走出门来，跟那些士兵兄弟说清楚，以此来阻止他们的行动。

李显见事已至此，没的选择，只好一声叹息，哆哆嗦嗦迈出门去。刚迈出门，早就为他准备好的高头大马就牵到面前。他踩着镫，两腿直打战，上了几次马都没上去，最后还是女婿王同皎将他抱上了马。

上了马，李显不忘回头交代一句："这可是你们逼我去的。"

他刚一骑上去，那些早已等得不耐烦的将士在后边一鞭子就抽上去，马往前急走，将士们就护拥着李显，一块儿往玄武门走。就在太子李显这边出岔子的同时，玄武门那边也遇上了大麻烦。本来张柬之亲自带领着部分羽林士兵来到玄武门，按他的想法，一切都摆平了。

因为玄武门的守军,左右羽林军,都已经被他们控制了。

可让他没想到的是,刚到玄武门前,就被拦住了去路。拦住他的人叫田归道,是个殿中监。这位田兄既不挺张也不反张,他只是赶巧碰上了。他骑着马远远就看见玄武门这里闹哄哄的,就带领着千骑士兵过来看热闹。

计划赶不上变化,难道上天不佑,一个八十岁老人做点事怎么还那么难?张柬之的计划虽然做得够细致了,可这位临时来凑热闹的田兄真的是计划外的,张柬之没有考虑到,他只考虑到守护玄武门的主力部队是左右羽林军,拿下左右羽林军,就等于拿下了玄武门。

张柬之的兵书读得还不够精,战场上拼刺刀的是主力部队,但在后面放冷枪要人命的却往往是非主力部队。眼前的千骑就是一支非主力部队,忽然杀出,玩了一把要人命的非主流。千骑也是北衙禁军的成员,名义上挂靠于左右羽林军,但是他的将领从来都是由皇帝亲自委任。皇帝这么做,也就是为自己留一手,让禁军内部互相牵制。一旦主力部队被策反,还有非主力部队临时顶上。

但很快,张柬之就稳定了下来。他忽然想到,现在左右羽林将军都在这儿,你这个千骑既然挂靠羽林军,就应该听将军的话。可是没想到,这田归道却是个认死理的死心眼,他一句话差点把张柬之噎死。他说:"张大人,没人跟我说这个事情,我不能放行。"

胜机就是与时间赛跑,最先撞线者才能把握胜机。张柬之知道,对待这种死心眼不能硬来,不然会因小失大。只有一个办法,那就是说服他。张柬之说:"我们现在是奉太子之命,进宫清除小人,请你把你手下的军队一并交给我们指挥。"

田归道坚决不同意,僵持在这儿。如果真就这么僵持下去,还真是麻烦。可这时候太子李显赶到,田归道一看见太子,一时也没了主意,因为他本来并不是"二张"的党羽,也没必要帮他们。他不让张柬之他们进去,不把自己的兵交给他们。可是现在太子来了,他得罪不起。田归道改变了策略,他说:"我让你们进去,但是我的兵不能跟着你们走。"

只要不挡道,一切都好办。田归道这一放行,将士们就顺着玄武门冲进宫里,进入武则天睡觉的寝宫——迎仙宫。有些宫女一看有士兵来了,回身就跑,想要回去报信。在里面策应的太平公主早就领着宫女敢死队在那儿候着,一刀就把准备报信的宫女给捅死了。没有人知道外面发生了什么,士兵们接着往里走。

张易之、张昌宗兄弟此时还在睡梦中,忽听得外面动静,赶紧披衣起床,刚走出门,就被士兵杀死在外廊之下。杀死了"二张"兄弟,张柬之他们就带兵进入了武则天的寝殿——长生殿。睡意昏沉的武则天听见外面嘈杂之声,就把头抬起来,只见眼前一片刀光剑影。她就问:"是谁在兴兵作乱啊?"

一个苍老的声音就回答她:"张易之和张昌宗兄弟谋反,臣等奉太子之令诛之,因为害怕泄露消息,所以事先没有通报陛下,我们擅闯宫禁,真是罪该万死。"

"谁在说话啊?"武则天厉声问道。

"罪臣张柬之!"张柬之的回答口气相当的强硬,没有丝毫的避让。

武则天看了看这个跟自己同龄的老头子,没有说话。她又转过脸去,看着太子李显说:"原来是你派兵杀人,那现在人已经杀了,你就回东宫歇着去吧。"

这句话让太子李显腿肚子发软,他还真想转身就走。桓彦范拦住了他,说:"太子怎么能再回去?当年天皇把太子托付给陛下,现在太子已经成年,应该继承祖业,我们今天就是要奉太子当皇帝的,希望陛下您立刻传位太子。"

武则天听出了这帮人是来造她反的,她转眼看见了将军李湛,问:"你也是诛杀易之兄弟的将军吗?我待你们父子不薄,你今天怎么会这样做?"

李湛是谁呢?他就是当年武则天的第一个拥护者李义府的儿子,所以武则天才这样问他。李湛红着脸一句话也说不出来。他当然不会说自己和死了的李义府信仰不同,那毕竟是他父亲。

这个时候武则天又转向崔玄暐,她说:"别人当宰相,都是有人推荐,只有你崔公,那可是我亲手把你拔擢上来的,你怎么也在这里?"

崔玄暐是久经官场历练之人,有着极强的应变能力。他说:"我这是在用自己的方式报答陛下。"武则天陷入沉默,又重新躺回了床上,闭上了眼睛。

与此同时,相王和袁恕己顺利地控制了中央机构,把"二张"兄弟在中央机构的党羽都给逮捕了。然后禁军的将士们又来到了张易之兄弟的豪宅之中,把他们的三个弟弟也给逮起来了,五个人的脑袋都被砍了下来。

神龙元年(705年)元月二十三日清晨,神都洛阳的天津桥下围了个水泄不通,成千上万的百姓仰着头指指点点。循着他们的目光望去,原来是对面的城墙上悬挂着五颗面目全非的脑袋,脑袋的主人不是别人,里面就有武则天的面首张氏兄弟。

早朝时,武则天亲下敕令,即日起由太子监国,大赦天下。监国,又是监国,太子李显对此早有心理准备。朝臣们明白,此次太子监国不同往日。虽然李显的脸上还是写着擦不掉的慌乱无措,但是朝臣们已经习惯了。

李显正式登位,他又重新做皇帝了。二十年前,他做了两个多月的皇帝,在裴炎、程务挺率领的禁卫军逼压之下,被迫下台。现在又是禁卫军,在新的人物率领下,把他扶上皇位。

元月二十四日，又一道敕令发出。武则天正式将王位让于太子李显。这时候李显已经年近半百，要知道他的祖父唐太宗李世民驾崩时，也不过五十多岁。

元月二十五日，太子李显在洛阳的通天宫向天下宣布登基。神龙，这个年号还是武则天刚刚为自己改过的年号，只不过她苦思冥想出的"神龙"已经不能代表她了。李显终于再度成为皇帝，他端坐于皇帝的宝座上，像是刚刚从残酷的现实走进美好的美景中。他走得小心翼翼，生怕不小心又跌回到冰冷的现实。

他走到那张象征着皇权的椅子边，轻轻地摩挲着，他不确定自己是不是应该坐在这里。母亲还活着，他将目光移向朝堂上低眉垂眼的官员。他们口呼吾皇，那整齐划一的呼号给了他无穷的力量。他已经实权在握，他才是至高无上的皇帝。此时他的母亲已宛若一具活僵尸，再也不能真正完全地左右他的朝臣了。

元月二十六日，已成为太上皇帝的在皇宫中称雄数十年的武则天，终于搬出皇宫。在皇家禁卫军的护送下，武则天徙居洛阳城西南的上阳宫仙居殿内颐养天年。李显为母亲特意安排了一场无比浩大的送行仪式。

把持了十五年的皇权，视政治为生命的武则天虽然心有不甘，但是深谙权力规则的她也只能无奈地接受现实的安排。一场政变过后，她还是太上皇，竟然还活得好好的。在她所知道的那些宫廷争斗中，最后谜底揭开的时候，都要伴随着血腥，她不禁为自己的最后结局暗自庆幸。

她离开皇宫时，李显领着百官站立于辇道两侧恭送，那一刻没有人能够体会她内心无边的寂寞。百官们用怯怯的目光送别自己的女皇，他们内心虽有小小的负罪感，但更多的是拨云见日的豁然。他们打心里敬重这个女人，他们想，如果她能主动退位，情形也许会好得多。

马车开始起步，但几乎感受不到什么颠簸，缓缓地驶出了皇宫。这毕竟是一幅很凄惨也很悲凉的画面，没有人不为之动容，特别是那些曾跟随女皇多年的文武大臣，难免心生悲凉。

元月二十七日，新帝中宗李显率大小侍臣浩浩荡荡地来到城西南的上阳宫，探望前一天迁徙于此的武则天。武则天没有和他说两句话，就陷入昏睡中。这一天，中宗李显封母亲为则天大圣皇帝。他特意在封号前加了"则天"二字，这么做是为了提醒世人，十五年前，母亲就是在则天门上登基称帝的，建立了不世功勋。

李显没有惊扰母亲，他也没有将这一有着特殊意义的封号当面宣读。一直以来，都是母亲发布命令，剥夺人的生死，赋予他人耻辱与荣耀。如果她醒着接受别人的封号，哪怕这个封号举世无双，对她来说，都有可能是一种伤害。李显这么做，一是告白天下，自己已是天下之主；二是告白世人，自己是个孝顺的儿子，他并没有将武则天扫地出门，母亲永远是母亲，女皇永远是女皇。

二月一日，中宗李显再度带领文武百官赴上阳宫探望太上皇。自此，中宗每十日探望一次母亲，以显示他虽身为皇帝，却还是"百善孝为先"，并以此不断洗刷武力篡夺王位所带给他的那深重的罪恶感。

二月四日，中宗李显登上城门，亲自向天下宣布正式恢复大唐国号。

他将旗帜的颜色从大周帝国的红色复辟到李唐时代的黄色；将古城长安恢复为国都，将神都洛阳当作陪都。他彻底废除了由武则天亲自创立的那套非正统的"则天文字"及各类别出心裁的制度。至此，自天授元年（公元690）年九月以来持续了十五年之久的大周帝国时代终于彻底结束了。

新的时代又重新开启，移驾上阳宫仙居殿的武则天却步入她等待死亡的最后时光。漫漫十个月的苦难历程，她不知她将在最后的生命皇后、萧淑妃、褚遂良、韩瑗的子孙亲属,让他们全部重新回归权位。她不再有任何锋芒,她与整个世界和解了。武周王朝,严格说来,不能被看作一个独立的朝代,它不过是李唐皇室长达289年统治中一个插曲。它的不同在于它是中国历史上唯一以女子当国的政权,正因为如此,它让世人以一种敬畏的眼光去看它,去欣赏它那与众不同之处。

  武则天的灵柩得以以皇后的身份,在她亲生儿女们的护送下,体体面面地由洛阳至长安,在满目青绿的春天的五月,由皇帝李显亲自主持,举行了那个比她的丈夫李治还要隆重辉煌的安葬仪式。在中国人的观念里,立碑是要留不朽之功德于金石。帝王之所以不立碑,是因为他们是天子,事业广大,功德昭见,平民和大臣又怎敢评议君王。唐高宗的乾陵破例立碑,这是武则天当家,为高宗在碑上刻录《述圣纪》。二圣临朝,武则天或许觉得高宗浩荡功德里有自己的一份功劳。等到她死后,复辟皇帝在经历了被她所废而最后又推翻她的事件之后,他和他的臣子们对武则天一时难以定位,不易述也不易议。

  他们在那个巨大的陵墓前,为武则天竖起了一块高大的无字碑。对于该无字碑的含义,众说纷纭。推测其本义,似乎是任由后世评说,其中,显然包含了深切的不屑与蔑视。我们知道,按照中国人的习俗惯例,这种评价大体是由男人们从事的;我们无法知道,这位中国历史上唯一的一位女皇,她不屑的是什么呢……

中为自己画下怎样一道微弱的印痕。她的身体一天比一天虚弱。慢慢地，她竟连食物也不能顺畅地吞咽下去。她瘦弱不堪，形容枯槁，已很难再自如地翻身。

对于大半生都在追逐权力的武曌来说，失去皇位是此生最令她痛苦绝望的一件事了。她昼夜躺在仙居殿的床上苦思冥想。她知道她一旦失去皇位，便什么都不是了。她不知道今后该怎样打发她所剩不多的命若弦丝的余生。

武则天躺在床榻上，用若续若断的记忆回顾自己的一生，寂寞而苍凉。

没有人知道，在她即将离开这个世界的那些时日里，她会想些什么。那些支离破碎的片段里，有多少悲喜，又有多少混乱。她不能总结自己，但是她却始终在坚持着自己。她不知道她在向巅峰攀登的时候脚下踩着的是多少人的尸体，涉过的又是多少道鲜血汇成的河流，有许多还是亲人的血。功过是非，她永远也弄不明白。她躺着，活着，只是活着，支撑着生命中的最后一口气。

直到寒冷的冬季再度到来，直到那一天雨雪纷飞，天地晦暗。神龙元年十一月二十六日，武则天终于凄凄冷冷地死在了上阳宫的仙居殿。

一颗璀璨的巨星终于陨落，陨落时闪着苍凉的寒光。回顾武则天的来时路，在通往女皇的道路上，她使用了大量非正常手段，她的权力欲在她人生的最后十五年达到了不可逾越的巅峰。然而，令我们无法想到的是，在她最后的岁月里，她却把自己的一生都推翻了。

武则天的遗嘱中充满了善意和谦虚，她在遗嘱中宣布："祔庙、归陵，令去帝号，称则天大圣皇后；其王、萧二族及褚遂良、韩瑗等子孙亲属当时缘累者，咸令复业。"

她不再当皇帝了，自甘为李家的儿媳妇。她宽恕甚至讨好政敌王